少数民族哲学卷 —— 上册

萧洪恩 著

郭齐勇 主编

中国哲学通史

A

HISTORY

OF

CHINESE

PHILOSOPHY

 江苏人民出版社

图书在版编目(CIP)数据

中国哲学通史. 少数民族哲学卷：上下册 / 萧洪恩
著. — 南京：江苏人民出版社，2023.8
ISBN 978 - 7 - 214 - 28237 - 8

Ⅰ. ①中… Ⅱ. ①萧… Ⅲ. ①少数民族－哲学思想－
思想史－中国 Ⅳ. ①B2

中国国家版本馆 CIP 数据核字(2023)第 125346 号

中国哲学通史

郭齐勇　主编

少数民族哲学卷：上下册

萧洪恩　著

策　　　划	府建明
责 任 编 辑	于　辉　李兴梅
装 帧 设 计	周伟伟
责 任 监 制	王　娟
出 版 发 行	江苏人民出版社
地　　　址	南京市湖南路 1 号 A 楼,邮编:210009
照　　　排	江苏凤凰制版有限公司
印　　　刷	苏州市越洋印刷有限公司
开　　　本	652 毫米×960 毫米　1/16
印　　　张	460.5
字　　　数	6126 千字
版　　　次	2023 年 8 月第 1 版
印　　　次	2023 年 8 月第 1 次印刷
标 准 书 号	ISBN 978 - 7 - 214 - 28237 - 8
定　　　价	1980.00 元(全 20 册)

(江苏人民出版社图书凡印装错误可向承印厂调换)

目　录

导　论　*1*

　一、用名符其实的《中国哲学通史》来呈现中国哲学　2

　二、用学科再反思厘清中国哲学创造性转化的路径　4

　三、用中国少数民族哲学开拓中国哲学史未来之路　13

　四、形成涵盖各民族哲学与中华民族哲学史新传统　26

　五、迎接中华民族哲学史与中国哲学未来创新之路　30

第一章　中国少数民族哲学的研究方法　36

　第一节　中国少数民族哲学研究方法论问题探析　37

　　一、对中国少数民族哲学存在性的确认　37

　　二、对中国少数民族哲学价值性的坚守　45

　　三、对中国少数民族哲学研究科学性的深信　49

　　四、对中国少数民族哲学研究方法正确性的把握　52

　第二节　中国哲学视域下中国少数民族哲学的存在性　55

　　一、中国少数民族哲学存在性问题的提出　55

　　二、中国少数民族哲学存在性问题的主要观点　58

三、思考中国少数民族哲学存在性问题的形式　60

四、确认中国少数民族哲学存在性的根据　65

第三节　从哲学的经验与情感看中国少数民族哲学合法性　71

一、一个虚假而有意义的问题　72

二、哲学是"人人所直接固有的信念"　78

三、哲学是"普遍与特殊的真正规定"　84

四、基于经验与情感维度的哲学认知　90

第四节　全球性现代化视域的中国少数民族哲学研究　93

一、全球性现代化理论的哲学史方法论意义　94

二、全球性现代化视域的少数民族哲学自觉　99

三、全球性现代化背景下少数民族哲学研究的特殊价值　105

第五节　《中国哲学通史·少数民族哲学卷》的研究思路　108

一、本书有所借鉴的几种哲学史观　109

二、中国少数民族哲学史的内生与外生　127

三、中国少数民族哲学史的史料来源　136

第六节　中国少数民族哲学史的书写问题　142

一、兴盛中的中国少数民族哲学研究　143

二、如何撰写中国少数民族哲学史　181

三、如何写各少数民族哲学史　186

四、各民族哲学研究的基本评价　195

第二章　中国少数民族传统哲学的起源　203

第一节　中国少数民族哲学起源的民族文化基础　204

一、中国少数民族哲学起源的类型　206

二、中国少数民族哲学起源的基础　209

三、中国少数民族哲学起源的主要成果　214

第二节　起源期中国少数民族哲学的思维内容　227

一、宇宙与人类起源的本体探索　227

二、个体与人类生存的终极关怀　231

三、自然生命与文化生命的终极选择　235

第三节　起源期中国少数民族哲学的民族特色　240

一、哲学起源的漫长历史过程　241

二、哲学与原始文化的接榫点　244

三、文化精神与哲学特质　249

四、历史跳跃与哲学转型　252

第三章　中国少数民族哲学的形成　259

第一节　中国少数民族哲学的形成过程　260

一、中国少数民族哲学的形成概述　261

二、不同民族哲学的形成过程　265

三、中国少数民族哲学的主要文献　292

四、中国少数民族哲学的主要人物　299

第二节　中国少数民族哲学形成期的主要特征　306

一、中国少数民族哲学形成期的发生学特征　306

二、中国少数民族哲学形成期的问题意识　310

三、中国少数民族哲学形成期的思维方式　327

第三节　中国少数民族哲学的思想渊源　335

一、民族传统的拓展　335

二、民族文化的交融　338

三、宗教思想的渗透　342

四、中域文化的诱导　345

五、西学传导的接合　348

导　论

　　20世纪末,发生在中国大地上的改革开放,不仅使中国发展模式走向了世界,形成一些国家进行"革新开放"的样板,使"中国模式"日益成为世界关注的热点,而且使各种"中国"牌学术发扬光大,特别是开始用"史"学模式来反思学术上的"中国"之范围。但是,除《中国通史》之类,其"中国"尚且论及中国历史上的少数民族之外,其他诸"史",如《中国哲学史》《中国文学史》《中国史学史》《中国法学史》《中国伦理学史》之类,差不多都遇见了同一种问题——虽然都定其名曰"中国",而实际上只是"中国汉族××的成长史",没有涵盖中国各少数民族的哲学、文学、史学、法学、伦理学……于是兴起了传统"中国"书写模式之外的"中少"模式——《中国少数民族史》《中国少数民族文化史》《中国少数民族哲学史》《中国少数民族文学史》《中国少数民族音乐史》《中国少数民族电影史》《中国少数民族舞蹈史》《中国少数民族教育史》《中国少数民族史学研究》《中国少数民族新闻传播史》《中国少数民族革命史》《民族伦理学》《中国少数民族诗歌史》《中国少数民族美术史》《中国少数民族科技史研究》《中国少数民族经济史概论》……这些众多"史""论"的出现,说明中国"国"字号的学科的确该诉求名符其实了,其中不少的"史""论"对这方面都有明确的认知,如:马学良等主编的《中国少数民族文学史》"序"及

"导言"①,熊坤新的《民族伦理学》②,贺金瑞等编写的《民族伦理学通论》"绪论"③等,都有所论及。也正是在这一背景下,学界提出了如何重新书写《中国哲学史》的问题,其中如何安置中国少数民族哲学,即是其中如何让《中国哲学史》的"中国"名符其实的问题。虽然大学哲学系不像"中文系"那样直接有正名的问题,但为"中国哲学"正名的问题却势头正盛。本卷的书写即是为适应这一趋势而做的努力。

一、用名符其实的《中国哲学通史》来呈现中国哲学

如何写出一部名符其实的"中国哲学史"或"中国哲学",一直是中国哲学界面对的问题和努力的方向。曾长期讨论的"中国哲学的合法性"问题,最初即是一个《中国哲学史》的书写问题,而不是一个"中国哲学"的有无问题④。这里的"中国哲学"既应该从广义与狭义进行不同的界定,也应该作意义与学科的区别⑤,但无论如何都面临着是否名符其实的问题。这一问题从空间向度上分析,第一,在"中西哲学关系"上写出名符其实的"中国哲学",而不是"在中国的西方哲学",如冯友兰"欲讲中国哲学史,其主要工作之一,即就中国历史上各种学问中,将其可以西洋所谓哲学名之者,选出而叙述之"⑥。于是即有金岳霖的"中国哲学的史"与"在中国的哲学史"⑦、张岱年的"中国人的哲学"与"中国系的哲学"⑧的关系问题。这种关系在更广阔的意义上即写出区别于欧洲、印度、阿拉

① 马学良、梁庭望、张公瑾主编:《中国少数民族文学史》,中央民族大学出版社,2001,序、导言。
② 熊坤新:《民族伦理学》,中央民族大学出版社,1997,第118—123页。
③ 贺金瑞、熊坤新、苏日娜:《民族伦理学通论》,中央民族大学出版社,2007,绪论。
④ 郑家栋:《"中国哲学之合法性"问题的由来、实质及其对于相关讨论的期望》,《北京行政学院学报》2005年第1期,第69—71页。
⑤ 郭齐勇主编:《当代中国哲学研究(1949—2009)》,中国社会科学出版社,2011,引言,第1页。
⑥ 冯友兰:《中国哲学史》上卷,中华书局,1984,自序(1),第1页。
⑦ 金岳霖:《冯友兰著〈中国哲学史〉审查报告》,载冯友兰:《中国哲学史》下册,中华书局,1984,第5页。
⑧ 张岱年:《中国哲学大纲》,中国社会科学出版社,1982,第3页。

伯、非洲……亦即有别于其他任何一国或一系哲学的中国哲学。这种中国哲学既符合哲学的共性或一般的哲学的特征,其所讲的哲学具有普遍性,包括内容、问题、思维方式等方面具有的普遍性;又具有中国哲学的自身特色,有中国哲学的个性,包括观念、范畴、话语系统、特殊问题等;还包括中国哲学史治史者的学术背景、民族形式、时代精神、个人风格等方面的个性。第二,在"中国各民族内部哲学关系"上写出名符其实的"中国哲学",即在"中国哲学"的通史性论述中反映中国各少数民族哲学的内容。从时间向度上,这一问题就是如何理顺"中国哲学全史"的问题,包括它的萌芽、形成、发展直至近现代的哲学转型,如:以"中域"①文化为基本线索的中国哲学的萌芽期明显由于史料缺乏等原因而研究不足,虽然近期也取得了长足进展②;历史上某些时段因研究得不够充分而出现明显的空白期,比如魏晋南北朝的北朝时期部分③、隋唐时期从王通到韩愈之间差不多留下了两百年的空白等;不同的历史地理区间没有完全得到展现,应该说这是中国哲学研究的历史地理时空的拓展问题,而这方面的问题即反映出与中国少数民族哲学资源的挖掘不够有关。第三,在精英、经典与社会大众的一般的、普遍的思想之间出现一定断裂的情况下,写出真正反映整个社会思想状况的实"史",而不只是关注高悬于、深藏于"象牙塔"上(中)的精英与经典思想。把社会大众的普遍之思引入哲学社会思想史的研究范围,比如在中国少数民族哲学研究中,以口承文化、物态文化、仪典文化,以及像寨老制度的主体文化等体现的哲学文化之思,就是以普遍的"民族"文化形式呈现出来的、真正的"民族"哲学之思。认识一个社会、认识一个民族、认识一段历史,没有对这种社会一般思想的认知显然是不全面的。正是在上述三种尺度上,中国哲学

---

① 清康熙年间纂成的《卯峒土司云》序文中将汉文化区域称为"中域",这应是中国少数民族文人的文化地理概念,本文所用即此义。见张兴文、周益顺、田紫云、张震:《卯峒土司志校注》,民族出版社,2001,第 2 页。
② 吾淳:《中国哲学的起源》,上海人民出版社,2010,第 1—563 页。
③ 《蒙哲史论稿》编委会编:《蒙古族哲学及社会思想史论稿》,内部资料,1982;萧萐父:《吹沙集》,巴蜀书社,2007,第 380 页。

形成了 20 世纪独特的"学科问题"。20 世纪 70 年代末改革开放以来，特别是进入 21 世纪以来，学界不断在这三个方面作出艰苦的探索和巨大的努力。其中核心的问题被转换成中国哲学的传统和超越问题，或创造性转化问题，或通向未来之路的问题，并且，各种论文、各种学术会议、各种通史性学术论著等都会随时就此问题展开讨论。这当然是一个好现象，一方面说明中国哲学史学科的兴旺，另一方面也说明中国哲学史学科建设中的确存在某些亟须解决的问题。其最终的目的诉求即是用名符其实的《中国哲学史》来呈现中国哲学的丰富性、多元性、完整性，并进而体现出中国哲学文化的多元一体格局。

二、用学科再反思厘清中国哲学创造性转化的路径

在中国哲学界，为了面向未来，为了真正实现中国哲学的创造性转化，写出名符其实的"中国哲学史"或"中国哲学"，学界作出了各种努力，提出过各种思路，具体包括以下方面的艰苦探索：

"合法性"——中国哲学存在的价值与意义。中国哲学的合法性问题，本质上是对中国哲学存在性的坚信，是一种哲学自性与自信的问题。这是 21 世纪以来讨论得特别激烈的问题，文章有很多。若据年代与作者的写作先后列举，如：干春松以"中国哲学和哲学在中国"为题作关于中国哲学合法性的讨论[①]、就"中国哲学"研究的挑战问题访陈来教授[②]、从方法选择转向问题意识对"中国哲学的合法性"问题作出另一种解读[③]；郑家栋论"中国哲学"的"合法性"问题[④]、对"中国哲学史"写作与中

---

① 干春松：《中国哲学和哲学在中国——关于中国哲学合法性的讨论》，《江海学刊》2002 年第 4 期，第 190—195 页、第 207 页。

② 干春松：《"中国哲学"研究的挑战——访陈来教授》，《哲学动态》2002 年第 3 期，第 2—5 页。

③ 干春松：《从方法选择转向问题意识——对"中国哲学的合法性"问题的一种解读》，《江汉论坛》2003 年第 7 期，第 35—38 页。

④ 郑家栋：《"中国哲学"的"合法性"问题》，《中国社会科学文摘》2002 年第 2 期，第 1—6 页。

国思想传统的现代困境进行探讨①；魏长宝对中国哲学的"合法性"焦虑提出见解②；彭国翔以"合法性、视域与主体性"为题对当前中国哲学研究进行反省与前瞻③；彭永捷就中国哲学学科的知识社会学考察来论中国哲学学科存在的合法性危机④，并对中国哲学"合法性"问题作了几点思考⑤；陈少明重提"中国哲学"的正当性⑥；陈来浅议关于"中国哲学"的若干问题⑦；苗润田以"中国有哲学吗？"为题研究西方学者的"中国哲学"观⑧；胡军阐明"'中国哲学''合法性'"讨论的合法性问题⑨；龚隽论中国哲学史作为"学科"的合法性危机与意义⑩；周桂钿论中国到底有没有哲学⑪；程志华辨析中国哲学合法性问题⑫；李存山论"中国哲学合法性"问题⑬；等等。综述性文献则有赵景来作中国哲学的合法性问题研究述要⑭等。俞吾金以"一个虚假而有意义的问题"为题解读"中国哲学学科合法性问题"⑮，对这一问题作了价值评论；赵敦华以"向黑格尔学习如何

① 郑家栋：《"中国哲学史"写作与中国思想传统的现代困境》，《中国人民大学学报》2004年第3期，第2—11页。

② 魏长宝：《中国哲学的"合法性"焦虑》，《光明日报》2003年11月27日。

③ 彭国翔：《合法性、视域与主体性——当前中国哲学研究的反省与前瞻》，《江汉论坛》2003年第7期，第38—40页。

④ 彭永捷：《论中国哲学学科存在的合法性危机——关于中国哲学学科的知识社会学考察》，《中国人民大学学报》2003年第2期，第25—32页。

⑤ 彭永捷：《关于中国哲学"合法性"问题的几点思考》，原载《中国社会科学院院报》，转至http://www.lunwennet.com/thesis/2006/14434_2.html。

⑥ 陈少明：《重提"中国哲学"的正当性》，《江汉论坛》2003年第7期，第33—35页。

⑦ 陈来：《关于"中国哲学"的若干问题浅议》，《江汉论坛》2003年第7期，第21—23页。

⑧ 苗润田：《中国有哲学吗？——西方学者的"中国哲学"观研究》，《中国社会科学报》2005年11月15日。

⑨ 胡军：《"'中国哲学''合法性'"讨论的合法性问题》，《北京行政学院学报》2004年第2期，第75—77页。

⑩ 龚隽：《再论中国哲学史作为"学科"的合法性危机与意义》，《哲学研究》2005年第8期，第43—47页。

⑪ 周桂钿：《中国到底有没有哲学》，《社会科学战线》2010年第2期，第1—5页。

⑫ 程志华：《中国哲学合法性问题辨析》，《文史哲》2007年第1期，第71—78页。

⑬ 李存山：《"中国哲学合法性"问题》http://www.bjpopss.bjpssweb/n29749c48.aspx。

⑭ 赵景来：《中国哲学的合法性问题研究述要》，《中国社会科学》2003年第6期，第36—42页。

⑮ 俞吾金：《一个虚假而有意义的问题——对"中国哲学学科合法性问题"的解读》，《复旦学报（社会科学版）》2004年第3期，第27—34页。

做中国哲学"为题作"古代中国无哲学"魔咒之解魅,而从西方对中国哲学持否定论者那里探讨中国哲学的合法性[1];陈应琴对中国古代有无哲学作认识论辨析[2],以进行专门的理论辩证。当然还有其他论文,对这个问题进行了深入的讨论。按笔者的理解,这一问题的关键是"为什么要合法?""合什么法?""合谁家的法?""在什么程度上合法?"等问题。"为什么要合法?"讨论的是按照一定的标准写出来的中国哲学能否叫哲学的问题,从刘光汉(即刘师培)1906 年在《国粹学报》第 2 卷第 4、11、13 期发表的《中国哲学起源考》中提出"中国哲学"一词以来,虽然有上海中华书局在 1916 年 9 月出版的谢无量的《中国哲学史》,但是一般把胡适于1919 年 2 月由上海商务印书馆出版的《中国哲学史》一书作为现代意义的"中国哲学史"产生的标志。这是因为谢著虽然出版时间早于胡著,但因其与传统的学术思想史无明显的区别而未被认可。可见"为什么要合法"的问题具有极端的重要性。"合什么法?"是就"哲学"的"标准"而言的,这是对哲学的本质界定问题,具体反映出哲学的"一般与特殊的关系问题"。"合谁家的法?"是就哲学的研究范式、哲学观、哲学的表达方式等方面提出的选择问题,在这里,既无所谓统一的西方哲学,也无所谓统一的中国哲学、印度哲学或阿拉伯哲学,在任何情况下都只存在"一家之言"——康德、黑格尔、德里达、海德格尔、维特根斯坦、罗素、熊十力、冯友兰、贺麟、马克思、恩格斯、列宁……这就是所谓的"哲学史即哲学"的问题,因而是一个哲学史研究者的哲学观、研究范式、表达方式是否合理的问题。"在什么程度上合法?"是就研究成果与研究对象的实际情况是否符合的问题。在一定程度上说,第一个问题讲的是价值问题,第二个、第三个问题讲的是方法论问题,最后一个问题讲的是态度和水平的问题。

"正名"——是否可用"中国思想史"或其他什么名称代替"中国哲学

---

[1] 赵敦华:《向黑格尔学习如何做中国哲学——"古代中国无哲学"魔咒之解魅》,《北京大学学报(哲学社会科学版)》2010 年第 5 期,第 22—26 页。

[2] 陈应琴:《中国古代有无哲学之认识论辨析》,《理论学刊》2012 年第 3 期,第 69—72 页。

史"？由于西方不断有学者强调中国没有哲学或只有思想或只是思想，中国学界即出现了用"中国思想史"等名称代替"中国哲学史"的努力或思路①。其实，这一问题从根本上来说就是一个伪问题，一方面来源于西方哲学一直维持着的对中国哲学的傲慢与偏见，另一方面也有某种国人的无自性与自信，这正像评价某种东西必以西方为尺度一样，依据美国的"硅谷"，中国各地就弄出不少这"谷"那"谷"等；西方有某种东西，而中国的则被比喻为"东方的×××"等。从中国哲学的层面，葛兆光在文章中已尽力全面地列出了 20 世纪中国哲学中的"正名"问题②，这本身即反映了这方面的审慎历史。对此，张志伟在以"中国哲学还是中国思想？"为题来谈中国哲学的合法性危机③时即有较详明的论说。不过应强调的是，"思想史"与"哲学史"关系的争论，正说明中国哲学主体性问题的凸显，在一定程度上诉求的正是中国哲学的独立性。至于在中国哲学研究中如何运用各种思想史研究的成果，却只是一个方法问题。在这方面，中国少数民族哲学的情况就更复杂一些。从最初成立的中国少数民族哲学研究的民间组织——"中国少数民族哲学和社会思想史学会"即可看出。不过自 2009 年以来，人们逐渐呼吁要为之"正名"，直接叫作"民族哲学研究学会"，因而也反映出一种"正名"的诉求。

　　"范式"——审视中国哲学研究中的不同范式，谋求一种更为科学、合理的"中国哲学"的研究尺度。这方面的文章很多，代表性的文章如：陈坚以"中国哲学何以能成立"为题列举四位学者对中国哲学成立的证

---

① 梁枢、葛兆光：《思想史的视野——关于〈中国思想史〉的对谈》，《光明日报》2002 年 4 月 12 日。

② 葛兆光：《为什么是思想史？——"中国哲学"问题再思》，《江汉论坛》2003 年第 7 期，第 24—26 页。

③ 张志伟：《中国哲学还是中国思想？——也谈中国哲学的合法性危机》，《中国人民大学学报》2003 年第 2 期，第 17—24 页。

明①；王中江论"范式""深度视点"与中国哲学"研究典范"②；赵峰介绍中国哲学研究的四个范式③；周德丰、陆信礼介绍 20 世纪中国哲学史研究的三种模式④；陈明、周瑾以"范式转换：超越中西比较"为题对中国哲学合法性危机进行儒者之思⑤；余卫国研究中国哲学范式的历史转换和现代性追求⑥；等等。这些文章从不同的层面论述了中国哲学研究中的范式问题。其中应提到的是 2010 年 7 月 26 日至 31 日，在吉林大学成功举办的，由吉林大学哲学基础理论研究中心、吉林大学哲学社会学院、香港圆玄学院主办，国际场有哲学研究所、香港道教联合会协办的"当代哲学范式的转换与哲学发展的新趋向国际学术研讨会暨第十二届场有哲学学术研讨会"⑦。20 世纪 70 年代末以来的中国哲学研究范式的转换，包括从日丹诺夫范式到列宁范式的转换，及至后来的其他各种范式，应该说都是一种探索路径，既然如此，其评价尺度即应是"也许我们错了，但是我们正在探索"。

"方法"——如何研究中国哲学？关于方法，是中国哲学界讨论的重要问题。20 世纪 70 年代末改革开放以来，中国哲学界首先讨论的就是方法问题，并举行过专门会议进行探讨、出版过专门的研究著述、开设过专门的研究生学位课程。自海外学者研究中国哲学的成果译介到中国大陆以后，对这个问题的讨论更加热烈，新的方法始终在不断涌现，如用诠释学方法对中国哲学史进行再诠释、用中国思想史来代替中国哲学

---

① 陈坚：《中国哲学何以能成立——四位学者对中国哲学成立的证明》，《中国哲学史》1999 年第 3 期，第 3—9 页。

② 王中江：《"范式"、"深度视点"与中国哲学"研究典范"》，《江汉论坛》2003 年第 7 期，第 26—29 页。

③ 赵峰：《中国哲学研究的四个范式》，《人文杂志》2009 年第 6 期，第 60—65 页。

④ 周德丰、陆信礼：《20 世纪中国哲学史研究的三种模式》，《光明日报》2004 年 8 月 10 日。

⑤ 陈明、周瑾：《范式转换：超越中西比较——中国哲学合法性危机的儒者之思》，《同济大学学报（社会科学版）》2006 年第 1 期，第 56—65 页。

⑥ 余卫国：《中国哲学范式的历史转换和现代性追求》，《南通大学学报（社会科学版）》2010 年第 6 期，第 1—10 页。

⑦ 刘连朋：《当代哲学范式的转换与哲学发展的新趋向国际学术研讨会》，《社会科学战线》2010 年第 10 期，第 286 页。

史,等等。关于方法的选择与运用很重要,这方面的论文也很多,如:张
立文认为中国哲学史是从"照着讲""接着讲"到"自己讲"①;高秀昌认为
"接着讲"是一种治中国哲学史的方法②,此外也讨论了 20 世纪 30 年代
冯友兰的中国哲学史方法论③;李翔海思考重写中国哲学史的问题向度
与方法意识④;龚隽以老子之道的诠释为例研究刘笑敢"反向格义"与中
国哲学研究的困境⑤,并以"从经学到哲学史"为题省思通史写法的中国
哲学史研究方法⑥;刘笑敢反思反向格义与中国哲学方法论⑦;郭齐勇反
思建构中国哲学的方法论⑧;沈清松探索哲学会通与当代中国哲学道
路⑨;等等。值得提到的是,方法论讨论还涉及中西方哲学的关系问题,
并得到了特别关注,如:陈郿以"对话、融通与当代中国哲学的新开展"为
题综述中哲、西哲、马哲专家论坛⑩;谭培文以"融会三大哲学资源,创建
当代中国哲学"为题论述了全球化语境中的文明冲突与哲学对话,并对
中哲、西哲、马哲专家论坛综述⑪;贺来研究马哲、中哲、西哲的"功能统一

① 张立文:《中国哲学:从"照着讲"、"接着讲"到"自己讲"》,《中国人民大学学报》2000 年第 2
期,第 7—9 页。
② 高秀昌:《"接着讲"——一种治中国哲学史的方法》,《中州学刊》2003 年第 2 期,第 159—
163 页。
③ 高秀昌:《试论 30 年代冯友兰的中国哲学史方法论》,《南开学报(哲学社会科学版)》2003 年
第 4 期,第 48—56 页。
④ 李翔海:《重写中国哲学史的问题向度与方法意识》,《中国社会科学》2004 年第 6 期,第 82—
89 页,第 205—206 页。
⑤ 龚隽:《读刘笑敢"反向格义"与中国哲学研究的困境——以老子之道的诠释为例》,《南京大
学学报(哲学人文科学社会科学版)》2006 年第 2 期,第 76—90 页。
⑥ 龚隽:《从经学到哲学史:作为通史写法的中国哲学史研究方法的省思》,http://www.
douban.com/group/topic/18844429/。
⑦ 刘笑敢:《反向格义与中国哲学方法论反思》,《哲学研究》2006 年第 4 期,第 34—39 页、第
128 页。
⑧ 郭齐勇:《建构中国哲学的方法论反思》,《长江日报》2007 年 6 月 16 日。
⑨ 沈清松:《哲学会通与当代中国哲学道路的探索》,http://www.lwlm.com/zhongguozhexue/
200909/306432.htm。
⑩ 陈郿:《对话、融通与当代中国哲学的新开展——中哲、西哲、马哲专家论坛综述》,《哲学动
态》2008 年第 2 期,第 98—99 页。
⑪ 谭培文:《融会三大哲学资源,创建当代中国哲学——全球化语境中的文明冲突与哲学对话:
中哲、西哲、马哲专家论坛综述》,《哲学动态》2003 年第 12 期,第 38—39 页。

性",并对当代中国哲学做了探索①;杨生平论后现代主义与当代中国哲学②;陆信礼论中西文化交汇下的中国哲学重建③;等等。其中何萍论马克思主义哲学与当代中国哲学的创造④则特别强调了马克思主义与当代中国哲学发展的关系,而李翔海论中国哲学之"重合"传统及其现代走向⑤则关注于中国哲学传统。

"重写"——如何实现中国哲学的现代转型与创造性转化? 在反思中国哲学历史发展的基础上重写中国哲学史,是当代中国哲学发展的新趋势。一般的中国哲学史教材都会讨论这一问题,差不多都要用"前言"或"绪言"来解决这一问题,如:张志伟以"哲学是什么"为题作《西方哲学史》导言⑥,郭齐勇作《中国哲学史》⑦导言等。这方面的论文也很多,主要涉及从反思到重写的全过程,如:臧宏反思中国哲学史研究百年⑧;李宗桂有对 20 世纪中国哲学研究的审视和新世纪的展望⑨;刘文英作中国哲学史百年述评与展望⑩;曹树明述论 20 世纪二三十年代中国哲学史研究模式⑪;等等。这方面的代表作当然应是郭齐勇主编的《当代中国哲学

---

① 贺来:《马哲、中哲、西哲的"功能统一性"与当代中国哲学的探索》,《吉林大学社会科学学报》2004 年第 2 期,第 17—20 页。

② 杨生平:《后现代主义与当代中国哲学》,《首都师范大学学报(社会科学版)》2000 年第 4 期,第 94—98 页。

③ 陆信礼:《中西文化交汇下的中国哲学重建——纪念张岱年先生逝世二周年国际学术研讨会综述》,《湖南大学学报(社会科学版)》2006 年第 6 期,第 54—57 页。

④ 何萍:《马克思主义哲学与当代中国哲学的创造》,《光明日报》2006 年 5 月 23 日。

⑤ 李翔海:《中国哲学之"重合"传统及其现代走向》,《南开学报》1995 年第 4 期,第 12—18 页。

⑥ 张志伟:《哲学是什么——〈西方哲学史〉导言》,载张志伟主编《西方哲学史》,中国人民大学出版社,2002,第 1—8 页。

⑦ 郭齐勇:《中国哲学史·导言》,载《中国哲学史》,高等教育出版社,2006,第 1—10 页。

⑧ 臧宏:《中国哲学史研究百年反思》,《华东师范大学学报(哲学社会科学版)》2001 年第 1 期,第 52—56 页、第 126 页。

⑨ 李宗桂:《二十世纪中国哲学研究的审视和新世纪的展望》,《学术界》2002 年第 1 期,第 254—268 页;第 2 期,第 256—267 页。

⑩ 刘文英:《中国哲学史百年述评与展望》,《中国哲学史》2001 年第 1 期,第 29—38 页。

⑪ 曹树明:《20 世纪二三十年代中国哲学史研究模式述论》,《中国哲学史》2007 年第 2 期,第 5—13 页。

研究(1949—2009)》①最为系统,其他文章还有姚介厚论当代哲学的几个主要课题②;笔名华山剑的一位学者忧思中国哲学的现状③等。由于重写涉及哲学观的问题,因而也在讨论中得到了反映,如潘磊、孟媛媛比较与分析中西方哲学观④等。其他论文,如:吕嘉谈当代中国哲学的学科制度、问题意识、未来方向⑤;李明华论中国传统哲学的当代发展⑥;陈卫平分析从胡适到冯友兰的中国哲学史研究之学科自觉⑦;景海峰初步思考后殖民语境中的从"哲学"到"中国哲学"⑧;周海春谈了对现行中国哲学史教科书的几点反思⑨;李荣海谈中国哲学的现状及发展趋势⑩;等等。在方法论问题上,李维武以"形态、问题与思潮"为题思考20世纪中国哲学研究的方法论⑪并以"蕴含思想史维度的哲学史研究"为题对19—20世纪中国哲学研究的方法论进行思考⑫,这两篇文章值得特别关注,在一定程度上协调了前述"正名"问题的方方面面。方法问题探讨的重要目标是"21世纪中国哲学主题:创造性转化",武汉大学哲学系曾主办过西学东渐学术研讨会暨"中国哲学创造性转化"研讨班,来自海峡两岸的多

---

① 郭齐勇主编:《当代中国哲学研究(1949—2009)》,中国社会科学出版社,2011。

② 姚介厚:《当代哲学的几个主要课题》,http://www.cass.net.cn/chinese/s14_zxs/jiaoliu/shiji/yao.htm。

③ 华山剑:《中国哲学现状的忧思》,http://newmind40.com/01_3/hshj.htm。

④ 潘磊、孟媛媛:《中西方哲学观比较与分析》,《技术与创新管理》2007年第2期,第1—2页。

⑤ 吕嘉:《当代中国哲学:学科制度、问题意识、未来方向》,《哲学动态》2008年第2期,第9—12页。

⑥ 李明华:《中国传统哲学的当代发展》,《学术研究》1996年第10期,第53—57页。

⑦ 陈卫平:《中国哲学史研究的学科自觉——从胡适到冯友兰》,《中国哲学史》2003年第2期,第5—12页。

⑧ 景海峰:《从"哲学"到"中国哲学"——一个后殖民语境中的初步思考》,《江汉论坛》2003年第7期,第29—33页。

⑨ 周海春:《对现行中国哲学史教科书的几点反思》,《广西民族大学学报(哲学社会科学版)》1997年第S1期,第208—211页。

⑩ 李荣海:《中国哲学的现状及发展趋势》,《许昌师专学报(社会科学版)》1996年第3期,第1—6页。

⑪ 李维武:《形态、问题与思潮:20世纪中国哲学研究的方法论思考》,《学术月刊》2004年第9期,第95—103页。

⑫ 李维武:《蕴含思想史维度的哲学史研究——对19—20世纪中国哲学研究的方法论思考》,《哲学研究》2007年第1期,第48—55页。

位学者在会议期间就中国哲学于当代创造性转化的若干问题进行了座谈①。

　　当然还有其他不少论文或著作探讨了上述问题及一些其他问题。正是这些探讨从中国哲学的时间尺度、空间尺度等方面对中国哲学的未来之路做了认真讨论。但是,讨论的重点仅落在"中西哲学关系"上写出名符其实的"中国哲学",而在"中国各民族内部哲学关系"上写出名符其实的"中国哲学"方面却讨论不足;从时间向度上也有明显关注不够的情形。因此可以说,在讨论中人们还是忽略了中国哲学研究中的另一重要层面,这就是在中国哲学史的研究中,特别是在中国哲学史的通史性叙述中,实际上存在着一种以"汉族成长史中的哲学史"代替"中国哲学史"的倾向,也就是说,忽略了中国少数民族哲学在中国哲学史中的应有地位。这正如长期进行中国少数民族哲学研究的佟德富所说:"由于种种社会历史原因,中国少数民族哲学思想史的研究,一直处于空白状态。结果,就形成了中国哲学现在的这种畸形状态:中国哲学史只是汉族哲学史,没有包括兄弟民族极其丰富而又富有民族特色的哲学思想史。这与我国多元一体的民族格局和伟大中华文明的历史与现状是极不相称的。"②本书作为《中国哲学通史》学术版中的一卷,目的就在于弥补这方面的不足。在一定程度上说,这也是为了发扬中国"民族哲学"的研究传统。因为早在抗日战争时期,中国已有"民族哲学"的专著问世,当时,汪少伦著的《民族哲学大纲》③由正中书局于1938年印行,其中所论虽然并不完全属于我们现今考虑的哲学,但该书研究了民族的本质及作用;民族发展与社会及个人的关系,包括民族生活及其与量质和环境的关系、民族生活与各方面文化的关系,民族生活与历史的关系及其重要性、片面史观的批评等。该书所关注的民族与文化精神、文化环境、文化史观等各方面的关系,显然已是民族哲学研究。从该书中汪少伦为其《中国

---

① 陈俊民等:《21世纪中国哲学主题:创造性转化》,《光明日报》2003年1月9日。
② 佟德富:《中国少数民族哲学概论》,中央民族大学出版社,1997,第1页。
③ 汪少伦:《民族哲学大纲》,正中书局1938年(中华民国27年印行)。

之路》的创作而阐述的理论,并结合他写的另一部著作《中国命运和伦理学》等,显然可见其民族自觉与哲学自觉,只不过当时并未具体到中国少数民族及其哲学而已。到了1964年,朱谦之即已指出"今天所有的哲学史书,都有一个缺点,就是只写汉族的哲学史,没有注意到其他民族在哲学史上的贡献"①,但此后很长时间都没解决这一问题。以至于直到1980年,孙叔平还不得不在《中国哲学史稿》中"郑重说明:我的《中国哲学史稿》,实际上是汉族哲学史稿。本书关于兄弟民族的哲学史料一点也没有。这是我对兄弟民族无知的缘故。这一点希望研究少数民族历史的同志能予以补足"②。可以看出,这个问题是到了应该认真解决的时候了。事实也正是这样,自20世纪80年代以来,中国少数民族哲学研究即充满勃勃生机,成为中国哲学史研究的新领域③。这足以说明中国少数民族文化已不再是一种纯粹的客体,而是像整个中国文化的其他构成部分一样,成了推动、塑造中国特色社会主义的强大力量。这也是研究中国少数民族哲学的意义之一。

三、用中国少数民族哲学开拓中国哲学史未来之路

毛泽东曾说:"观中国史,当注意四裔,后观亚洲史乃有根;观西洋史,当注意中西之比较,取于外乃足以资于内也。"④笔者认为,毛泽东的这一论述,同样适用于"观中国哲学史",其意在于说明"观中国哲学史"离不开中国少数民族哲学。只有这样,才能写出名符其实的中国哲学史。

其实,中国哲学史研究的起步,如果上溯历史,自然可以上溯到先秦。《庄子·天下》等篇中已强调当时"百家往而不返""道术将为天下

---

① 朱谦之:《谈谈有关研究中国哲学史的几个问题》,《朱谦之文集》第4卷,福建教育出版社,2002,第454页。
② 孙叔平:《中国哲学史稿·序言》,《中国哲学史稿》,上海人民出版社,1980,第19页。
③ 谷方:《评中国哲学史研究新领域的开拓》,《哲学研究》1987年第12期,第43—48页。
④《毛泽东早期文稿(1912.6—1920.11)》,湖南人民出版社,2008,第21页。

裂"状况的存在,渴望"齐万物""齐是非"的一统之道。至司马谈的《论六家要旨》及以后的各学术史论,也都有自己的一统之道。1919 年 2 月由上海商务印书馆出版的胡适的《中国哲学史大纲》(上卷),开启了用近现代方法研究中国哲学史并撰写专著的先河。但在当时,中国的民族问题,实际上是"中华民族"的问题,中国少数民族的问题还不突出,因而其书中反映的只是以汉族哲学为主体、以朝代更替和汉文典籍诸文献为基础的中国哲学史。此后的冯友兰、萧公权、范寿康、钱穆等先辈学者也相沿成习,直到中华人民共和国成立后的若干年,仍是这种现象。纵观这些通史性中国哲学研究,在体现中国哲学史的"民族成分"问题上,大致有以下三种情况:

(1) 避而不谈,只讲中国哲学史,阐明中国哲学史的研究对象、方法、目的和意义。在通史性的著述中,对各主要哲学家进行描述,概述其生平、著作、哲学思想。在对哲学思想的论述中,由于对中国哲学研究范式选择的差别,论述方式有所不同,如英美哲学影响下的胡适—冯友兰范式,马克思主义哲学影响下的郭沫若—侯外庐范式,中国哲学研究的"两个对子"范式,20 世纪 70 年代末以来的思想解放与研究范式转移等。影响特别大的恐怕要算"两个对子"范式,其特点主要是从唯物主义、唯心主义、辩证法、形而上学、思想影响及评价等方面进行阐明等。然而,无论哪种范式,论述的结果都是:表面上是中国哲学史,实际上是中国的汉族哲学史,最多可以说是"中域"哲学史。这类哲学史著述,在整个中国哲学史的通史性论述中,占有相当的比重。

(2) 强调中国哲学史是中华民族的认识史。在这里,"中华民族"得以强调,而且在一定程度上也强调了民族交融。在强调民族交融的过程中,各民族的哲学思想相互渗透,相互交融。但是,这里只是把"中华民族"当成是一种方法问题,因而在书写中国哲学史过程中,往往写的仍然只是汉族哲学史。而且在内容的表述上,与第一种类型略同。如冯友兰在《中国哲学史新编》中,在全书绪论第十节讲"阶级观点和民族观点",在对中国作"中华民族"的整体界定以后,讨论了中华民族的"民族精神"

问题,最后就主要讲"民族融合",实际上是用一种"以夏变夷"的指导思想,写下了自己的《中国哲学史新编》,并强调这是整个中华民族所具有的。因此,从思维方式上说,该书仍没有改变过去的忽略中国少数民族哲学的倾向。

（3）在中国哲学史的通史性描述中,既强调中华民族的统一性,又强调各民族的差异性。但是,这种民族的差异性并没有展开,有的只是提出了地区差别的问题,如强调老、庄道家哲学,就主要是受楚文化的影响所致。可是,在其具体的论述过程中,又没有完全超越传统的中国哲学史的写作方式,如有的著作强调"中国哲学史是中华民族的认识史",但是由哪些民族的哲学构成了统一的中华民族哲学,并没有阐明清楚。最终结果仍然是可想而知的,即中国哲学史实际上仍然是心目中的汉族哲学史。甚至还可以看到像任继愈主编的七卷本《中国哲学发展史》中所说"不能说每一民族都有自己的哲学"一类的论述,而这也正是直到目前仍然存在的中国少数民族哲学合法性问题的另一种表现形式。但是,这并不等于说不强调中国少数民族哲学在中国哲学通史性著述中的应有地位。因此,我们看到,孙叔平在《中国哲学史稿》中的郑重说明,并希望研究少数民族历史的同志能予以补足①。

与上述情形相应的是,自 20 世纪 70 年代末以来,在中国哲学研究的推动下,中国少数民族哲学研究得以展开。在一定程度上说,这是由于西方学术细分化、学科化（分科制）研究的再传薪火,即自西方哲学的学科独立启动中国哲学研究以来,中国哲学经过了冲击、融汇、创新、发展、反思等诸阶段②,然后发展至当今中国哲学主体性的阐扬,中国哲学研究已经近于成熟,以至于人们着眼于寻找"通向未来中国哲学的一条

① 孙叔平:《中国哲学史稿·序言》,《中国哲学史稿》,上海人民出版社,1980,第19页。
② 成中英在《反思近现代中国哲学的演化与方向:重写中国哲学史（提纲）》中认为"中国近代哲学百年"包括"五个阶段的发展:即危机、冲击、再觉醒、迂回与开放五个阶段"。见景海峰主编《拾薪集·中国哲学建构的当代反思与未来前瞻》,北京大学出版社,2007,第1页。

可能之路"①。与此相应的是,在中国哲学研究中,中国少数民族哲学研究的缺失自 20 世纪 70 年代末以来也逐渐为人诟病,而各少数民族自身则从学科细分化与学科自觉的层面阐扬中国少数民族哲学。这种哲学自觉表现在成立了中国南北方各自的"少数民族哲学和社会思想史学会",并最终统一为"中国少数民族哲学和社会思想史学会";表现在自觉按照当时所能被接受的"两个对子"的研究范式研究中国少数民族哲学,并成为一时风气;表现在中国少数民族哲学教学进入了部分民族院校的哲学教学课堂,成为中国少数民族哲学研究的新动力②;表现在成就了一大批中国少数民族哲学研究的经典成果,包括教材、专著、论文、资料选编、论文选辑;表现在进行大量的学术研究组织活动,包括会议、专栏、网站、报纸、杂志宣传;表现在中国哲学研究中承认中国少数民族哲学研究是中国哲学史研究领域的新开拓③;等等。这些自觉的直接成果即是中国少数民族哲学的自身建构,一个是内容的建构,一个是学科的建构,从而成为中国少数民族哲学研究的内在动力。但是,就目前的研究成果来看,在中国哲学的通史性论述中,内容上的建构进展仍然不大,成就仍然不显明,除任继愈主编的《中国哲学发展史·先秦》④、部分中国哲学研究的文献综述⑤、刘文英的《中国哲学史史料学》⑥、郭齐勇的《当代中国哲学研究(1949—2009)》⑦等以外,在其他的相关"中国哲学史"的通史性论述中仍然难觅中国少数民族哲学的踪影,以至于在有关权威部门主持的

---

① 吴根友:《珞珈中国哲学:通向未来中国哲学的一条可能之路》,载徐水生《珞珈中国哲学·中国哲学与日本文化》,中华书局,2012,珞珈中国哲学丛书序言。
② 李维武教授曾就大学哲学系的建立和哲学教学对中国哲学的推动作用作过具体论述,见《现代大学哲学系的出现与 20 世纪上半叶中国哲学的开展》,载《中国哲学的传统更新》,人民出版社,2012;另可见《学术月刊》2009 年第 11 期,第 38—48 页。
③ 谷方:《评中国哲学史研究新领域的开拓》,《哲学研究》1987 年第 12 期,第 43—48 页。
④ 任继愈主编:《中国哲学发展史·先秦》,人民出版社,1983。
⑤ 李宗桂:《二十世纪中国哲学研究的审视和新世纪的展望(上、下)》,《学术界》2002 年第 1 期,第 254—268 页;第 2 期,第 256—267 页。
⑥ 刘文英主编:《中国哲学史史料学》,高等教育出版社,2002。
⑦ 郭齐勇主编:《当代中国哲学研究(1949—2009)》,中国社会科学出版社,2011。

《中国哲学史》教材中,中国少数民族哲学虽然曾被列入计划,但是最终被取消了。至于中国少数民族哲学本身的学科建构,却在不断地获得发展,不仅有了课程、教材、专业组织、专业课题等方面的"学科"标志,而且有不少少数民族的专业学者出版了自己民族哲学的研究专著,并已谋求推动涵盖所有中国少数民族哲学的中国少数民族哲学史确立项目及发表相应成果。事实上,中国哲学中从来不缺少中国少数民族的哲学成分,只是未得到确认而已。

根据目前对中国少数民族哲学研究的角度,人们已从不同层面指向了中国少数民族哲学,除直接的哲学研究而外,还有以下几方面的哲学研究:

（1）"神话哲学"研究。"神话哲学"一词,早在19世纪,德国哲学家谢林即写过《神话哲学与天启哲学》一书;到20世纪,著名的德国学者卡西尔在其《象征形式哲学》中也曾使用"神话哲学"一词,并据以作为标题,而中国学者以此为题的论文更不在少数,如:胡景敏、孙俊华研究神话哲学视域中的《庄子》天人论[1],以及解读《庄子》生命意识的神话哲学[2];张蕾论《西厢记》时空方位中反映的神话哲学[3];方艳、李俊标以"龙蛇之辨与阴阳之化"为题研究龙在中国神话哲学中的意义[4];等等。至于著作,则有叶舒宪的《中国神话哲学》[5]等,可以看出,对于神话,是既有哲学值得研究,也有进行哲学研究的必要。而这也正是"神话哲学"的双重含义。其中的《中国神话哲学》则大量地研究了中国少数民族神话。佟

---

[1] 胡景敏、孙俊华:《神话哲学视域中的〈庄子〉天人论》,《太原理工大学学报（社会科学版）》2006年第1期,第63—66页。

[2] 胡景敏、孙俊华:《〈庄子〉生命意识的神话哲学解读》,《湖南工程学院学报（社会科学版）》2006年第2期,第34—37页。

[3] 张蕾:《〈西厢记〉时空方位中反映的神话哲学》,《内蒙古师范大学学报（哲学社会科学版）》2006年第S1期,第263—264页。

[4] 方艳、李俊标:《龙蛇之辨与阴阳之化——说龙在中国神话哲学中的意义》,《唐都学刊》2007年第4期,第22—26页。

[5] 叶舒宪:《中国神话哲学》,陕西人民出版社,2005。

德富初探神话宇宙观①,魏文爽试论中国上古神话中的哲学思想萌芽②,伍雄武以"原始意识和哲学、宗教、道德、文艺、科学的起源"为题研究云南少数民族原始意识③等论文都可以看成是这方面的哲学研究。

(2)"原始哲学"研究。有学者强调中国少数民族自己的民族哲学应用"原始哲学"来表示。在西方学术界,曾用"原始哲学"来标明原始人类的思想观念,如卡西尔即认为泰勒承认原始人有"一个相当一致和合乎理性的原始哲学",原始人也就是"原始哲学家"或"古代野蛮哲学家"④;美国学者托马斯·F.奥戴也曾强调:"原始的哲学,最简单的思想表现形式,了解世界和解释生与死、命运与自然、神和崇拜的一系列尝试。"⑤在中国学术界,茅盾先生早在20世纪20年代曾用"原始哲学"来评论神话思维,认为神话说明"原始人的思想虽然简单,却喜欢去攻击那些巨大的问题,例如天地缘何开始,人类从何而来,天地之外有何物,等等。他们对这些问题的答案……便是他们的原始哲学",是"他们的宇宙观",是他们"原始的哲学""遗形"⑥。到20世纪下半叶和21世纪初,学界更经常使用"原始哲学",如:普同金对彝族史诗《梅葛》中的原始哲学观念进行的研究⑦;李景江则分析了神话反映的原始哲学观,认为"神话……是原始人对世界本原、人与自然关系、自身作用的认识、思考,是后代科学、哲学、美学的源头。它的哲学观本身就是民族文化的精华,探讨原始哲学有助于研究神话的性质、特征,也有助于研究哲学史、美学史、文化史、文

---

① 佟德富:《神话宇宙观初探》,《宗教与民族》2012年卷。
② 魏文爽:《试论中国上古神话中的哲学思想萌芽》,《孝感教院学报》1994年00期,第1—4页。
③ 伍雄武:《原始意识和哲学、宗教、道德、文艺、科学的起源——云南少数民族原始意识研究》,《云南社会科学》1987年第2期,第25—32页。
④ 恩斯特·卡西尔:《国家的神话》,耶鲁大学出版社1946年版,英文本第11页,转引自俞吾金《寻找新的价值坐标:世纪之交的哲学文化反思》,复旦大学出版社,1995,第351页。
⑤ 麻天祥:《中国宗教哲学史》,人民出版社,2006,第97页。
⑥ 茅盾:《神话研究》,百花文艺出版社,1981,第13—76页。
⑦ 普同金:《略论彝族史诗〈梅葛〉中的原始哲学观念》,《云南民族学院学报》1984年第1期,第54—58页。

艺学史。"①此后,王晓华从原始哲学到生存实践哲学来对西方哲学史重新分期、从原始哲学到心学来对中国传统哲学分期,而且讨论了中西方传统哲学发展史的异同②;蓝鸿恩初探壮族原始哲学以思考壮族古代文化③;刘文英以"漫长的历史源头"为题初探原始思维与原始文化④;周延良以"《楚辞·天问》与原始文明"为题考释《天问》中的原始哲学内涵⑤;任荟研究壮族原始哲学思想⑥;张赫名论法老时代埃及的原始哲学⑦;等等,如刘文英即说,"神话式的'原始的哲学'或'宇宙观',同样是就哲学的萌芽而言。"目前,详细论正应该使用"原始哲学"一词的是晏祥紫的硕士学位论文⑧,他肯定"原始哲学是一个文化人类学或民族学意义上的概念,作为生命智慧的一种表现形式,它是指少数民族神话史诗和原始信仰所表现出来的原初精神家园和生命智慧,是真正属于少数民族自己的,具有原创性和独特性的'民族文化'。原始哲学是'类型'意义上的一种哲学,迄今为止,它一直都伴随着少数民族的发展历程。"不过,从整个中国少数民族哲学研究的主流来看,仍然使用的是"哲学萌芽",而并不将其作为一种哲学类型。如在作为中国少数民族哲学研究的领军人物

---

① 李景江:《神话反映的原始哲学观》,《吉林大学社会科学学报》1990 年第 6 期,第 50—56 页。

② 王晓华:《从原始哲学到生存实践哲学:对西方哲学史的重新分期》,《复旦学报(社会科学版)》1990 年第 6 期,第 31—37 页;《从原始哲学到心学:对中国传统哲学的分期——兼论中西方传统哲学发展史的异同》,《齐齐哈尔大学学报(哲学社会科学版)》1992 年第 1 期,第 5—6 页、第 14 页。

③ 蓝鸿恩:《壮族原始哲学初探——壮族古代文化思考之一》,《民族艺术》1994 年第 1 期,第 50—58 页。

④ 刘文英:《漫长的历史源头——原始思维与原始文化新探》,中国社会科学出版社,1996,第 638 页。

⑤ 周延良:《〈楚辞·天问〉与原始文明——〈天问〉中的原始哲学内涵考释》,《中国文化研究》2001 年第 3 期,第 11—17 页、写 3 页。

⑥ 任荟:《壮族原始哲学思想研究》,《河池师专学报(社会科学版)》2002 年第 3 期,第 10—12 页。

⑦ 张赫名:《法老时代埃及的原始哲学》,硕士学位论文,吉林大学文学院,2005。

⑧ 晏祥紫:《原始哲学及其主题研究——基于云南少数民族神话史诗和原始信仰的考察》,硕士学位论文,云南师范大学,2009。

那里,肖万源论哲学与原始意识①,佟德富初探神话宇宙观②,伍雄武以"原始意识和哲学、宗教、道德、文艺、科学的起源"为题研究云南少数民族原始意识③,等等,都只说原始宇宙观或哲学萌芽于原始意识中。基本观点是"不是哲学、学术起源于宗教,宗教又起源于原始宗教,而是哲学、艺术、宗教以及道德、科学都起源于原始意识,从原始意识中分化出哲学、宗教、艺术以及道德规范、科学知识;原始社会中,可以说既无哲学、艺术,也无宗教,但也可以说,既有哲学的萌芽、艺术的萌芽,也有宗教、道德、科学的萌芽,这种有和没有的矛盾统一体就是原始意识"④。其实,不管哲学观如何,要把"原始哲学"作为一种类型来加以研究,并无不可。

(3)"艺术哲学"研究。张胜冰、肖青著有《走进民族神秘的世界:中国西南少数民族艺术哲学探究》⑤一书,在承认中国少数民族有自己的艺术哲学的基础上,分析了中国少数民族艺术哲学与西方艺术哲学等不同的表达方式——非文化精英与文化经典,而是大量的文化事象。该书即是从西南少数民族的文化事象入手,以艺术哲学的视角,力求打破以往艺术哲学研究的传统观念,探讨和梳理了西南少数民族艺术哲学的文化内涵。该书广泛地涉及了西南各少数民族的神话、原始歌谣、民间史诗、宗教乐舞、图腾艺术、造型文化及至当代审美文化等众多领域中的艺术哲学命题,展现了西南少数民族艺术哲学的丰富性和多元性。此外,朱文华试析中国古代北方民族的哲学思想与乐舞艺术⑥、周凯模论民族宗教乐舞与神话哲学⑦等论文也可归入这方面的研究。在这方面,对各民

---

① 肖万源:《哲学与原始意识》,《社会科学辑刊》1991年第2期,第5—12页。
② 佟德富:《神话宇宙观初探》,《宗教与民族》第七辑(2012年),第69—109页。
③ 伍雄武:《原始意识和哲学、宗教、道德、文艺、科学的起源——云南少数民族原始意识研究》,《云南社会科学》1987年第2期,第25—32页。
④ 伍雄武:《原始意识和哲学、宗教、道德、文艺、科学的起源——云南少数民族原始意识研究》,《云南社会科学》1987年第2期,第25—32页。
⑤ 张胜冰、肖青:《走进民族神秘的世界:中国西南少数民族艺术哲学探究》,民族出版社,2004。
⑥ 朱文华:《试析中国古代北方民族的哲学思想与乐舞艺术》,《内蒙古艺术》2006年第2期,第105—107页。
⑦ 周凯模:《民族宗教乐舞与神话哲学》,《民族艺术》2000年第3期,第157—172页。

族的美学或审美研究的成果十分丰富,本书将在各民族哲学研究概观中加以介绍。

当然也有不少直接进行"哲学"研究的,我们的上述列举只是想强调"中国哲学史中不应忽略少数民族哲学"。其所讨论的"中国少数民族哲学"主要是学科意义上的。但是,这种学科意义又是基于中国少数民族哲学之内容的。从这个意义上说,作为"哲学",中国少数民族哲学应与哲学一般相一致,即它必须是所谓的对"大问题"①的反思或思考,这些问题蕴含着意义世界的终极性、人生价值理念与生成境界,无论是作为宇宙论的本体存在还是"天人之际",也无论是作为人类终极关怀的"性命之源"还是人生价值的达致路径等,都是所谓哲学问题,其具体体现为所谓宇宙本源或本体论问题、人类起源与人我关系问题、知识获得与目标达成的认识论及价值论等问题,这些问题对于各少数民族来说,都总是体现出一种文化上的根源性,承载着中国少数民族生成发展的精神信念、核心价值,其哲学的核心精神甚至直接转化为中国少数民族的现代精神传统。这些问题在中国少数民族哲学中都有表述,并因为中国各少数民族哲学具有其独特的哲学价值而应在中国哲学史著述中得到呈现,因而应该直接成为中国哲学的丰富内容。

第一,在世界起源与本质问题上,虽然所有哲学都可以承认世界有自己的本源,但是不同的哲学则有自己不同的本源认知,不同的中国少数民族哲学因而也有自己不同的宇宙本源认知。与此相应,对于人类起源、社会起源、知识起源、智慧起源等来说,中国各少数民族都有自己的明确而肯定的看法,并显示出自己的独特性,这方面的论文,如:姜国柱

---

① 胡适先生在初研究中国哲学时即强调"凡研究人生切要的问题,从根本上着想,要寻一个根本的解决,这种学问叫作哲学"。"若有人把种种问题种种研究法和种种解决办法,都依着年代的先后和学派的系统——记叙下来,便成了哲学史。"参见胡适《中国哲学史大纲》,上海古籍出版社,1997,第1页、第2页。美国学者所罗门即以"大问题"为哲学的书名,参见所罗门:《大问题:简明哲学导论》,广西师范大学出版社,2011。

论中国少数民族哲学的原始思维①；田清旺对中国西南少数民族创世神话进行哲学审视②；王军就神话与哲学的互渗，从文化神话学的角度研究中国上古神话与中国哲学的关系③；佟德富概述中国少数民族早期哲学宇宙观④，论述中国少数民族原始意识与哲学宇宙观之萌芽⑤；等等。以上文章都可提供这方面的证明。中国各少数民族的这些哲学探讨，既有哲学本体论问题的共性，又有因其特殊的自然地理环境、社会环境而形成的自己的特殊论说，如：中国西南与西北不少少数民族哲学主张的"四素"与"中域"哲学的"五行"、傣族等西南少数民族人类起源的进化链条及长期沿袭的历史进步论与"中域"哲学中的"皇帝王霸"的倒退历史观、少数民族宇宙起源上的"云雾""混沌"说等与"中域"哲学的"元气"说……正是这些丰富的宇宙本体论说丰富了中华民族哲学本体论的文化宝库。

第二，在人生的价值与意义问题上，有人认为中国哲学就是人生哲学，并以此区别于其他两系哲学⑥。但若就此而论以比照中国少数民族哲学，则仍然可以作此定论，并反映出中国少数民族哲学在整个中国哲学体系中的"多元一体"特性。比如佛教、伊斯兰教这两大世界性宗教，就强调人的主体性或主体地位方面呈依次减弱之势，于是佛教在与中国儒家文化的结合方面就形成了汉传佛教中的"儒释"，伊斯兰教与中国儒

---

① 姜国柱：《中国少数民族哲学的原始思维》，《云南教育学院学报》1995年第3期，第12—18页。

② 田清旺：《我国西南少数民族创世神话的哲学审视》，《吉首大学学报（社会科学版）》2006年第1期，第73—76页。

③ 王军：《神话与哲学的互渗——从文化神话学的角度看中国上古神话与中国哲学的关系》，《复旦学报（社会科学版）》1990年第3期，第58—62页。

④ 佟德富：《中国少数民族早期哲学宇宙观概说》，《中央民族大学学报（哲学社会科学版）》1999年第5期，第120—127页。

⑤ 佟德富：《中国少数民族原始意识与哲学宇宙观之萌芽》，《中央民族大学学报（哲学社会科学版）》1995年第4期，第14—24页。

⑥ 梁启超认为，从世界范围看，哲学可以分为三系，且研究对象有不同：其一是印度、犹太、埃及等东方国家的哲学，专注重人与神的关系；其二是希腊及现代欧洲哲学，专注重人与物的关系；其三是中国哲学，专注重人与人的关系。参见梁启超《饮冰室合集·专集之一百三》，中华书局，1989。

家文化结合,形成了"以儒诠经"的回儒,及至基督教"上帝"在与中国传统文化观中的"上帝"结合后的"上帝"新观念,并据此形成了不同的人生价值意义认知,研究、探讨这些内容,对于整个中国哲学的人生问题探索,都有独特贡献。至于在中国少数民族的古代神话、史诗中分别发现的不同的人生价值认知,则更可以丰富中国哲学的文化内涵。更为重要的是,与整个中国哲学或一般的"哲学"相比,中国少数民族哲学不仅是一般性的"哲学"存在,而且是非常个性化的"哲学"存在,这些特殊性不仅表现在其话语系统、思维方式等方面,而且体现在中国少数民族哲学所思考的问题与所反映的思潮上。正是这些方面表现出了中国少数民族哲学的独特哲学价值,成为中国哲学多源多系、多元多思的重要内容。

　　第三,在哲学的内容与形式问题上,苗族的"九卦易经"①"生成哲学"等,显示了苗族哲学的独特性。这方面的研究成果,如:潘定淑、雷安平试析《苗族生成哲学》中朴素的辩证法思想②,试论《苗族生成哲学》中朴素的唯物主义思想③;雷安平论苗族生成哲学"三位一体"的宇宙观④,论苗族生成哲学"一分为三"的方法论⑤;黄前程就一个方法论探讨苗族生成哲学的新视野⑥;等等,都给我们提供了一种可靠的证明。笔者曾作《邓小平"两点一心"的辩证思维特色》⑦一文,认为"邓小平同志的辩证思维,很明显的特色是'两点一心',即思考问题,特别是大局问题,都有'三

① 吴心源、雷安平:《苗族九卦寻踪》,湖南省苗学学会第四届会员代表大会暨洪江·中国第一古商城学术研讨会论文集,洪江,2009。
② 潘定淑、雷安平:《试析〈苗族生成哲学〉中朴素的辩证法思想》,《湘潭大学学报(社会科学版)》1990年第3期,第50—53页。
③ 雷安平、潘定淑:《试论〈苗族生成哲学〉中朴素的唯物主义思想》,《贵州民族研究》1992年第3期,第159—162页。
④ 雷安平:《论苗族生成哲学"三位一体"的宇宙观》,《湘潭大学学报(社会科学版)》1994年第3期,第49—51页。
⑤ 雷安平:《论苗族生成哲学"一分为三"的方法论》,《湘潭大学学报(哲学社会科学版)》1995年第2期,第112—113页。
⑥ 黄前程:《苗族生成哲学的新视野——就一个方法论探讨》,硕士学位论文,湘潭大学,2001。
⑦ 萧洪恩:《邓小平"两点一心"的辩证思维特色》,载《党校教育专题论丛——萧洪恩学术论丛之一·邓小平理论研究》,《党政干部论坛》1998年,第15—22页。

个方面',其中一个方面是中心"。文中列举了邓小平思想的大量事实,分析其思维构成在于"思维内容的构成是三个关系而不是两个关系""思维关系的实质仍然是对立统一""思维方法的原则是系统",其主要功能是"稳定性""适应性""全面性"等,应该说与西南各少数民族的思维方式有关,这方面还可作更进一步研究,而苗族的"生成哲学"却正好是"一分为三"。又如中国少数民族的智慧之学,特别是维吾尔族的智慧之学,像《福乐智慧》《真理的入门》《突厥语大词典》《阿凡提的故事》……以至于出现了像艾布·奈斯尔·穆罕默德·法拉比①(873—950)那样的为多民族所承认的哲学家,他甚至被誉为仅次于亚里士多德的人类的"第二导师"或称"亚师"。这方面的研究成果十分丰富,如:李振中简介法拉比哲学思想②、李琪叙述国际学术界研究《福乐智慧》概况③、许秀芳综述 1979年以来国内关于《福乐智慧》的研究④、姚利芬研究《真理的入门》之多元文化⑤,等等,都可以为我们提供必要的论说。同类的还有壮族的《传扬诗》、傣族等民族的"德化碑"等。再如回族的"以儒诠经"推演出的一整套本体论、知识论等哲学学说,在一定程度上可以说,回儒哲学已自成中国哲学文化的一大系统。王岱舆的"真一"哲学、刘智的"无称"哲学、马注的"八赞"哲学、张中的伊斯兰认主学思想……从各方面看,都在伊斯兰哲学的中国化与中国哲学的伊斯兰化方面作出了独特贡献,形成了特色的哲学文化风貌。还有,如土家族哲学中的家族文化现象特别明显。作为一个民族,生活在现今的土家族地区的土家族人民,自然具有文化上的统一性,但从总体上看,家族化现象是土家族文化的一大风景,大的如容美田氏、酉阳冉氏、石柱马氏、湘西彭氏……各自形成了自己的哲学

---

① 同时有学者认为他是哈萨克族或回族思想家。这种民族成分认知的复杂性是一种在新疆各民族哲学研究中较为普遍的现象。

② 李振中:《法拉比哲学思想简介》,《回族研究》2002 年第 1 期,第 80—86 页。

③ 李琪:《国际学术界研究〈福乐智慧〉概况》,《新疆社会科学》1986 年第 4 期,第 113—118 页。

④ 许秀芳:《1979 年以来国内关于〈福乐智慧〉研究综述》,《西域研究》1994 年第 1 期,第 46—54 页。

⑤ 姚利芬:《〈真理的入门〉多元文化研究》,硕士学位论文,中央民族大学,2010。

特征,其中容美田氏九代十六大诗人,人人有集,形成了长达两百多年的文化传承,并形成了自成一家之言的哲学文化传统。再有,如彝族哲学的区域化特征特别明显,以至于我们可以把其分为不同的区域来进行阐述,呈现出一个民族从古至今的区域性、多样性发展而又不失其统一性,反映出彝族总体上的大分散、大杂居、小聚居存在方式,于是其文化形式与哲学精神也具此特征。《查姆》流传于云南省楚雄彝族自治州双柏县和红河哈尼族彝族自治州的部分彝族地区;《梅葛》流传于云南省楚雄彝族自治州姚安、大姚、永仁等县彝族地区;《阿细的先基》是彝族支系阿细的史诗,主要流传在红河哈尼族彝族自治州弥勒县西山一带;《勒俄特依》又名《勒俄石博》《布比特衣》,主要流传于四川省凉山彝族自治州和云南省宁蒗彝族自治县(俗称小凉山);《尼苏夺节》流传于云南省红河哈尼族彝族自治州红河、元阳等县彝族地区,而且除在彝族口头流传外,还有毕摩用彝文记载的抄本;《阿赫希尼摩》则主要流传于云南省哀牢山彝族地区……其他还有藏族哲学、医学等对中华文化作出的独特贡献,特别是藏传佛教的影响。可能由于西藏地区原来特别适宜于人类居住,而后来又由于自然地理的变化使其抬高而丧失了地理优势,以至于人类逐渐迁移出去。不过,西藏地区的古人类遗存却特别丰富,学界有人甚至认为西藏地区就是人类起源地。这方面已有不少学者作了论述,如:徐旺生从农耕起源的角度看汉藏民族关系[1]、张民德认定西藏高原是人类起源的发祥地或源头[2],等等。徐旺生从农耕起源的角度看汉藏民族关系,认为汉族在早期的形成和演化过程中,生活在今天西藏地区的原始居民即藏族的先民起了关键的作用,而传说中的炎帝即是姜姓,可能来自青藏高原,是青藏高原的远古居民向东迁徙的后代……

可以说,中国少数民族哲学各自有其独有的特征,此外还有其他一些特征,值得我们重视,比如"史诗"——中国少数民族的史诗中出现了

---

[1] 徐旺生:《从农耕起源的角度看汉藏民族关系》,《农业考古》2000年第1期,第248—254页。

[2] 张民德:《西藏高原是人类起源的发祥地或源头——兼论西藏史前考古》,《西藏艺术研究》1994年第3期,第51—55页。

"三大史诗",即蒙古族的《江格尔》、藏族的《格萨尔》和柯尔克孜族的《玛纳斯》,它们是中国少数民族史诗的代表,相比之下,这是中域文化所不可比拟的;宗教哲学——中国少数民族哲学差不多都与宗教相关,无论是原始宗教还是人为宗教,可以说不胜枚举;原始思维研究——中国少数民族哲学的发展,其源头特别丰富,是一个多源头多根系的哲学文化传统,目前这方面的研究成果已十分丰富,对中国少数民族哲学研究的功用特别巨大。

四、形成涵盖各民族哲学的中华民族哲学史新传统

综观以上中国哲学史的通史性研究著述,我们可以得出以下结论:目前所及的中国哲学史的通史性研究著述,实际上只是以"汉族哲学"为主题写的,中国少数民族哲学还没有在这些著述中引起足够的重视,以至于学生在学习中国哲学史时,在没有"民族自觉"的情况下和在有"民族自觉"的情况下,会有完全不同的感受。笔者在30多年前初涉中国哲学史时,是在没有"民族自觉"的情形下,当时总的感觉只是认为中国哲学与西方哲学相比,是没有丝毫逊色的。但后来在有了自己的"民族自觉"以后,再来读中国哲学史的通史性著述,就有了另一种感觉:为什么中国哲学史实际上只是汉族哲学史?对这个问题,笔者曾请教过一名台湾学者,他除了强调我们对许多"民族"还没有搞清楚,还强调各少数民族都有自己的哲学。但对少数民族哲学为什么没有进中国哲学史的通史性著述却没有正面回答。他的这些说法是否正确,学界还可以进行讨论。不过由此也可反映出台湾地区的部分学者的中国哲学史研究,在对待中国少数民族哲学研究上与大陆有相似之处。形成这种状态,笔者以为有以下的原因:

第一,受中国哲学治史传统的影响。早在荀子的著作《劝学》中,就提到各民族"生而同声,长而异俗,教使之然也"的问题。在《庄子·天下》、司马谈《论六家要旨》及以后的历代汉史文籍中,基本上都遵循中国

人类共祖原则,然后把"他们"都纳入"汉族系统""唐人系统",如楚国,原来就是南蛮系统,后来也成了正统的"汉人"了。事实上,正是这种思维方式直接影响到后世中国哲学史通史性著述,即凡属各民族交融以后的,即成了汉族和汉族哲学。毫无疑问,在中华民族的形成过程中,既有"用夏变夷"的情况,也有"用夷变夏"的情况,虽然前者是主要的,但与此相应的各民族间文化交融并不否认各民族文化独特性的存在,这种独特性应在文化研究中、在哲学研究中得到承认。这种承认包括两个方面:一方面是改变在中国哲学史的通史性著述中,在其自身的内容上,还只是中国汉族哲学史的这种状况,改变中国少数民族哲学及其哲学史的研究在中国哲学通史性论述中的长期空白状态,改变治中国哲学史的学者只把"中国"局限于汉文正史或汉文正籍的状态。因为这样的结果必然是"形成了中国哲学现在的畸形状态:中国哲学史只是汉族哲学史,没有包括兄弟民族极其丰富而又富有各民族特色的哲学思想史。这与我国多元一体的民族格局和伟大中华文明的历史与现状是极不相称的"①。另一方面是在中国哲学的通史性论著中,应在对各哲学家的评述中加以民族背景的介绍,如先秦时期的赛人思想家鹖冠子,显示出一种从边地出发的综合文化取向,特别是其对"以人为本"思想的系统论述,与先秦"以民为本"思想实际上构成两大思想系统②,为秦汉以后的"以民为本"的思想提供了丰富的土壤。明代哲学家李贽,被认为是中国走向近代过

---

① 佟德富:《中国少数民族哲学概论》,中央民族大学出版社,1997。

② 关于"以民为本",可见《晏子春秋·内篇》:"卑而不失尊,曲而不失正,以民为本也。"古文《尚书·五子之歌》:"皇祖有训,民可近,不可下,民惟邦本,本固邦宁。"汉代贾谊《新书·大政上》:"闻之于政也,民无不为本也。国以为本,君以为本,吏以为本。故国以民为安危,君以民为威侮,吏以民为贵贱。此之胃民无不为本也。"关于"以人为本"思想,在《鹖冠子·博选》中表述为一系列关系:"君也者,端神明也;神明者,以人为本者也;人者,以贤圣为本者也;贤圣者,以博选为本者也;博选者,以五至为本者也。"管子被认为是最早阐明"以人为本"的思想家,如《管子·霸言》:"夫霸王之所始也,以人为本。本治则国固,本乱则国危。"《管子·权修》:"天下者,国之本也;国者,乡之本也;乡者,家之本也;家者,人之本也;人者,身之本也;身者,治之本也。"鹖冠子为赵武灵王(约前340—前295)师,而赵武灵王是战国中后期赵国君主,死后谥号武灵。而管子是春秋时期(前770—前476)齐国政治家、思想家,在没有新材料发现之前,应被认为是最早阐明"以人为本"思想的思想家。

程中的第一名哲学烈士,他是一个回族哲学家,他提出的"生知说"和"童心说"等,就是在同时代的其他汉族哲学家中也毫不逊色。其他如白族思想家李元阳、蒙古族思想家保巴等,还可以列举一些。即使是近现代中国哲学家,如艾思奇,学界即认为他是蒙古族哲学家。这些哲学家或者未被写进中国哲学史,或者没有以少数民族哲学家的身份进入中国哲学史著述中。这样的表述,自然会被认为不利于培养"中华民族"的认同感,从学术发展、从中华民族思维的整体研究与挖掘等方面也自然是十分不利的。因此,在书写中国哲学通史性论述时,他们作为中华民族的一员也应该得到强调。

第二,治中国哲学史的学者,特别是一些老先生,都是留洋的或从旧中国走过来的,他们那时的政治、经济、文化、学养等方面,都不可能涉及中国的少数民族哲学问题。正如葛兆光所说,那样的中国哲学史,实际上成了中国的精英哲学史,并进而成了中国汉族的精英哲学史。为此,葛兆光提出了一个丰富中国哲学史的新思路,这就是用中国思想史代替中国哲学史,并且强调要在精英思想史的基础上丰富一般的思想史,并将自己的方法写成专著,成为他的《中国思想史》的第一卷。但这样一来,"中国哲学史"就消失了。可是,"中国的"哲学或"中国底"哲学,并不只是"哲学在中国",因而是不能消除的,用思想史来代替中国哲学史的办法是不可取的。当然,葛兆光提出要丰富、修改中国哲学史的写法,是可取的。我们认为,这种丰富、修改中国哲学史的方法,一个重要的方面是应从中国少数民族思想中去寻找,从少数民族哲学史中去寻找,如:王军从文化神话学的角度看中国上古神话与中国哲学的关系,继而论神话与哲学的互渗①;伍雄武略论少数民族哲学及其意义②;姜国柱论中国少

---

① 王军:《神话与哲学的互渗——从文化神话学的角度看中国上古神话与中国哲学的关系》,《复旦学报(社会科学版)》1990 年第 3 期,第 58—62 页。
② 伍雄武:《略论少数民族哲学及其意义》,《云南师范大学学报(哲学社会科学版)》1994 年第 3 期,第 17—20 页。

数民族哲学的原始思维①;佟德富论中国少数民族原始意识与哲学宇宙
观之萌芽②,概说中国少数民族早期哲学宇宙观③,要求以科学发展观为
指导把少数民族哲学研究推向一个新的阶段④;王芳恒论少数民族哲学
与社会思想的应有地位和作用⑤;郭海云初探中国少数民族哲学中的辩
证思想⑥,简述中国少数民族的认识论思想⑦及中国古代少数民族的宇
宙观⑧,简述中国古代少数民族的社会历史观⑨;丹珠昂奔论时代、文化、
哲学与少数民族文学创作⑩;邱树森论中国古代少数民族在科学技术和
文化艺术上的贡献⑪;等等。这些文章都在这方面提供了强有力的证明。
其实,早在任继愈三编的《中国哲学发展史·先秦》中,已广泛引用中国
少数民族的哲学文献,已为中国少数民族哲学进入中国哲学的正堂提供
了证据,反映出形成涵盖各民族哲学的中华民族哲学史新传统的时机已
经成熟。

---

① 姜国柱:《中国少数民族哲学的原始思维》,《云南教育学院学报》1995 年第 3 期,第 12—
18 页。
② 佟德富:《中国少数民族原始意识与哲学宇宙观之萌芽》,《中央民族大学学报(哲学社会科学
版)》1995 年第 4 期,第 14—24 页。
③ 佟德富:《中国少数民族早期哲学宇宙观概说》,《中央民族大学学报(哲学社会科学版)》1999
年第 5 期,第 120—127 页。
④ 佟德富:《以科学发展观为指导把少数民族哲学研究推向一个新的阶段》,载王天玺主编《西
部发展的理论与实践》,云南教育出版社,2005,第 9—17 页。
⑤ 王芳恒:《论少数民族哲学与社会思想的应有地位和作用》,载王天玺主编《西部发展的理论
与实践》,云南教育出版社,2005,第 315—325 页。
⑥ 郭海云:《中国少数民族哲学中辩证思想初探》,《西北民族研究》1989 年第 2 期,第 219—
223 页。
⑦ 郭海云:《简述中国少数民族认识论思想》,《西北民族大学学报(哲学社会科学版)》1992 年第
1 期,第 15—20 页。
⑧ 郭海云:《简述中国古代少数民族的宇宙观》,《西北民族大学学报(哲学社会科学版)》1993 年
第 3 期,第 8—13 页。
⑨ 郭海云:《简述中国古代少数民族的社会历史观》,《西北民族大学学报(哲学社会科学版)》
1994 年第 3 期,第 23—28 页。
⑩ 丹珠昂奔:《时代、文化、哲学与少数民族文学创作》,《民族文学研究》1986 年第 4 期,第 60—
64 页。
⑪ 邱树森:《我国古代少数民族在科学技术和文化艺术上的贡献》,《社会科学战线》1980 年第 3
期,第 210 页。

第三,治中国哲学史和治中国少数民族哲学的各方面专家学者的结合融通不够。目前,在中国哲学史的研究中,对汉族哲学,特别是以"中域"历史发展为轴心而展开的汉族哲学研究著作的确汗牛充栋。同样,关于中国少数民族哲学的研究,成果也十分丰富,诸如《中国少数民族哲学概论》《中国少数民族哲学史》《中国少数民族哲学思想简史》《中国少数民族哲学专题研究》;至于各少数民族哲学的单一民族哲学研究成果,特别是各少数民族哲学的专史研究,则更是十分丰富,目前已有十多个民族有了自己的哲学专史或相关专著。其他的相关研究论文,那就更多。对此我们将在后面论述。因此,汉族哲学研究与中国少数民族哲学研究这两个方面的成果,应该充分地互补,借以形成一部统一的中国哲学史。可是目前,这方面的工作还做得很不够。不仅在目前的中国哲学史通史性论著中,而且在中国哲学史的通史性研究中,对中国少数民族哲学都还没有引起足够的重视。所以,当提出中国哲学史还不是名符其实的中国哲学史时,有的学者还不以为然,因而形成治中国少数民族哲学的专家学者的"单相思"的状况。这种状况即表现在既有传统的多种版本的中国哲学的通史性论述,又有多种版本的中国少数民族哲学史著作的论述,就是没有一部综合反映中国各民族哲学发展史的"中国哲学史"论述。应该说,这种状况是极不利于中国哲学发展的。

但是,这种分裂状况应尽早结束。前辈学人孙叔平在《中国哲学史》中的强调,刘文英在《中国哲学史史料学》中引入中国少数民族哲学史料,任继愈主编的《中国哲学发展史·先秦》大量引用中国少数民族文献研究中国哲学的发生等,都表明一种新的中国哲学研究传统正在形成。现在的问题是如何更进一步地推进这一传统的发展。

五、迎接中华民族哲学史的中国哲学未来创新之路

目前,就中国哲学史的研究现状来看,真正可以说是百花齐放的满园春色,为我们迎接中华民族哲学史的中国哲学未来创新之路提供了前

提条件,这表现在:

(1)传统的"中国哲学史"研究成果丰富。若随意列举,就可以如数家珍般地列出新出版的若干著作。至于论文等,则更多。根据2011年出版的郭齐勇主编的《当代中国哲学研究(1949—2009)》[①],对中国哲学研究60年的回顾与反思表明,60年可分为两大阶段五小阶段,近30年的各个时段,对哲学人物与哲学问题的研究即有许多成就,其中传统哲学与当代的关系、经与经学、佛教、道家与道教、宋明理学、现当代新儒学、出土简帛中的哲学思想研究、从政治哲学的视域研究中国哲学,等等,已成为热门或显学,构成了中国哲学研究的八大领域;同时还把东亚(中国、越南、朝鲜半岛与日本)的哲学思想史作为一个整体来研究,并且是富有创新性的思路。另外,在多种论文、论著中,在许多学术会议上,专家学者都在思考中国哲学的创造性转化问题,例如2002年9月,在武汉大学举办了"中国哲学的创造性转化高级研讨班",研讨班上的学者都在思考思想解放与研究范式转移、中国哲学主体性与范式重构等问题。这表明,人们对中国哲学的未来已经有了科学理性和主体自觉、建构理想与研究热情。

(2)打民族牌,研究中国少数民族哲学已经成为热潮。如:在1981年就成立了"中国北方少数民族哲学及社会思想史学会",1983年又成立了"中国南方少数民族哲学及社会思想史学会",1992年成立了"中国少数民族哲学及社会思想史学会";蒙古族哲学思想研究成了国家级科研课题;在各相关大学开设了"中国少数民族哲学讲座";等等。此外,还有一系列研究成果面世。在这方面,又表现在以下几个层面:第一是写出了某些民族的哲学通论,如蒙古族哲学、满族哲学、彝族哲学、苗族哲学、白族哲学、土家族哲学、纳西族哲学、维吾尔族哲学、回族哲学、傣族哲学、壮族哲学、哈尼族哲学、侗族哲学,等等。第二是就某个民族的哲学作分门别类的研究,如各民族的口承文化哲学、仪典文化哲学,等等。第

---

① 郭齐勇主编:《当代中国哲学研究(1949—2009)》,中国社会科学出版社,2011。

三是将中国少数民族作为一个整体,写出了中国少数民族哲学的通论性著作,如《中国少数民族哲学概论》《中国少数民族哲学史》《中国少数民族哲学思想简史》等,目前已形成了40多个民族的专家学者共同研究全部中国少数民族哲学的新局面,"中国少数民族哲学史"研究项目将在以往研究成果基础上,综合多学科的视野、方法,总结最近30年研究的新成果,对中国55个少数民族的哲学思想史进行全面系统的研究,以哲学思想为内核全面展现55个少数民族复杂、多样的生活样式、文化特色及精神世界。同时,这项研究还关注各民族之间的关系,既强调各民族的独特性、多样性,又强调中华民族"多元一体"的共性、统一性。[1] 第四是发表了大批有关各少数民族哲学方面的论文,如土家族、苗族、白族等。在这方面,许多杂志发表单篇的文章,研究中国少数民族哲学,已经是经常的,如《中南民族大学学报》《湖北民族学院学报》《吉首大学学报》等,这些学报甚至把发表这些文章上升至整个中国哲学史学科建设的高度。第五是出版了一些论文集,如《中国少数民族哲学·宗教·儒学》等,在一些中国哲学史研究的论文集中,如《论中国哲学史》,即有彝族哲学研究的文章[2]。应该说,这是中国哲学史研究的一道新的风景线。

(3) 中国哲学分区研究工作的展开,在各地形成特色文化哲学研究态势,如《楚国哲学史》《岭南哲学史》等多种专著的出版,以及多篇论文的发表,给中国哲学的研究带来了生机。这种类型的哲学研究,往往还形成与地方发展结合的情势,反映了理论与实践结合的程度。

以上三种情形都反映了中国哲学研究的丰富和深化,如果说有遗憾的话,一则是三者各自都有深化不够的问题,二则是这三者的结合不够。这种结合的基本方向之一就是增加"中国哲学"的少数民族成分,使之成为真正的"中国哲学"。因为哲学作为时代精神的精华,应当反映时代的政治、经济、文化的进步。如果说中国哲学史的研究及其通史性论著,在

---

① 近40个民族的学者集体攻关"中国少数民族哲学史",http://news.ifeng.com/society/news/detail_2011_03/19/5251722_0.shtml.

② 中国哲学史学会等:《论中国哲学史》,浙江人民出版社,1983。

中华人民共和国成立前出现汉族哲学代替论倾向还情有可原的话,那么在中华人民共和国成立以后,特别是在中国共产党的十一届三中全会以后,中国哲学史的研究,还跟不上中国共产党民族政策落实之步伐的话,则实在说不过去。即使我们同意有的教材或通史性论述中说的:不是每一民族都有哲学,如有些原始民族就没有哲学。但我们至少要强调的是,中国有不少的民族是有哲学的,作为反映时代精神精华的哲学,特别是中国哲学史的研究应加以借鉴和引入。为了实现上述目标,我们认为有必要做好以下工作:

(1)提高对中国少数民族哲学地位的认识。这就是要强调,中国各少数民族哲学和汉族哲学一样,创造发展了各具特色的哲学思维,这些哲学思维理所当然的不应被排斥在中国哲学史之外,而应是中国哲学史的重要组成部分。比如在研究中国哲学思维萌芽时,我们往往因汉史文献的不足而略显单薄,但一旦把中国各少数民族的文献典籍纳入此项研究以后,中国哲学中的这一部分就会异常生动和丰富。又比如,在研究隋唐哲学时,也往往因材料原因而不是很充分,如果抓住各民族交融过程中的哲学融通,则自然又更加丰富,像刘禹锡在土家族地区生活并受土家族哲学的影响等即是明证。如果从近现代哲学研究出发,这个问题就会显得更加重要。可以说,所有中国少数民族都在血与火的近现代洗礼中有了近现代的思想创获,从而丰富了中国的思想园地。

(2)要促成中国哲学研究的多学科结合。传统的哲学研究,强调文史哲诸学科的结合,这自然是十分必要的。但是,我们认为还不够。中国哲学研究要更进一步地开创新局面,一个重要的方式是促成哲学研究和民族学、人类学、社会学、考古学等研究的结合,如根据血样的检测,中国人类样群的规律性分布已经十分明显。中国古代哲学家的地域形态的确定和人类样群分布的确定,就可以大致确定历史上哲学家的民族成分。这二者结合的另一方面就是,在哲学史的撰写中,特别是在中国哲学史的通史性论著中,应该吸收中国少数民族哲学的研究成果。此外,中国哲学的研究,特别是中国哲学史的研究,还应同考古学、人类学结合。我们的考古学,过去大多只强调有什么,这些东西说明了什么,其科研成果的哲学运用不够。从哲学研究的角度说,我们应思考的是这是什么人留下的,这些人在思考什么? 也就是说,在一定程度上要实现考古文化的转变,从考古证明论向考古文化论转变,使考古文化纳入不同民族人类群体哲学思维的研究领域。要通过这二者的结合,形成一种中国哲学研究的新视野。

(3)有目的、有计划地逐步把中国少数民族哲学纳入中国哲学史的论述范围中来,如现在有的基础工作还未跟上的情况下,可以先把已有的成果加以运用,先在各大学的中国哲学史教学中,开设中国少数民族哲学的专题讲座,然后在教材建设上以专篇的形式,将中国少数民族哲学纳入。如果可能的话,由国家级规划教材来解决这个问题。当然,这些工作要得到有关各方面的协调攻关才能推进。根据目前的研究成果及实际情况,第一步可以根据中华民族的族系特征来加以描述,将多源头、多根系的中国各民族划分为几大族系,其中汉族系统又可划分为南北等不同区域,体现出汉族哲学文化的特征,郭齐勇曾将这种哲学的特征概括为"创化日新,生生不已""相依相待,整体和谐""事实与价值的联结,语言与超语言的贯通",等等[1],其他学者也都有各自的论释。例如满—通古斯语的各个民族[2]初始都信仰萨满教,属原始宗教哲学世界观,这一语系各民族随着南移而逐渐接受中域哲学文化;蒙古族虽然在发展中期接受了藏传佛教,甚至在元朝时奉其为国教,但后来也都接受了中域哲学,特别是儒家哲学。蒙古族、满族所建立的王朝曾统治过全国,儒学作为统治哲学,自然也被接受,并成为国学,使各民族哲学实现了跳跃性发展。其他民族则更多地保留了萨满教文化因素,同时吸收其他文化

---

[1] 郭齐勇:《中国哲学智慧的探索》,中华书局,2008。
[2] 满—通古斯语族是指发源于贝加尔湖附近的一个古老的民族共同体,现在属于这个语族的包括满族、锡伯族、赫哲族、鄂伦春族、鄂温克族及生活在俄罗斯境内的奥罗奇人、那乃人(都是赫哲人,即原女真人的一支)、乌底盖人、乌尔奇人、雅库特人(都是原女真人支系),等等。

因素。中国有 10 个少数民族的相当一部分群众信仰伊斯兰教①,这可作为受伊斯兰教影响的各民族哲学加以研究,其中特别具有代表性的且人口较多的是维吾尔族、回族、哈萨克族等。该系各民族哲学由于多处于或来自古代丝绸之路,有利于中西方文化交流与沟通,使各民族哲学具有自己独有的特征。藏传佛教②系统各民族哲学,以藏族哲学为代表,其佛教哲学独具特色。中国南方各少数民族也可分为几大系属,特别是西南形成了南传佛教文化圈、氐羌民族系统文化圈③等,也形成了一些具有代表性的各民族哲学……总之,先划分族系,将各民族哲学作概括性的叙述,然后逐渐丰富完善,形成中国系的中华民族哲学史著述。

---

① 中国现有 10 个少数民族的相当一部分群众信仰伊斯兰教,这 10 个少数民族是:回族、维吾尔族、哈萨克族、柯尔克孜族、东乡族、撒拉族、塔吉克族、乌孜别克族、保安族、塔塔尔族。

② 藏传佛教,由中国西藏北上南下,逐渐传入蒙古、俄罗斯、不丹、尼泊尔、锡金和北印度。北传佛教俗称大乘佛教,其中的一支以中国中原汉传佛教为主体,还包括朝鲜、日本、越南及近代传入的马来西亚、新加坡和菲律宾等国佛教;另一支为南传佛教又称南传上座部佛教,俗称小乘佛教,主要分布在亚洲南部,包括斯里兰卡、缅甸、泰国、柬埔寨、老挝和中国的傣、布朗、德昂及阿昌、佤等民族信仰的佛教在内。在中国云南省傣族、布朗族、德昂族等民族的传统文化里,南传上座部佛教(俗称小乘佛教)较长时间以来具有相当影响。

③ 一般来说,这一系统包括彝族、哈尼族、白族、纳西族、藏族、景颇族、拉祜族、傈僳族、普米族、怒族、阿昌族、独龙族、基诺族等少数民族。

第一章　中国少数民族哲学的研究方法

中国少数民族哲学研究仍然面临着一系列困难。面对中国少数民族哲学研究的这些困难，我们一方面强调要进行哲学研究，另一方面强调要进行正确研究，于是方法论问题就此提上了日程。之所以要研究，一个简单的道理即是："中华各民族人民在共同开发、缔造和建设统一的多民族国家的长期历史中，不仅创造了卓越的物质文明，也创造了灿烂的精神文化成果，共同为中华民族文化的繁荣作出了重要的贡献。《诗经》是各地区、各民族民歌的总汇。《楚辞》中相当一部分是记录或者整理的少数民族的仪式歌、民歌。元曲的繁荣有着少数民族多方面的贡献。各少数民族都流传下来了许多用本民族文字或用汉文创作的各类文学作品，还有大量优秀的口头文学作品。我国的三大民间史诗：藏族的《格萨尔王传》（以下除引文外，只称为《格萨尔》——引者）、蒙古族的《江格尔》和柯尔克孜族的《玛纳斯》，是饮誉世界的英雄史诗。闻名中外的敦煌、云冈、龙门等石窟以及克孜尔千佛洞，是汉族、鲜卑族、吐蕃族以及西域各民族的艺术家和劳动人民共同创造的。"[1]之所以要进行正确的研究，是因为强调要进行哲学精神的阐明，这也就是本书所强调的研究

---

[1] 吴仕民主编：《民族问题概论》，四川人民出版社，1999，第164—165页。

方法问题。

第一节 中国少数民族哲学研究方法论问题探析

黑格尔曾强调方法"是任何对象所不能抗拒的一种绝对的、唯一的、最高的、无限的力量"①,由此可见中国少数民族哲学研究方法问题的极端重要性。事实上,中国少数民族哲学研究从一开始就十分重视方法研究,特别是重视方法论的研究。自 20 世纪 80 年代中后期开始,在中国少数民族哲学研究从"要不要开展这一工作"转化为"如何开展这一工作"②的问题后,方法论问题就更加凸显,仅 1987 年出版的《中国北方少数民族哲学及社会思想史论集》(二)③的"方法论"存目即有 12 篇论文。进入 20 世纪 90 年代后,这一问题更是得到了深入展开。为进一步推动中国少数民族哲学研究,笔者曾对此问题进行专门探讨,以期获得更为科学的研究方法论。笔者坚信,方法论问题在本质上即是对研究对象存在性的确认、对对象价值必要性的坚守、对研究路径科学性的深信,以及对研究方法正确性的把握,因为方法论要指明的是理论研究的思维形式如何应用于研究对象以产生出科学结论④。而且,也正是在这些问题上,中国少数民族哲学研究工作者在对哲学的再界定、价值的再阐释、路径的再选择、方法的再探索等方面都作出了各自的贡献。

一、对中国少数民族哲学存在性的确认

从理论上说,针对特定对象的方法论首先表现在对对象存在性的坚信,否则就不存在所谓研究的问题。所以,哲学首先要做的工作就是要

---

① 《马克思恩格斯选集》第 1 卷,人民出版社,1995,第 139 页。
② 任继愈:《如何看待中国古代哲学中的民族哲学家》,《南京大学学报(哲学人文科学社会科学版)》1982 年第 4 期,第 49—53 页。
③ 中国北方少数民族哲学及社会思想史学会编:《中国北方少数民族哲学及社会思想史论集》,内部资料,1987,第 343 页。
④ 黑格尔:《小逻辑》,贺麟译,商务印书馆,2003,第 370—371 页。

证明其对象的必然性①。对中国少数民族哲学研究来说,其方法论的首要表现也在于对少数民族哲学存在性的确认。这一点,由于中国少数民族哲学存在着所谓合法性的问题,自然而然地显得特别重要。尽管哲学一词在中国少数民族历史文化文献中早已存在,如蒙古族《十善福经·白史》中已有哲学和哲学家两个概念,并有独特的界定②。但作为近现代分科体制的哲学学科毕竟是西方的产物,因而要在中国少数民族思想文化中找寻或研究哲学,就必然会遇到西方哲学及继之而后且中国化的中国哲学的双重质疑。为此,从理论上、实践上确信中国少数民族哲学的存在性就成为一种方法论要素,具有了中国少数民族哲学研究的方法论意义。

哲学通史要包括所有民族的哲学③,为实现上述目标,在中国少数民族哲学研究史上,前提性诉求即承认各少数民族有自己的哲学思想,而其中最基本的确认方式是对哲学的再界定,即确认一种能够获得中国少数民族哲学存在性的哲学观。在这种努力方向上,一类是沿着马克思主义哲学观的分析思路,其中最先使用的是 20 世纪 80 年代以来通行的马克思主义哲学原理教科书的哲学定义,然后据此分析中国少数民族哲学④,这在中国少数民族哲学研究的初期,甚至整个 20 世纪 80 年代都被广泛运用,以至于成为研究中的当然的基本理论前提,笔者即曾有过运用的尝试⑤。在一定程度上说,这种研究范式的选择本身即是为了确认中国少数民族哲学的存在性——坚持了马克思主义哲学观。但是,随着研究的深入,对以这种定义为基础的哲学分析方法,即引起了学术界的

---

① 黑格尔:《小逻辑》,贺麟译,商务印书馆,2003,第 414 页。

② 此论出自格·孟和《论邓小平理论与研究蒙古族哲学思想史方法论》,《玉溪师范学院学报》2004 年第 10 期,第 24—29 页。但笔者查阅鲍音等的《〈十善福经·白史〉浅译注析》,并未得见,不知所见为何种版本,见《内蒙古民族师院学报(社会科学汉文版)》1988 年第 4 期,第 34—42 页;另见《昭乌达蒙族师专学报(哲学社会科学版)》1985 年第 1 期,第 84—96 页。

③ 梯利:《西方哲学史》,葛力译,商务印书馆,1995,第 14 页。

④ 吴德希、佟德富:《谈谈少数民族哲学研究》,《中央民族大学学报(哲学社会科学版)》1982 年第 1 期,第 57—60 页。

⑤ 萧洪恩:《浅谈土家先民的哲学思想》,《湖北少数民族》1987 年第 2 期,第 22—24 页。

批评性分析,如李兵、吴友军即在《少数民族哲学何以可能?——兼论民族文化的哲学基础》中进行了三个方面的批评①。

　　同样在 20 世纪 80 年代,随着中国哲学史研究的深入,提出了哲学史是整个认识的历史说,并据此影响到了中国少数民族哲学研究。这一观点的基本立论依据是列宁在《谈谈辩证法》一文中强调的"辩证法也就是(黑格尔和)马克思主义的认识论"这一"问题的实质"②,然后更进一步,基于列宁肯定的"哲学史……简略地说,就是整个认识的历史",并以为"全部认识的领域""就是那些应当构成认识论和辩证法的知识领域"③,并据此来研究中国少数民族哲学,强调要坚持这一历史性原则④或认定列宁定义的普适性⑤,像蒙古族、白族⑥、新疆的各少数民族哲学研究中都曾有坚持⑦。应该说,这一原则的贯彻的确给中国少数民族哲学研究提供了非常宽阔的知识领域,但同样被学界质疑,甚至直接抽掉了引以为据的根基——当时所依据的列宁的定义属翻译错误⑧。当然,不管列宁有无这一定义,我们都应承认根据这种定义进行中国少数民族哲学研究已经是一种事实,并且也的确取得了相当的成就。

　　"时代精神精华说"是较为有影响的另一类定义法,其基本依据是马克思的"真正哲学"界定,即强调任何真正的哲学都是自己时代的精神上的精华,据此,哲学就能变成文化的活的灵魂,而且使哲学世界化、世界哲学化⑨。一些学者甚至认为离开哲学的这种最本质的特点去谈论什么

---

①李兵、吴友军:《少数民族哲学何以可能?——兼论民族文化的哲学基础》,《学术探索》2002
　年第 3 期,第 14—16 页。
②《列宁选集》第 2 卷,人民出版社,1995,第 559 页。
③《列宁全集》第 55 卷,人民出版社,1990,第 302 页。
④《蒙哲史论稿》编委会编:《蒙古族哲学及社会思想史论稿》,内部资料,1982,第23页。
⑤《蒙哲史论稿》编委会编:《蒙古族哲学及社会思想史论稿》,内部资料,1982,第6页。
⑥ 龚友德:《白族哲学思想史》,云南人民出版社,1992,第 7 页。
⑦ 佟德富等编著:《维吾尔族哲学思想研究》,华南科技出版社,2004,第 12 页。
⑧ 陈修斋、萧萐父主编:《哲学史方法论研究》,武汉大学出版社,1984,第 301—304 页。
⑨《马克思恩格斯全集》第 1 卷,人民出版社,1995,第 219—220 页、第220页。

真正的哲学就是无稽之谈①；或者强调哲学是理论思维的结晶，且植根于生活实践的土壤之中，一个民族只要在生存和发展并具备一定水平的文明，就会产生自己的哲学思想②。有学者还把"时代精神精华说"与"整个认识的历史说"同时并用，显示出一定的综合性③。以此为基础，一些学者还提出了"民族文化核心说"④，强调"哲学是民族文化的核心"⑤，并且认为"这一点是各民族都相同的"⑥。事实上，这一思想实质上也是中国哲学研究的传统，如前辈学人冯友兰即强调"一个民族的哲学是一个民族的精神对于它的精神活动的反思……是一个民族的文化的最高成就，也是它的理论思维的最高发展"⑦；前辈学人张岱年在《文化与哲学》一书中，也多次强调"哲学是文化的基础"，"中国古代哲学是中国古代文化的思想基础"，认为"哲学是文化的核心，是在文化整体中起主导作用的"，⑧等等。

20世纪末和21世纪初，一些学者开始运用近现代其他西方哲学流派的哲学观来进行分析，比较典型的如"生存论理解模式"，以此回避哲学定义，认为要跳出教条主义的理解模式就必须坚持哲学的生存论理解模式，把对哲学理解诉诸对人的存在方式和发展方式的理解⑨；"自我意识说"，认为按照当代哲学的自我理解而把哲学理解为关于人类存在的自我意识的理论，就能毋庸置疑地认定中国少数民族哲学的存在⑩；"文

---

① 《蒙哲史论稿》编委会编：《蒙古族哲学及社会思想史论稿》，内部资料，1982，第13—14页。

② 伍雄武：《纳西族哲学思想史论集》，民族出版社，1990，第1页。

③ 龚友德：《白族哲学思想史》，云南人民出版社，1992，第7页。

④ 乌兰察夫、宝力格、赵智奎：《蒙古族哲学思想史》，内蒙古大学出版社，1994，第16页。

⑤ 伍雄武：《中华民族多元一体关系与少数民族哲学思想的研究》，《玉溪师范学院学报》2004年第1期，第32—35页。

⑥ 伍雄武：《略论少数民族哲学及其意义》，《云南师范大学学报（哲学社会科学版）》1994年第3期，第17—20页。

⑦ 冯友兰：《中国哲学史新编》（上），人民出版社，1998，第29页。

⑧ 张岱年：《文化与哲学》，中国人民大学出版社，2009，第3页、第11页。

⑨ 李兵、吴友军：《少数民族哲学何以可能？——兼论民族文化的哲学基础》，《学术探索》2002年第3期，第14—16页。

⑩ 李兵：《少数民族哲学：何为？为何？》，《云南民族大学学报（哲学社会科学版）》2004年第3期，第17—20页。

化哲学说",强调在哲学统摄下进行文化研究和在文化学依托下进行哲学研究,并使二者相互渗透①,该理论还认定对少数民族文化作文化哲学上的研究是深化民族文化研究、细化文化哲学并使之对少数民族文化的历史和现实更具解释力和运用性的需要②;"地方性知识说",认为"少数民族的知识及其社会思想境况研究经常处于一种尴尬境地。一方面,它与多民族国家中占据支配地位的知识系统相对,充其量成为补充或者上面说的比较性框架里的另类知识;另一方面又与更大范围、更大空间中以西方为代表的所谓'普遍性'知识相对,与之抗争,少数民族知识经常在多条战线斗争着。其他的尚有科学实践哲学说,在此不作具体说明。这里要特别谈一下地方性知识说,它不是被自然列入教育和自然议程中的知识,而是政治学意义上价值性产物——为了少数民族权利而附加的东西。这不是它的自然状态。地方性知识观给予我们的就是对于这种境况的揭示和反驳,同时也给予我们关于不同民族价值论的意义问题。唯此,我们的研究才能凸显其重要意义"。这也就是"地方性知识观对于少数民族哲学与社会思想史研究的意义"。③ 换句话说,中国少数民族哲学可以作为一种地方性知识来研究。以上几种理论对哲学的再界定,在特定的范围内都具有一定的解释力。但总体来说,仍然是运用某种哲学观对少数民族文化进行哲学研究。比如"文化哲学说",如果按照该理论所阐述的思想,那就实质上把少数民族哲学研究降低为一种应用哲学研究,而不是哲学本身的研究。显然,这是有违中国少数民族哲学研究本意的。如果真正按照作为哲学流派的文化哲学来研究中国少数民族哲

---

① 杨志明:《论民族哲学、文化研究统一的必要性》,《思想战线》2002年第3期,第52—55页、第90页。

② 杨志明:《对少数民族文化作哲学阐释的必要性》,《云南师范大学学报(哲学社会科学版)》2004年第1期,第9—13页。

③ 吴彤:《地方性知识:概念、意蕴和少数民族哲学研究》,载朝克等编《科学发展观与民族地区建设实践研究》,俄罗斯布里亚特科学中心出版社(Russian Buryat Scientific Center Press),2010,第54页。

学,那当然是一种较为适用的思路①。

在中国少数民族哲学研究中,其他前辈思想家的认知起着非常重要的作用。例如:任继愈、石峻、萧萐父等,都曾推动着中国少数民族哲学研究向前发展。任继愈曾强调任何哲学都有民族性,但并不是任何民族都有哲学。② 因为"理论上的无知是一切年轻民族的特色,然而在实践中发展的迅速也是一个特色"③。但后来他又提出了"代表说",强调应研究中国少数民族哲学家,但不是指血统意义,而是指思想意义,即其思想是代表哪个民族、哪个阶级,甚至是代表全人类。④ 在这个认识的基础上,他强调要研究中国少数民族哲学,但如果借用冯友兰的话说,这一认知的后果即是,研究中国少数民族哲学实质上是研究的中国哲学在中国少数民族那里的表现⑤。显然,这与我们所坚信的中国少数民族哲学研究是有差异的。至于石峻、萧萐父,则明确肯定与鼓励中国少数民族哲学研究,强调要"继承蒙古族的优良传统开展哲学史的科学研究"⑥,肯定要把"马克思主义的哲学史方法论原则与蒙古族思想发展的具体历史特点相结合"⑦。

笔者认为,哲学史研究的最高境界不是依现存的哲学观来分析哲学史资料,而是以自己的哲学去解剖中国少数民族的哲学文化史料。因为哲学史的研究就是哲学本身的研究⑧,研究者必须有自己的哲学观渗透于自己的研究中。对于中国少数民族哲学研究,上述哲学观的多样化问题虽然可以形成不同的哲学史建构风貌,但却也容易发生黑格尔所批评

---

① 何萍:《马克思主义哲学与文化哲学》,武汉大学出版社,2002,第14—17页。
② 任继愈主编:《中国哲学发展史·先秦》,人民出版社,1983,第5页。
③《马克思恩格斯选集》第4卷,人民出版社,1972,第455页。
④ 任继愈:《如何看待中国古代哲学中的民族哲学家》,《南京大学学报(哲学人文科学社会科学版)》1982年第4期,第49—53页。
⑤ 冯友兰:《中国现代哲学史》,(香港)中华书局,1992,第180页。
⑥《蒙哲史论稿》编委会编:《蒙古族哲学及社会思想史论稿》,内部资料,1982,第1页。
⑦ 萧萐父:《吹沙集》,巴蜀书社,2007,第380页。
⑧ 黑格尔:《哲学史讲演录》第1卷,贺麟、王太庆译,生活·读书·新知三联书店,1956,第34页。

的那种通常处理哲学对象的办法,即先假定一套格式,然后根据这套格式外在地武断地将所有的材料平行排列,并且硬要使概念发展的必然性满足于偶然的主观任性的联系。① 严格来说,这是在没有自己哲学观的情况下作出的"外在排比"。作为人类的一般认识或人类认识,哲学体现着时代精神、民族形式和个人风格,因而至少可以像冯友兰那样作"特殊的观点"与"类型的观点"之划分②。作为人类把握世界的基本方式之一,哲学既是属人的世界,体现着人类的共性、民族的共性;也是属己的世界,与个人的生命体验紧密相连,体现着哲学家个人对自己、对民族、对人类的终极追求及相应体验的思想文化成果。因此,考察中国少数民族哲学,自然离不开考察者的哲学观。据此,笔者强调哲学是一种生存体验。像周良沛搜集整理的《云南民族民间文学典藏·傣族纳西族·古歌》③中关于对财产继承制中次子无继承权的控诉、女性苦主对自己生命悲情的描述,如果没有自己的生命体验,是很难想象的。同样,研究者如果没有自己的生命体验,也是很难进入研究对象的精神世界的。正是从这个意义上说,笔者认为一个民族有无哲学的问题,既是一个理论问题,又是一个实践问题,特别是一个民族的生存体验问题。因此,对一个民族哲学的研究,首先,应站在各民族生存体验的层面,这就是要理解对象、体验生命,进而以此为基础解读中国少数民族的哲学文本。在中国传统文化中,尊重生命体验基本上是一条主线,自《尚书》"天视自我民视,天听自我民听"及《诗·大雅·烝民》所谓"天生烝民,有物有则。民之秉彝,好是懿德"以下,直到中国最早的马克思主义者李大钊的《民彝与政治》④,都无不体现着这一基本精神,认定的是老百姓有自己的"物则""秉彝""懿德",相信他们的哲学文化精神。其次,是包含研究者自身的哲学体验。这样,"哲学与经验的一致至少可以看成是考验哲学真理

---

① 黑格尔:《小逻辑》贺麟译,商务印书馆,2003,第 2 页。
② 冯友兰:《三松堂全集》第 4 卷,河南人民出版社,1986,第 223—228 页。
③ 周良沛搜集整理:《云南民族民间文学典藏·傣族纳西族·古歌》,云南人民出版社,2010。
④《李大钊文集》第 1 卷,人民出版社,1999,第 146—165 页。

的外在的试金石。同样也可以说，哲学的最高目的就在于确认思想与经验的一致，并达到自觉的理性与存在于事物中的理性的和解，亦即达到理性与现实的和解。"①比如如何看待迷信？没有一种相应的体验，就很难理解②。因此，笔者强调我们应以体验的哲学精神去理解中国少数民族文化、哲学，从而深信中国少数民族哲学的存在性。正是在这个意义上，我们才能更好地理解张岱年关于哲学是文化的基础之说③，也才能更好地理解葛兰西的"人人都是哲学家"的哲学观④。也正因于此，人人都可接受"哲学的邀请"进行"人生的追问"⑤。事实也正是这样，在中国少数民族哲学研究中发现，中国少数民族通常即以"盘歌""对歌""问答"等多种形式进行种种终极问题的追问，涵盖了宇宙的起源及结构、宇宙的历程与趋势，人类的起源与过程、人类的价值与意义，知识的起源与判定、知识的价值与意义，人的生存与过程、人生的价值与意义……一句

---

① 黑格尔：《小逻辑》，贺麟译，商务印书馆，2003，第 6 页。

②《马克思恩格斯全集》第 3 卷，人民出版社，1960，第 630 页。

③ 张岱年在《文化与哲学》一书中，多次强调"哲学是文化的基础"，"中国古代哲学是中国古代文化的思想基础"，认为"哲学是文化的核心，是在文化整体中起主导作用的"，参见张岱年：《文化与哲学》，中国人民大学出版社，2009，第 3 页、第 11 页。

④ 按照葛兰西的理解：哲学是世界观，但世界观有两个层面的表现，一个层面是以不自觉的方式存在于人们的行为中的世界观；一个层面是有意识的批判的世界观。第一个层面的世界观与常识相联系，是一种非批判的、没有条理的世界观，却是历史要素的结合，既表现一定时代、一种文化、一个集团，又是积淀在大众意识中的先前的哲学，总之，是一种历史的世界观；第二个层面的世界观与思想的创造相联系，是一种批判的、系统的、一贯性的世界观。批判性、系统性和一贯性是一个意思，都是指对先前哲学、对常识的批判，并通过批判使表现在常识中的非批判的、没有条理的世界观系统化、条理化，从而把人们的世界观提高到"世界上最先进的思想水平"。参见何萍：《马克思主义哲学与文化哲学》，武汉大学出版社，2002，第51 页。

⑤ 费尔南多·萨瓦特尔在《哲学的邀请（人生的追问）》中将我们对每天面对之东西的理解分为三个层次：信息，即事实提供给我们的东西以及所发生之事件的原初机制；知识，即反思所收到的信息，根据其意义上的重要性划分等级，并寻找总体原则将其整合起来；智慧，即把知识与人生选择和我们能够选择的价值观联系起来，确立如何根据我们已知的东西更好地生活。他认为科学介于第一层次与第二层次之间，哲学则介于第二层次与第三层次之间。因此，并不存在单纯哲学意义上的信息，但的确可以有具有哲学意味的知识，同时我们也希望存在具有哲学意味的智慧。参见费尔南多·萨瓦特尔：《哲学的邀请（人生的追问）》，林经纬译，北京大学出版社，2007，第 2 页。

话,中国少数民族文化从来不缺少对这些问题的哲学追问及相应解答,缺少的是在中国少数民族哲学研究过程中对这些哲学追问及其解答的再阐明,因而总会有人时不时地提出中国少数民族是否有哲学的疑问。

二、对中国少数民族哲学价值性的坚守

研究中国少数民族哲学史的意义何在? 这是开展中国少数民族哲学研究遇到的一个核心问题之一。可以说,"开展这项研究工作有没有意义"①,已成为各少数民族哲学研究必须回答的问题。在蒙古族哲学研究中,甚至还出现了进行这种研究究竟有"多大油水"②、搞社会主义精神文明建设还研究它干什么等的尖锐问题③,其他各少数民族哲学研究也或多或少地遇到过同类问题。因此,在研究中,差不多都会回答中国少数民族哲学研究的意义或价值问题。从严格的科学研究上来说,这里又涉及对中国少数民族哲学科学性与价值性的双重定义。其科学性是它是否正确地揭示了自然界和人类社会发展、人类思维的一般规律,是事实真理问题;而价值性表达的则是人们的价值追求和价值理想。对中国少数民族哲学思想的评价,我们自然应二者兼备,但笔者却认为应更强调其价值层面。

综观目前所进行的意义或价值阐释,大致有六种路向,充分反映了中国少数民族哲学研究中的观念分化。(1)阐明各少数民族对本民族哲学思想研究得越好就越有利于丰富中国哲学史的内容,并使中国哲学史名符其实,因为各民族不论大小,都对中国哲学史、对中华民族的认识史作出了贡献④。因此,从中国哲学史研究的现状即可看出开展少数民族

---

① 吴德希、佟德富:《谈谈少数民族哲学研究》,《中央民族大学学报(哲学社会科学版)》1982年第1期,第57—60页、第17页。
②《蒙哲史论稿》编委会编:《蒙古族哲学及社会思想史论稿》,内部资料,1982,第12页。
③ 内蒙古社会科学院哲学研究所蒙哲室编:《蒙古族哲学思想史研究》,内蒙古社会科学杂志社,1985,第21页。
④ 任继愈:《中国少数民族哲学思想史论集》,中国社会科学出版社,1985,序,第2页。

哲学研究可以丰富中国哲学史的内容①,可填补中国哲学史的空白,使中国哲学史成为各民族共有的哲学史②。(2)从学科建设的层面阐明研究中国少数民族哲学史有利于民族学、哲学史等学科建设,如强调研究中国少数民族哲学史有利于写出一部全面、完整、系统的中国哲学史,其中包括充实和丰富中国宗教哲学的内容③;有利于加深对马克思主义哲学产生的历史必然性及其科学性的理解④,从而有利于自觉地树立科学的世界观⑤;能通过丰富哲学史的内容,深化我们对于思想发展普遍规律的认识,从而推进中国哲学史科学的发展⑥;有利于确立少数民族哲学、民族学的学科地位及其学术影响⑦;等等。(3)从认识少数民族自身的角度阐明,强调研究少数民族哲学可以认识少数民族在历史上的地位和作用⑧,因为"要了解一个时代或一个民族,我们必须了解它的哲学"⑨。而且,这种了解既包括对各民族之间的关系及对民族自身的了解,也包括对整个中华民族的了解⑩,如研究蒙古族哲学史对于理解蒙古族历史具有肯定的意义⑪,因为蒙古族哲学思想是认识论史前进的不可代替的基本阶梯⑫。(4)当代文化建设的实践路向,强调有利于实现各民族之间

---

① 吴德希、佟德富:《谈谈少数民族哲学研究》,《中央民族大学学报(哲学社会科学版)》1982年第1期,第57—60页、第17页。

② 佟德富:《中国少数民族哲学概论》,中央民族大学出版社,1997,第22—25页。

③ 佟德富:《中国少数民族哲学概论》,中央民族大学出版社,1997,第22—25页。

④ 吴德希、佟德富:《谈谈少数民族哲学研究》,《中央民族大学学报(哲学社会科学版)》1982年第1期,第57—60页、第17页。

⑤《蒙哲史论稿》编委会编:《蒙古族哲学及社会思想史论稿》,内部资料,1982,第24—26页。

⑥ 伍雄武:《略论少数民族哲学及其意义》,《云南师范大学学报(哲学社会科学版)》1994年第3期,第17—20页。

⑦ 李兵:《少数民族哲学:意义及可能》,《曲靖师范学院学报》2003年第4期,第1—4页。

⑧ 吴德希、佟德富:《谈谈少数民族哲学研究》,《中央民族大学学报(哲学社会科学版)》1982年第1期,第57—60页、第17页。

⑨ 罗素:《西方哲学史》,何兆武、李约瑟译,商务印书馆,1976,第12页。

⑩ 伍雄武:《略论少数民族哲学及其意义》,《云南师范大学学报(哲学社会科学版)》1994年第3期,第17—20页。

⑪《蒙哲史论稿》编委会编:《蒙古族哲学及社会思想史论稿》,内部资料,1982,第5页。

⑫《蒙哲史论稿》编委会编:《蒙古族哲学及社会思想史论稿》,内部资料,1982,第24—26页。

真正事实上的平等①,如有学者以云南少数民族哲学研究为例说明这一意义②,强调研究有利于培育和弘扬中华民族精神③等,甚至直指对社会主义精神文明建设的意义④。有的用"搭桥"来形象地表明是"架设认识发展道路上的桥梁"⑤。(5)肯定中国少数民族哲学思想中的合理因素,强调少数民族哲学和社会思想中包含丰富的合理内容,而且是中国思想史不可缺少的内容⑥,如军事辩证法思想、道德哲学思想等方面⑦。(6)有学者特别强调了发掘和研究少数民族哲学的国际学术意义⑧,还有不少学者强调了理论思维训练的意义等⑨。

从理论上说,上述的多种路向,实质上都是功能主义路向,这种路向的问题是容易出现研究谁就"爱"谁的现象,带上一些"感情"的色彩。然而,"历史学者应当'不哭,不笑,而是理解'"⑩。对此,萧萐父曾以"历史研究中的感情问题"加以辩证分析⑪,并以"历史感情与历史科学"为题加以申论⑫。张世保也曾作《全球化审视下的中国少数民族哲学》一文,强调发展和研究中国少数民族哲学要有宏大的视野;对少数民族哲学的作用要作实事求是的评价;要解决少数民族哲学的"塑造"与相对主义的问题⑬。毫无疑问,中国少数民族哲学作为民族精神的集中体现,作为各民族在历史发展中形成的最核心的文化价值观念和精神力量,在维系民族

---

① 佟德富:《中国少数民族哲学概论》,中央民族大学出版社,1997,第22—25页。
② 李兵:《少数民族哲学:意义及可能》,《曲靖师范学院学报》2003年第4期,第1—4页。
③ 王天玺:《西部发展的理论与实践》,云南教育出版社,2005,第307—317页。
④ 《蒙哲史论稿》编委会编:《蒙古族哲学及社会思想史论稿》,内部资料,1982,第18页。
⑤ 内蒙古社会科学院哲学研究所蒙哲室编:《蒙古族哲学思想史研究》,内蒙古社会科学杂志社,1985,第21页。
⑥ 王天玺:《西部发展的理论与实践》,云南教育出版社,2005,第307—317页。
⑦ 《蒙哲史论稿》编委会编:《蒙古族哲学及社会思想史论稿》,内部资料,1982,第24—26页。
⑧ 吴德希、佟德富:《谈谈少数民族哲学研究》,《中央民族大学学报(哲学社会科学版)》1982年第1期,第57—60页、第17页。
⑨ 《蒙哲史论稿》编委会编:《蒙古族哲学及社会思想史论稿》,内部资料,1982,第17页。
⑩ 戈·瓦·普列汉诺夫:《俄国社会思想史》,孙静工译,商务印书馆,1999,第9页。
⑪ 萧萐父:《吹沙集》,巴蜀书社,2007,第408页。
⑫ 萧萐父:《吹沙集》,巴蜀书社,2007,第409页。
⑬ 王天玺:《西部发展的理论与实践》,云南教育出版社,2005,第284—285页。

生成和发展中起着重要思想支柱的作用。它"在国家之中,不仅像那些神祇的对象,也不仅是主观地造成的美的体格,而是一个有生命的、普遍的'精神',同时又是个别的个人的自觉的'精神'"①。就民族本身而言,"一民族真生命之所寄,寄于其根本精神,抛开了自家的根本精神,便断送了自家的前途"②。据此,我们有理由认为,研究中国少数民族哲学,其价值所在显然不能只从功能主义意义上去认定,而应更进一步从中国少数民族自身发展的本体层面去认定。事实上,对哲学史研究的评价,从而对中国少数民族哲学研究的评价,目前对其意义的阐明有一个重要局限即在于:无论是从功能主义的角度还是从内容的真理性的角度,都忽略了一个重要问题,即哲学自身的发展。笔者之所以在《土家族哲学通史》等书中强调中国少数民族哲学的现代转型,一个重要的方面就在于强调中国少数民族哲学的当代发展,而且是多样性发展。笔者也曾就土家族哲学自身发展撰写了一系列论文,一个共同的历史使命即为着阐明哲学史研究对哲学自身发展的意义。著名马克思主义哲学家李达在《社会学大纲》中把哲学史概括为"唯物辩证法的前史"③,即说明了哲学史研究对哲学自身发展的意义。也就是说,我们如果超出狭隘的实用观点,研究中国少数民族哲学并不只是为了实用,而是为了这门科学的本身,为了探索最优良的东西,并不是为了单纯实用的目的。"但从另一方面看来,最优良的东西,也就是最有用的东西。因为实体性的东西,坚定不移的东西,才是特殊目的的负荷者,并可以促进和实现这些特殊目的。人们必不可将特殊目的放在第一位,但是那最优良的东西却能促进特殊目的的实现。"④

---

① 黑格尔:《历史哲学》,王造时译,上海书店出版社,1999,第258页。
② 梁漱溟:《中国民族自救运动之最后觉悟·我们一向的错误》,载黄克剑、王欣编《当代新儒家八大家·梁漱溟集》,群言出版社,1993,第241页。
③ 李达:《社会学大纲》,武汉大学出版社,2007,第2—13页。
④ 黑格尔:《小逻辑》,贺麟译,商务印书馆,2003,第3页。

三、对中国少数民族哲学研究科学性的深信

中国少数民族哲学研究，一开始就立定在马克思主义的哲学史方法论上，直到 20 世纪末及 21 世纪初，随着西方现当代哲学思潮的大规模引入，出现了马克思主义方法论之外的思想潮流。在各种非马克思主义甚至反马克思主义研究方法论的影响下，中国的马克思主义方法论也在谋求自身的发展，从而推动了当代中国少数民族哲学研究方法论的现代化，进而推动了中国少数民族哲学研究的发展。

20 世纪 80 年代的中国少数民族哲学研究，主导的方法论是马克思主义哲学史观及其方法论，通常是从哲学的定义、哲学水平的评价、哲学与民族精神的关系及哲学的价值衡定等方面论述[1]，并产生影响直至 20 世纪 90 年代[2]。其基本精神是强调必须要有马克思主义的科学指导，否则就会走上邪路[3]，有的学者还广泛引用马克思主义经典作家论述作为依据分析问题[4]。在强调"马克思主义哲学史观"时，有的强调运用马克思主义哲学史观的历史性原则[5]；有的则对马克思主义哲学史观作出系统阐明，并据此分析了如何运用的问题[6]；有的则提出了一些具体方法[7]。总之，强调马克思主义哲学是理解、探索和研究各个民族哲学思想发展规律的理论武器，必须旗帜鲜明地坚持和运用[8]，并强调这是对所有少数民族哲学研究都适用的[9]。

---

① 吴德希、佟德富：《谈谈少数民族哲学研究》，《中央民族大学学报（哲学社会科学版）》1982 年第 1 期，第 57—60 页。
② 佟德富、金京振编：《朝鲜族哲学思想史论集》，民族出版社，1996，第 7 页。
③《蒙哲史论稿》编委会编：《蒙古族哲学及社会思想史论稿》，内部资料，1982，第 3 页。
④《蒙哲史论稿》编委会编：《蒙古族哲学及社会思想史论稿》，内部资料，1982，第 4—11 页。
⑤《蒙哲史论稿》编委会编：《蒙古族哲学及社会思想史论稿》，内部资料，1982，第 12—34 页。
⑥ 内蒙古社会科学院哲学研究所蒙哲室编：《蒙古族哲学思想史研究》，内蒙古社会科学杂志社，1985，第 1—14 页。
⑦《蒙哲史论稿》编委会编：《蒙古族哲学及社会思想史论稿》，内部资料，1982，第 15—21 页。
⑧ 格·孟和：《论邓小平理论与研究蒙古族哲学思想史方法论》，《玉溪师范学院学报》2004 年第 10 期，第 24—29 页。
⑨ 佟德富等编著：《维吾尔族哲学思想研究》，华南科技出版社，2004，第 14 页。

由于 20 世纪末至 21 世纪初现代西方哲学思潮的大量传入,产生了一些探索少数民族哲学研究的新理路,强调用具有时代特征的哲学观解读中国少数民族的哲学"文本",其中包括运用现代西方哲学的"生存论转向""语言转向""解释学转向"和"后现代转向"①等观点。实质上,有学者已认为这是一种"非哲学"转向②。此外,还有运用"社会工程技术哲学"③"地方性知识与实践哲学"④等路径的。与这类转向相对应,在马克思主义哲学史方法论方面也作了调整。一是充分运用当代中国马克思主义理论成果指导中国少数民族哲学史研究,如邓小平理论⑤、科学发展观⑥,等等。二是锻造属于自己的符合马克思主义方法论精神的研究方法论,如强调从哲学到民族精神再到民族文化(逆方向来说也可以)的模式,并以此作为一般哲学史的研究方法⑦。三是进行整个认识领域的宽领域哲学思想史研究,强调哲学思想史的研究范围应是宽广的,必须加上社会思想史乃至科学史,把它们放在联系中去理解,才能弄清过去的哲学思想及其社会意义⑧,这种情形,实质上即是"哲学史研究中的纯化和泛化"的关系⑨。四是强调综合运用多种方法,如关于哲学思想史史料学、关于哲学史的分段原则与专题研究、关于哲学史研究中的逻辑思维

---

① 李兵:《少数民族哲学:意义及可能》,《曲靖师范学院学报》2003 年第 4 期,第 1—4 页。

② 欧阳康:《哲学研究方法论》,武汉大学出版社,1998,第 1 页。

③ 朝克、刘守亮:《社会工程技术哲学视阈下的民族地区四位一体建设理论探讨》,载朝克等编《科学发展观与民族地区建设实践研究》,俄罗斯布里亚特科学中心出版社(Russian Buryat Scientific Center Press),2010,第 23 页。

④ 吴彤:《地方性知识:概念、意蕴和少数民族哲学研究》,载朝克等编《科学发展观与民族地区建设实践研究》,俄罗斯布里亚特科学中心出版社(Russian Buryat Scientific Center Press),2010,第 54 页。

⑤ 格·孟和:《论邓小平理论与研究蒙古族哲学思想史方法论》,《玉溪师范学院学报》2004 年第 10 期,第 24—29 页。

⑥ 佟德富:《以科学发展观为指导把少数民族哲学研究推向一个新的阶段》,载朝克等编《科学发展观与民族地区建设实践研究》,俄罗斯布里亚特科学中心出版社(Russian Buryat Scientific Center Press),2010,第 2 页。

⑦ 王天玺:《西部发展的理论与实践》,云南教育出版社,2005,第 298 页。

⑧ 《蒙哲史论稿》编委会编:《蒙古族哲学及社会思想史论稿》,内部资料,1982,第 1—2 页。

⑨ 萧萐父:《吹沙集》,巴蜀书社,2007,第 417—418 页。

方法、关于哲学思想史研究的比较方法,等等①,并在多个民族哲学思想研究中得到了体现②。

　　笔者认为,由于中国少数民族哲学发展的特殊性,由李维武倡导的"以哲学史为中心的思想史研究"方法论是值得重视的。这一方法可以上溯至石峻"宽领域哲学思想史研究"③与萧萐父"哲学史研究中的纯化和泛化"思想的启示④。很显然,这里涉及哲学史与思想史的关系,在中国少数民族哲学思想研究中,如何使哲学史研究更多地吸取思想史研究的内容,使"思"与"史"结合起来,开展"以哲学史为中心的思想史研究"应是马克思主义哲学史观的当代化,因而也应是中国少数民族哲学研究的正确方法论。笔者在《土家族哲学通史》等书中的运用表明,这一方法是科学的、适宜的。其实,从现在来看,这一方法也逐渐得到了学界的重视,不少学者已殊途同归,如宝贵贞在《论中国少数民族哲学史写作范式问题》⑤中,在分析了中国少数民族思想史写作的"范式"现象即思想史与文化史相混杂、"哲学"被旁落或缺失、史说与哲说的同化和分离后,分析了中国少数民族思想史写作"范式"现象之成因,即教科书情结、少数民族哲学研究"共同本"的制约、少数民族问题研究本身视野和问题意识的局限等,然后在结语与思考中提出要历史化和语境化相结合、理论图式与文化对象的对话,总体上虽然对目前的中国少数民族哲学研究与写作否定过多,但却提出了一个重要的问题,这就是要把文本语境化和语境文本化双重运作,既要把文本回置到所产生的更大语境中去考察其生产、传播、接受和阐释的机制,又要依据文本去"重写"语境,在那里考察语境的问题场域在文本中被结构的方式,也就是不能忽视它在漫长时期里作为一种个性文化实践活动所依存的各种哲学、艺术、道德甚至宗教

① 乌兰察夫、宝力格、赵智奎:《蒙古族哲学思想史》,内蒙古大学出版社,1994,第19—39页。
② 孙俊萍:《伊儒合璧的回族哲学思想》,宁夏人民出版社,2008,第4—5页。
③《蒙哲史论稿》编委会编:《蒙古族哲学及社会思想史论稿》,内部资料,1982,第2页。
④ 萧萐父:《吹沙集》,巴蜀书社,2007,第417—418页。
⑤ 宝贵贞:《论中国少数民族哲学史写作范式问题》,载宝贵贞主编《回顾与创新——多元文化视野下的中国少数民族哲学》,中央民族大学出版社,2013,第77页。

的背景。这一点,伍雄武的相关研究,也提供了相应证据。

四、对中国少数民族哲学研究方法正确性的把握

黑格尔曾就哲学研究方法提出了两个重要任务:一个是"要揭示出如何根据一个新的方法去给予哲学以一种新的处理"①,因为"方法并不是外在的形式,而是内容的灵魂和概念"②;二是在研究中,"只有〔正确的〕方法才能够规范思想,指导思想去把握实质,并保持于实质中"③,因为在研究的"每一阶段尚须努力向前进展以求达到全体,这种全体的开展,我们就称之为方法"④。这就告诉我们,在哲学研究中必须坚持与研究对象一致的原则,并不断根据新的方法进行研究,对对象进行"新的处理"。

从中国少数民族哲学研究来看,从一开始即注意了不断探讨与更新方法的问题,并不断有新的方法涌现。在研究过程中,多数学者都强调要遵循:从实际出发,实事求是;调查研究的方法;系统分析方法;历史分析方法;等等⑤。一些学者还运用考据学方法,并得出了令人信服的结论,如对《蒙古秘史》中团结思想的考察运用了归纳法:阿兰豁阿用"五箭杆束在一起则不易折"的事例教育五子,河额仑教育众子谓"影外无其友""尾外无其缨",成吉思汗派人告诉王罕说"两辕折一辕,牛不能曳;两轮折一轮,车不能行"……所以,《蒙古秘史》反映出重视团结的思想⑥。又如考察成吉思汗坚持忠君观念,即据《蒙古秘史》中失儿古额秃不杀故主,放走故主后投奔铁木真得到赞扬;合答里掩护王罕逃走后投降铁木

---

① 黑格尔:《小逻辑》,贺麟译,商务印书馆,2003,第1页。
② 黑格尔:《小逻辑》,贺麟译,商务印书馆,2003,第27页。
③ 黑格尔:《小逻辑》,贺麟译,商务印书馆,2003,第5页。
④ 黑格尔:《小逻辑》,贺麟译,商务印书馆,2003,第23页。
⑤ 格·孟和:《论邓小平理论与研究蒙古族哲学思想史方法论》,《玉溪师范学院学报》2004年第10期,第24—29页。
⑥ 郝宜今:《〈蒙古秘史〉的政治和伦理思想》,《内蒙古社会科学》1983年第3期,第109—116页。

真得到赞扬,背弃旧主人桑昆的阔阔出被杀,擒拿旧王扎木合的五个伴当被杀……所以蒙古的首领对忠心事主的要求是很严格的①。这说明,中国少数民族哲学研究的方法应是多学科方法的共同运用。因此,一些学者对具体研究作了非常细致的分析,讨论"实际操作"问题,其中涉及哲学的形态、特征、文本,注意收集社会文化各方面的史料,注意社会思潮的分析等②。针对中国少数民族哲学发展的实际,不少学者强调需要研究前代;不能忽视四境各民族思想的影响;要结合民族宗教;要对合理因素评价;要进行近现代思想研究;要对历史总结;等等③。到了21世纪,这样的研究方法则得到了更进一步的强调,如强调要继续注重搜集、抢救、整理、编辑少数民族文献资料;要结合史料和现实,加强宗教哲学、少数民族哲学与儒学关系等问题的研究;要注重研究方法,进行不同民族哲学的比较研究,加强理论分析;要立足于弘扬优良传统文化,善于剥离、剔除其陈腐的、过时的部分,改造、继承其有价值的部分④;等等。有学者还提出了民族哲学发展的新路向——以"文化圈"概念重新规范中国少数民族哲学,强调少数民族哲学研究可以不必完全拘泥于现代中国各个民族的划分,而采用几个不同的文化圈(或文化区)的方法,如北方的少数民族可划分为原生型萨满教文化圈、藏传佛教文化圈、伊斯兰教文化圈,等等⑤。应该说,这些探索都是有利于中国少数民族哲学研究的。

笔者曾在《土家族哲学通史》等著作中强调要以全球性现代化运动为社会背景,以西方哲学中国化与中国哲学现代化两种哲学运动为哲学背景,以少数民族传统哲学与文化性格为历史文化的背景,以少数民族

---

① 李瑛:《早期蒙古人的教育》,《为蒙古大学学报(哲学社会科学版)》1984年第2期,第84—92页。
② 苏和、陶克套:《蒙古族哲学思想史》,辽宁民族出版社,2002,第3—10页。
③《蒙哲史论稿》编委会编:《蒙古族哲学及社会思想史论稿》,内部资料,1982,第7—10页。
④ 佟德富、宝贵贞:《中国少数民族哲学专题研究》,中央民族大学出版社,2006,第9—10页。
⑤ 宝贵贞:《从合法性到新范式——中国少数民族哲学研究困境与出路》,《内蒙古师范大学学报(哲学社会科学版)》2009年第1期,第76—79页。

地区的区域文化为地域文化背景;并坚持历史主义方法、以哲学史为中心的思想史研究方法、历史与逻辑一致的方法、以少数民族文化为中心的地域文化研究方法,以某个民族思想为中心的区域思想研究的方法,等等①,通过上述方法论系统研究土家族哲学,这也同样适用于整个中国少数民族哲学研究。当然,由于时代等各方面因素的限制,中国少数民族哲学研究方法还需更进一步地探索,因为我们的研究同样是"在十分确定的前提和条件下进行创造的"②。事实上,中国少数民族哲学研究也具有同样的情形,我们需要在新的时代,更进一步地解放思想,探索新的发展思路,确认新的研究方法。

不过,笔者始终坚信,哲学作为一种主体生命体验的思想文化成果,尽管它可能像梯利所说的那样,"许多民族没有超过神话阶段",但仍然不能否认"哲学通史要包括所有民族的哲学"的诉求③。在这里,我们又想起了黑格尔关于哲学经验的论说:人应是一个理论与实践的统一体,这个统一体同时也是自然生命与文化生命的统一体,但在现实中,这个统一体往往是存在矛盾的,"认识过程的目的,即在于克服这种分离和差别,而恢复其统一,这统一,在它的直接性里,最初就是生命的理念"④。也就是说,生命体验对于哲学认识具有极端的重要性。黑格尔还举出老人与青年的例子来说明这一问题⑤,已非常明显地表明了生命体验的重要作用。事实上,离开对各民族生存体验的文化审察,根本就无法理解少数民族的哲学之思,如:西南少数民族的宇宙起源论多从"云雾""白云"等方面着眼,人类起源多从树、蛋、葫芦等方面着眼,西北地区各民族哲学表现形式的格言化,等等,无不渗透着各民族人民的生存体验。事实也正是这样,学界已逐渐重视这一问题,如宝贵贞即强调"我们当下民

---

① 萧洪恩:《土家族哲学通史》,人民出版社,2009,导言。
②《马克思恩格斯选集》第4卷,人民出版社,1995,第696页。
③ 梯利:《西方哲学史》,葛力译,商务印书馆,1995,第14页。
④ 黑格尔:《小逻辑》,贺麟译,商务印书馆,2003,第422页。
⑤ 黑格尔:《小逻辑》,贺麟译,商务印书馆,2003,第423页。

族思想史研究……不需要多少的理论，只需要真正立足于民族心灵本身，多一点儿'元素'的考察，多一点儿田野调查，多一点儿用心体悟与融入就可以使我们的民族思想史变成另外一个样子。所以如果我们的田野调查更细致，如果我们能将哲学视野与该民族的文化心灵相融合，那么我们将会得到一个丰富多彩、色彩斑斓的民族思想史，一个充满了各民族生活情趣、生活智慧的思想史"①。也就是说，没有抽象的民族哲学史，只有具象的民族哲学史。

第二节　中国哲学视域下中国少数民族哲学的存在性

自从 1979 年在济南召开的全国哲学规划会议上首先直接提出中国少数民族哲学研究的问题以来②，中国少数民族哲学研究就面临着一些具有"元哲学"意义的理论问题，其核心是中国少数民族哲学的"存在性"问题，如中国少数民族有无哲学，中国少数民族哲学的发展水平，中国少数民族哲学的民族文化背景，中国少数民族哲学与汉族哲学或中国哲学的关系，研究中国少数民族哲学的哲学观如生存论、教科书论、文化哲学论等，以及其他一些问题。本节结合 40 多年来中国哲学界，其中特别是中国少数民族哲学界对这一问题的探讨作一历史回顾，以期更进一步深化中国少数民族哲学研究。

一、中国少数民族哲学存在性问题的提出

20 世纪 80 年代初，中国少数民族哲学的存在性问题即已凸显。1982 年，佟德富等发表《谈谈少数民族哲学研究》一文，即明确强调"两年多来，我们在着手开展这项研究工作时，碰到了一些亟待解决的问题，比

---

① 宝贵贞：《论中国少数民族哲学史写作范式问题》，载宝贵贞主编：《回顾与创新——多元文化视野下的中国少数民族哲学》，中央民族大学出版社，2013，第82页。
② 格·孟和 1979 年在济南召开的全国哲学规划会议上率先提交了《蒙古族哲学史片断》的科研课题，该课题载入《全国 1979—1985 年哲学规划科研项目总表》。

如,我国少数民族有无哲学思想?……有些同志抱怀疑乃至否定的态度"①。在以后的研究中,这一问题被逐渐深化,依次形成了三个紧密相关的问题:一是直问中国少数民族哲学有无的问题;二是如果中国少数民族有哲学,在什么形式下有的问题(范式说、阶段说、层次说);三是中国少数民族哲学与中国哲学的关系问题(代表说或融入说、多元一体说、汉族哲学说)……正是这些问题的展开,深化了人们对中国少数民族哲学的认识②。到 21 世纪初,中国少数民族哲学的存在"已不只是一个价值判断,而且是一个事实判断,所以各民族都有自己的哲学,其合法性是不应成为问题的。但是,对少数民族哲学研究范式的选择却有一个合理性的问题"③。

关于中国少数民族哲学的有无问题,最先发生在蒙古族哲学研究中,因为在中国首先倡议蒙古族哲学史的研究并列入整个学术规划的是内蒙古的哲学界,因而"蒙古民族有没有哲学和哲学史"即"曾经有人提出过怀疑"④。"从我们刚刚着手研究《蒙哲史》的时候起,就有些人对之发出了种种议论。如蒙古族'有无哲学'……"⑤后来在各少数民族哲学研究中都发生过这一问题,如在朝鲜族哲学研究中,"有的同志认为,朝鲜族没有或很少有专门的哲学著作,因此朝鲜族不可能有或者很少有什么哲学思想"⑥。"新疆的少数民族有没有哲学史?对此,有相当一部分同志存在着模糊认识。他们认为新疆各民族的哲学史无甚显眼,即使

① 佟德富:《走近先民的智慧》,民族出版社,2002,第 1 页。
② 宝贵贞《论中国少数民族哲学史写作范式问题》一文中将这一问题归结为两个方面:"中国少数民族哲学的合法性问题有不同层次的意蕴,我认为中国少数民族哲学的真实涵义在于:首先,在中国少数民族形成和发展的历史上,少数民族有无哲学的问题。其次,'哲学'是我们解释少数民族优秀传统思想的恰当方式吗?'中国少数民族哲学'所述说的对象和内涵在何种意义上能得到恰当的说明和充分的理由和根据?它应该怎样被叙说和阐释?这就是少数民族哲学研究的范式问题。"参见宝贵贞主编:《回顾与创新:多元文化视野下的中国少数民族哲学》,中央民族大学出版社,2003,第 95—100 页。
③ 萧洪恩:《中国少数民族哲学:可能与现实》,《江汉论坛》2004 年第 10 期,第 77—80 页。
④《蒙哲史论稿》编委会编:《蒙古族哲学及社会思想史论稿》,内部资料,1982,第 4、6 页。
⑤《蒙哲史论稿》编委会编:《蒙古族哲学及社会思想史论稿》,内部资料,1982,第 12 页。
⑥ 佟德富、金京振编:《朝鲜族哲学思想史论集》,民族出版社,1996,第 2 页。

有,也不过是与宗教掺合在一起的、毫无价值的大杂烩;在文艺方面,虽有一些历史性的成就,但在哲学史方面很难开口等。"①其他各民族哲学研究都差不多遇到过这类问题,以至于有的学者就直接弃而不论,如:佟德富在《中国少数民族哲学概论》②中即没有讨论这一问题;黄庆印在《壮族哲学社会思想史》中也没有提出壮族有无哲学的问题并进行讨论,而是直接肯定"壮族是有自己的本民族的哲学思想的,壮族的哲学思想,亦是中华民族哲学思想一个重要的组成部分"③;笔者在《土家族口承文化哲学研究》等著作中也没有讨论这一问题。其他如《中国少数民族哲学史》肯定"同汉族一样,各少数民族也有反映本民族特点的哲学思想(或哲学思想萌芽),它是中国哲学思想史的重要组成部分"④。当然,持肯定论者居多,有学者甚至认为,否认中国少数民族有哲学是一种主观偏见,并且认为"在哲学史的研究中'主观偏见'是屡见不鲜的,而且积习太深,特别顽固,因此更需要解放思想。有些人宣扬西方有哲学史,而东方没有哲学史的观点,可是研究的结果表明'过去被认为只是西欧各民族创造的产物,却原来是起源于东方各国民族的哲学方面'。历史雄辩地证明,'东方各国民族'也有自己的哲学史。于是又有人宣扬先进民族有哲学史,而后进的少数民族没有哲学史的观点。有些人认为,蒙古人在'精神智力方面没有发展,没有独立思维能力','单纯地追求宗教思维','蒙古人没有创造因明学,对哲学稍微有些爱好',等等"⑤。总之,中国少数民族有无哲学的问题长期以各种形式存在于哲学界,特别是中国少数民族哲学界。不过 40 多年来的研究实践证明,中国少数民族不仅有哲学,而且不少中国少数民族哲学与同期的汉族哲学或直接称为的中域哲学相比也毫不逊色,实际上达到了同期中域哲学的相应水平。

---

① 佟德富等编著:《维吾尔族哲学思想研究》,华南科技出版社,2004,第 12 页。
② 佟德富:《中国少数民族哲学概论》,中央民族大学出版社,1997。
③ 黄庆印:《壮族哲学社会思想史》,广西民族出版社,1996,第 7 页。
④ 肖万源、伍雄武、阿不都秀库尔主编:《中国少数民族哲学史》,安徽人民出版社,1992,第1页。
⑤ 格·孟和:《论邓小平理论与研究蒙古族哲学思想史方法论》,《玉溪师范学院学报》2004 年第 10 期,第 24—29 页。

二、中国少数民族哲学存在性问题的主要观点

关于中国少数民族哲学的存在性,有两个相互联系的重要问题:一是有无哲学的问题;二是中国少数民族有什么哲学? 即中国少数民族哲学的特殊类型问题。从本质上说,中国少数民族哲学存在性问题的类型,也就是中国少数民族哲学与中国哲学的关系问题。目前有以下三种代表性学说:

(1) 接受汉族哲学说。在蒙古族哲学、朝鲜族哲学等研究中都遇到过这类问题,"有的同志认为,少数民族即使有哲学思想,也是从汉族那里接受过来的,实际上是汉族的思想"①。

(2) 中国哲学融合说或代表说。任继愈在《中国少数民族哲学思想史论集》中写道:"中华民族的形成是多民族融合的结果,它还在不断发展中。中华民族的文化,也是多民族共同的创造,它也在不断发展中。""中国哲学史,是中华各民族共同创造的认识史。"②这说明:现在的中国哲学,本身就包括了中国少数民族哲学在内,即中国少数民族哲学已融入中国哲学中,讲中国哲学即亦代表了中国少数民族哲学。虽然他强调"因为中国是一个多民族的大国,虽说汉族人数众多,而少数民族是中华民族大家庭中的成员,少数民族的哲学应当成为中华民族的哲学的组成部分",但他同时也强调"中华民族中汉族占多数,实际上,汉族是许多兄弟民族长期融合的结果,历史上并不存在'纯汉族'。中国哲学史上的优秀哲学家、思想家,不应当只看作汉族的,他们也是属于所有兄弟民族的哲学家和思想家"③。这一思想的更高认知,是人类思想代表说,即任继愈强调"哲学史上重要人物和学派的贡献,就在于他们曾经站在当时人

---

① 佟德富:《走近先民的智慧》,民族出版社,2002,第7页。

② 任继愈:《中国少数民族哲学思想史论集》,中国社会科学出版社,1985,序,第1页。

③ 任继愈:《任继愈学术文化随笔·如何看待中国古代哲学中的民族哲学家》,中国青年出版社,1996,第49—50页;又见《南京大学学报(哲学人文科学社会科学版)》1982年第4期,第49—53页。

类认识世界的最前列,体现了当时的思想高度,他们把当时人类认识推进到了一个新水平,无愧于他们各自的时代。有贡献的哲学家们建立的哲学体系,不应仅仅看作他们个人的见解,他们是阶级的代言人、集体的代言人。他们代表着当时先进的阶级、先进的政治集团的集体智慧。每个具体的哲学家虽然属于一定的民族,但我们研究哲学史,却不应把他看作仅仅属于某一民族的哲学家,同时也要看到它代表着全人类的先进思想"①。

（3）中国哲学多元一体说。伍雄武认为:"多元一体是中国民族关系的实际,是中华民族结构(格局)的实际,从而也就是中国各民族哲学及社会思想的实际……在我看来……中华民族的多元一体关系实质就是民族文化的多元一体关系……核心是各民族哲学思想的多元一体关系;我们深入研究和理解了各民族哲学思想的多元一体关系,也就从深层的、核心的部分认识了各民族文化的多元一体关系,进而也就能认识和说明各民族多元一体的整个民族关系……目前我们应继续分民族地深入研究各民族哲学及社会思想史,继续撰写、出版各个民族的哲学思想史专著,力争在《中国少数民族哲学史》的基础上完成涵盖55个少数民族的《中国少数民族哲学思想史》,等等。同时,还应开展各民族思想关系史的研究,从中华民族多元一体关系的角度来研究少数民族哲学思想史。"②这一说法的基点是承认各民族有自己独立的哲学,如佟德富、金京振在《朝鲜族哲学思想史论集》中即强调朝鲜族有自己独立的哲学,因而批评非独立说,"有的同志认为,朝鲜族迁入中国的历史较短,因而没有形成自己独特的哲学思想。这种看法表面看来似乎有道理,但细想起来也有问题,因为这种看法否认了思想、文化的历史继承性"③。

---

① 任继愈:《任继愈学术文化随笔·如何看待中国古代哲学中的民族哲学家》,中国青年出版社,1996,第52页;又见《南京大学学报(哲学人文科学社会科学版)》1982年第4期,第49—53页。

② 伍雄武:《中华民族多元一体关系与少数民族哲学思想的研究》,《玉溪师范学院学报》2004年第1期,第32—35页。

③ 佟德富、金京振编:《朝鲜族哲学思想史论集》,民族出版社,1996,第3页。

我们认为,要用一个统一的尺度来衡量少数民族哲学是困难的,我们也承认在中国哲学中并没有一个单一的汉族哲学,而是以"汉"为代表的中华民族哲学,这里是以文化尺度来考虑的,少数民族融入以后,即不再是"少数民族哲学",而是"中国哲学",从这个尺度认定,则我们所说的"中国少数民族哲学",可以用"前中国哲学"来称呼,即在"华夷之变"的框架下,"夷"变而为"华",则是"中国哲学",如老子、李贽等;相反也可能出现由"华"变而为"夷"的情况,如不少原来的汉族居民融入少数民族群众的情况。这样,在中国哲学研究中即发生了"中国哲学的多民族背景"与"中国少数民族哲学"的"前中国哲学背景"问题,解决这一问题即可解决"中国少数民族哲学"与"中国哲学"的关系问题。但这里要强调的是,我们所说的"华夷"之称或"前中国哲学"的"前"只是一种俗语借用,并没有价值上的好坏与水平方面的高低评价,不存在文明与野蛮的界定,只反映不同民族文化的相互影响与相互融合的问题,是一种哲学文化发生的先后顺序说明。这一问题的本来意义即是"华夷之变视阈的中国哲学"问题,所要解决的问题有三个基本方面:华夷之变——中华民族形成过程中的文化尺度,这里要解决"民族交融"与"文化融合"的问题;中国哲学的多民族文化渊源,这里要解决的是目前"中国哲学"中的多民族文化根基的问题;中国少数民族哲学的对象、性质等一般问题,这里要涉及哲学观的问题。不过,现在摆在中国少数民族哲学研究中的更为复杂的问题却是中国少数民族哲学自身的近现代转型问题。

三、思考中国少数民族哲学存在性问题的形式

中国少数民族哲学存在性问题的形式,实质上解决的是中国少数民族哲学在什么形式下存在的问题,目前有多种解决方案,即范式说、阶段说、层次说、广义狭义说等。

在"中国少数民族哲学何以可能"问题成为人们自觉关注的对象后,解决这个问题即可归结为两种理路:一种是改变范式,如"中学西范"等,初始阶段多取这种理路;一种是寻找内部支撑,如文化构成说等。而范

式说在本质上说是根据不同哲学观来评定中国少数民族是否有哲学的问题。黑格尔曾说过："哲学有一个显著的特点，与别的科学比较起来，也可以说是一个缺点，就是我们对于它的本质，对于它应该完成和能够完成的任务，有许多大不相同的看法。"①据此，笔者在《20世纪土家族哲学社会思想史》②中曾专门讨论了"中国少数民族哲学的合法性问题"，并区别了"不同哲学观对哲学合法性的讨论"。而传统的中国少数民族哲学研究，实可概括为三类范式：（1）传统教科书范式。其中"一种是不加'批判'地承诺少数民族拥有自己的哲学，然后用传统马克思主义哲学原理的理解模式和概念框架，按照世界观、辩证法、认识论、历史观等构成要素……牵强附会地贴上'唯物主义'或'唯心主义'、'辩证法'或'形而上学'的标签。另一种是从教科书关于哲学的定义出发，否认少数民族拥有自己的哲学，放弃从哲学的意义上对民族文化进行探究"③。（2）生存论范式，即把哲学理解为"以某种文化样式对关于自身存在的这种自我意识的表达"。从这个意义上讲，只要有人的存在，就会有某种形态的哲学存在。因此，少数民族哲学即"是存在于少数民族各种文化样式或'文本'形式之中，以少数民族哲学理解和把握世界的各种独特方式……为中介，所反映出来的他们关于自身存在的自我意识，以及他们对'思维和存在关系问题'的思索和'觉解'"④。（3）思想权力范式。宝贵贞强调"哲学是一个民族思想的权力"。如果说哲学是时代精神和民族精神的精华，那么，哲学必有其时代性和民族性。时代性是指哲学总是凝聚着一定时代的精神，传达一个时代的声音。正如现代西方哲学对所谓现代性和后现代性的探讨，体现着对现代西方时代精神的哲学意识一样。哲学的民族性就在于哲学是民族精神的结晶，换言之，民族精神的自觉认

① 黑格尔：《哲学史讲演录》第4卷，贺麟、王太庆译，生活·读书·新知三联书店，1956，第5页。
② 萧洪恩：《20世纪土家族哲学社会思想史》，中国书店，2010。
③ 李兵、吴发军：《少数民族哲学何以可能——兼论民族文化的哲学基础》，《学术探索》2002年第3期，第14—16页。
④ 伍雄武：《略论少数民族哲学及其意义》，《云南师范大学学报（哲学社会科学版）》1994年第3期，第17—20页。

识和理论表达就是一个民族所特有的哲学①。

普遍的形式是用"哲学"的层次关系求得少数民族哲学的存在性。这里面又有各种不同的情况,有的层次说具有哲学发展水平衡定的意义,有的则只是一种客观的事实评价。其中有两层次说者主张中国少数民族在数千年的历史中创造了丰富多样的物质财富和灿烂的精神文明,并形成了各民族鼓舞自己奋进的精神力量和维系民族群体的精神纽带。"这种精神力量和精神纽带,凝聚为观念,结晶为理论。有的,由理论而成体系,可谓之哲学;有的,虽未成体系,却深含哲理,亦可谓哲学思想。"②有四层次说者主张:哲学有层次性特点,层次性差别的主要原因在于哲学产生和发展诸条件的完备程度和哲学本身发展的水平不同,"其层次性表现为:哲学观念—哲学思想—哲学理论—哲学体系"③。肖万源在《中国少数民族哲学·宗教·儒学》一书的"前言"中写道:"强调以层次性方法分析中国少数民族哲学,认为不论哪一民族,处于哪个层次上就是哪个层次。这样,既可避免误认少数民族无哲学,也可实事求是地研究、评估少数民族哲学……用层次性方法分析,研究各个民族的哲学各处于哪一层次上,说明其发展程度、特点,不失为较为科学的、可行的方法。"④值得注意的是,笔者同样讲哲学的层次性,却是基于哲学问题来认定的,即哲学之思本身就具有层次性,第一个层面的问题即哲学本体论问题、哲学认识论问题;第二个层面即历史观和文化观上的问题;第三个层面即政治哲学层面,并强调不能用一个层面的问题来否定其他层面哲学的存在性⑤。不过要强调的是,肖万源讲的四层次涉及哲学的价值

① 宝贵贞:《从合法性到新范式——中国少数民族哲学研究困境与出路》,《内蒙古师范大学学报(哲学社会科学版)》2009年第1期,第76—79页。
② 伍雄武:《中国少数民族哲学思想简史》,云南人民出版社,1996,第1页。
③ 格·孟和:《论邓小平理论与研究蒙古族哲学思想史方法论》,《玉溪师范学院学报》2004年第10期,第24—29页。
④ 肖万源、张克武、伍雄武主编《中国少数民族哲学·宗教·儒学》,当代中国出版社,1995,第2—5页。
⑤ 萧洪恩:《中国少数民族哲学:可能与现实》,《江汉论坛》2004年第10期,第77—80页。

与水平问题,而笔者的层次说只涉及哲学问题的展开领域与提问方式,当然可以就展开的问题本身作出价值与水平的评价。

与层次说同时存在的是广义狭义说,如一些学者从古今中外哲学史的比较中,特别是从哲学思想资料来源的分析中,首先把"哲学"分为理论专著形式的理论哲学、渗透在各种学科的著作或实际运用中的应用哲学、表现宗教理论思想的宗教哲学、表现在民间文学作品中的民间哲学,等等,并据此强调"哲学家们在理论专著中所阐明的哲学史称之为狭义哲学史,而用其他几种形式表现的哲学史称之为广义哲学史,广狭之分的主要区别在于思想资料的来源不同"。更进一步,中国少数民族哲学,如"可把蒙古族哲学史称之为广义哲学史。这样既可得出蒙古族有哲学思想史的结论,又能划清与先进民族哲学史之间的区别"[①]。与此说相应,笔者则以哲学理论的阐明有理论阐释和理论运用两种形式,哲学在存在形式上可分为学术的和日常的两部分来立论,强调不能用一种存在形式否认其他存在形式。[②]

与上述论说方式相异,还有一种哲学发展的社会阶段说,即夏里甫罕·阿布达里在《从诗歌民族向哲学民族转变》[③]一文中认为,从社会文化发展程度这一视角来看,诗歌民族大多处在传统社会、传统文化发展阶段或从传统向现代转型的社会文化阶段,与哲学民族比较,显然处于比较落后的阶段。中国各民族都还处于诗歌民族阶段。准确地说,处于从诗歌民族向哲学民族转型的漫长而复杂的阶段。他强调中华民族中的各民族都需要团结一心·奋发努力,去争取达到哲学民族的发展境界,真正跻身于世界先进民族之林。据此而言,整个中华民族都应该是还没有哲学的民族,是非哲学民族。与此相对,张天鹏在《从求善向求真的转

---

① 格·孟和:《论邓小平理论与研究蒙古族哲学思想史方法论》,《玉溪师范学院学报》2004年第10期,第24—29页。

② 萧洪恩:《中国少数民族哲学:可能与现实》,《江汉论坛》2004年第10期,第77—80页。

③ 夏里甫罕·阿布达里:《从诗歌民族向哲学民族转变》,《新疆艺术》1998年第3期,第4—11页。

变——兼评〈从诗歌民族向哲学民族转变〉》①一文中则又提出了另一种横向划分:中国目前正在进行的是哲学意义上的从求善向求真的转变,而不是从诗歌民族向哲学民族的转变。其中"求善"是中国传统哲学的最高宗旨,而"求真"是西方传统哲学的最高宗旨。

上述分析并不是探讨中国少数民族哲学存在形式的全部方面,如蔡茂生在《民族文化建设的哲学审视——"文化哲学与民族文化建设"研讨会纪要》②一文中,实际上提出了"文化哲学"的存在形式问题等,在这方面,关于侗族哲学研究即是文化哲学研究的讨论就十分明显③。土家族哲学的早期研究实际上坚持的也是文化哲学研究,不仅直接提出了"土家族文化哲学"的概念④,而且也出版了文化哲学研究的专著⑤,笔者强调"为了对这些研究成果进行综合评价,我们可以统称为'土家族文化哲学研究'"。而"要研究土家族的哲学,至少有以下几个方面,这就是四类文化哲学的研究:(1)学术上、书本上、严肃的哲学,可简称学者文化哲学,这本是一个大的类型,但鉴于土家族聚居地的实际,还没有形成一个大的研究类型。(2)民间口承文化中的哲学,可以称之为口承文化哲学。这通常是通过民间口耳相传的承继发展的文化形式,如《摆手歌》《梯玛歌》等,这个类型的文化,现在有许多整理成书面文字的成果,有的还有待进一步的整理,但无论是何种情况,它们都是口承文化。其哲学思维应是口承文化哲学思维。(3)仪典文化哲学,仪典应作广义的理解,比如

① 张天鹏:《从求善向求真的转变——兼评〈从诗歌民族向哲学民族转变〉》,《新疆艺术》1999年第2期,第32—35页。
② 蔡茂生:《民族文化建设的哲学审视——"文化哲学与民族文化建设"研讨会纪要》,《广东社会科学》2001年第1期,第156—158页。
③ 张世珊、杨昌嗣:《侗族文化哲学》,《贵州民族研究》1991年第1期,第9—19页。
④ "土家族文化哲学"这个概念应该说是由陈正慧、熊家良在《1994年土家族文化研究综述》一文中提出的,该文刊于《湖北民族学院学报(哲学社会科学版)》1995年第4期,第91—96页。
⑤ 初步统计,这方面的成果有:萧洪恩:《土家族口承文化哲学研究》,中央民族大学出版社,1999;胡炳章:《土家族文化精神》,民族出版社,1999;邓红蕾:《道家与土家族文化》,民族出版社,2000;萧洪恩:《土家族仪典文化哲学研究》,中央民族大学出版社,2002;等等。还有众多论文涉及土家族文化哲学研究。

节日文化、哭嫁仪式、丧葬仪式等，这部分应从其实在的仪式中去理解和研究。（4）物态文化，这类通常是以实物形态存在的，比如居住的房舍、埋人的墓葬等。又例如，生产工具的变化及其所反映的文化形态。应该说，人的行为也应纳入这个研究领域"①。这些努力告诉我们：无论是范式说还是层次说，也无论是广义狭义说还是社会发展阶段说等，都在执着探讨中国少数民族哲学有无的问题，而关键在于找到一种中国少数民族哲学存在形式的恰当的表达方式。事实上，中国哲学研究的初起之时，学界有所谓哲学的实质与哲学的形式之辩，其基本诉求在于强调无论是中国哲学还是西方哲学，就其哲学的内容而论以及哲学的实质而论，都是探讨的所谓大问题、终极问题，具有人同此心、心同此理的哲学共性。但是，哲学在其存在形式上却又是多种多样的，这不仅是语言学上的差异，而且也是问题与范畴的差异，甚至是思维方式的差异，正所谓"天下殊途而同归，一致而百虑"，从而显示出哲学存在形式上的民族形式与个人风格。

四、确认中国少数民族哲学存在性的根据

确认中国少数民族哲学存在性的根据，首先即是一个哲学观的问题。早在 1982 年，佟德富强调"少数民族有无哲学思想的争论，实质上是如何理解或看待哲学的问题，它也涉及少数民族哲学研究的对象和范围等问题"②。他由此强调哲学"是关于整个世界一般规律的自觉、完整、系统、严密的观点·即关于世界观的理论体系"③。这一思想在金京振撰写的《应当重视朝鲜族哲学及社会思想研究》④一文中也得到了体现。于是基于不同的哲学观，一些学者提出了确认中国少数民族哲学存在性的

---

① 萧洪恩：《20 世纪土家族哲学研究综述》，载胡茂成主编《土家族确认五十年》，湖北人民出版社，2008，第 7—16 页。
② 佟德富：《走近先民的智慧》，民族出版社，2002，第 2 页。
③ 佟德富：《走近先民的智慧》，民族出版社，2002，第 4 页。
④ 佟德富、金京振编：《朝鲜族哲学思想史论集》，民族出版社，1996，第 1 页。

根据,如佟德富提出了条件成熟说、存在形式说、社会贡献说、相互影响说;伍雄武强调了实践论证、文化核心论证、哲学事实论证;笔者则提出了客观依据、理论依据、现实依据、构成根据等论说。综合诸家所论,以下论证可以说是比较能被接受的。

(1)实践论证说认为:"一个民族,不论其大小,历史长短……只要它战斗过、拼搏过,生存发展至今,它就一定有自己的民族精神之精华——哲学思想。当然,事物都有它发展的过程,事物之间会有发展程度的差别。哲学思想也如此,因此,不同民族的哲学思想,在发展程度、水平高低等方面是会有差别的,甚至有的民族,其哲学思想尚处于萌芽阶段。"①有学者还直接把哲学与人们的生活实践相联系提出论证,强调"哲学不是神秘的'玄哲',哪里有社会生活、有生产、有社会意识,哪里就有哲学。哲学史就是人们认识世界的历史"②。

(2)文化核心论证说认为:"一个民族,它的文化总是多方面的、丰富多彩的,包括文学、艺术、宗教、道德、科学以及风俗习惯,等等。然而,这众多的方面绝不是互不相关的、散漫混乱的,而是由某些深层的、普遍的、核心的观念,把它们贯穿和联系起来,整合、建构成为有机的文化整体。我认为,这种贯穿各种文化形式中的深层、普遍、核心的思想观念,就是哲学思想和哲学观念。"③"哲学观念在文化整体中的地位和作用也互不相同,但是,贯穿着深层的哲学观念,这一点是各民族都相同的。"④如"我丝毫也不怀疑,在维吾尔族高度繁荣、发达的音乐、歌舞之中,应有深层的哲学观念";"古代傣族有繁荣、发达的叙事长诗,号称 500 部之多,对此,我也不怀疑其中自有某种深层的观念"。"藏族的佛教、维吾尔族和回族的伊斯兰教或傣族的佛教,它们和哲学的密切关系,都是十分

---

① 伍雄武:《中国少数民族哲学思想简史》,云南人民出版社,1996,第 2 页。
② 佟德富等编著:《维吾尔族哲学思想研究》,华南科技出版社,2004,第 12—13 页。
③ 伍雄武:《中国少数民族哲学思想简史》,云南人民出版社,1996,第 2—3 页。
④ 伍雄武:《中国少数民族哲学思想简史》,云南人民出版社,1996,第 3 页。

明白的事实。"①总之,"哲学既和科学相互渗透,相互包含,同时也和其他文化形式相互渗透、包含;我们既要从科学中,也要从文化中来发掘、认识和评价少数民族的哲学思想"②。

（3）哲学事实论证说认为:"经过各民族学者、专家的努力,目前,我国少数民族哲学思想的研究……取得了一大批引人注目的成果。如由民族出版社先后出版的关于蒙古族、彝族、纳西族、白族、藏族、傣族的五本哲学思想史论文集。特别要提出的是,作为哲学、社会科学国家重点研究项目的《中国少数民族哲学史》的出版,开始为世人展现出中国少数民族哲学绚丽多姿的总体面貌。至此,世人已经能够看到,中国少数民族哲学有悠久的历史……据此,我们可以肯定地说,少数民族哲学史有着丰富多彩的内容,研究它、认识它、向世人展示它,是极有意义的事情。"③至于各少数民族,如'蒙古族有无哲学史又不仅是理论问题,而且是实践的问题,也就是说,动手研究,拿出实际的研究成果,用事实来说话……（当然）,这里必须考虑到,某些民族的哲学由于种种原因没有形成为独立的、特殊的社会意识形式,他们的深刻的哲学思想往往表现于社会政治著作、法律著作、艺术作品和自然科学著作"④。

（4）哲学产生条件论王说认为:"能够形成这种理论体系的民族起码应当具备如下基本条件:这个民族已进入阶级社会,产生了体力劳动和脑力劳动的分工,有自己的语言和文字,并有一定发展程度的科学文化知识等。每一个民族,不论人数多少、发展程度高低,只要具备这些基本条件,在改造自然和社会的斗争实践中,在从事科学实验的活动中,肯定会产生对自然和社会的一定程度的认识,并对这两方面的知识进行某种程度的概括和总结,从而形成这个民族的某种哲学思想。当然,各个民

---

① 伍雄武:《中国少数民族哲学思想简史》,云南人民出版社,1996,第 3 页。
② 伍雄武:《中国少数民族哲学思想简史》,云南人民出版社,1996,第 4 页。
③ 伍雄武:《中国少数民族哲学思想简史》,云南人民出版社,1996,第 4 页。
④ 格·孟和:《论邓小平理论与研究蒙古族哲学思想史方法论》,《玉溪师范学院学报》2004 年第 10 期,第 24—29 页。

族哲学思想系统化的程度,因各民族经济文化发展程度不同而各不相同,但只要对世界一般问题、一般规律有了一定的系统的认识,就不能否认某一民族哲学思想的存在。"①这一认识直到 20 世纪 90 年代,仍然是佟德富等坚持的观点,在《应当重视朝鲜族哲学及社会思想研究》一文中又给予了强调②。其他,也有学者分析蒙古族有没有哲学思想时,首先认真细致地分析马克思主义经典作家对哲学思想产生条件方面的论述,然后根据这些论述的基本精神,分析蒙古族社会是否具备了产生哲学的条件。如果具备了条件,那必然就有;反之亦然。这些条件包括进入阶级社会的历史实际及阶级和阶级斗争的状况,体力和脑力劳动分工的情况以及游牧社会的经济、政治、文化的特点,而蒙古族社会基本上具备了产生哲学的条件,因而应有自己的哲学思想。

(5) 发展水平说认为:古希腊哲学反映了当时希腊人对世界一般问题的朴素、自发的看法或观点,并没有因其原始和朴素而否认古希腊哲学思想的存在,恰恰相反,大家都一致认为希腊古代的哲学思想是十分丰富的。例如可以在希腊哲学的多种多样的形式中,差不多都能找到以后各种观点的胚胎、萌芽。赫拉克利特关于火是世界的本原,它按一定规律燃烧和熄灭的那段论述,是对辩证唯物主义原则的绝妙说明。如果有人以现在关于哲学的科学定义为理由,来否定古希腊哲学思想的存在,那大家是不会赞同的。对古希腊哲学不能如此苛求,对中国少数民族哲学思想当然也不能这样苛求③。也就是说,不能把哲学发展的水平作为否定哲学存在的理由。这一学说也为金京振的《应当重视朝鲜族哲学及社会思想研究》一文所支持④。

(6) 存在形式说认为:科学文化和理论思维比较发达的民族,可能产

---

① 佟德富:《走近先民的智慧》,民族出版社,2002,第 4 页。
② 佟德富、金京振编:《朝鲜族哲学思想史论集》,民族出版社,1996,第 1—2 页。
③ 格·孟和:《论邓小平理论与研究蒙古族哲学思想史方法论》,《玉溪师范学院学报》2004 年第 10 期,第 24—29 页。
④ 佟德富、金京振编:《朝鲜族哲学思想史论集》,民族出版社,1996,第 2 页。

生了专门阐述本民族哲学思想及其发展历史的哲学著作。但是,有许多民族没有或很少有这种专门的哲学著作,能不能由此判断这些民族不可能有或者很少有什么哲学思想呢? 不能。中国汉族在古代历史上专门的哲学著作也不见得很多,且其哲学思想却很丰富。譬如,《论语》不是哲学专著,而是关于孔子言论的汇编,但我们并不因此否认它所包含的丰富哲理。春秋战国时代诸子百家的言论,情况也是如此。这实质上是阐明哲学思想的载体问题,笔者认为应分两个方面:一是以什么文献形式存在,一是以什么话语或符号存在,后者包括范畴、行为。中国许多少数民族都有着丰富的历史、文学等方面的著作或文献。在这些文献和著作中,也不乏有关哲学思想的论述。蒙古族的《蒙古秘史》《蒙古源流》,在中国北方草原上流行的《敕勒歌》,藏族的“因明学”,维吾尔族的《福乐智慧》,彝族的《宇宙人文论》与《勒俄特依》,苗族的《古歌》和《佳》,纳西族的《东巴经》,等等,“都是关于少数民族哲学思想的珍贵典籍,也是我国哲学宝库中的一笔珍贵的财富”①。这一论证也为金京振的《应当重视朝鲜族哲学及社会思想研究》一文所支持②。总的结论是“哲学思想的理论特质不在于语言形式,而在于内容的科学性、深邃性和系统性,在于解决问题的正确性、应用性和方法论意义”③。

(7) 社会贡献说认为:哲学作为“时代精神的精华,总是自己的时代、自己的人民的产物。人民最精致、最珍贵和看不见的精髓都集中在哲学思想里”④。一个民族的哲学是这个民族文化发展的最高成就,是这个民族理论思维的最高发展。不可能设想,在中国各个时期的历史发展中,在各个领域、各个方面都作出过重大贡献的各少数民族竟没有自己的哲学思想作指导。否认少数民族存在哲学思想的看法,不仅贬低和抹杀了

---

① 佟德富:《走近先民的智慧》,民族出版社 2002 年版,第 4—5 页。

② 佟德富、金京振编:《朝鲜族哲学思想史论集》,民族出版社,1996,第 2—3 页。

③ 格·孟和:《论邓小平理论与研究蒙古族哲学思想史方法论》,《玉溪师范学院学报》2004 年第 10 期,第 24—29 页。

④ 马克思:《第 179 号“科伦日报”社论》,载《马克思恩格斯全集》第 1 卷,人民出版社,1995,第 220 页。

少数民族的重大贡献,否定了他们的文化,而且也无异于是对哲学的直接否定。就以实现多民族国家的空前统一的元朝为例,它是"疆域户数,远过汉唐",被史籍誉为"汉唐之盛,所未有也"的一代封建盛世。起过如此历史作用的朝代,怎么可能没有自己的哲学思想作指导呢?这不仅在理论上是说不通的,在实践上也是站不住脚的①。应该说,从时代发展及其贡献的角度,认为应有哲学指导,这是以果求因的方法。

(8) 文明生活必需品说认为:哲学究竟是为人们用来干什么的学问——是一般文明生活的必需品,还是高级文明生活的奢侈品?如果是前者,它在历史上形成和发展的基本条件是什么?它在历史上的各该条件下形成的外表形式是怎样的?这些问题弄清楚了,才可以求得本问题的正确答案②。作者坚持哲学是生活的必需品,因而各少数民族都应有自己的哲学。这正像日本著名作家中江兆民的一句名言:"没有哲学的人民,不论做什么事情,都没有深沉和远大的抱负,而不免流于浅薄。"③

笔者认为,哲学作为一种特殊的把握世界的方式,其存在的前提条件取决于人们对哲学所应把握的对象世界作深度的关注。一方面,人们在自己的生产、生活实践中即在自己的生存与生成实践中,对于置身于其中的对象世界——自然的、社会的、身心的等,可以作出直接的价值评价或事实认知,形成所谓的科学知识等,把对象世界看成是"万物皆备于我"的功能对象、征服对象、猎取对象,一句话,以"适用"理性来看待对象世界。在这种情况下,人们便不可能有哲学。在现实社会中,这种情形比比皆是。另一方面,人们也可能超越这种"适用"领域,而对对象世界进行深度关注,探讨对象世界的一些终极问题,即进行所谓的哲学追问、宗教追问,从而反映出人们的宇宙观念、信仰体系、社会理想、人生体验、生死态度、精神境界、思考方式、行为模式、价值取向,等等④。当然,这种

---

① 佟德富:《走近先民的智慧》,民族出版社,2002,第 6 页。

② 《蒙哲史论稿》编委会编:《蒙古族哲学及社会思想史论稿》,内部资料,1982,第12页。

③ 中江兆民:《一年有半,续一年有半》,吴藻溪译,商务印书馆,1979,第 16 页。

④ 郭齐勇:《中国哲学智慧的探索》,中华书局,2008,第 6 页。

生存与生成智慧、追求与终极追问根源于各民族的生存和生成样态,直接来源于人们的生存体验和生成感受。至于是否用系统化、理论化的尺度对此进行评价,那是另一个问题。事实上,系统本身是存在的,关键是我们如何去认知,比如人们可以从生物学、生态学、哲学、农学、医学、政治学、伦理学、经济学、社会学……多层面去认识任何一种文化现象,当然也可由此去认识中国少数民族的哲学文化现象,从而建构性地解释、创造性地"误读"出中国少数民族哲学来。

第三节　从哲学的经验与情感看中国少数民族哲学合法性

20 世纪 80 年代以来,中国少数民族哲学研究开始起步,从而逐渐凸显了中国少数民族哲学的合法性、研究的方法论等问题。经过 30 多年的研究、探索,不仅在中国少数民族哲学研究的一般对象界定、思想梳理、概念清晰、方法探索等方面取得了可喜成效,形成了《中国少数民族哲学史》[①]《中国少数民族哲学专题研究》[②]《中国少数民族哲学思想简史》[③]等不同类型(通史类、专题类、综合类)的研究成果,而且在各民族哲学研究的特殊对象、民族形式与个人风格等方面也取得了长足的进步,形成了《蒙古族哲学史》[④]《白族哲学思想史》[⑤]《维吾尔族哲学思想研究》[⑥]等民族通史性论著、区域族群专史性论著,以及一大批论文集与单篇论文,其中,笔者在 2009 年出版的《土家族哲学通史》[⑦],2010 年出版

---

① 肖万源、伍雄武、阿不都秀库尔主编:《中国少数民族哲学史》,安徽人民出版社,1992。
② 佟德富、宝贵贞:《中国少数民族哲学专题研究》,中央民族大学出版社,2006。
③ 伍雄武:《中国少数民族哲学思想简史》,云南人民出版社,1996。
④ 苏和、陶克套:《蒙古族哲学思想史》,辽宁民族出版社,2002;乌兰察夫、宝力格、赵智奎:《蒙古族哲学思想史》,内蒙古大学出版社,1994;武国骥主编:《蒙古族哲学史》,内蒙古文化出版社,1994。
⑤ 龚友德:《白族哲学思想史》,云南人民出版社,1992。
⑥ 佟德富等编著:《维吾尔族哲学思想研究》,华南科技出版社,2004。
⑦ 萧洪恩:《土家族哲学通史》,人民出版社,2009。

的《20 世纪土家族哲学社会思想史》①,则被看成是中国少数民族哲学研究的又一新的收获,并在一定程度上提出了对中国少数民族哲学研究的进一步反思问题。在这些反思中,中国少数民族哲学合法性问题无疑仍然是首要的基本的问题,并在多篇评论中被提及。对此,本节以黑格尔《小逻辑》的哲学观为基础,从这位明确否认中国有哲学的哲学家的哲学观中去寻求中国少数民族哲学合法性的根据,并以此作为对学界观点的申论。

一、一个虚假而有意义的问题

同中国哲学研究面临着合法性问题一样,中国少数民族哲学研究也显然面临着合法性问题。如果借用俞吾金关于中国哲学的合法性问题是一个"虚假而有意义的问题"②的话,那我们同样可以说中国少数民族哲学的合法性问题也应作如是观。

在西方学界,中国少数民族哲学实质上面临着两种质疑:一种是哲学之外的民族学等学科的质疑,在这些学科视野下,中华人民共和国成立后经民族识别确认的民族曾因不符合斯大林的民族定义、某些西方学界的民族定义或西方的其他族群理论而被指认是国家构建的少数民族③,其中回族、彝族、苗族、瑶族、维吾尔族等少数民族被这些学科的研究所解构④。从中国少数民族哲学研究方法论的角度看,既然少数民族本身都是建构起来的,那研究中国少数民族哲学就当然只是一种建构而不是哲学研究本身。虽然这些学科并未谈及中国少数民族哲学的合法性问题,但既然中国少数民族都是建构起来的,那又何谈其哲学? 另一

① 萧洪恩:《20 世纪土家族哲学社会思想史》,中国书店出版社,2010。
② 俞吾金:《一个虚假而有意义的问题——对"中国哲学学科合法性问题"的解读》,《复旦学报(社会科学版)》2004 年第 3 期,第 27—34 页。
③ Dru C. Gladney, *Muslim Chinese*: *Ethnic Nationalism in the People's Republic*, Councilon East Asian Studies, Harvard University,1991, p. 76.
④ 潘蛟:《解构中国少数民族:去东方学化还是再东方学化》,《广西民族大学学报(哲学社会科学版)》2009 年第 2 期,第 11—17 页。

种是哲学学科内部的否定,这种否定的肇始者至少可上溯至康德①,黑格尔步康德之后,把东方哲学归于简单贫乏的"表面的抽象游戏"之"无"的范畴,"造成以无开端(如中国哲学)"的"哲学"②。在他看来,孔子是"中国人的主要哲学家",但《论语》"在哪一个民族里都找得到,可能还要好些",因而"为了保持孔子的名声,假使他的书从来不曾有过翻译,那倒是更好的事"③。在此之后,"古代中国无哲学"之论实质上成了西方学界的合奏曲,直到德里达在 2000 年访华时还说"中国没有哲学,只有思想"④。这种否认虽然没有直接指认中国少数民族哲学,但从对东方哲学的否定来看,显然包括中国少数民族哲学在内都在否定之列。但是,如果要对以上的否定进行哲学原则上的概括,则不难发现,上述否定都基于肇始于古希腊罗马时期理性哲学的科学理性原则。这一原则热衷于探索大自然的内在和谐统一性、坚信知识的客观性、刻意探寻认识世界改造世界的行为准则和价值尺度,强调以对客观事物的科学分析、综合、判断、推理等为方法,并形成相应的哲学思维方式和价值观念,从而成为"当代西方科学哲学诸流派所依据的基本思维原则"⑤。然而吊诡的是,若据西方哲学的另一原则即人的主体性原则,则从文艺复兴时期的人本主义到当代的意志主义、生命哲学、存在主义哲学、历史主义哲学等,则又有另一种哲学文化风貌,如文德尔班即从文化哲学层面认可哲学的存在性,他研究哲学是"从逻辑内容方面说,或者从文化史方面说,或者从心理基础方面说"⑥,并且将"着重点就放在从哲学的观点看最有分量的东西的发展上,即放在问题和概念的历史上"⑦。这表明,单纯用某种西方哲学

① 成中英、冯俊主编:《康德与中国哲学智慧》,中国人民大学出版社,2009,第 52—67 页。
② 黑格尔:《逻辑学》下卷,杨一之译,商务印书馆,1976,第 90 页。
③ 黑格尔:《哲学史讲演录》第 1 卷,贺麟、王太庆译,生活·读书·新知三联书店,1956,第 119—120 页。
④《中国图书商报》,2000 年 12 月 13 日。
⑤ 李海荣:《社会现代化流程中的哲学变革——浅论全球性哲学走向的现实启示》,《学术论坛》1999 年第 5 期,第 8—11 页。
⑥ 文德尔班:《哲学史教程》上册,罗达仁译,商务印书馆,1997,第 29 页。
⑦ 文德尔班:《哲学史教程》上册,罗达仁译,商务印书馆,1997,第 4 页。

原则来衡定中国哲学，从而衡定中国少数民族哲学，都是不恰当的。事实上，随着全球性现代化进程的加深，上述两大哲学原则已日益出现自我反思和互相融合渗透的趋势，从而从哲学原则内部动摇了中国无哲学、中国少数民族无哲学的哲学怀疑论。

在中国哲学界，中国哲学本身是从古代诸子百家或儒、释、道诸家的"家"学中脱胎出来的"科"学。尽管中国古代即有《庄子·天下》、《荀子·非十二子》、司马谈《论六家要旨》等研究先秦哲学史的专门学术作品，甚至还出现了黄宗羲的《明儒学案》《宋元学案》一类的系统性断代哲学史专著。再就是前辈学人冯友兰在他的名著《中国哲学史》中早已阐明，"哲学本一西方名词。今欲讲中国哲学史，其主要工作之一，即就中国历史上各种学问中，将其可以西洋所谓哲学名之者，选出而叙述之"，并认为"西洋所谓哲学，与魏晋人所谓玄学，宋明人所谓道学，及清人所谓义理之学，其所研究之对象颇可谓约略相当"①，但也仍然免不了受西方哲学束缚而来否认中国哲学合法性的影响，使中国哲学合法性问题成了一个世纪的心病，21世纪初几大刊物组织进行相关讨论即是一个信号。至于中国少数民族哲学，则除个别民族有了"家"学外，几乎都还没有达到"家"学的程度，以至于20世纪70年代末80年代初以降才开始有中国少数民族哲学研究的动议与实践，并相应产生了中国少数民族哲学的合法性问题。然而，由于中国少数民族的"民族"性，人们至少在文献上还没有发现有直接否认中国少数民族有哲学的学者，但在研究中国少数民族哲学的学者论述中，却屡屡提及这类"同志们"的否认说，这些学者于是也就先后提出了多种多样的中国少数民族哲学合法性的论证②。

人们在研究中国哲学合法性问题时，把这一问题的答案归纳为四种：中国存在着一种与西方相似的哲学；中国哲学是存在的，但却是一种与西方截然不同的哲学；中国哲学是不存在的，但却存在一种类似，甚至

---

① 冯友兰：《中国哲学史》，华东师范大学出版社，2000，第1页。
② 萧洪恩：《中国少数民族哲学合法性问题研究述评》，《湖北民族学院学报（哲学社会科学版）》 2011年第1期，第116—121页。

超过西方哲学的东西;中国哲学是不存在的,所以有必要参照西方哲学的模式,建立一种中国哲学①。以至于国内外都有学者在为谋求"中国哲学"的存在性而努力,像费正清中心在一次研讨会上即引入法国哲学家哈多德(Pierre Hadot)"作为生活方式的哲学"(philosophy as a way of life)的理念来处理中国早期思想②。然而,综观中国少数民族哲学的合法性问题,却并不那么简单,它实质上包含着四个层面的问题:一是从元哲学层面提出的"什么是哲学"或"哲学是什么"的问题,即据"哲学"的标准来讨论中国少数民族哲学是否存在的本原性问题,这就是"哲学观"的问题,这正像前辈学人胡适在《中国哲学史大纲》(卷上)的"导论"中定义哲学是研究人生切要的问题并从根本上予以解决的学问一样③,在中国少数民族哲学研究中,也多有从哲学再定义入手进行研究并认可中国少数民族哲学合法性的。二是依据何种"哲学"研究中国少数民族哲学才是科学的,或者说,中国少数民族哲学研究的科学"范式"是什么? 在中国哲学界曾有"学着讲""接着讲""自己讲"等多种区别④;或者说形成了分别以胡适、冯友兰和侯外庐等中国哲学史研究最具代表性人物所体现的西方科学主义、人本主义和马克思主义三大思潮,从而在研究的指导思想、解剖问题的方法和所要解决的主题等方面表现出独特性⑤;或者说中国哲学史的研究在 20 世纪经历了"借鉴西方模式,研究中国哲学"(从本质上讲即"述学"),"以马克思主义为指导,研究中国哲学","改革开放后的中国哲学研究"(从本质上讲即"百花齐放"研究)三次大的变革等⑥。

① J. 托拉瓦尔:《从中国哲学到哲学中的"中国"》,江小平译,《国外社会科学》1994 年第 10 期,第 38 页。
② 郑家栋:《"中国哲学之合法性"问题的由来、实质及其对于相关讨论的期望》,《北京行政学院学报》2005 年第 1 期,第 69—71 页。
③ 胡适:《中国哲学史大纲》(卷上),东方出版社,2004,第 1 页。
④ 张立文:《中国哲学:从"照着讲"、"接着讲"到"自己讲"》,《中国人民大学学报》2000 年第 2 期,第 7—9 页。
⑤ 臧宏:《中国哲学史研究百年反思》,《华东师范大学学报(哲学社会科学版)》2001 年第 1 期,第 52—56 页,第 126 页。
⑥ 周桂钿:《中国到底有没有哲学》,《社会科学战线》2010 年第 2 期,第 1—5 页。

与此相应,在中国少数民族哲学研究中则先后经历了两个阶段,前期以马克思列宁主义为指导进行研究,后期也进入了"百花齐放"阶段。三是所研究的中国少数民族哲学是何种哲学形态? 即与中国哲学、西方哲学是何类关系,中国少数民族哲学自身是否有形态变化等方面问题,从理论上说即是哲学的普遍与特殊的关系问题,或者更确切地说是中国少数民族哲学的独特性与普适性、事实与价值等问题,核心问题是中国少数民族有没有自己的独特而具普遍意义的哲学? 还是某种哲学只存在少数民族思想中? 从笔者《土家族哲学通史》一书中的研究来看,显然是承认中国少数民族有自己独特而具有普遍意义之哲学的。四是依据何种方法研究中国少数民族哲学才具有合法性? 即研究方法及方法论等方面的问题。上述这些问题的解决,学界曾进行过多种探索,并形成了不少的总结性论述,如:李兵的《少数民族哲学何以可能? ——兼论民族文化的哲学基础》[1]《少数民族哲学:意义及可能》[2]《少数民族哲学:何为? 为何?》[3]等系列论文;宝贵贞的《从合法性到新范式——中国少数民族哲学研究困境与出路》[4]《中国少数民族哲学研究的回顾与展望》[5]《民族哲学20年》[6]《论中国少数民族哲学史写作范式问题》[7]等;笔者的《中国少数民族哲学:可能与现实》[8]《土家族哲学成立的可能与现实》[9]《中国少

---

[1] 李兵、吴友军:《少数民族哲学何以可能? ——兼论民族文化的哲学基础》,《学术探索》2002年第3期,第14—16页。

[2] 李兵:《少数民族哲学:意义及可能》,《曲靖师范学院学报》2003年第4期,第1—4页。

[3] 李兵:《少数民族哲学:何为? 为何?》,《云南民族大学学报(哲学社会科学版)》2004年第3期,第17—20页。

[4] 宝贵贞:《从合法性到新范式——中国少数民族哲学研究困境与出路》,《内蒙古师范大学学报(哲学社会科学版)》2009年第1期,第76—79页。

[5] 宝贵贞:《中国少数民族哲学研究的回顾与展望》,《中国民族报》2010年12月10日。

[6] 宝贵贞:《民族哲学20年》,《哲学动态》2001年第12期,第39—42页。

[7] 宝贵贞:《论中国少数民族哲学史写作范式问题》,见宝贵贞主编:《回顾与创新——多元文化视野下的中国少数民族哲学》,中央民族大学出版社,2013。

[8] 萧洪恩:《中国少数民族哲学:可能与现实》,《江汉论坛》2004年第10期,第77—80页。

[9] 萧洪恩:《土家族哲学成立的可能与现实》,《湖北民族学院学报(哲学社会科学版)》2004年第5期,第1—5页。

数民族哲学合法性问题研究述评》①等;伦玉敏、刘勇的《从合法性到研究
范式的转型:中国少数民族哲学研究历程》等②,都对这些问题有所清理。

应该说,作为"一个虚假而有意义的问题",始终存在着一种合理求
解的问题,如前辈学人任继愈即在两个不同的场合有不同的阐述,20世
纪80年代初,他既强调原始社会只有宗教而没有哲学③,因而不能说每
一民族都有哲学,当然也就不能说每个民族都有哲学史④;又强调汉族本
身是许多不同兄弟民族长期交融的结果,历史上并不存在"纯汉族",因
而中国哲学史上的优秀哲学家不应只看成是汉族的,应把他们看成是中
国所有兄弟民族的哲学家⑤,他们的优秀哲学思想"既反映了汉族文化的
先进水平,也反映了各兄弟民族的先进水平"⑥。笔者在《土家族哲学通
史》《20世纪土家族哲学社会思想史》中都对这一问题有过深入讨论。笔
者在前书中讨论了"土家族哲学所以可能"问题的前提论说,在后书中曾
专辟一节,论中国少数民族哲学的合法性问题,其中阐述了"不同哲学观
对哲学合法性的讨论""中国少数民族哲学的合法性问题""土家族哲学
的合法性问题"等,目的显然企望推进中国少数民族哲学合法性问题的
研究。但问题在于,这种论证是否就完全解决了问题?从目前的认识
看,显然也并不能让人信服。张世保曾对此有所论释,认为这些论证虽
较好地从外部解释了土家族哲学何以可能的问题,但并未从根本上解决
土家族哲学何以可能的问题,因而"还必须从土家族哲学内部着手,要看

① 萧洪恩:《中国少数民族哲学合法性问题研究述评》,《湖北民族学院学报(哲学社会科学版)》
　　2011年第1期,第116—121页。
② 伦玉敏、刘勇:《从合法性到研究范式的转型:中国少数民族哲学研究历程》,《商丘师范学院
　　学报》2012年第4期,第30—34页。
③ 任继愈主编:《中国哲学发展史·先秦》,人民出版社,1983,第7页。
④ 任继愈主编:《中国哲学发展史·先秦》,人民出版社,1983,第5页。
⑤ 任继愈:《如何看待中国古代哲学中的民族哲学家》,《南京大学学报(哲学人文科学社会科学
　　版)》1982年第4期,第49—53页。
⑥ 任继愈主编:《中国哲学发展史·先秦》,人民出版社,1983,第6页。

其自身的内容是否承载了一般意义上的哲学思想"①。这里的所谓一般意义，应是作为意义世界的"中国少数民族哲学"，即意在发掘其中蕴含的终极意义、人生价值理念与境界，特别是其中蕴含的中国少数民族文化的根源性，总体的或分别的文化精神等，此即中国少数民族的精神信念、核心价值的层面，是活着的、流转的，在今天的世界与中国少数民族的社群人生中仍然起着安身立命积极作用的东西。事实上，笔者也一直在探讨这一问题。在《中国少数民族哲学合法性问题研究述评》②一文中，在分别阐明现有的论证以后，特别提出了基于对各少数民族哲学体验的层面，确立各少数民族自身的"哲学"类型；在《中国少数民族哲学研究方法论问题探析》③一文中则从哲学的再界定、价值的再阐释、路径的再选择、方法的再探索等方面进行了探讨。在《全球性现代化视域的中国少数民族哲学研究探析》④《哲学的经验与情感：从黑格尔那里寻求中国少数民族哲学的合法性》⑤《民族性与现代性：少数民族哲学视阈的马克思主义中国化》⑥等论文中也都进行了一定程度的申论。

二、哲学是"人人所直接固有的信念"

黑格尔的哲学观往往成为某些人否认中国哲学，从而否认中国少数民族哲学的重要根据。然而，若全面认识黑格尔对哲学的认识，特别是他对哲学史的认识，我们或许会对中国哲学，从而对中国少数民族哲学

① 张世保：《论少数民族哲学史的书写方式——以萧洪恩〈土家族哲学通史〉为讨论中心》，《中南民族大学学报（人文社会科学版）》2011 年第 5 期，第 92—96 页。
② 萧洪恩：《中国少数民族哲学合法性问题研究述评》，《湖北民族学院学报（哲学社会科学版）》2011 年第 1 期，第 116—121 页。
③ 萧洪恩：《中国少数民族哲学研究方法论问题探析》，《中南民族大学学报（人文社会科学版）》2012 年第 1 期，第 165—170 页。
④ 萧洪恩：《全球性现代化视域的中国少数民族哲学研究探析》，《武汉科技大学学报（社会科学版）》2011 年第 3 期，第 303—309 页。
⑤ 萧洪恩：《哲学的经验与情感：从黑格尔那里寻求中国少数民族哲学的合法性》，《武汉科技大学学报（社会科学版）》2011 年第 4 期，第 434—442 页。
⑥ 萧洪恩：《民族性与现代性：少数民族哲学视阈的马克思主义中国化》，《湖北民族学院学报（哲学社会科学版）》2012 年第 1 期，第 75—81 页。

有更进一步的认知。黑格尔的《哲学史讲演录》曾是否认中国哲学合法性的关键著作,笔者在《土家族口承文化哲学研究》中,曾专论黑格尔的哲学史观,从而阐明土家族哲学研究,算是"以子之矛,攻子之盾"①;黑格尔的《精神现象学》曾是黑格尔的哲学精神信仰,赵敦华据此"向黑格尔学习如何做中国哲学"以破解"古代中国无哲学"的魔咒②。黑格尔的《小逻辑》作为其哲学的一个主要环节,不仅强调了其哲学的界定,而且强调了"哲学与热情及实践联系之必要,坚持哲学有权过问关于信仰及感情方面的问题"③,因此,重新审视黑格尔《小逻辑》的哲学观对研究中国哲学,从而研究中国少数民族哲学合法性问题是有意义的。

在《小逻辑》中,黑格尔在不同的场合对哲学进行了不同的界定,但其基本精神是确定的,这就是哲学的思想性、具体性、现实性、反思性、理想性。第一,哲学的目标是探求真理,因而具有"思想"性。他强调在哲学中,重要的问题不是我们思维什么,而是我们"现实地思维什么";"思想的真正要素"不是它是否存在于你主观地、武断地选择的"符号"里,而是"从思想本身去寻求"④,象蒙古族哲学的格言、谚语符号,维吾尔族哲学的"智慧""真理"符号,侗族哲学的"款"式符号,苗族哲学的"佳"式符号,土家族哲学的"诗性"符号,中国哲学中的《论语》符号等,都不是问题的关键,关键仅在于这些符号中的"思想"本身。正是在这个意义上,黑格尔告诉"我们首先必须记着,整个哲学的任务在于由事物追溯到思想,而且追溯到明确的思想"⑤。在其他意义上,黑格尔强调这种对事物的思想追溯即探求真理,为此,他曾批评那种"独不是真理的探讨"的哲学⑥,

① 萧洪恩:《土家族口承文化哲学研究》,中央民族大学出版社,1999,第17—21页。
② 赵敦华:《向黑格尔学习如何做中国哲学——"古代中国无哲学"魔咒之解魅》,《北京大学学报(哲学社会科学版)》2010年第5期,第22—26页。
③ 黑格尔:《小逻辑》,贺麟译,商务印书馆,2003,第5页。
④ 黑格尔:《小逻辑》,贺麟译,商务印书馆,2003,第232页。
⑤ 黑格尔:《小逻辑》,贺麟译,商务印书馆,2003,第230页。
⑥ 黑格尔:《小逻辑》,贺麟译,商务印书馆,2003,第6页。

强调"真理不仅应是哲学所追求的目标,而且应是哲学研究的绝对对象"①,而且"这种真理探讨是意识到那联结着、规定着一切内容的思维关系的本性和价值"②。还有的情况下,黑格尔又把这种对事物的思想追溯说成是哲学所要揭示之对象的"必然性","因为在哲学里证明即是指出一个对象所以如此,是如何地由于自身的本性有以使然"③。事实上,我们随意翻开中国各少数民族的相关"文本"或选择相关的"符号",都可毫无疑义地发现对这种"思想""真理""必然性"的探寻,像维吾尔族的《福乐智慧》《真理的入门》本身就是直接的指认。

第二,哲学的内容有具体性与现实性特征。黑格尔强调可以把哲学定义为"对于事物的思维着的考察"④,因为"哲学所从事的只是具体的思想"⑤,并且"永远是具体的东西","是完全现在的东西"⑥。这就是说,哲学思维应直指现实对象,是从现实对象中去发现、思维、反思。同样,我们也会据此看到,无论是从哲学发生学层面分析中国少数民族的原始崇拜、灵魂观念、原始神话等,可以发现哲学萌芽于原始意识,还是从中国少数民族哲学的形成与发展层面探讨其中的宇宙论、认识论、方法论等哲学内容,都可以发现其中的"对于事物的思维着的考察"而形成的"具体的思想",并且也都是"完全现在的东西",如在原始神话、史诗、传说等故事中,除有大量的"神"用某种具体的物质性的东西创万物、造人类,也有相当数量的关于天地万物、人类等是由具体的物质性东西不断运动、演化而来的材料⑦。

第三,哲学以"反思"为思维形式,以理性为尺度,从而表现出一定程度的普遍性。一方面,在其表现形式上,哲学如果要具有方法论意义,哲

---

① 黑格尔:《小逻辑》,贺麟译,商务印书馆,2003,第93页。
② 黑格尔:《小逻辑》,贺麟译,商务印书馆,2003,第6页。
③ 黑格尔:《小逻辑》,贺麟译,商务印书馆,2003,第185页。
④ 黑格尔:《小逻辑》,贺麟译,商务印书馆,2003,第38页。
⑤ 黑格尔:《小逻辑》,贺麟译,商务印书馆,2003,第182页。
⑥ 黑格尔:《小逻辑》,贺麟译,商务印书馆,2003,第208页。
⑦ 伍雄武:《中国少数民族哲学思想简史》,云南人民出版社,1996,第1—8页。

学所揭示的真理要具有必然性,就应该把蕴含在概念中的道理明白地发挥出来①;另一方面,这种发挥是人所特有的,是人据理性而阐明的,因此,就哲学的内容而论,理性在空间上"不仅是哲学所特有的财产",而且"是人人所同具";在时间上则"无论在什么阶段的文化或精神发展里,总可在人心中发现理性"。所以他肯定自古以来把人称为"理性存在"的观点很有道理②。据此,他阐明了哲学思辨的实质,即"思辨的真理不是别的,只是经过思想的理性法则"③。正是在这种意义上,黑格尔强调了哲学的普遍性:一是强调人们是"天生的形而上学家",并据此把"唯一纯粹的物理学者"当成"禽兽","因为唯有禽兽才不能思想",而"人乃是能思维的动物"且是"天生的形而上学家"④。二是强调"反思"作为哲学思维的形式,是人人所同有的信念。黑格尔认为,"哲学的真正的基础"在于"精神上情绪上深刻的认真态度",哲学所要反对的"是精神沉陷在日常急迫的兴趣中"和"意见的空疏浅薄"⑤,这就需要"反思"。因为一般经验科学所包含的普遍性或类等本身是空泛的、不确定的,是与特殊没有内在联系的纯外在和偶然的关系;所包含的特殊之间的关系也是外在的和偶然的。同时,一般的科学方法都是基于直接的事实、给予的材料或权宜的假设。一句话,所谓科学是"不能满足必然性的形式",而"凡是志在弥补这种缺陷以达到真正必然性的知识的反思,就是思辨的思维,亦即真正的哲学思维。这种足以达到真正必然性的反思,就其为一种反思而言……这种思辨思维所特有的普遍形式,就是概念"⑥。或者更具体地说,哲学的任务就是为了"使人类自古以来所相信于思维的性质,能得到显明的自觉而已"。为此,黑格尔认为哲学并没有新的发明,它事实上

---

① 黑格尔:《小逻辑》,贺麟译,商务印书馆,2003,第195页。
② 黑格尔:《小逻辑》,贺麟译,商务印书馆,2003,第182页。
③ 黑格尔:《小逻辑》,贺麟译,商务印书馆,2003,第183页。
④ 黑格尔:《小逻辑》,贺麟译,商务印书馆,2003,第215—216页。
⑤ 黑格尔:《小逻辑》,贺麟译,商务印书馆,2003,第32页。
⑥ 黑格尔:《小逻辑》,贺麟译,商务印书馆,2003,第48页。

"已经是人人所直接固有的信念"①。据此,黑格尔阐明了哲学与宗教、哲学与普通人的关系:哲学应证明一般人的普通意识所特有的知识方式的需要,应唤醒一般人认识哲学的特有知识方式;应从哲学自身出发证明有能力认识宗教的对象,并辨明哲学的各种规定"何以异于宗教观念的理由"②以及认知哲学与热情及实践的联系。据此,黑格尔强调哲学是一种"人性中最伟大的无条件的兴趣"——追求"深邃和丰富的实质",如果人们失去了这一点,"宗教意识便会只得到没有内容的最高满足,于是哲学也只成为一种偶然的主观的需要了"③。如果是这样的话,那就是说,不仅中国哲学的存在性,而且中国少数民族哲学的存在性等,都是一个虚假问题,从而达到了"人人都是哲学家"的衡定层面,而哲学家的使命"首先就从批判'常识'"开始,即"首先利用这种常识作为基础,来证明'大家'都是哲学家,证明问题不是把某一门科学引入'大家'的个人生活里面来,而是在于对已经存在的思想活动加以更新,并且赋予它以批判的方向"④。这样,哲学的合法性问题即转化为哲学发展的水平问题,转化为是否有哲学自觉的问题等。

第四,作为一种对人的自我意识,哲学要求的表现形式具有多样性。黑格尔认为,哲学只是一种对人的自我意识,如果如此,那"哲学"的存在就具有普遍性,如情感作为精神、意识的一个最低阶段,不仅还是一个没有对象的内容,而且可以说是与禽兽有共同形式的灵魂。但是,"禽兽也是赋有灵魂的",只是在人类这里,"思维使灵魂首先成为精神",而"哲学只是对于这种内容、精神和精神的真理的意识,不过是意识到精神在使人异于禽兽并使宗教可能的本质性的形态里"⑤。更进一步,黑格尔分析了其具体的多样的表现形式:作为感觉和直观的精神以感性事物为对

---

① 任继愈主编:《中国哲学发展史·先秦》,人民出版社,1983,第78页。
② 黑格尔:《小逻辑》,贺麟译,商务印书馆,2003,第41页。
③ 黑格尔:《小逻辑》,贺麟译,商务印书馆,2003,第29页。
④ 安东尼奥·葛兰西:《狱中札记》,葆煦译,人民出版社,1983,第13页。
⑤ 黑格尔:《小逻辑》,贺麟译,商务印书馆,2003,第13页。

象;作为想象的精神以形象为对象;作为意志的精神以目的为对象。当然,哲学精神除此之外也还有更高的要求,即"要求它自己的最高的内在性——思维——的满足"。换句话说,哲学还"以思维为它的对象"①。事实上,也正是在这些方面,在感性事物、形象、目的、思维等各精神层次上,中国少数民族都有其哲学体现②。

第五,根据上面的界定,黑格尔一方面阐明了哲学精神的理想性,强调知性的无限是与有限平列的无限,本质上仍然是一种有限,或者说"是理想的有限""不真实的有限"。而事实上,"这种认为有限事物具有理想性的看法,是哲学上的主要原则。因此每一真正哲学都是理想主义"。③另一方面则阐明了哲学精神的超越性,强调哲学"要使人从那无穷的有限目的与个人愿望中解放出来,并使他觉得不管那些东西存在或不存在,对他简直完全无别"。当然,在哲学思想中,对象的实质内容始终"与别的存在、目的等等建立一种联系"④。黑格尔还据此强调:哲学的目的性、超越性会形成哲学的孤独——从事哲学研究的代价——"愈彻底愈深邃地从事哲学研究,自身就愈孤寂,对外愈沉默……以谨严认真的态度从事于一个本身伟大的而且自身满足的事业,只有经过长时间完成其发展的艰苦工作,并长期埋头沉浸于其中的任务,方可望有所成就。"⑤

不难看出,上述对哲学的界定恰好可以帮助我们认知中国少数民族哲学。无论从哲学的目标是探求真理因而具有思想性层面看,还是从哲学的内容有具体性与现实性特征看;无论从哲学以"反思"为思维形式、以理性为尺度从而表现出一定程度的普遍性看,还是从哲学作为一种对人的自我意识而要求的表现形式具有多样性看,抑或从哲学精神的理想性、超越性看,都可以在少数民族思想中得到确认。事实上,中国各少数

---

① 黑格尔:《小逻辑》,贺麟译,商务印书馆,2003,第51页。
② 萧洪恩:《土家族哲学成立的可能与现实》,《湖北民族学院学报(哲学社会科学版)》2004年第5期,第1—5页。
③ 黑格尔:《小逻辑》,贺麟译,商务印书馆,2003,第211页。
④ 黑格尔:《小逻辑》,贺麟译,商务印书馆,2003,第196页。
⑤ 黑格尔:《小逻辑》,贺麟译,商务印书馆,2003,第30页。

民族也都十分重视自己哲学思维的发展,像明清时期土家族的《田氏一家言》中有"追踪先哲"之论,彝族哲学著作《彝族源流》中明确认定"哲理浅"为粗陋愚蠢之人的第一标志,维吾尔族学者那瓦依强调由"对哲学感兴趣"而生活久远,等等,正是这种智慧追求精神,使中国少数民族在各自的历史发展中创造了丰富的哲学思想,从而构成了中国哲学大家庭中的多元民族风格。

三、哲学是"普遍与特殊的真正规定"

黑格尔曾强调为知识进步与发展奠定基础的唯一方法"在于坚持结果的真理性"[①]。显然,中国少数民族哲学研究也必须有此诉求。但是,这是很困难的事。因为关涉中国少数民族哲学研究中的文本及其哲学解读问题,从更深层次讲则关涉中国少数民族哲学的经验与情感问题。正是在这个意义上说,一切哲学史研究都是基于研究者的经验与情感而对研究对象的创造性"误读"。据此,笔者在《土家族哲学通史》[②]和《20世纪土家族哲学社会思想史》[③]等书中曾强调,研究中国少数民族哲学,应运用李维武教授提出的人文科学研究的一般方法——解读文本、理解对象、体验生命[④],也就是要从少数民族的生存体验中去理解少数民族哲学,从而确认各少数民族自身的哲学样态。一方面,承认"在不同的文明中,都存在着一个宗教、艺术和科学所无法取代的领域,只要这个领域存在,研究这个领域的学科也就获得了自己的合法性。至于人们用什么样的名称去指谓它,乃是一个与合法性无涉的问题"[⑤],例如"哲学……乃是某种介乎神学与科学之间的东西"[⑥]。另一方面,对该哲学"文本"的解读

---

① 黑格尔:《小逻辑》,贺麟译,商务印书馆,2003,第20页。
② 萧洪恩:《土家族哲学通史》,人民出版社,2009。
③ 萧洪恩:《20世纪土家族哲学社会思想史》,中国书店出版社,2010。
④ 李维武:《人文科学概论》,人民出版社,2007,第265—301页。
⑤ 俞吾金:《一个虚假而有意义的问题——对"中国哲学学科合法性问题"的解读》,《复旦学报(社会科学版)》2004年第3期,第27—34页。
⑥ 罗素:《西方哲学史》,何兆武、李约瑟译,商务印书馆,1997,第11页。

应取体验的态度，即笔者在《土家族哲学通史》和《20世纪土家族哲学社会思想史》中都特别强调对少数民族的哲学生命体验，也就是要把中国少数民族哲学作为各少数民族生命体验的智慧追求。因为作为时代精神的哲学智慧追求，从本质上说首先即是哲学家生命体验的投射；从哲学根源上讲，"哲学的历史发展……不是单独依靠'人类'或者甚至'宇宙精神'的思维，而同样也依靠从事哲学思维的个人的思考、理智和感情的需要、未来先知的灵感，以及倏忽的机智的闪光"①。在这个问题上，西方哲学关于现代性体验的论述值得借鉴。因为现代哲学也正是基于现代人的现代性体验："宗教信仰的泯灭，超生希望的丧失（天堂或地狱），以及关于人生有大限、死后万事空的新意识"②，使现代人的主体心理体验结构发生了根本变革——没有了固定、永恒、神圣的东西，只有现在、当下、瞬间，因为"现代性就是过渡、短暂、偶然"③。与此相应，作为现代人的精神气质首要表现的现代性价值选择标准被置于变化无常、难以捉摸和转瞬即逝之物上，从而对哲学的形态变化产生了重大影响。同理，理解或研究中国少数民族哲学，仍然应坚持这种哲学体验观。

事实上，这种哲学的生命体验方法正是黑格尔强调的。黑格尔根据其哲学界定，首先，从阐明哲学史的任务即透视哲学精神的显与隐入手，为这一方法的运用确定了哲学研究的导向。为此，他既在总体上强调"哲学的历史就是发现关于'绝对'的思想的历史"，从而阐明了哲学的历史文化风貌；又强调哲学研究的目标在于彰显哲学精神的隐显关系，揭示出哲学家对哲学思想的互深发展。"因为那些哲学家自己对于应该包含在他们的原则内的结论没有推演出来"，"没有明白畅说出来"。因而必须清除哲学史家的推论或发挥里的"武断地揣想"及"玷污和歪曲"④。

① 文德尔班：《哲学史教程》上册，罗达仁译，商务印书馆，1997，第20页。
② 丹尼尔·贝尔：《资本主义文化矛盾》，赵一凡等译，生活·读书·新知三联书店，1989，第94页。
③ 波德莱尔：《波德莱尔美学论文选》，郭宏安译，人民文学出版社，1987，第485页。
④ 黑格尔：《小逻辑》，贺麟译，商务印书馆，2003，第11页。

其次,黑格尔从阐明研究哲学史的意义,即强调从哲学史中、从外在历史特有的形态里"去揭示哲学的起源和发展",从而明确不同时代哲学内容之间的关系。为此,他既强调从外在的历史的偶然性中去发现"理念发展的阶段",继而从"根本原则的分歧"中、从"各哲学体系对其根本原则的发挥"中,去揭示历史中"哲学工程的建筑师"所阐明的"那唯一的活生生的精神",从而使人们"自己思维着的本性得到意识";又强调使精神自身成为思维的对象,超越自己"而达到它自身存在的一个较高阶段",从而准确把握哲学史上的种种哲学体系的阶段性特征,并据此揭示各哲学体系的特殊原则与思想整体的内在联系,特别是"那在时间上最晚出的哲学体系,乃是前此一切体系的成果,因而必定包括前此各体系的原则在内;所以一个真正名符其实的哲学体系,必定是最渊博、最丰富和最具体的哲学体系"①。这样,揭示哲学内容之间的精神联系即成了哲学史研究的根本任务。再次,是黑格尔从阐明不同哲学体系间的"普遍与特殊的真正规定"并加以区别入手,强调不能从形式方面去看普遍,那样会把普遍降为某种特殊②,从而认定哲学研究中的形式描述等方面的非确定性。最后,黑格尔从阐明哲学发展水平的层次性问题入手,强调哲学自觉程度与哲学发展水平的多样性,事实上仍然可以作为评价少数民族哲学的根据。在这里,他一方面是通过内容与体系的关系阐明,强调哲学体系是哲学成为科学的前提。哲学理论没有体系,就只能是个人主观的特殊心情的表示,其内容也一定带有偶然性。因此,体系的重要性在于"哲学的内容,只有作为全体中的有机环节,才能得到正确的证明,否则便只能是无根据的假设或个人主观的确信而已"。在黑格尔看来,不少哲学著作都还处在"表示著者个人的意见与情绪的一些方式"阶段。但他同时又强调,不能把哲学体系"错误地理解为狭隘的、排斥别的不同原则的哲学",因为"真正的哲学是以包括一切特殊原则于自身之内为原

---

① 黑格尔:《小逻辑》,贺麟译,商务印书馆,2003,第55页。
② 黑格尔:《小逻辑》,贺麟译,商务印书馆,2003,第55页。

则"的①。另一方面他阐明表象和思想的区别,并强调这一区别的"更大的重要性",因为"哲学除了把表象转变成思想","把单纯抽象的思想转变成概念"之外没有别的工作②,这就需要理解思想与客体的关系,并强调要超越"思想对于客观性的"一种素朴的态度,因为"它还没有意识到思想自身所包含的矛盾和思想自身与信仰的对立"而相信"只靠反思作用即可认识真理",而"一切初期的哲学,一切科学,甚至一切日常生活和意识活动,都可说是全凭此种信仰而生活下去"③。概而言之,根据黑格尔的思想,中国少数民族哲学研究的目标与任务也即是基于思想对于客观性的态度,把表象转变成思想、把思想转变成概念,清理出历史上哲学思想家的哲学内容的内在精神关系,并进一步阐明不同哲学体系间的"普遍与特殊的真正规定"关系,从而透过历史偶然性去揭示哲学精神的历史发展。

换言之,中国少数民族哲学研究的一个关键问题即是如何破解哲学的内容与哲学精神的关系问题。之所以会出现中国少数民族哲学的合法性问题,也正在于人们不是偏重从中国少数民族哲学应有的内容及其精神的隐显上,而是从其作为一门学科所应有的形式出发去讨论合法性问题。这样,以西方哲学或"中国哲学"为参照,人们往往以内容的相同性作为其是否合法的根据,而不是以其相异性确认其存在的合法性,特别是轻视其内在的哲学精神及其关系。比如,黑格尔讲"变易是第一个具体思想,因而也是第一个概念"④,"变易既是第一个具体的思想范畴,同时也是第一个真正的思想范畴"⑤。我们就在各少数民族思想中去寻找"变易"的思想,从而讲出少数民族哲学:"古代哲学家根据太一〔或太极〕为不生不灭之说,因而认为生与灭,作为变易的两方面,是虚妄的规

---

① 黑格尔:《小逻辑》,贺麟译,商务印书馆,2003,第56页。
② 黑格尔:《小逻辑》,贺麟译,商务印书馆,2003,第70页。
③ 黑格尔:《小逻辑》,贺麟译,商务印书馆,2003,第94—95页。
④ 黑格尔:《小逻辑》,贺麟译,商务印书馆,2003,第198页。
⑤ 黑格尔:《小逻辑》,贺麟译,商务印书馆,2003,第199页。

定。"①我们也在少数民族文本中去探寻相关内容。从这个尺度看,中国少数民族哲学中当然多有论述者。显然,这只是一种内容相似的叙述方式,不足以揭示出"相异"的合法性。在中国哲学研究中,冯友兰通过普遍哲学模式和民族哲学模式阐明现代哲学视野下的中国古代哲学发展;张岱年通过普遍哲学形式和范畴分析方法阐明"中国哲学大纲";侯外庐通过普遍哲学的基本问题与阶级分析的基本方法从现实针对性出发理解中国哲学文本;牟宗三以超越康德的本体理论来揭示中国哲学的深度;等等,以上学者都在一定程度上体现了"内容相似"的叙述方式②。但是,黑格尔强调的是"哲学推演的进程"必须"把蕴含在概念中的道理加以明白的发挥"③,而这正是我们认识中国少数民族哲学所必需的。这一方法的本质即是阐明哲学的内容与哲学精神的关系,并特别强调哲学内容等方面的相异性对于哲学存在的重要性。

黑格尔关于哲学内容与哲学精神的关系,与哲学的话语同逻辑的关系相联系,并从两个层面体现:一个是纵向层面的历史与哲学的关系,另一个是横向层面的哲学史与文化史的关系。对于纵向层面,黑格尔强调哲学史上依次出现的哲学内容与哲学精神的关系,即哲学精神的不同发展阶段是以前后相继的不同的哲学体系或哲学内容的姿态出现的,其中每一哲学体系都有其对于其所面对的世界的一个特殊的阐明。但是应注意的是,当我们说到哲学史时,我们就一定应肯定哲学精神有一个不断丰富的过程,甚至可以说是"由抽象进展到具体"的过程。同样,在哲学史上,那些最早出现的哲学体系或哲学内容,往往也是最抽象的,因而也是最贫乏的。但这并不否认前后哲学体系或哲学内容的关系是一种不断发展的内在关系,"这就是说,早期的体系被后来的体系所扬弃,并被包括在自身之内"④。由此可见,一个哲学体系代替另一个哲学体系的

---

① 黑格尔:《小逻辑》,贺麟译,商务印书馆,2003,第 201 页。
② 赵峰:《中国哲学研究的四个范式》,《人文杂志》2009 年第 6 期,第 60—65 页。
③ 黑格尔:《小逻辑》,贺麟译,商务印书馆,2003,第 195 页。
④ 黑格尔:《小逻辑》,贺麟译,商务印书馆,2003,第 190 页。

"真意义"并不是一种"抽象的否定",即认为"那被推翻的哲学已经毫无效用,被置诸一旁,而根本完结了"。相反,"我们应当承认,一切哲学都曾被推翻了,但我们同时也须坚持,没有一个哲学是被推翻了的,甚或没有一个哲学是可以推翻的"。只有这样,才能把哲学史的研究看成是快乐的工作,因为"每一值得享受哲学的名义的哲学",都有其内在的哲学精神,因而每一哲学体系都是哲学精神发展的一个特殊阶段或特殊环节。因此,代替一种哲学,只是突破了那种哲学的限制,并将其特定原则纳入一个更完备的体系中。正是从这个意义上说,哲学史研究并不只是研究过去,而是为了现在,为了"永恒及真正现在的东西"。由此,哲学史研究的成果,也并不是为了让"人类理智活动的错误陈迹"来"展览",而是"与众神像的庙堂相比拟",这些庙堂的"神像"就是理念或哲学精神在不同发展阶段的表现,而哲学史的任务就是确切地阐明"哲学内容的历史开展与纯逻辑理念的辩证开展一方面如何一致"与"如何有出入"。黑格尔同时还强调,"逻辑开始之处实即真正的哲学史开始之处","因为哲学一般是思维着的认识活动","并且以纯思维本身作为认识的对象"。①正是在这里,他又一次强调一个哲学体系为另一个哲学体系所代替的真正意义,即通过揭示其体系的内在矛盾,并把其相应的哲学精神纳入"一个较高的具体形式中组成的理想环节"②。他甚至认为,这是一种哲学思想发展自身所具有的内在动力或"思想的冲力",尽管有"时代意识形态"的限制,"但它总是自在自为地向着精神所形成的思想本身的至高处而迈进,并为着时代需要的满足"③。这一思想,即后来马克思主义经典作家强调的哲学是时代精神精华思想的先驱,而且也是马克思的"真正哲学"界定的基础,即强调任何真正的哲学都是自己时代的精神上的精华,若此,哲学就能变成文化的活的灵魂,而且使哲学世界化、世界哲学化。④

---

① 黑格尔:《小逻辑》,贺麟译,商务印书馆,2003,第 192 页。
② 黑格尔:《小逻辑》,贺麟译,商务印书馆,2003,第 200 页。
③ 黑格尔:《小逻辑》,贺麟译,商务印书馆,2003,第 7 页。
④《马克思恩格斯全集》第 1 卷,人民出版社,1995,第 219—220 页。

对于横向层面,即哲学与其他文化形式的关系,首先当然要承认"哲学知识与我们日常生活所熟习的知识以及其他科学的知识"的确不同类①,但这并不否认它们之间的内在关系,因为"哲学与别的科学和文化携手同行",这样一来,理智启蒙与需要宗教的信仰都可得到满足,天赋人权与现存国家和政治也相安无事,经验物理学则采取自然哲学的名称,等等,因此,哲学与感官经验知识、与法律的合理的现实性、与纯朴的宗教和虔诚等都不是"处于对立的地位","哲学不仅要承认这些形态,而且甚至要说明它们的道理","因为这些丰富的内容,只要为思想所把握,便是思辨理念的自身"。② 所以,从哲学与其他文化形式的关系中"我们看见了时代,我们又看见了这样一种核心的形成,这核心向政治、伦理、宗教、科学各方面广泛地开展,都已付托给我们的时代了"。据此,"我们的使命和任务就是在这青春化和强有力的实体性基础上培养其哲学的发展"③。黑格尔所举原子论的观点,很能说明哲学的内容与精神的关系,比如"在近代,原子论的观点在政治学上较之在物理学上尤为重要",因为照原子论的政治学,个人的意志本身就是国家的创造原则,个人的特殊需要和嗜好就是政治上的引力,共同体或国家本身只是一个外在的契约关系。④ 正是由于这种哲学与文化史的联系,笔者在《土家族哲学通史》和《20世纪土家族哲学社会思想史》中强调以哲学史为中心的思想史研究⑤,并加以广泛运用。

四、基于经验与情感维度的哲学认知

如何透过哲学内容发现哲学精神? 黑格尔指向了经验与情感,即笔者在前面阐明的哲学智慧的生命体验。对此,黑格尔曾强调"哲学是以

---

① 黑格尔:《小逻辑》,贺麟译,商务印书馆,2003,第196页。
② 黑格尔:《小逻辑》,贺麟译,商务印书馆,2003,第4—5页。
③ 黑格尔:《小逻辑》,贺麟译,商务印书馆,2003,第33页。
④ 黑格尔:《小逻辑》,贺麟译,商务印书馆,2003,第215页。
⑤ 李维武:《长江流域文化与近代中国哲学》,湖北教育出版社,2005,第1—18页。

经验为出发点的"①："我们可以在正确有据的意义下说,哲学的发展应归功于经验","哲学的发展实归功于经验科学",甚至对于科学也是这样,因为哲学赋予科学内容以思维的自由这一科学的"最主要的成分","赋予科学以必然性的保证",使人们坚信"对于经验中所发现的事实的信念,而且使经验中的事实成为原始的完全自主的思维活动的说明和摹写"②。事实上,中国少数民族哲学在很大程度上都体现着各民族的"经验",其中包括"直接的意识和抽象推理的意识"③。对此,黑格尔还具体地阐明了这种"经验"现实,这就是他首先肯定哲学的内容属于活生生的精神的范围、属于原始创造的和自身产生的精神所形成的世界,简言之"即属于意识所形成的外在和内心的世界"。因此,"哲学的内容就是现实"。在此基础上,他强调"我们对于这种内容的最初的意识便叫作经验"。更进一步,他认为,"就对于世界的经验的观察来看,也已足能辨别在广大的外在和内心存在的世界中……对于这个同一内容的意识,哲学与别的认识方式,既然仅有形式上的区别,所以哲学必然与现实和经验相一致。甚至可以说,哲学与经验的一致至少可以看成是考验哲学真理的外在的试金石。同样也可以说,哲学的最高目的就在于确认思想与经验的一致,并达到自觉的理性与存在于事物中的理性的和解,亦即达到理性与现实的和解"④。他还特别强调"法律的、道德的和宗教的情绪——这种情绪也就是经验——其内容都只是以思维为根源和基地"⑤。可以看到,既然哲学与经验的关系是这种关系,我们有何理由否认中国少数民族对"经验"的总结性反思呢?

　　基于哲学与经验的关系,黑格尔还较充分地论述了哲学研究与情感的关系,如在论述哲学与宗教的关系时,他强调两种语言的各自问题,像

①黑格尔:《小逻辑》,贺麟译,商务印书馆,2003,第52页。
②黑格尔:《小逻辑》,贺麟译,商务印书馆,2003,第54页。
③黑格尔:《小逻辑》,贺麟译,商务印书馆,2003,第52页。
④黑格尔:《小逻辑》,贺麟译,商务印书馆,2003,第43页。
⑤黑格尔:《小逻辑》,贺麟译,商务印书馆,2003,第48页。

一些星辰具有两个名字,即神灵的语言与世间人的日常语言,但"两者的内容实质却是一样的",而"真理的内容实质也可说是表现在两种语言里,一为感情的、表象的、理智的,基于有限范畴和片面抽象思维的流行语言,另一为具体概念的语言"。区别仅在于,"假如我们从宗教出发要想讨论和批评哲学,那么就还有比仅仅具有日常意识所习惯的语言更为需要的东西"。① 这即是说,"感情的、表象的、理智的"语言还未达到批评哲学或哲学批评的层面,但并不是说没有哲学。也正是在这种意义上说,"宗教很可以不要哲学,而哲学却不可没有宗教,其实毋宁应该说,哲学即包含有宗教在内"。② 在此基础上,黑格尔还特别阐明了哲学作为一种特殊的思维方式,虽然诉求"思维成为认识,成为把握对象的概念式的认识","总是与活动于人类一切行为里的思维,与使人类的一切活动具有人性的思维有了区别"。但这种区别是"基于思维、表现人性的意识内容""首先不借思想的形式以出现,而是作为情感、直觉或表象等形式而出现"③,使哲学具有情感化表现、并表现于行为中。事实上,正是这种情感化表现,使我们关注哲学史研究中的情感问题④,并以此为据进行中国少数民族哲学研究⑤。当然,我们这里所强调的情感是历史情感,它不是"个人的主观的非科学的偏爱偏恶,这是应该去掉的私情",而是"通过对历史的客观的冷静的科学分析,通观全局,综合许多侧面情况而产生的一种历史感情,一种有历史感的价值判断,即符合历史趋向,与历史固有前进性相一致的褒贬"⑥。正是在这里,研究者应"无强天下以必从其独见者",且应"宁为无定之言,不敢执一以贼道"⑦。

① 黑格尔:《小逻辑》,贺麟译,商务印书馆,2003,第12页。
② 黑格尔:《小逻辑》,贺麟译,商务印书馆,2003,第13页。
③ 黑格尔:《小逻辑》,贺麟译,商务印书馆,2003,第37页。
④《蒙哲史论稿》编委会编:《蒙古族哲学及社会思想史论稿》,内部资料,1982,第17页。
⑤ 萧洪恩:《20世纪土家族哲学社会思想史》,中国书店出版社,2010,第1—9页。
⑥ 萧萐父:《吹沙集》,巴蜀书社,2007,第410页。
⑦ 王夫之:《读通鉴论》卷末,载《船山全书》第10册,岳麓书社,2011,第1181页。

第四节　全球性现代化视域的中国少数民族哲学研究

"可以从哲学史，从外在历史特有的形态里去揭示哲学的起源和发展。"①这是黑格尔对哲学史研究价值的深刻阐明。但是，如何研究中国少数民族哲学史却始终存在着一个方法论问题。近年来，随着全球化、现代化研究理论成臬的方法论意义日益凸显，全球性现代化理论已日益成为哲学史研究的方法论，并引起了一些学者的关注，如张世保《全球化审视下的中国少数民族哲学》②等，虽然没有直接指认"全球性现代化"，而用的是"全球化"。但笔者认为，用"全球性现代化"更能凸显其哲学史方法论意义。因为全球性现代化并不是全球化与现代化的简单综合，而是表明二者一体两面的内在关系。一方面，全球化作为现代化的必然趋势与现实舞台，从一开始就成了现代化的宿命——从新大陆的开辟直到全球性的殖民掠夺，无不显示出现代化的全球性扩张本性③。另一方面，现代化作为全球化的内生机制与现实内容，从一开始就成了全球化的根据——从文艺复兴、启蒙运动到近现代的思想扩张，从工业革命、资产阶级革命到民族独立运动等政治、经济、文化变革，无一不显示出现代化的强大张力④。正是由于二者的内在关系，我们以全球性现代化来表明这样的八个方面内涵：全球性现代化的性质、全球性现代化进程、全球性现代化思维方式、全球性现代化运动、全球性现代化风格、全球性现代化标准、全球性现代化动力、全球性现代化的情感与体验，强调其"进程"的特征是为了凸显其历时性的"过程"特征，表明其无限的发展性；强调其"思维方式"的意义是为了凸显其对人们思想、观念等方面的深刻影响；强调其"运动"特性是为了凸显其影响的广泛性、深刻程度和不可避免性；强

① 黑格尔：《小逻辑》，贺麟译，商务印书馆，2003，第54页。
② 张世保：《全球化审视下的中国少数民族哲学》，《西部发展的理论与实践》，云南教育出版社，2005，第279—286页。
③《马克思恩格斯选集》第1卷，人民出版社，1995，第273—276页。
④ 艾伯特·马蒂内利《全球现代化——重思现代性事业》，李国武译，商务印书馆，2010。

调其"标准"特性是为了凸显现代化的实施主体在世界范围内的选择性，并以"先进"为目的诉求；强调其"动力"特性是为了凸显全球性现代化自身的动力机制，说明全球性现代化并不是从外部寻求动力，一旦启动，自身就是动力；强调其全球性现代化的情感与体验是为了彰显其对人们的生理、心理、生活的深度影响①。尽管"所有以后的现代化实例都是在某种不同的情势下发生的。在这种情势下，现代化的推动力主要是来自外部力量，即随着西欧初期的社会变迁而发展起来的崭新的国际政治、经济和思想体系的冲击力"。②

在全球性现代化视域下，中国少数民族作为后发现代化族群，因在全球性现代化运动中表现出自身的独特性，从而在哲学思想的发展上也显示出了自己的内在特色。因此，研究中国少数民族哲学，应有全球性现代化视野。比如在各民族近现代哲学发展中，由于自西而来的"他者"成了在相互比较中认识自己的基本参照物，成了自己体验自己生成状态的现实力量，因而从"他者"身上既发现自己的特性（优点、特长、不足），又发现自身所具有的"他者"因素。所以，全球性现代化虽然基本上是同质化运动，是"西化"运动，是对非西方一切民族的文化思想与哲学都有严重的压抑、削弱与伤害的方面，但也因此成了一种发展动力，其中包括哲学自觉与哲学自身发展的动力。

一、全球性现代化理论的哲学史方法论意义

"历史理论的认识论视野就具体化为方法论，确切地说是历史研究的方法学。"③全球性现代化理论的哲学史方法论意义，也就是彰显其在哲学史研究中的认识论视野，而其中最直接的表现在于全球性现代化运动对哲学发展产生的多方面影响。其首要影响即在于使哲学发生了形

---

① 萧洪恩等：《全球性现代化视野下的湖北民族地区村落文化建设研究》，《湖北社会科学》2007年第10期，第72—75页。
② S. N. 艾森斯塔德：《现代化：抗拒与变迁》，张旅平等译，中国人民大学出版社，1988，第77页。
③ 约恩·吕森：《历史思考的新途径》，来炯等译，上海人民出版社，2005，第3页。

态转变,即哲学转型。所谓哲学的形态,简言之即哲学在历史发展中所呈现的一定的思维方式。一定时期哲学的致思趋向、话语系统和哲学文化风貌都受制于这种思维方式,并因此使哲学呈现出明显代差。也正是在这种意义上,人们强调哲学的真正使命在于捕捉自己时代的迫切问题并以之作为哲学思考的聚焦点:"问题是时代的格言,是表现时代自己内心状态的最实际的呼声。"①哲学只有准确地捕捉和深刻地回答自己时代的迫切问题才能够成为"自己时代的精神上的精华"②。由于人类历史发展表现为三大历史形态,即"人的依赖关系""以物的依赖性为基础的人的独立性"和"建立在个人全面发展和他们共同的、社会生产能力成为从属于他们的社会财富这一基础上的自由个性"③,与此相应,哲学也就可以划分为相应的历史形态。

哲学形态能够在一个相当长的时间内保持基本不变,显示出较强的稳定性,从而彰显其时代特征,如黑格尔曾在《小逻辑》中多次论述近代哲学的形态特征,强调"近代哲学的主要兴趣"和特殊诉求在于对"思维的效果或效用加以辩护,所以考察思维的本性,维护思维的权能"④;强调"思想与事情的对立是近代哲学兴趣的转折点",是"到了近代才有人首先对于此点提出疑问,而坚持思维的产物和事物本身间的区别"⑤;认识矛盾并且认识对象的矛盾特性是近代哲学界一个最重要的和最深刻的一种进步⑥;不过,他也强调,近代哲学又被称为同一哲学,即"要认识一切特定存在着的事物之间的内在统一性"⑦。这种哲学的形态特征,无论在西方哲学发展中,还是在中国哲学发展中,都可找到明显的证据,如中国哲学自商周之际至明清之际都长期处于古代哲学形态中,形成了中国

①《马克思恩格斯全集》第1卷,人民出版社,1995,第203页。
②《马克思恩格斯全集》第1卷,人民出版社,1995,第220页。
③《马克思恩格斯全集》第30卷,人民出版社,1995,第107—108页。
④ 黑格尔:《小逻辑》,贺麟译,商务印书馆,2003,第68页。
⑤ 黑格尔:《小逻辑》,贺麟译,商务印书馆,2003,第77页。
⑥ 黑格尔:《小逻辑》,贺麟译,商务印书馆,2003,第131—132页。
⑦ 黑格尔:《小逻辑》,贺麟译,商务印书馆,2003,第254页。

哲学的传统形态。随着全球性现代化运动引发的中国社会历史的大变迁及相应的中西文化及其哲学的碰撞、交流与融会，中国哲学出现了哲学的近代形态，并于 19 世纪末 20 世纪初开始向现代形态转变①。因此，哲学形态也具有可变性。正是由于存在哲学形态的转变，所以造成了哲学发展的阶段性划分。从世界哲学发展的视域看，不同民族的哲学都有自己的转型。但这种转型，在西方哲学的发展中尤为鲜明和典型，呈现出由古代形态到近代形态再到现代形态的相当分明的发展阶段②。对此，冯友兰曾针对中国哲学的发展强调 19 世纪末以来在中国进入近代社会的过程中，中国哲学即产生了脱离古代形态的近代化的哲学，并且是指"近代化的"哲学，而不是哲学"在近代"③。

全球性现代化运动对哲学的另一深刻影响是使哲学的民族性得以彰显，即文德尔班强调的"因为有了近现代哲学，各特殊民族的特性才开始表现出决定性的影响"④。如果再向前延伸，我们看到，关注哲学形态的黑格尔也曾特别强调哲学的这一特性，认为"某一特定哲学之出现，是出现于某一特定的民族里面的。而这种哲学思想或观点所有的特性，亦即是那贯穿在民族精神一切其他历史方面的同一特性，这种特性与其他方面有很紧密的联系并构成它们的基础。因此，一定的哲学形态与它所基以出现的一定的民族形态是同时并存的；它与这个民族的法制和政体、伦理生活、社会生活、社会生活中的技术、风俗习惯和物质享受是同时并存的，而且哲学的形态与它所隶属的民族在艺术和科学方面的努力与创作，与这个民族的宗教、战争胜败和外在境遇——一般讲来，与受这一特定原则支配之旧国家的没落和新国家的兴起（在这新国家中一个较高的原则得到了诞生和发展）也是同时并存的"。⑤ 哲学的这种民族性，

---

① 李维武:《中国哲学的现代转型》,中华书局,2008,第 1—16 页。
② 李维武:《长江流域文化与近代中国哲学》,湖北教育出版社,2005,第 1—18 页。
③ 冯友兰:《中国现代哲学史》,(香港)中华书局,1992,第 180 页。
④ 文德尔班:《哲学史教程》上册,罗达仁译,商务印书馆,1997,第 16 页。
⑤ 黑格尔:《哲学史讲演录》第 1 卷,贺麟、王太庆译,生活·读书·新知三联书店,1956,第 55 页。

一方面给我们提供了研究少数民族哲学的明确方向和丰富的材料,这就是具有民族特色的文化现象,包括黑格尔列举的艺术、科学、风俗习惯、社会生活、伦理生活等都可成为民族哲学研究的材料;另一方面也应看到,由于这种民族特性,也会为我们研究少数民族哲学带来某些不方便的地方,比如中国许多少数民族哲学的分期研究,就是一个"剪不断,理还乱"的问题。如果把上述两个方面的影响结合,假如要研究近现代哲学,那就必须注意的是,研究的"不仅是'近代化的',而且是'民族化的'",是"现代化与民族化融合为一"的哲学①。

　　全球性现代化运动对哲学的影响,还表现在对哲学史的书写诉求上,这就是"哲学通史要包括所有民族的哲学",但是,也由此带来了非西方民族,其中包括中国哲学及中国少数民族哲学的合法性问题,因为在一些人看来,"不是所有的民族都已产生真正的思想体系,只有少数几个民族的思辨可以说具有历史","许多民族没有超过神话阶段"②。中国少数民族哲学的合法性问题首先来自中国哲学史学界,但随着"中国哲学的合法性"问题再次凸显,历史上对中国哲学的否定也再次成了确认中国少数民族哲学合法性的心病,如康德曾说孔子是"中国的苏格拉底"却不是哲学家,甚至整个东方都根本没有哲学;黑格尔在《哲学史讲演录》中虽然讲了中国哲学、东方哲学,但在总体上却强调能称为"哲学"的只有希腊哲学和日耳曼哲学③。文德尔班不仅否认东方哲学,甚至对"东方精神"都作出的是否定性评价④。海德格尔则明确说哲学是西方专利,"常听到的'西方—欧洲哲学'的说法事实上是同义反复。为何?因为'哲学'本质上就是希腊的;'希腊的'在此意味:哲学在其本质的起源中就首先占用了希腊人,而且仅仅占用了希腊人,从而才得以展开自

---

① 冯友兰:《中国现代哲学史》,(香港)中华书局,1992,第204页。
② 梯利:《西方哲学史》,葛力译,商务印书馆,1995,第14页。
③ 黑格尔:《哲学史讲演录》第1卷,贺麟、王太庆译,生活·读书·新知三联书店,1956,第98—100页。
④ 文德尔班:《哲学史教程》上册,罗达仁译,商务印书馆,1997,第38页。

己……哲学本质上是希腊的,这话无非是说:西方和欧洲,而且只有西方和欧洲,在其最内在的历史过程中原始地是'哲学的'"。① 所以,虽然都诉求写出所有民族的哲学通史,却不得不面对着两个方面的参照系:中国传统哲学与现当代西方哲学,据此而产生了全面否定论和部分否定论两个层次的中国少数民族哲学否定论。中国少数民族哲学研究者自身,则先后就中国少数民族哲学存在性问题提出过接受汉族哲学说、中国哲学融合说或代表说、中国哲学多元一体说,等等,并根据思考中国少数民族哲学存在性问题的形式,提出了范式说、阶段说、层次说、广义狭义说等种种解决方案,而在确认中国少数民族哲学存在性的根据问题上,则先后提出了实践论证说、文化核心论证说、哲学事实论证说、哲学产生条件论证说、发展水平说、存在形式说、社会贡献说、文明生活必需品说等,总之是坚信中国少数民族哲学的存在性。②

最后,在全球性现代化进程中,由于后发现代化国家的民族民主革命等问题,还影响了对近现代哲学的历史研究中出现"革命史观"与"现代化史观"两种主要视野,具体表现在对哲学价值的评价上随即可能出现民族性、阶级性、现代性等多重复杂关系,难于进行客观公正的评价。人们通常认为,看一种哲学代表的阶级、民族,最基本的标志是看他的思想反映哪个阶级和哪个民族的利益,如犹太人马克思和资本家恩格斯的哲学代表的却是全世界无产阶级的利益,马克思与恩格斯是全世界被压迫民族的代言人;湖南人毛泽东,其思想已成为中华民族的共同精神财富;斯宾诺莎、笛卡儿、莱布尼茨各自代表的是时代精神和当时欧洲各族人民共同达到的先进认识水平;等等。总之,"每个具体的哲学家虽然属于一定的民族,但我们研究哲学史,却不应把他们看作仅仅属于某一民

---

① 马丁·海德格尔:《什么是哲学?》,载孙周兴选编《海德格尔选集》(上),生活·读书·新知三联书店,1996,第591页。
② 萧洪恩:《中国少数民族哲学合法性问题研究述评》,《湖北民族学院学报(哲学社会科学版)》2011年第1期,第116—121页。

族的哲学家,同时也要看到它代表着全人类的先进思想"。①

二、全球性现代化视域的少数民族哲学自觉

如果把全球性现代化运动从西方文艺复兴运动算起,则西方近现代科技传入中国,就可看成是中国现代化运动的酵素,于此可从利玛窦1582年来华算作起点,这是以"西方中心论"为界标的划分;同样,如果以资本主义萌芽、以中国早期启蒙算作起点,则应从明清之际算起。也就是说,中国的现代化进程均可追溯到明清之际。但是,作为一种中国式的现代化运动,无论如何都应从1840年鸦片战争开始,正是那场战争将中国强行卷入了全球性现代化运动的历史进程。也正是在19世纪40年代,世界历史和中国历史都从此掀开了极为厚重的一页:1848年《共产党宣言》的发表宣告了马克思主义的共产主义理论的成熟,从而揭示了世界历史的科学社会主义前景;1840年鸦片战争拉开了中国现代化历史的序幕。从1840年以后的万次侵略与反侵略战争,一方面表现出了资本主义社会的巨大能量;另一方面也凸显了资本主义的残暴、贪婪本性。于是,中华民族就有了两大万史任务:一是实现现代化;二是反抗资本主义侵略。在这一过程中,中国人民遭受了西方资本主义的暴力压迫,并逐渐认识到"遭受这种暴力的民族只有在拥有有效的自卫手段(即自己的国家)的情况下才是安全的"②。为此,包括中国少数民族在内的整个中华民族都投入到了为新中国诞生而奋斗的历程中。从哲学思维发展的角度说,"中国向何处去"的问题即成了中国少数民族近现代哲学自觉的动力。

一般而论,全球性现代化进程开创了人类历史中的一个真正统一的

---

① 任继愈:《如何看待中国古代哲学中的民族哲学家》,《南京大学学报(哲学人文科学社会科学版)》1982年第4期,第49—53页;《任继愈学术文化随笔·如何看待中国古代哲学中的民族哲学家》,中国青年出版社,1996,第49—54页。
② 耶尔·塔米尔:《自由主义的民族主义》,陶东风译,上海译文出版社,2005,第2页。

时代,并为各个不同历史发展阶段的民族提供了同一个"现代的"参照系①,文化的民族地位、民族的文化地位,同时决定了民族的社会地位,甚至是"国际"地位。所以,"世界"作为一种文化或文明范畴生成了,相对落后的国家或地区追赶相对发达的国家或地区,甚至追赶最发达的国家或地区成为这种文化的最主要动力特征。在全球性现代化的进程中,不仅在地域上是全球性的,而且在政治制度、生活方式、价值取向、道德标准等方面,"世界"都成了各国或各地区的文化参照。在这种"世界"文化下,参照与追赶实际上成了一种普遍的机制性功能。也就是说,全球性现代化运动本身就是一种内生性动力,"现代化本身就是'内因',就是这个运动的规定性。因此,从运动性质来讲,现代化不可能由这个运动性质之外的东西(比如传统)来决定;当然,从真实空间来讲,也不可能由地球之外的东西(比如外星人)来决定"。②

就中国少数民族来说,全球性现代化运动给中国带来的是中国文化历史的巨大变迁,并提供了中西古今哲学碰撞与交流的宏大舞台,使得包括中国少数民族哲学在内的中国哲学必须面对近现代中国所遭遇的重大问题而作出深入的思考和有效的回答,如中国现代化道路的选择问题、中国文化传统与现代化的关系问题、中国向何处去的问题等。"与此同时,由于全球日益统一,西方的思想、制度和技术正以不断加快的速度传遍全球。"③正是全球性现代化进程,使中国的少数民族,从一般民众到乡土精英人物,再到国家和民族的社会精英人物,都以特有的时代感和强烈的问题意识,生成了现代意识,出现了哲学自觉,其中包括有对西方文化霸权性格的反思和对自己民族传统文化的再阐明,从而形成了各自民族的哲学自觉,并在20世纪80年代以后表现得特别明显。

从理论思维自身发展的动力来说,这种哲学自觉可以说同时来自国

① 郭赤婴:《民族哲学的现代化》,《北京第二外国语学院学报》1995年第4期,第105—109页。
② 孙津:《打开视域——比较现代化研究》,社会科学文献出版社,2004,第167页。
③ 斯塔夫里阿诺斯:《全球通史:500年以后的世界》,吴象婴等译,上海社会科学院出版社,1999,第781页。

际与国内两个方面。就国内而言,核心精神在于不满足于当时的"中国哲学史"只是"中国的汉族哲学史",因而强调从中国哲学史研究的现状即可看出开展少数民族哲学研究的必要性,即丰富中国哲学史的内容[①],填补中国哲学史的空白,使中国哲学史成为各民族共有的中国哲学史,从而依据中国少数民族哲学史研究成果写出一部从萌芽、形成到发展的内容全面、完整、系统的中国哲学史[②]。就国际而言,目的在于彰显中国少数民族哲学研究的国际意义,甚至本身就有一种中国少数民族哲学研究的世界化诉求,因为近百年来已有许多国家对中国少数民族进行了深入研究,如蒙古学在欧洲、亚洲、美洲的40多个国家或地区有专门的研究机构,且自1959年9月以来已经开过多次国际蒙古学学术会议;对维吾尔族哲学的研究,特别是对《福乐智慧》的研究也十分活跃;其他如对藏族、彝族、傣族、苗族、土家族、朝鲜族、回族等少数民族思想的研究,在国际上也很受重视。正是基于这一国际视野,"从提高我国的国际威望和加强国际文化交流的角度着想,我们也有必要大力开展少数民族哲学思想的研究工作。而且,这样做也有助于我们同各种错误观点和反动宣传作斗争,维护祖国的尊严"。[③]

　　从中国少数民族哲学自觉的表现来看,可以说形成了一个基本趋势,就是由各少数民族成员自己书写的本民族哲学史论著大量出现,并力求最终形成汇聚全部中国少数民族哲学的《中国少数民族哲学史》。具体表现在三个方面:第一,研究的深入与成果的突出。据初步统计,从20世纪80年代以来,中国少数民族哲学研究在全国自然形成了内蒙古地区、新疆地区、云贵川地区、北京地区、湘鄂渝地区五个中心,其中,内蒙古地区出版了《蒙古族哲学史》等著作、论文集20多部,发表了包括蒙古族、满族、朝鲜族、赫哲族、达斡尔族、鄂伦春族、鄂温克族等少数民族

---

① 吴德希、佟德富:《谈谈少数民族哲学研究》,《中央民族大学学报(哲学社会科学版)》1982年第1期,第57—60页,第17页。
② 佟德富:《中国少数民族哲学概论》,中央民族大学出版社,1997,第22—24页。
③ 佟德富:《中国少数民族哲学概论》,中央民族大学出版社,1997,第22—24页。

哲学思想史论文 100 余篇。新疆地区出版有《维吾尔族哲学思想史论》《法拉比和他的哲学体系》《维吾尔哲学史论集》等著作 10 余部，发表了包括维吾尔族、哈萨克族、俄罗斯族、塔塔尔族、锡伯族等少数民族哲学思想史论文 50 余篇。云贵川地区，云南出版了《天、地、人——云南少数民族哲学窥秘》等著作 13 部，发表了包括白族、彝族、纳西族、傣族、哈尼族、景颇族、布朗族、独龙族、佤族、拉祜族、普米族等少数民族哲学思想史论文 100 余篇；贵州出版了《苗族生成哲学研究》《苗族哲学社会思想史》等著作，发表了包括苗族、布依族、水族、瑶族、侗族等少数民族哲学思想史论文 30 余篇；四川出版了《南方少数民族哲学思想研究》《凉山彝族哲学与社会思想史》等著作，发表了包括藏族、彝族、羌族等少数民族哲学思想史论文 20 余篇。北京地区出版了包括 24 个少数民族的通史性哲学著作《中国少数民族哲学史》，并从 1982 年开始在中央民族学院政治系哲学专业本科生中开设了"中国少数民族哲学"课程，出版了研究生教材《中国少数民族哲学概论》等，并出版了《中国少数民族哲学·宗教·儒学》等一批相关著作，发表了包括蒙古族、满族、藏族、朝鲜族、壮族、维吾尔族、纳西族、彝族等少数民族哲学思想史论文 60 余篇。湘鄂渝地区出版了《土家族哲学通史》等著作 8 部，发表了包括土家族、苗族、侗族等少数民族哲学思想史论文 40 余篇。此外，关于藏族哲学思想史的出版物有《藏族生态伦理》《藏族哲学思想史论集》等著作，发表了论文 40 余篇；关于满族哲学思想史的出版物有《满族哲学思想研究》等著作，发表了论文 20 余篇；关于回族哲学思想史的出版物有《伊斯兰哲学史》《伊斯兰文化哲学》《伊斯兰哲学》等著作，发表了论文 90 余篇；关于壮族哲学思想史的出版物有《壮族哲学思想史》等著作，发表了论文 40 余篇。① 第二，许多少数民族哲学研究都开始进入了自觉的总结反思阶段，出现了研究综述一类总结性文献，如何金山的《评近代蒙古族哲学思想

---

① 佟德富：《以科学发展观为指导把少数民族哲学研究推向一个新的阶段》，载朝克等编《科学发展观与民族地区建设实践研究》，俄罗斯布里亚特科学中心出版社（Russian Buryat Scientific Center Press），2010，第 2 页。

研究》①、萧洪恩的《20 世纪土家族哲学研究综述》②等,此外还形成了一批对中国少数民族哲学进行总体研究的论文,不仅着眼于总结成就、反思问题,而且面向未来,探索中国少数民族哲学自身的发展③。第三,谋求写出包括全部中国少数民族哲学在内的《中国少数民族哲学史》,并力求会通中华民族多元一体格局的思想关系④。总之,中国少数民族的哲学自觉,已在各方面得到了彰显。

问题还在于,光有自觉还只是初步的,深刻的问题是如何自觉。综合考稽 20 世纪 80 年代以来的中国少数民族哲学研究,事实上形成了不同的自觉路径,笔者此前曾概括为范式说与文化内部构成说两个方面,并提出了自己的哲学要素论证说⑤。有学者曾概括为要采取还是拒绝"以西解中(少)""以中解少""以少解少"的自觉⑥。实际上,目前存在的是三类自觉方式:第一类是传统教科书范式,坚定地承认少数民族有自己的哲学并用传统马克思主义哲学原理理解模式和概念框架分析问题,笔者也曾有过这种尝试。这种范式中还包括从教科书的哲学定义出发肯定少数民族有自己的哲学,从而在哲学意义上探究民族文化⑦。第二类是生存论范式,即把哲学理解为"以某种文化样式对关于自身存在的

① 何金山:《评近代蒙古族哲学思想研究》,《内蒙古社会科学(汉文版)》2001 年第 6 期,第 56—58 页。
② 萧洪恩:《20 世纪土家族哲学研究综述》,载胡茂成主编《土家族研究五十年》,湖北人民出版社,2008。
③ 宝贵贞:《从合法性到新范式——中国少数民族哲学研究困境与出路》,《内蒙古师范大学学报(哲学社会科学版)》2009 年第 1 期,第 76—79 页。
④ 费孝通提出的"中华民族多元一体格局"命题,是从中华民族形成和发展方面立论的。目前,这一命题已为民族学界、考古界、文化学界所广泛接受。但也有不同意见,关键是如何认识民族关系中"多"和"一"的问题。参见陈连开:《怎样理解中华民族及其多元一体》(讨论综述),载费孝通主编《中华民族研究新探索》,中国社会科学出版社,1991,第 406—424 页。
⑤ 萧洪恩:《土家族哲学成立的可能与现实》,《湖北民族学院学报(哲学社会科学版)》2004 年第 5 期,第 1—5 页。
⑥ 张世保:《论少数民族哲学史的书写方式——以萧洪恩〈土家族哲学通史〉为讨论中心》,《中南民族大学学报(人文社会科学版)》2011 年第 5 期,第 92—96 页。
⑦ 李兵、吴友军:《少数民族哲学何以可能——兼论民族文化的哲学基础》,《学术探索》2002 年第 3 期,第 14—16 页。

这种自我意识的表达"①。从这个意义上讲,只要有人的存在,就会有某种形态的哲学存在。所以,少数民族哲学"是存在于少数民族各种文化样式或'文本'形式之中,以少数民族哲学理解和把握世界的各种独特方式……为中介,所反映出来的他们关于自身存在的自我意识,以及他们对'思维和存在关系问题'的思索和'觉解'"②。第三类是思想权力说。宝贵贞即强调"哲学是一个民族思想的权力"。她以哲学是时代精神和民族精神的精华为前提,阐明特定时代、特定民族所特有的哲学思想。③

笔者认为,由于中国少数民族哲学发展的特殊性,在全球性现代化背景下,应以哲学与生存体验的关系来加以阐明,并坚持"以哲学史为中心的思想史研究"方法进行研究。这一方法可以说是石峻"宽领域哲学思想史研究"④的发展,特别是受到《哲学史研究中的纯化和泛化》⑤的启示。这里涉及哲学史与思想史的关系,在中国少数民族哲学思想研究中,如何使哲学史研究更多地吸取思想史研究的内容,使"思""史""诗"结合起来,使"思""情""意"统一起来,开展"以哲学史为中心的思想史研究",应是马克思主义哲学史观在当代的进一步发展,因而也应是中国少数民族哲学研究的正确方法。当然,还应强调的是,坚持"以哲学史为中心的思想史研究",还应坚持"以少数民族文化为中心的地域文化研究,以少数民族思想为中心的区域思想研究"的方法;根据少数民族哲学发展的实际,还应以全球性现代化运动为社会背景,以西方哲学中国化与中国哲学现代化两种哲学运动为哲学背景,以少数民族的传统哲学与文化性格为历史文化的背景,以少数民族地区的区域文化为地域文化背景

---

① 李兵、吴友军:《少数民族哲学何以可能——兼论民族文化的哲学基础》,《学术探索》2002年第3期,第14—16页。
② 李兵、吴友军:《少数民族哲学何以可能——兼论民族文化的哲学基础》,《学术探索》2002年第3期,第14—16页。
③ 宝贵贞:《从合法性到新范式——中国少数民族哲学研究困境与出路》,《内蒙古师范大学学报(哲学社会科学版)》2009年第1期,第76—79页。
④《蒙哲史论稿》编委会编:《蒙古族哲学及社会思想史论稿》,内部资料,1982,第1页。
⑤ 萧洪恩:《土家族哲学通史》,人民出版社,2009,第2页。

等相结合的研究方法。①

三、全球性现代化背景下少数民族哲学研究的特殊价值

全球性现代化运动在使全球成为单一场所、形成所谓"地球村"的同时,也产生了全球性现代化运动中的一系列矛盾,其核心矛盾即是西方学者所提到的"普遍性的特殊化"与"特殊性的普遍化"的矛盾,即强调全球化的形成过程本是一个世界的和民族的、全球的(global)和本土的(local,或译在地的)、普遍的和特殊的两者的矛盾展开过程,如罗伯森(R. Roberson)用全球在地化(glocalize,glocalization)来说明全球化是一个相对自主的双向过程,其间存在着"普遍性的特殊化"和"特殊性的普遍化"的双向互动②;贝克(U. Beck)认为这是思维的悖论即自反性(reflexivity)③;吉登斯(A. Giddens)认为这是现代性的后果,即赋予对象与自己原来的理论、概念、论述以完全相反的性质④。尽管这些西方学者各自的出发点不尽相同,但都力求揭示全球性现代化过程中的这一思想文化矛盾的特质。

全球性现代化运动是起源于西方的,它本身就是一个"特殊性的普遍化"过程,按照罗伯森的理解,这一趋向意味着随着全球性现代化运动引发的社会差异的扩大,特定群体为特定目的提出的主张具有合法性,如女权主义、民族主义等;意味着具有特定意义的实践活动日益具有世界意义或影响,如"麦当劳化"等。同样,当全球性现代化成为"全球性"时,也同时意味着"普遍性的特殊化",如转向从男女差异方面寻求男女平等,标准化与当地经验结合等。正是由于这两种趋向的统一,决定在全球性现代化运动中,从思想文化发展看,就既不可能是同质化的,也不应该是两极或多极"对立"的。按照费孝通1990年在与日本学者的学术

---

① 萧洪恩:《土家族哲学通史》,人民出版社,2009,第38—48页。
② 罗兰·罗伯森:《全球化:社会理论与全球文化》,梁光严译,上海人民出版社,2000,第255页。
③ 乌尔里希·贝克等:《自反性现代化》,赵文书译,商务印书馆,2001,第12—17页。
④ 安东尼·吉登斯:《现代性的后果》,田禾译,译林出版社,2000,第2—3页。

交流中所言,应该是"各美其美,美人之美,美美与共,天下大同"①。当然,费孝通所说的只是一种理想的应然状态,要达于实然,则还需要各民族作出艰苦的努力。

在 1840 年鸦片战争以后,为因应全球性现代化进程,中国少数民族被卷入了全球性现代化运动进程中。随着现代化因素的增长,不仅中国少数民族传统文化的活力得到释放,转化成民族地区社会变迁和思想发展的动因,而且随着国家的军事斗争及军事现代化进程,随着作为现代市民社会基础的工商业生产力的发展及传统农业的进一步积累,新式教育等得以在民族地区推广,从而在 19 世纪末 20 世纪初产生了中国少数民族的近现代知识分子,生成了各民族的近现代意识,于是在 20 世纪,各民族知识分子得以前赴后继地探索着救国救民的真理,不断地接受和阐释体现着时代精神、民族形式和个人风格的新哲学,形成了 20 世纪的各民族思想英雄。他们的思考并不是传统思想的简单再现,而是体现了各民族从传统社会向现代社会转型过程中的整体的文化形态转换,从而体现了西方哲学的中国化与中国少数民族传统哲学的现代化两种哲学运动及其相因关系,具有了"普遍性的特殊化"与"特殊性的普遍化"相结合的现代社会特征。在这一转变过程中,先进的少数民族知识分子以各种近现代哲学精神为核心,建构各民族 20 世纪的时代精神,铸造各民族社会变迁的思想灵魂。也正是在这个意义上说,笔者并不满足于中国少数民族哲学研究的功能主义视角,而强调中国少数民族哲学研究的目的在于哲学自身的发展。笔者率先在中国少数民族哲学界提出中国少数民族哲学的现代转型问题,并发表一系列论文加以阐明,其意也正在于此。② 这样,在全球性现代化视野下,中国少数民族哲学研究的价值即转化为两个内在的关联层面。"一方面,它应当将历史思考与全球化进程

---

① 费孝通在日本召开的"东亚社会研究讨论会"上做题为《人的研究在中国》的演讲。会议结束时,他写下"各美其美,美人之美,美美与共,天下大同"的题词。

② 萧洪恩:《20 世纪上半叶土家族对儒家文化的反思与重构》,《武汉科技大学学报(社会科学版)》2008 年第 3 期,第 9—15 页、第 90 页。

联系起来,通过批判和反思使全球化进程参与历史思考,将历史思考转
化为该进程的一种文化生产力;另一方面,它同时还应当将历史思考在
全球化进程中的特殊任务清楚无误地表达出来:即让作为历史固有特性
的众多的独特之处出现在该进程中(而不只是起反作用)。"①也就是说,
全球性现代化理论要求中国少数民族哲学研究与中国哲学研究,与外国
哲学研究处于一种创造性的、开放性的关系之中,从而促成一种跨文化
的交流和中国少数民族哲学自身的创造性转化。

　　当然应该看到,跨文化交流和中国少数民族哲学的创造性转化必须
以哲学史研究为基础。一方面,少数民族哲学思维作为少数民族对社会
存在的反映,充分体现着各民族的意识形态、生活方式和行为方式,因而
首先应该把握其民族性。另一方面,这并不否认少数民族哲学的一般
性,只是由于"各个民族所占的地位,至少是在近代所占的地位,直到今
天在我们的历史哲学中都阐述得很不充分,或者更确切些说,还根本没
有加以阐述"②。因此,不少学者都对哲学的民族性与普适性加以特别关
注③。结合上述中国少数民族哲学研究的价值诉求,这种关注的根据至
少可从两方面进行,并且可以从否认中国有哲学的黑格尔的思想中获得
启示。一是"思维使灵魂首先成为精神。哲学只是对于这种内容、精神
和精神的真理的意识,不过是意识到精神在使人异于禽兽并使宗教可能
的本质性的形态里"④。二是"我们可以在正确有据的意义下说,哲学的
发展应归功于经验",因为"哲学的发展实归功于经验科学……哲学又能
赋予科学以必然性的保证,使此种内容不仅是对于经验中所发现的事实
的信念,而且使经验中的事实成为原始的完全自主的思维活动的说明和
摹写"⑤。总之,应依据中国少数民族自身在全球性现代化背景下反思历

---

① 约恩·吕森:《历史思考的新途径》,来炯等译,上海人民出版社,2005,第6页。
②《马克思恩格斯选集》第1卷,人民出版社,1995,第19页。
③ 宋浩:《论哲学的民族性内涵》,《边疆经济与文化》2009年第6期,第43—44页。
④ 黑格尔:《小逻辑》,贺麟译,商务印书馆,2003,第13页。
⑤ 黑格尔:《小逻辑》,贺麟译,商务印书馆,2003,第54页。

史、经历现实,并通过"经验"面向未来。

第五节 《中国哲学通史·少数民族哲学卷》的研究思路

据 2010 年中国人口普查统计结果,全国各少数民族人口占全国人口总数的 8.49%,达到 1 000 万人以上的有壮族、回族、满族、维吾尔族等 4 个民族,达到 100 万人以上 1 000 万人以下的有苗族、彝族、土家族、藏族、蒙古族、侗族、布依族、瑶族、白族、朝鲜族、哈尼族、黎族、哈萨克族、傣族等 14 个民族,达到 50 万人以上 100 万人以下的有畲族、傈僳族、东乡族、仡佬族等 4 个民族,达到 10 万人以上 50 万人以下的有拉祜族、佤族、水族、纳西族、羌族、土族、仫佬族、锡伯族、柯尔克孜族、景颇族、达斡尔族、撒拉族、布朗族、毛南族等 14 个民族,达到 1 万人以上 10 万人以下的有塔吉克族、普米族、阿昌族、怒族、鄂温克族、京族、基诺族、德昂族、保安族、俄罗斯族、裕固族、乌孜别克族、门巴族等 13 个民族,1 万人以下的有鄂伦春族、独龙族、赫哲族、高山族、珞巴族、塔塔尔族等 6 个民族,其他未识别的民族人口尚有 64 万多人。仅从人口数量的角度看,研究中国少数民族哲学就是中华民族哲学文化建设的重要任务。若从民族历史考察,则这一任务更显艰巨。按照民族历史文化渊源,根据林惠祥的《中国民族史》,历史上的中国人按民族可分为华夏系、东夷系、荆吴系、百越系、东胡系、肃慎系、匈奴系、突厥系、蒙古系、氐羌系、藏系、苗瑶系、罗缅系、僰掸系白种与黑种等[①]。在中国少数民族哲学研究中,由于多种原因,各个民族在哲学文化关系上有紧密的联系。但是,这些紧密联系并不否认各自的特殊性。为了正确处理"中国少数民族哲学"的多种复杂关系,在数十年的研究过程中,中国少数民族哲学研究在哲学观念与研究方法、概念设定与体系构建等各个层面都发生了重大转变,民族性的揭示与现代性的翻新,使中国少数民族哲学研究同时承担着双重

---

① 林惠祥:《中国民族史》,商务印书馆,1995,第 8—16 页。

历史使命,在中国与西方、中国少数民族与汉族、传统与近现代、哲学与文化、个体与群体、文化多元与文化融合等方面,都作出了艰苦探索,甚至影响了中国少数民族哲学研究的资源配置、时空布局、功能定位、价值向度、话语系统、思维模式……正是在这些多样关系中,本书在研究思路上有必要就几个主要方面作些交代。

一、本书有所借鉴的几种哲学史观

前面提到,哲学史研究实质上是哲学研究,而研究者的哲学自然而然地即成为影响研究的基本标准。数十年来,指导笔者进行哲学研究并成为影响本研究的哲学史观,主要有以下四种,这些思想或多或少地在本卷中得以体现。从历史发展的角度说,本节介绍的几种哲学史观对本人的影响也具有历史顺序性,即黑格尔、文德尔班、罗素、列宁的哲学史观,都差不多可在本卷中找到印迹,故而分别交代如后,以便大家在阅读中有所明白。

(一)黑格尔:哲学用普遍的理智概念理解自然事物

在西方哲学发展中,自启蒙理性开始对人类社会进行理性建构以来,康德以其审慎的态度探讨了人类理性何以可能的问题。随着资本主义上升时期市民社会的蓬勃展开,人类认识也进入了系统整合阶段,黑格尔哲学则是这种系统整合的集大成者,其中对哲学存在性标准的预设则成了黑格尔哲学的重要内容。黑格尔在《哲学史讲演录》中指出:

> 在文明初启的时代,我们更常会碰见哲学与一般文化混杂在一起的情形。但是,一个民族会进入一个时代,在这时精神指向普遍的对象,用普遍的理智概念去理解自然事物,譬如说,去要求认识事物的原因。于是我们可以说,这个民族开始作哲学思考了。因为寻求因果与研究哲学一样,皆以思维为其共同内容。或者就精神方面看来,当关于伦理、意志(义务、人的主要关系)的普遍原则被说出来

了,而说出这些原则的人就被称为贤人或哲学家。①

黑格尔在这里所强调的哲学存在性,从时代上说的是"文明初启时代",在黑格尔的时代语境下,"文明初启"应是指氏族公社制度解体、文字的发明、以铁器等为支撑的个人生产力的出现、私有制的产生等为标志的文明社会初启之时,亦即奴隶社会初始之时;从存在的形式上说,哲学是"用普遍的理智概念去理解自然事物",即强调哲学从研究自然起步(自然哲学),以探索因果关系、揭示出普遍性为历史使命,也就是追求智慧;从哲学的水平来说,哲学的存在性在于其说出了某种普遍性,即说出了"关于伦理、意志(义务、人的主要关系)的普遍原则"。综观黑格尔的认识,哲学存在的标准在黑格尔那里表现为以下几个方面:

第一,哲学的理性意义。黑格尔强调,哲学是一种理性活动,要反对把那些"从人心的情感和经验得来的理论"也称为哲学②,哲学不是"基于感情、愿望和直观等主观的根据",而是"理性或理性的哲学",把握的是"最后的、绝对本质的东西",是"基于思想的信念,即由于洞见事物的概念和性质而产生的思想的信念"③。按照黑格尔的这一认识,当人们具有了理性,特别是依赖理性去思考事物的本质时,就可以认定为具有了产生哲学思维的可能。更进一步说,一旦运用了这种思维去作出一般性结论,则可以认定为其哲学产生了。正是在这里,黑格尔把感性、情感、意志等非理性诉诸哲学之外。从某种意义上说,后来的"后现代"哲学,正是从这里开始宣布哲学应该死亡。当然,这里的问题在于,即使是理性尺度,在东方的中国与西方的古希腊、罗马也是有所分异的,西方的理性尺度能作为唯一的标准吗? 中国文化与西方文化之理性分野能作为

---

① 黑格尔:《哲学史讲演录》第1卷,贺麟、王太庆译,生活·读书·新知三联书店,1956,第59—60页。
② 黑格尔:《哲学史讲演录》第1卷,贺麟、王太庆译,生活·读书·新知三联书店,1956,第59页。
③ 黑格尔:《哲学史讲演录》第1卷,贺麟、王太庆译,生活·读书·新知三联书店,1956,第19页。

有无哲学的分野吗？这种分野也能作为评价中国少数民族有无哲学的标准吗？第二，主导原则的确定，哲学系统的形成，或者说是思维主题的确定，应当是哲学产生的重要标志。黑格尔强调，哲学的"每一原则在一定时间内都曾经是主导原则。当整个世界观皆据此唯一原则来解释时，——这就叫作哲学系统"①。第三，哲学把握对象的总体性。哲学要求我们在进入个别的事实以前必须有一个一般的概观，不然就会只见部分而不见全体，只见树木而不见森林②。第四，哲学的明确的目的性。黑格尔反对那种不承认哲学有共同目的的说法，强调哲学应有一个"单纯的目的作为共同的联系"③，这种目的即"在于用思维和概念去把握真理"④。"哲学的本质正在于消除理智的对立。"⑤也就是说，在哲学中"有一个单纯的目的作为共同的联系"，并据此消除了理智的对立。诚然，哲学的这种目的性并不否认哲学的多样性，而是要求"我们必须明白：哲学系统的分歧和多样性，不仅对于哲学本身或哲学的可能性没有妨碍，而且对于哲学这门科学的存在，在过去和现在都是绝对必要的，并且是本质的"⑥。第五，"哲学是认识具体事物发展的科学。"⑦黑格尔从研究"具体事物发展的科学"的角度来界定哲学，无疑表明哲学并不在各种具体科学之外，而在各种具体科学之中，是对各种具体科学的"概括或总结"，或反思。第六，思维形式的共有性。黑格尔强调："通行于各种特殊科学

①黑格尔：《哲学史讲演录》第1卷，贺麟、王太庆译，生活·读书·新知三联书店，1956，第41页。
②黑格尔：《哲学史讲演录》第1卷，贺麟、王太庆译，生活·读书·新知三联书店，1956，第11页。
③黑格尔：《哲学史讲演录》第1卷，贺麟、王太庆译，生活·读书·新知三联书店，1956，第15页。
④黑格尔：《哲学史讲演录》第1卷，贺麟、王太庆译，生活·读书·新知三联书店，1956，第24页。
⑤黑格尔：《哲学史讲演录》第1卷，贺麟、王太庆译，生活·读书·新知三联书店，1956，第25页。
⑥黑格尔：《哲学史讲演录》第1卷，贺麟、王太庆译，生活·读书·新知三联书店，1956，第24页。
⑦黑格尔：《哲学史讲演录》第1卷，贺麟、王太庆译，生活·读书·新知三联书店，1956，第32页。

之中,并构成其材料的最后支柱的思维形式,以及观点和原则,并不是它们所特有的,而是一个时代和一个民族的文化一般所共同具有的。这文化一般是由共同的观念和目的以及支配意识和生活的特定的精神力量所构成。"①也就是说,作为把握世界的基本方式,哲学思维具有民族思维的"共有性",是该民族共同遵守的思维的"格"。

依据以上标准,黑格尔认为哲学并不神秘:"哲学的特点,就在于研究一般人平时所自以为很熟悉的东西。一般人在日常生活中,不知不觉间曾经运用并应用来帮助他生活的东西,恰好就是他所不真知的,如果他没有哲学的修养的话。"②换句话说,若从现实生活考察,从对日常生活要素的反思开始即有了哲学。当然,"一个民族的精神文明必须达到某种阶段,一般地才会有哲学。亚里士多德曾说过:'首先要生活上的需要得到满足,人们才开始有哲学思想。'"③以此为尺度的哲学史研究就必须抓住这种对常识、生活普遍性的关注并实现超越,"因为历史里面有意义的成分,就是对于'普遍'的关系和联系。"④"哲学史上的事实和活动有这样的特点,即:人格和个人的性格并不十分渗入它的内容和实质……在哲学史里,它归给特殊个人的优点和功绩愈少,而归功于自由的思想或人之所以为人的普遍性格愈多,这种没有特异性的思想本身愈是创造的主体,则哲学史就写得愈好。"⑤

依据上述标准,黑格尔还分析了哲学的产生所包括的两种情况:一是哲学的一般产生,一是某特殊哲学的产生。作为一般的产生,即:"哲学作为一个时代的精神的思维和认识,无论是怎样先验的东西,本质上

---

① 黑格尔:《哲学史讲演录》第1卷,贺麟、王太庆译,生活·读书·新知三联书店,1956,第58页。
② 黑格尔:《哲学史讲演录》第1卷,贺麟、王太庆译,生活·读书·新知三联书店,1956,第25页。
③ 黑格尔:《哲学史讲演录》第1卷,贺麟、王太庆译,生活·读书·新知三联书店,1956,第53页。
④ 黑格尔:《哲学史讲演录》第1卷,贺麟、王太庆译,生活·读书·新知三联书店,1956,第11页。
⑤ 黑格尔:《哲学史讲演录》第1卷,贺麟、王太庆译,生活·读书·新知三联书店,1956,第7页。

却也是一种产物;思想是一种结果,是被产生出来的,思想同时是生命力、自身产生其自身的活动力。这种活动力包含有否定性这一主要环节,因为产生也是消灭。当哲学自身产生出来时,是以自然的阶段作为它加以否定的出发点的。哲学是在这样一个时候出发:即当一个民族的精神已经从原始自然生活的蒙昧混沌境界中挣扎出来了,并同样当它超出了欲望私利的观点,离开了追求个人目的的时候。精神超出了它的自然形态,超出了它的伦理风俗,它的生命饱满的力量,而过渡到反省和理解。其结果就是它攻击并摇动了现实的生活方式、伦理风俗和传统信仰。因而出现了一段破坏的时期。再进一步于是思想又集中向内。我们可以说,当一个民族脱离了它的具体生活,当阶级地位发生了分化和区别,而整个民族快要接近于没落,内心的要求与外在的现实发生了裂痕,而旧有的宗教形式已不复令人满足,精神对它的现实生活表示漠不关心,或表示厌烦与不满,共同的伦理生活因而解体时,——哲学思想就会开始出现。"①至于哲学的特殊产生,则应据不同哲学的具体时代而论,这就是黑格尔和马克思都十分强调的"哲学是时代精神的精华"之说。

(二)文德尔班:哲学的涵义经受着本质的变化

黑格尔关于哲学的存在性标准只表明黑格尔的哲学观。而在哲学发展史上,不同哲学观导致的不同哲学史认定是多样的。文德尔班是德国著名的新康德主义哲学家,是新康德主义弗赖堡学派的创始人。《哲学史教程》是他的一部用文化哲学思维方法研究哲学的颇有影响的哲学史著作,并以哲学问题和哲学概念的形成和发展史为线索研究哲学的历史发展。

由于《哲学史教程》"是一部严肃的教科书"②,而"教科书不是提出研究本身,而是把研究的成果集中起来"③。因此,我们可以从其叙述方法

---

① 黑格尔:《哲学史讲演录》第1卷,贺麟、王太庆译,生活·读书·新知三联书店,1956,第53—54页。
② 文德尔班:《哲学史教程》上卷,罗达仁译,商务印书馆,1997,第3页。
③ 文德尔班:《哲学史教程》上卷,罗达仁译,商务印书馆,1997,第30页。

中去发现其哲学观及相应的哲学史研究方法。这种哲学观及研究方法，如果从其对黑格尔等的哲学批判中考察，即可发现这是另一种哲学观及研究方法——文化哲学观及其研究方法。

文德尔班给自己提出的任务是"全面而精炼地描述欧洲哲学种种观念的演变，其目的在于表明：我们现在对宇宙和人生作科学的理解和判断所依据的原理原则，在历史发展过程中，由于什么动机，为人们所领悟并发展起来"①。这一任务决定了他的文化哲学观及其方法的一些特征：

（1）研究资料："研究的文史依据和传记、文献资料"②；"为了证实事实，哲学史必须进而对原始资料作细致而全面的检验。这些原始资料因时代的不同在透彻性和完整性方面也大相径庭"③；"在此我们特别感觉到的是信件中出现的偶尔词句的重要性，因为它们适合于更好地说明哲学历史发展中的个人因素。"④

（2）叙述方法："从逻辑内容方面说，或者从文化史方面说，或者从心理基础方面说。"⑤

（3）研究重点："着重点就放在从哲学的观点看最有分量的东西的发展上，即放在问题和概念的历史上。"⑥

（4）哲学根源："事实上，哲学的历史发展……不是单独依靠'人类'或者甚至'宇宙精神'的思维，而同样也依靠从事哲学思维的个人的思考、理智和感情的需要、未来先知的灵感，以及倏忽的机智的闪光"⑦；应该"注意哲学家的品格和私人关系"⑧。

（5）研究对象："确信这个问题要得到解决不能靠先天的逻辑结构，

---

① 文德尔班：《哲学史教程》上卷，罗达仁译，商务印书馆，1997，第 3 页。
② 文德尔班：《哲学史教程》上卷，罗达仁译，商务印书馆，1997，第 3 页。
③ 文德尔班：《哲学史教程》上卷，罗达仁译，商务印书馆，1997，第 25 页。
④ 文德尔班：《哲学史教程》上卷，罗达仁译，商务印书馆，1997，第 26 页。
⑤ 文德尔班：《哲学史教程》上卷，罗达仁译，商务印书馆，1997，第 30 页。
⑥ 文德尔班：《哲学史教程》上卷，罗达仁译，商务印书馆，1997，第 3—4 页。
⑦ 文德尔班：《哲学史教程》上卷，罗达仁译，商务印书馆，1997，第 20 页。
⑧ 文德尔班：《哲学史教程》上卷，罗达仁译，商务印书馆，1997，第 5 页。

而只能靠对事实作全面的,毫无偏见的调查研究。"①

　　文德尔班对自己的文化哲学观及其方法有一种自我认定,强调这是一种"纲领式的批判方法"②。这种文化哲学观及其方法,一方面是"强调了考虑文化史和个别科学问题的重要性"③。"因此在哲学史中,除开对于对象的基本特性有经常性的依赖性(内在联系因素)以外,起作用的还有从文化史中或从当代的文化现状中产生的一种必然性,此必然性说明了:为什么思维结构本身的历史存在权利不是持久不变的。"④来自文化史的影响限制着对哲学问题的提出和解决,并在多数情况下解释了对于理解历史发展非常重要的极端有趣的现象,即问题的复杂性或问题的相互交织。另一方面是"建立一些原则,据此对个别学说作出批判性的哲学评价。哲学史,像所有历史一样,是一门批判的科学。它的职责不只是记录和阐述,而且还是,当我们认识和理解历史发展过程时,我们要估计什么可算作历史发展中的进步和成果。没有这种批判观点,就没有历史。一个历史学家是否成熟,其根据就在于他是否明确这种批判观点。因为如果不是这样,在选材和描述细节时他就只能按本能从事而无明确的标准"⑤。

　　这种方法是从对"哲学"的重新界定开始的。在他看来,"哲学"的内涵是随时代而演进的,从最初的"追求智慧",到"哲学"获得"科学"的意义,使"一般哲学"成为"我们认识'现存'事物的井井有条的思想工作,而个别'哲学'指的是特殊科学,在这些特殊科学里我们要研究和认识的是现存事物的个别领域"⑥。他还认为,"同'哲学'一词的上述第一种理论意义很早就结合在一起的是第二种理论意义",即"不仅使有关人的天职和使命问题变得愈来愈有必要作科学的调查研究,而且使有关正当的生

① 文德尔班:《哲学史教程》上卷,罗达仁译,商务印书馆,1997,第4页。
② 文德尔班:《哲学史教程》上卷,罗达仁译,商务印书馆,1997,第5页。
③ 文德尔班:《哲学史教程》上卷,罗达仁译,商务印书馆,1997,第28页。
④ 文德尔班:《哲学史教程》上卷,罗达仁译,商务印书馆,1997,第23页。
⑤ 文德尔班:《哲学史教程》上卷,罗达仁译,商务印书馆,1997,第28页。
⑥ 文德尔班:《哲学史教程》上卷,罗达仁译,商务印书馆,1997,第8页。

活行为的教导成为首要目标,最终成为哲学或科学的主要内容。因此,希腊化时期的哲学便获得了基于科学原则的生活艺术的实践意义"①。也正是在这里,"哲学的涵义就经受着本质的变化。"②而到了"18世纪的哲学像希腊哲学一样,确信它能胜任这项任务,并认为它的权利和义务是向人们阐明事物真相,并从这种认识的高度去处理个人生活和社会生活"③。"与此相联的是康德所谓的哲学的宇宙的概念——哲学在生活实践方面的使命。"④

依据上述对哲学的重新定义,文德尔班对哲学进行了一些具体界定:"哲学"一词的涵义在时间的进程中变化多端,从历史的比较中要想获得哲学的普遍概念是不现实的;追求历史方法是所有哲学不变的特征,但公认的历史方法却没有;哲学对于其他科学之间没有一种亘古不变的固定关系,而且,二者的互相作用是一种促进还是妨碍,取决于哲学处理包括在特殊科学中的问题时为解决问题贡献出的有价值的因素;哲学对于其他文化活动的关系并不比哲学对各门科学的关系更不密切,哲学对一般文化的关系既是"受"的关系,也是"给"的关系;有了近代哲学,各特殊民族的特性才开始表现出决定性的影响。

在对哲学进行新的界定以后,文德尔班提出了一个更为深刻的问题:"把思维产物与历史性的研究和阐述结合起来,还有什么意义呢?"⑤为解决这个问题,文德尔班从以下思维路径展开论述。

第一,从不同学科的划分中提出哲学的时代性。他强调哲学问题与哲学史的情况不同于其他任何科学。因为对其他任何科学来说,研究领域至少是固定的;但是哲学没有这种各时期都共有的对象,哲学的"历史"表现不出朝着有关对象的知识不断前进和逐渐接近。相反,哲学的

---

① 文德尔班:《哲学史教程》上卷,罗达仁译,商务印书馆,1997,第8页。
② 文德尔班:《哲学史教程》上卷,罗达仁译,商务印书馆,1997,第9页。
③ 文德尔班:《哲学史教程》上卷,罗达仁译,商务印书馆,1997,第11页。
④ 文德尔班:《哲学史教程》上卷,罗达仁译,商务印书馆,1997,第11页。
⑤ 文德尔班:《哲学史教程》上卷,罗达仁译,商务印书馆,1997,第16页。

每一伟大体系一开始着手解决的都是新提出的问题,好像其他哲学体系几乎未曾存在过一样。所以,"每一种哲学,向着某一方向,以某一种方式,在或大或小的广阔的领域里,力图将世界上和生活中直接表现出的材料用概念明确地表达出来;就这样,在这些艰苦尝试的历史过程中,理智生活和精神生活的结构也就逐步地显露出来了。"①

第二,正是由于哲学的这种意义,哲学史具有了必要性。所以,"这也是为什么哲学史知识是必需的,不仅是对于所有的学术教育是必需的,而且对于无论何种文化也是必需的原因。因为哲学史告诉我们,概念和形式是怎样创造出来的;我们大家在日常生活中以及在各特殊科学中,都用这些概念和形式去思维、去判断我们的经验世界。"②所以,"哲学问题是人的头脑不能逃避的问题。"③

第三,哲学受制于文化或文明。在这里,文德尔班特别分析了哲学与文明形态的关系,并以此来批判黑格尔主义。他认为"内在联系的线在哲学史上经常被打断。特别是问题本身出现的历史次序,差不多完全缺乏这样一种内在的逻辑必然性。相反,在此,另一种因素突出来了,这种因素最好称为来自文明史的因素。因为哲学,从时代的一般意识的观念和从社会需要获得问题,也获得解决问题的资料。各特殊科学的重大战果和新产生的问题,宗教意识的发展,艺术的直观,社会生活和政治生活中的革命,——所有这些都不定期地给予哲学以新的动力,并限制哲学兴趣的方向;此兴趣时而突出这些问题,时而突出那些问题,并暂时把另一些问题排斥在一边;所有这些也同样限制着问题和答案在历史进程中所经受的种种变化。在这种依赖性表现得特别明显的地方,在某种条件下,我们就发现有某种哲学体系出现,它准确地代表着特定时代对自我的正确认识;或者我们可能发现,存在于时代的一般文化中的种种矛

① 文德尔班:《哲学史教程》上卷,罗达仁译,商务印书馆,1997,第18页。
② 文德尔班:《哲学史教程》上卷,罗达仁译,商务印书馆,1997,第18页。
③ 文德尔班:《哲学史教程》上卷,罗达仁译,商务印书馆,1997,第21页。

盾明显地在哲学体系斗争中显露出来"①。

第四,哲学与哲学家个人因素具有极大关联。他强调,哲学历史进程之所以形形色色,多种多样,是由于这样一种情况:"观念的发展以及一般信仰成为抽象的概念,都只有通过个别人物的思维才能完成;而这些个别人物,虽然他们的思想深深地扎在该历史时期的逻辑联系和流行观念之中,然而他们总用他们自己的个性和生活行为添上某种特殊因素。"②"所以很清楚,上述问题的复杂性之所以产生,在更大程度上,是由于个别哲学家所处的主观状态,而不是由于表现于一个时代、一个民族以及诸如此类的一般意识中的种种原因。没有一种哲学体系脱离得了它的创始人的这种品格方面的影响。因此,所有的哲学体系都是个性的创造物。在这方面哲学与艺术作品有某种相似之处,而且也必须从创始人品格的观点来作如是的理解。每个哲学家的世界观的要素产生于永远不变的现实问题,也产生于旨在解决这些问题的理性;但除此之外,还产生于他的人民、他的时代的观点和理想。然而,体系中的结构、布局、关联和评价都受限于哲学家的出身、教育、活动、生活命运、品格和经验。因此,在这里,其他两种因素的普遍有效性往往不见了。在这些纯属个人的创作中,美感必然代替了永恒知识的价值,而哲学史上许多杰出人物使人印象深刻事实上完全出于他们的'理念诗'的魅力。"③

第五,直接提出哲学史的科学性质。他认为,哲学史研究要完成下列任务:"(1)准确地证实从各个哲学家的生活环境、智力发展和学说的可靠资料中可以推导出什么东西来;(2)从这些事实,重建出创始的发展过程,以便就每个哲学家来说,我们可能了解他的学说哪些来自前人的学说,哪些来自时代的一般观念,哪些来自他自己的性格和所受的教育;(3)从考虑全局出发来估计,这样创立的、根据根源来阐述的这些理论对于哲学史总的成果来说,具有多大价值。关于前两点,哲学史是语文——

① 文德尔班:《哲学史教程》上卷,罗达仁译,商务印书馆,1997,第 22—23 页。
② 文德尔班:《哲学史教程》上卷,罗达仁译,商务印书馆,1997,第 24 页。
③ 文德尔班:《哲学史教程》上卷,罗达仁译,商务印书馆,1997,第 24 页。

历史的科学,关于第三个因素,哲学史是批判—哲学的科学。"①

第六,把哲学问题分为理论问题、实践问题。由此也就把哲学史的划分与通常流行的政治史的划分区别开来。因为按照哲学发展的性质一定还可以找到其他一样重要的分段法。于是他划分为希腊哲学、希腊化—罗马哲学、中世纪哲学、文艺复兴时期哲学、启蒙时期哲学、德国哲学、19 世纪哲学。

（三）罗素:哲学是社会生活与政治生活的组成部分

应该说,文德尔班的文化哲学观及其方法给我们研究哲学,特别是从文化哲学层面研究哲学提供了必要的理论参照,向我们打开了另一片哲学史研究的广阔天地。然而,除此之外,我们还可看到另一些有影响的哲学观及其研究方法,如在《西方哲学史》中,罗素阐明了自己的哲学史观,并强调与唯物史观的关系,即认为:"我个人并不原封不动地承认这个论点,但是我认为它里面包含有极重要的真理成分,而且我意识到这个论点对本书中叙述的我个人关于哲学发展的见解有了影响。"②事实上,把哲学看成是文化的一部分,并强调决定哲学的多因素,的确与唯物史观相应。不过,他误解了唯物史观,认为"马克思的唯物论实际上成了经济学"③。

罗素哲学史观的重点是特别强调了一种对哲学的特殊界定,即根据哲学问题来界定,认为"事情的真相其实颇简单。大家习惯上所说的'哲学',是由两种极不同的要素组成的。一方面,有一些科学性的或逻辑性的问题,这些问题能够用一般人意见一致的方法处理。另一方面,又有一些为很多人热烈感兴趣、而在哪一方面都没有确实证据的问题。后一类问题中有一些是不可能超然对待的实际问题"④。

根据这一界定,罗素特别强调哲学与文化背景的关系,强调"哲学,

①　文德尔班:《哲学史教程》上卷,罗达仁译,商务印书馆,1997,第 25 页。
②　罗素:《西方哲学史》下卷,马元德译,商务印书馆,1997,第 340 页。
③　罗素:《西方哲学史》下卷,马元德译,商务印书馆,1997,第 339 页。
④　罗素:《西方哲学史》下卷,马元德译,商务印书馆,1997,第 342 页。

从远古以来,就不仅是某些学派的问题,或少数学者之间的论争问题。它乃是社会生活的一个重要部分,我就是试图这样来考虑它的。如果本书有任何贡献的话,它就是从这样一种观点得来的"①。"哲学乃是社会生活与政治生活的一个组成部分:它并不是卓越的个人所作出的孤立的思考,而是曾经有各种体系盛行过的各种社会性格的产物与成因。"②据此,他认为,"就造成哲学家们的时代而言,以及哲学家们对于其形成也与有力焉的那些时代而言",对哲学家哲学的产生有巨大的影响,如"经院哲学的大时代乃是11世纪改革的产物,而这些改革又是对于前一个时期的颓废腐化的反作用。如果对于罗马灭亡与中古教权兴起之间的那几个世纪没有一些知识的话,就会难于理解十二三世纪知识界的气氛。"③"如果没有关于希腊化时代的一些知识,就没有人能够理解斯多葛派和伊壁鸠鲁派,如果不具备一些从第五世纪到第十五世纪基督教发展的知识,就不可能理解经院哲学。"④所以他认为,"若想对哲学家有同情的理解时,有必要加以叙述的一般历史。"⑤据此,他在安排哲学史的内容时,都对哲学的时代给予了相当的关注,如在讲柏拉图哲学时,对"斯巴达的影响"即作了专门研究;"为理解文艺复兴运动,有必要先简单回顾一下意大利的政治情势。"⑥在描述中世纪哲学时"要触及较多的教会史和政治史",虽然"也许这些历史与哲学思想发展的关系不是那么直接明显";在描述近现代哲学时,自由主义、浪漫主义也作为文化背景来处理,"因为这种观点乃是我们眼下要涉及的一段时期中大部分哲学思想的文化背景。"⑦所以,"在适当处理当前课题的同时,叙述一番有关这些人物

① 罗素:《西方哲学史》上卷,何兆武、李约瑟译,商务印书馆,1997,第9页。
② 罗素:《西方哲学史》上卷,何兆武、李约瑟译,商务印书馆,1997,第5页。
③ 罗素:《西方哲学史》上卷,何兆武、李约瑟译,商务印书馆,1997,第5页。
④ 罗素:《西方哲学史》上卷,何兆武、李约瑟译,商务印书馆,1997,第9页。
⑤ 罗素:《西方哲学史》上卷,何兆武、李约瑟译,商务印书馆,1997,第5页。
⑥ 罗素:《西方哲学史》下卷,马元德译,商务印书馆,1997,第8页。
⑦ 罗素:《西方哲学史》下卷,马元德译,商务印书馆,1997,第213页。

以及其时代的重要事实乃是不可缺少的"①,如在研究马克思的哲学时,特别强调了马克思主义产生的文化背景,像马克思"生于特里尔,特里尔在法国大革命和拿破仑时代曾受到法国人很深的影响,在见解方面世界主义色彩比德意志大部分地区浓厚得多";"他通过恩格斯得以了解到英国的劳工状况和英国的经济学。他因而在1848年革命以前得到了一种异常国际性的修养。就西欧而论,他毫不表露民族偏见。对于东欧可不能这么讲,因为他素来是轻视斯拉夫人的。"②这使马克思主义本身具有了世界性。

但是,时代背景的分析并没有使他只见树木不见森林,而是统分结合,如既认为各自与时代的关系,强调"可以说直到亚里士多德为止的希腊哲学表现城邦制所特有的思想情况;斯多葛哲学适合世界性的专制政治;经院哲学是教会组织的精神表现;从笛卡尔以来的哲学,或者至少说从洛克以来的哲学,有体现商业中产阶级偏见的倾向;马克思主义和法西斯主义是近代工业国家所特有的哲学。我觉得,这一点既真实也很重要"③。又从宏观的角度进行系统评述,像强调"现代的欧洲和美洲因而在政治上和意识形态上分成了三个阵营。有自由主义者,他们在可能范围内仍信奉洛克或边沁,但是对工业组织的需要作不同程度的适应。有马克思主义者,他们在俄国掌握着政府,而且在其他一些国家很可能越来越有势力。这两派意见从哲学上讲相差不算太远,两派都是理性主义的,两派在意图上都是科学的和经验主义的。但是从实际政治的观点来看,两派界线分明"。"在政治上以纳粹党和法西斯党为代表的第三派现代见解,从哲学上讲同其他两派的差异比那两派彼此的差异深得多。这一派是反理性的、反科学的。它的哲学祖先是卢梭、费希特和尼采。这一派强调意志,特别是强调权力意志;认为权力意志主要集中在某些民族

---

① 罗素:《西方哲学史》上卷,何兆武、李约瑟译,商务印书馆,1997,第382页。

② 罗素:《西方哲学史》下卷,马元德译,商务印书馆,1997,第337页。

③ 罗素:《西方哲学史》下卷,马元德译,商务印书馆,1997,第340页。

和个人身上,那些民族和个人因此便有统治的权利。"①同时,他还从自由主义与浪漫主义区分的角度进行了评论。

此外,依据与文化背景的联系,他特别强调应承认历史上出现的各哲学家的价值与意义:"假使谁认为全部哲学仅仅是不合理的偏见的表现,他便不会从事哲学的研究。"②这就是承认哲学史上诸哲学的真理性!

罗素还特别分析了影响哲学的两方面因素,即强调"'哲学的'人生观与世界观乃是两种因素的产物:一种是传统的宗教与伦理观念,另一种是可以称之为'科学的'那种研究,这是就科学这个词的最广泛的意义而言的。至于这两种因素在哲学家的体系中所占的比例如何,则各个哲学家大不相同;但是唯有这两者在某种程度上同时存在,才能构成哲学的特征"③。

就哲学的具体学术论域而言,他认为"哲学……乃是某种介乎神学与科学之间的东西。它和神学一样,包含着人类对于那些迄今仍为确切的知识所不能肯定的事物的思考;但是它又像科学一样是诉之于人类的理性而不是诉之于权威的,不管是传统的权威还是启示的权威"。他强调一切确切的知识都属于科学,一切涉及超乎确切知识之外的教条都属于神学,介于神学与科学之间且受双方攻击的无人之域就是哲学;思辨的心灵所最感兴趣的一切问题,几乎都是科学所不能回答的问题,而神学家们信心百倍的答案也不再像它们在过去的世纪里那么令人信服了,因此,"对于这些问题的研究……就是哲学的业务了。"这些问题如:(1)世界是分为心和物吗? 如果是这样,那么心是什么? 物又是什么? 心是从属于物的吗? 还是它具有独立的能力呢? (2)宇宙有没有任何的统一性或者目的呢? 它是不是朝着某一个目标演进的呢? (3)究竟有没有自然律呢? 还是我们信仰自然律仅仅是出于我们爱好秩序的天性呢? (4)人是不是天文学家所看到的那种样子,是由不纯粹的碳和水化合成

---

① 罗素:《西方哲学史》下卷,马元德译,商务印书馆,1997,第345页。
② 罗素:《西方哲学史》下卷,马元德译,商务印书馆,1997,第340页。
③ 罗素:《西方哲学史》上卷,何兆武、李约瑟译,商务印书馆,1997,第11页。

的一块微小的东西,无能地在一个渺小而又不重要的行星上爬行着呢?
还是他是哈姆雷特所看到的那种样子呢?他同时是两者吗?(5)有没有
一种生活方式是高贵的,而另一种是卑贱的呢?还是一切的生活方式全
属虚幻无谓呢?假如有一种生活方式是高贵的,它所包含的内容又是什
么?我们又如何能够实现它呢?(6)善,为了能够受人尊重,就必须是永
恒的吗?或者说,哪怕宇宙是坚定不移地趋向于死亡,它也还是值得加
以追求的吗?(7)究竟有没有智慧这样一种东西,还是看来仿佛是智慧
的东西,仅仅是极精炼的愚蠢呢?"对于这些问题,在实验室里是找不到
答案的。各派神学都曾宣称能够作出极其确切的答案,但正是他们的这
种确切性才使近代人满腹狐疑地去观察他们。"①

　　与对哲学的界定相联系,罗素认为评价哲学家的贡献也应有独特的
标准,即"给予一个哲学家的地位,往往并不就是他的哲学的优异性所应
得的地位",他以斯宾诺莎、洛克为例,认为"斯宾诺莎是比洛克更伟大的
哲学家,但是他的影响却小得多",有些人"虽然在学术的意义上完全不
是什么哲学家,但是他们却是如此深远地影响了哲学思潮的气质,以至
于如果忽略了他们,便不可能理解哲学的发展";有些"纯粹的行动家们
有时也具有很大的重要性"。如"很少哲学家对于哲学的影响之大是能比
得上亚力山大大帝、查理曼或者拿破仑的"②等。正是在这个层面,他特
别强调"哲学家们既是果,也是因。他们是他们时代的社会环境和政治
制度的结果,他们(如果幸运的话)也可能是塑造后来时代的政治制度信
仰的原因"。他的目的就是要"在真相所能容许的范围内","试图把每一
个哲学家显示为他的环境的产物,显示为一个以笼统而广泛的形式,具
体地并集中地表现了以他作为其中一个成员的社会所共有的思想与感
情的人。"③

　　这种哲学观直接影响了罗素对于哲学史史料的筛选,并确立了"大

---

① 罗素:《西方哲学史》上卷,何兆武、李约瑟译,商务印书馆,1997,第11—12页。
② 罗素:《西方哲学史》上卷,何兆武、李约瑟译,商务印书馆,1997,第5—6页。
③ 罗素:《西方哲学史》上卷,何兆武、李约瑟译,商务印书馆,1997,第8—9页。

刀阔斧的选择原则":一是注意对一些人物作简略处理,即"把那些我以为似乎不值得详尽处理的人物(除了极少数的例外)完全略过不提";二是关注那些"看来是与他们的生气以及他们的社会背景有关的东西","甚至于把某些本身无关重要的细节也记录下来,只要我认为它们足以说明一个人或者他的时代。"①

罗素还特别强调了一种哲学史的叙述方法问题,这就是由一个个有思想统一性的人来叙述,认为"许多作者的合作是有其缺点的。如果在历史的运动中有任何统一性,如果在前后所发生的事件之间有任何密切联系,那么,为了把它表述出来,对前后不同时代所发生的事情就应在一个人的思想中加以综合"②。他的"目的正是要显示这样的关系,而这一目的只有通过进行广泛范围的考察才能完成"③。据此,罗素强调哲学史家应是哲学家,强调"自从人类能够自由思考以来,他们的行动在许多重要方面都有赖于他们对于世界与人生的各种理论,关于什么是善什么是恶的理论",而"要了解一个时代或一个民族,我们必须了解它的哲学;要了解它的哲学,我们必须在某种程度上自己就是哲学家。这里就有一种互为因果的关系,人们生活的环境在决定他们的哲学上起着很大的作用,然而反过来他们的哲学又在决定他们的环境上起着很大的作用。这种贯穿着许多世纪的交互作用就是本书的主题"④。

关于哲学的必要性,罗素强调:"科学告诉我们的是我们所能够知道的事物,但我们所能够知道的是很少的;而我们如果竟忘记了我们所不能知道的是何等之多,那么我们就会对许多极重要的事物变成麻木不仁了。另一方面,神学带来了一种武断的信念,说我们对于事实上我们是无知的事物具有知识,这样一来就对于宇宙产生了一种狂妄的傲慢。在鲜明的希望与恐惧之前而不能确定,是会使人痛苦的;可是如果在没有

---

① 罗素:《西方哲学史》上卷,何兆武、李约瑟译,商务印书馆,1997,第6页。
② 罗素:《西方哲学史》上卷,何兆武、李约瑟译,商务印书馆,1997,第8页。
③ 罗素:《西方哲学史》上卷,何兆武、李约瑟译,商务印书馆,1997,第8页。
④ 罗素:《西方哲学史》上卷,何兆武、李约瑟译,商务印书馆,1997,第12页。

令人慰藉的神话故事的支持下,我们仍希望活下去的话,那么我们就必须忍受这种不确定。无论是想把哲学所提出的这些问题忘却,还是自称我们已经找到了这些问题的确凿无疑的答案,都是无益的事。教导人们在不能确定时怎样生活下去而又不致为犹疑所困扰,也许这就是哲学在我们的时代仍然能为学哲学的人所作出的主要事情了。"[1]

(四)列宁:人民的创作反映了各个时代他们的世界观

列宁的哲学观具有多层面的意义,其总体精神是强调哲学史是人类的一般认识或整个人类认识的历史。但列宁的界定必须结合两方面的前提来思考:一方面是强调概念、范畴的意义,即:"从逻辑的一般概念和范畴的发展和运用的观点出发的思想史——这才是需要的东西!"[2]另一方面则强调"哲学的历史,各门科学的历史、儿童智力发展的历史……简单地说,就是整个认识的历史,这些就是认识论和辩证法应当从中形成的知识领域"[3]。前者强调哲学的理论性,后者强调哲学表现形式的多样性。据此可知,研究哲学史、思想史都必须涉及整个人类认识的领域。以此为基础,列宁阐述了对民族民间哲学研究的必要性及方法,并成为可以引领我们进行哲学史研究的另一重要理论范式。故他在论口头文学时即强调口承文化也是哲学的重要表现形式,因为这也是人类认识领域之重要组成部分:"许多世纪以来,人民的创作反映了各个时代他们的世界观。"[4]而研究他们的这种世界观,了解他们的真正历史,揭示其中最重要的内容,即其中"都有一些民主主义的和社会主义的即使是不发达的文化成分"[5],"最重要的,那就是不要忘记基本的历史联系,考察每个问题都要看某种现象在历史上怎样产生,在发展中经过了哪些主要阶

---

① 罗素:《西方哲学史》二卷,何兆武、李约瑟译,商务印书馆,1997,第12—13页。
②《列宁全集》第55卷,人民出版社,1990,第148页。
③《列宁全集》第55卷,人民出版社,1990,第302页。
④ 邦奇—布鲁耶维奇:《列宁论民间口头文学》,刘辽逸等译,载中国民间文艺研究会编《苏联民间文学论文集》,作家出版社,1958,第6页。
⑤《列宁选集》第2卷,人民出版社,1995,第336页。

段,并根据它的这种发展去考察这一事物现在是怎样的。"①本着这一精神,列宁还曾批判了一种错误倾向:"这是令人惊讶的事情,我们的学者,所有讲师和教授们,就会研究那些哲学小册子,研究那些突然想过哲学瘾的冒牌知识分子写的毫无意义的文章。其实,这②才是真正的人民创作,可是他们忽视它,没有人知道它,谁对它也不发生兴趣,也不写文章评述它。不久前我翻阅了一下考鲁包夫斯基的俄国哲学史目录以及他的俄国哲学图书目录。那里应有尽有。俄国哲学家的著作的书单子一指厚,洋洋大观,可是富有人民哲学思想的作品书目却一点也没有。要知道,这比起我们许许多多的资产阶级知识分子出生的哲学家的所谓'哲学的'胡说八道要有趣得多。难道马克思主义的哲学家之中竟找不到一个愿意研究这一切和对这一切写出有系统的论文的人吗?这件事情必须做。因为许多世纪以来,人民的创作反映了各个时代他们的世界观。"③从这里不难看出:第一,劳动人民的口头文艺创作(即通常所说的口承文化)是劳动人民世界观的反映。所以,应该作为哲学世界观来加以研究。第二,不同时代劳动人民的口头创作反映的是不同时代的劳动人民的世界观及相应的社会生活,应加以断代的、历史的研究。第三,无产阶级的、马克思主义的哲学家和理论研究工作者有责任和义务对这种哲学世界观加以系统研究,这是一个历史任务。总之,列宁的论述,也可为我们研究中国少数民族哲学史提供理论依据。

综上所述,依据上述不同的哲学观,人们在研究历史上的各种哲学时,特别是在研究哲学史时就会形成不同的哲学史系统。黑格尔重视概念的逻辑系统,文德尔班重视哲学的思想观念系统,罗素重视哲学是文化的一部分,列宁则强调两种哲学传统,前三者都写出了自己的哲学史专著。黑格尔根据自己的标准在《哲学史讲演录》中事实上形成了欧洲

① 《列宁选集》第4卷,人民出版社,1995,第26页。
② 指列宁谈到的无名作者的手抄作品,说到底就是民间文学作品。
③ 邦奇—布鲁耶维奇:《列宁论民间口头文学》,刘辽逸等译,载中国民间文艺研究会编《苏联民间文学论文集》,作家出版社,1958,第5—6页。

哲学中心论,对中国哲学有相当的否定;文德尔班的《哲学史教程》与罗素的《西方哲学史》则以其特有的方式获得了成功。若是列宁也写出了一部哲学史,又会是一种什么情形呢? 20 世纪 80 年代以后在中国大陆出版了多部不同的《中国哲学史》,都体现着自己的哲学及哲学史观。而笔者在研究中国少数民族哲学史时,便综合学习了不同的哲学史观,而上述四种哲学史观及其哲学史研究成果的影响又更为突出。

二、中国少数民族哲学史的内生与外生

在中国,无论是学术史还是政治史,"少数民族哲学"都是一个全新的概念和话语系统。说它"全新",是因为虽然早在 20 世纪 30 年代已有"民族哲学"概念的提出及"灵族哲学"专著的问世,但是没有产生大的影响;20 世纪 50 年代苏联出版的《苏联各民族哲学及社会思想史》一书被译成中文,也没在国内产生大的影响,更没有形成"少数民族哲学"或"民族哲学"这一概念与话语体系。直到 1979 年,在济南召开的全国哲学社会科学规划会上,才有少数民族学者蒙和巴图(蒙古族)、果吉宁哈(彝族)提出这一问题,尽管当时主要是从政治或道义层面提出时下的中国哲学史(通史性著作)中因没有"少数民族哲学"而成了"汉族哲学史",由于其中涉及民族平等的政治原则等尖锐问题,因而得到了有关方面的高度重视与积极回应。如 1979 年 6 月 28 日,《光明日报》即发表了邓祥的《建议重视我国少数民族的哲学思想研究》一文,强调"研究我国少数民族的哲学思想,是摆在哲学工作者面前的一项光荣而艰巨的任务,对于繁荣我国的学术,增强各民族之间的团结,是非常必要的";"无视或轻视少数民族的哲学思想,既不符合我国的历史实际,也不符合各族人民的愿望。"到了 20 世纪 80 年代,中国"少数民族哲学"问题得到了更为广泛的重视与回应。先是一些地方如内蒙古自治区成立了蒙古族哲学研究室、中国哲学史学会云南省分会积极开展了云南少数民族哲学思想研究,一些民族的哲学思想得到了学界重视,其中包括了各少数民族学者。特殊标志是 1981 年、1983 年,先后成立了"中国北方少数民族哲学及社

会思想史学会"和"中国南方少数民族哲学及社会思想史学会",尽管没有直接称为"中国少数民族哲学史学会"而显得自信心不足,但两个学会的成立本身,却使中国"少数民族哲学"进入了组织化研究阶段。1992年,南北方两个学会合并成立了"中国少数民族哲学及社会思想史学会",更进一步促进了中国"少数民族哲学"的研究。此后出版的《中国大百科全书·哲学卷》《哲学大辞典》等大型哲学工具书中都设立有中国少数民族哲学的条目,中国"少数民族哲学"正式成了一个全新的学术概念与研究方向。到2009年,学会已动议改名为"中国民族哲学研究会","民族哲学"的概念自20世纪30年代在中国提出并体现于著作中后,终于在80多年后的21世纪第一个十年得到了组织化回应,反映出中国少数民族哲学研究已进入了新的境界,同时也说明多元化哲学世界的精神诉求已成为时代的大趋势。

但是,研究中国少数民族哲学毕竟是一种后发的科学研究活动,在某种程度上说,这种研究从一开始就自觉或不自觉地受到了先发哲学研究的制约,这种制约尤其是表现在中国少数民族哲学研究中形成了多重"格义"——"格义是一种类比理解的方法,是个哲学概念。'格'有'比较'或'度量'的意思,'义'的含义是'名称''项目'或'概念'。顾名思义,就是用比较和类比的方法来解释和理解跨文化背景的概念。"①颇类中国古代的"重译来朝"一般。第一重是把西方哲学的概念、方法、思维方式、话语系统等,或直接或间接地"中国化";第二重则是把那种"中国化"的东西,无论是传统的或现代的东西都再进行"少数民族化",并更进一步具体到某一个中国少数民族文化中。问题在于,所有这种"化"都已经"长迁而不反其初"②了,特别是用现代理念来译释少数民族的哲学概念、

① 王硕丰:《"格义"与"合儒"》,载赵建敏主编《天主教研究论辑》第十辑,宗教文化出版社,2013,第253页。
②《荀子·不苟》:"夫诚者,君子之所守也,而政事之本也,唯所居以其类至。操之则得之,舍之则失之。操而得之则轻,轻则独行,独行而不舍,则济矣。济而材尽,长迁而不反其初,则化矣。"

话语、方法、思维方式，比如"苗族生成哲学认为宇宙万事万物都由'搜媚若''各薄港搜''玛汝务翠'三位一体有机结合生成。也就是说苗族生成哲学的宇宙观是：'千万事物同一理，事物生成共源根。头号重要搜媚若，第二是各薄港搜，第三是玛汝务翠，三条缺一不得生。'苗语，'搜媚若'相当于汉语的'能量'，是第一位的；'各薄港搜'相当于汉语的'物质'，是万物生成的基础；'玛汝务翠'相当于汉语的'结构'，是万物生成的关键。"①很显然，如果没有原来苗语词汇作铺承，已经是十足的"现代性"了。这就提出了一个"格义"中的尖锐问题——如何不过度比较、阐释的问题。这种问题，不仅发生在"中西"之间，而且也发生在"汉少"之间，比如《西南彝志》的相父相配思想，在普遍性和抽象程度方面的提高，表现在概念上，就是对'父''母'这两个概念的抽象运用。在《西南彝志》的汉译本中，经常把'父母'译为'阴阳'，即译者认为，《西南彝志》彝文的'父母'概念已具有汉文'阴阳'概念的哲学涵义了。如在第三卷《天地形成时的景况》篇中有两处把'父母'译为'阴阳'的。在此情况下，阳未上升，阴还未降时，在高天上，在大地上，天未产生福，地未产生禄，它是这样的。宇宙的东方，以哎阳为主；宇宙的西方，以哺阴为主。这两个地方的'阳'都是彝文(父)的汉语意译；'阴'都是彝文(母)的汉语意译，直译都应译为'父母'。在同卷的《叙哎哺根源》篇中也有如此的译法……译者认为彝文的'父母'与汉文的'阴阳'具有同样的哲学意义。这样做恰当吗？我们认为，《西南彝志》中的'父母'概念确实比《梅葛》中的'雌雄'概念要更抽象一些，并且有了更为丰富的哲学涵义，但是它与汉文的'阴阳'概念还是有区别的。这种区别，一方面在于它还未完全脱离感性具体，另一方面在于它表现了彝族对立统一思想的民族特点。就后一方面来说，中原汉族古代哲学的'阴阳'概念，在很大程度上是渊源于日照的向阳与背阴，这就是《诗经·大雅·公刘》所说：'笃公刘，既溥

---

① 雷安平：《论苗族生成哲学"三位一体"的宇宙观》，《湘潭大学学报(哲学社会科学版)》1994年第3期，第49—51页。

既长,既景乃冈,相其阴阳,观其流泉.'而彝族的对立统一观念主要渊源于动物的雌雄、人类的男女。因此,不应急于将彝文的'父母'等同于汉文的'阴阳',否则就会忽略了彝族思想史的特点。此外,本篇中有几处把'父母'译为'阴阳',在我们看来似乎不易理解。如:'清阳生美髻,浊阴戴华勒'。因为,'美髻'是彝族男子的发式,'华勒'是彝族女子的头饰,说阴阳生它、戴它,不易理解,但是,如直译为'清父美髻生,浊母华勒戴',就比较容易理解了。"①毫无疑问,这种"格义"造成了一定的"隔",比如在少数民族《易》学研究中,甚至把盘瓠与"羿射九日"神话、"接龙"与"椎牛合鼓"等民族风俗、端午节等民族节日、"刘三姐"等民族人物也都进行《易象》解释②,虽然说得"头头是道",但也的确太过"'易'化"! 对此,笔者曾有专文就这一倾向进行辩驳。③

　　上述这种情况即发生了研究中国少数民族哲学史或少数民族思想史的内生与外生问题,最核心的是是否按"哲学"来写出"中国少数民族哲学史""××族哲学史"。前辈学人冯友兰提供了处理"中国哲学史"的两种方案:其一是坚持以西方哲学为标准,来严格地筛选中国义理学史料,而获得"中国哲学史";其二是不必理会西方哲学,中国义理学我行我素,而获得"中国义理学史"④。如果我们坚持"中国少数民族哲学(思想)史的内生",则当然应按照中国少数民族传统来写。因为在中国哲学(思想)史上,早就有对前代学术思想成果进行总结性评述的学术(哲学或思想)史论著,《庄子·天下》《荀子·非十二子》《韩非子·显学》、司马谈《论六家要旨》、宗密《华严原人论》、朱熹《伊洛渊源录》,直到黄宗羲主编的《宋元学案》《明儒学案》,等等,都可算成是各自的学术(哲学或思想)史论著。唐宋以后,则更是形成了中国哲学(思想)史上的"道统"论,这

① 伍雄武、普同金:《彝族哲学思想史》,民族出版社 1998 年版,第 187 页。
② 江凌:《易学视野下的呈现——少数民族文化的另类解读之(1—18)》,《中国民族》系列文章。
③ 萧洪恩:《易学研究的纯化与泛化——中国少数民族易学研究问题申论》,《武汉大学学报(人文科学版)》2014 年第 4 期,第 15—22 页。
④ 参阅陈来:《世纪末"中国哲学"研究的挑战》,载《现代中国哲学的追寻》,人民出版社,2001,附录,第 350 页。

些事实说明,在中国学术思想史上形成了一种内生的中国哲学(思想)史观。虽然"这些论著,按不同的时代要求,从不同的思想角度,辨章学术,考镜源流,至今对哲学史研究仍有参考价值,但是由于古代社会分工和学术分类的局限,哲学还与其他非哲学的社会意识形态混沌未分,被包容在所谓'内圣外王之道''天人性命之学'的庞杂体系之中。哲学史还不可能成为独立的学术部门'①。如果坚持外生,则应走前一条路径。事实上,在 20 世纪的中国哲学史研究中,第一条路径几乎成了中国哲学界的普遍选择,因为"自我放弃、退出、拒绝""哲学"的做法,"既不合现代学科分类的时宜,亦迁就了西方哲学中心主义"②。虽然也有人认为中国没有"狭义的哲学"而应称作"中学"或"中国的古学"者③。在国外学界,被公认是当代最著名的哲学家之一的德里达(Jacques Derrida)即言:"说中国的思想、中国的历史、中国的科学等没有问题,但显然去谈这些中国思想、中国文化穿越欧洲模式之前的中国'哲学',对我来说则是一个问题。""哲学本质上不是一般的思想,哲学与一种有限的历史相联,与一种语言、一种古希腊的发明相联:它首先是一种古希腊的发明,其次经历了拉丁语与德语'翻译'的转化等,它是一种欧洲形态的东西,在西欧文化之外存在着同样具有尊严的各种思想与知识,但将它们叫作哲学是不合理的。"④海德格尔等人则通过"发现"东方的"思想"有补于西方"哲学"或"形而上学",思索以下的问题"是不是有朝一日一种'思想'的一些古老传统将在俄国和中国醒来,帮助人能够对技术世界有一种自由的关系

---

① 萧萐父:《中国哲学史方法论问题刍议》,载《吹沙集》,巴蜀书社,2007,第 361 页。
② 张立文:《〈朱陆之辩——朱熹陆九渊哲学比较研究〉序》,载彭永捷《朱陆之辩——朱熹陆九渊哲学比较研究》,人民出版社,2002,第 1 页。
③ 张祥龙:《从现象学到孔夫子》,商务印书馆,2001,第 190 页。
④ 德里达是在《书写与差异》中译本的"访谈代序"中,专门对中国读者说这番话的,所以非随口说出,而是经过了深思熟虑,且有很强的针对性。参见雅克·德里达:《书写与差异》,张宁译,生活·读书·新知三联书店,2001,第 9—10 页。

呢？我们之中有谁竟可对此作出断言吗？"①因此,关于中国哲学(思想)史的内生与外生的问题,就自然而然地成了一个问题。

显然,中国少数民族哲学史或思想史的研究也同样有这种内生与外生的问题。为了解决这个问题,我们力求在"内生"上用力,但不排除对"外生"的借鉴。自然,要完成这个任务是相当困难的。为此,笔者确立了以下原则:

第一,发扬前辈学人的"通"史家风,力求以一人之力,按照一个标准对全国55个少数民族哲学做一通观,并以汉族哲学、西方哲学作必要的参照,防止只见树木不见森林的情况。在这里,前述罗素的要求即强调:"许多作者的合作是有其缺点的。如果在历史的运动中有任何统一性,如果在前后所发生的事件之间有任何密切联系,那么,为了把它表述出来,对前后不同时代所发生的事情就应在一个人的思想中加以综合。"②实际上,这也正是笔者所谋求努力做到的。为此,笔者在具体的研究实践中,即使在手头没有任何资料的情况下,也通过各种途径,其中包括用手抄录、注释、眉批,如此经历了近五年的努力,完成了对各民族哲学资料的初步搜集,并根据前述的各哲学史观确立了一个基本标准。自然,在研究过程中得到了不少前辈学人及时贤的强力指导,他们还都曾提出过宝贵的建议。

第二,积智先行,评述现有中国少数民族哲学研究成果。中国早期启蒙思想家方以智于《通雅·考古通说》(《通雅》卷首)中曾说:"古今以智相积,而我生其后,考古所以决今,然不可泥古也。古人有让后人者……生今之世,承诸圣之表章,经群英之辩难,我得以坐集千古之智,折衷其间,岂不幸乎!"有鉴于此,笔者的研究即先从"积智"入手,结合笔者坚持的"以哲学史为核心的思想史研究"等方法,特别地在中国知网上

①《"只还有一个上帝能救渡我们"》——1966年9月23日〈明镜〉记者与海德格尔的谈话》,载北京大学外国哲学研究所编译:《外国哲学资料》第5辑,商务印书馆,1980,第159页,转引自俞宣孟:《本体论研究》,上海人民出版社,1999,第526页。
②罗素:《西方哲学史》上卷,何兆武、李约瑟译,商务印书馆,1997,第8页。

对各民族现有研究成果做各民族的"主题"检索,了解各民族文化的研究范围、领域、问题及各民族文化关系。尽管不少民族都还没有直接地以"哲学"为题的研究成果,但根据传统中国哲学研究的实际并结合现当代哲学研究的领域,按照笔者研究各少数民族哲学的需要,然后把有关"哲学"及相关观念研究、伦理道德研究、生态思想研究、美学研究、宗教信仰研究、习惯法律研究、革命斗争史研究,以及文化内涵揭示,特殊文化现象探讨,社会形态、性质剖判等相关论文成果进行比对,再结合民族历史及已出版的五大集成、文化大观、各种文史资料进行评论,综其论点,评其得失,借以寻找自己立论的出发点,以阐明各民族哲学的形态特征、历史进程、主要内容、研究重点等,从而阐明各民族自身的"哲学"思想发展。

第三,坚持科学世界观的指导,以历史解释迷信,以科学精神反思历史,力求从各少数民族的"现实"文化情境理解其"现实"的哲学文化,实现"会当凌绝顶,一览众山小"的目标。例如,在现实生活中,毛南族、壮族、侗族、仫佬族等民族的居住习俗几乎完全相同,有学者甚至考证,仫佬族的自称仫佬、伶、谨即分别表现出与仡佬族同源、壮族的"俍"及侗族的"金"之文化交流与融合[1];更有学者以"凿齿"为例说明仡佬族、仫佬族两族的历史文化联系[2]。而在语言、风俗习惯以及文化传统等方面,毛南族和壮族、侗族、水族、仫佬族等民族的关系也非常密切。同时,壮族、布依族与僰掸系民族的关系十分密切,也被认为有系属关系;畲族则被认为属于百越族系,畲族、瑶族被认为同源于汉晋时期的长沙"武陵蛮";京族的主体部分是越族,自然属古代百越系后裔。苗族是史书上"五溪蛮"或"五陵蛮"的一部分,且长期分别与汉族、土家族、侗族、布依族、水族、彝族、壮族、黎族等民族杂居,而土家族主要源于古代巴人,但与濮人、越

_____

① 潘世雄:《仫佬族族弥考略——兼论仡佬族、侗族族称含义》,《广西民族研究》1991年第3期,第47—50页。

② 罗青松:《从"凿齿"观察贵州仡佬族与仫佬族的民族源流》,《贵州民族研究》2010年第4期,第135—139页。

人都有极深的渊源关系,学界已考证出土家族人与周边民族的多重文化关系①;而瑶族,或认为源于"山越",或以为源于"五溪蛮",但大多数人认为瑶族与古代的"荆蛮""长沙武陵蛮""莫瑶""蛮瑶"等在族源上有渊源关系;仡佬族的先民则被直接指明为殷周时代的"濮人";高山族是祖国大陆对台湾少数民族的认知,据介绍,台湾南岛语族群现在已由台湾地区当局认证的是 14 个族群,而有 6 个族群是从原来的 9 个族群中分化出来的。这 9 个族群是泰雅人、布农人、赛夏人、雅美人、卑南人、阿美人、排湾人、鲁凯人、邹人。目前的文化研究也已经指明,"布农人和泰雅人,甚至包括赛夏人、鲁凯人、邹人,他们的来源都是祖国大陆,当处于原始父系社会阶段,他们来到台湾岛,由于台湾土地肥沃,物产丰富,地广人稀,与世隔绝,他们便一直保持这种原始社会的生活状态至今。"②正是基于以上这样的民族关系场域,我们才能理解各系民族的一般哲学文化特征。

第四,对历史的还原。这不是一仍旧贯,而是如实地对其思想实质或学术发展水平的质、量、度加以揭示,从难上见功夫,力图在其庞杂体系与古老玄语的外壳中,找到其相互关联的、具有表现于特殊运用(个性)中的带有普遍(共性)意义的东西,找到其原有的而不是代造的命题、范畴,以及逻辑的思维模式(思维的格)等。如在中国各少数民族的原初思想材料中,有很多神话史诗传说都叙述了本民族与汉族是"同源"的,如阿昌族、傈僳族、彝族、佤族、基诺族、怒族等。也有很多神话史诗都叙述了本民族与其他少数民族同源,在笔者所研究的中国少数民族中,布依族的《洪水潮天》讲到了伏哥和羲妹为了重新发展人类,繁衍子孙后代,在洪水消退后成了亲,接连生下了五个儿子,即彝族、汉族、布依族、苗族、藏族的祖先;哈尼族的《兄妹传人类》中讲到了大哥哈尼族、二哥彝族、三哥汉族、四哥傣族、五哥瑶族的同源性;黎族《螃蟹精》讲到了黎族、

① 段超:《土家族文化史》,民族出版社,2000,第 13—34 页。
② 方芳:《台湾海峡两岸射日神话比较研究》,博士学位论文,中央民族大学,2010,第 143 页。

苗族、汉族的同源性；毛南族《创世歌》叙唱以盘妹、古哥为中心人物的五代神，其中叙述了壮族、瑶族、毛南族的同源性；仡佬族的《阿仰兄妹制人烟》则讲了现在的苗族、彝族、仡佬族、布依族、侬家人、蔡家人等都是同源共祖的；水族《开天辟地造人烟》则讲了苗族、水族、侗族、布依族的同源性；佤族古典史诗《葫芦的传说》讲"各民族是亲兄弟"——佤族、景颇族、傣族、拉祜族等，其中还讲到了分手的原因及分手时的痛苦；在其他的少数民族神话，如土家族、纳西族、苗族等民族的神话中也都有各自的同源现象。从历史还原的角度，的确可以解释不少的同源民族，但从哲学文化精神的角度，则说明了中华民族的多元一体文化关系，在本质上是为和谐的民族关系进行的"哲学"论证。

　　第五，在研究过程中，采取撒大网、迂回战、包围战的形式；而在具体的写作过程中，采用拧拳头、打攻坚战、堡垒战的形式，攻其一点，试图突破。因而在写作过程中，去枝蔓、显主干，最后凝结成自己的研究主题。比如，恩格斯指出："中世纪是从粗野的原始状态发展而来的，它把古代文明，古代哲学、政治和法律一扫而光，以便一切从头做起……政治和法律都掌握在僧侣手中，也和其他一切科学一样，成了神学的分枝，一切按照神学中通行的原则来处理。教会教条同时就是政治信条，圣经词句在各法庭中都有法律的效力。甚至在法学家已经形成一种阶层的时候，法学还久久处于神学控制之下。神学在知识活动的整个领域中的这种无上权威，是教会在当时封建制度里万流归宗的地位之必然结果。""由此可见，一般针对封建制度发出的一切攻击必然首先就是对教会的攻击，而一切革命的社会政治理论大体上必然同时就是神学异端。为要触犯当时的社会制度，就必须从制度身上剥去那一层神圣外衣。"[①]但是，我们在对中国少数民族哲学文化的研究中却发现与此并不完全一致，原因在于中国少数民族的历史发展进程不一致。我们之所以特别强调全球性现代化理论的方法论意义，就在于发现许多少数民族由于没有经过甚至

[①]《马克思恩格斯全集》第 7 卷，人民出版社，1959，第 400—401 页。

没有达到"中世纪",有的还是"直过"民族,因而通过其历史进程的跳跃性发现其哲学文化观念的历史跳跃性。也正是在这一点上,我们阐明在中国少数民族哲学发展中,有的民族哲学是传统形态哲学与近现代哲学都处于萌芽形态,有的民族是传统哲学处于萌芽、形成阶段而近现代哲学处于萌芽阶段,有的民族则与汉族走过了大致相同的历史进程……应该说,这些结论正是在笔者研究过程中凝结并书写出来的。这些论述都表现在我们对每个民族哲学研究的概观中。

三、中国少数民族哲学史的史料来源

中国少数民族哲学研究的一个重要难题是史料来源问题。这有两个方面的原因特别重要,也因而特别困难。其一,中国少数民族语言文字的复杂性。据统计,在中国已确认的 55 个少数民族中,虽然比较多的是一个民族说一种语言,但也有不少的民族说两种以上的语言,使中国少数民族语言的总数在 80 种以上。在中国已确认的 56 个民族中,汉族、回族、满族等民族早已通用汉文,语言文字除历史文献外较为单一;蒙古族、藏族、维吾尔族、哈萨克族、柯尔克孜族、朝鲜族、彝族、傣族、拉祜族、景颇族、锡伯族、俄罗斯族等民族均有自己的文字且大都有较长的使用历史,其中有的民族如傣族还存在 4 种不同的傣文,即傣仂文、傣哪文、傣绷文和金平傣文;信仰基督教的部分傈僳族群众使用较为特殊的傈僳族文字或"竹书",苗族、佤族、壮族、白族、瑶族等也有自己特色的语言文字系统。据调查,中华人民共和国成立以前已使用自己民族文字的民族有 21 个 24 种,加上中华人民共和国成立后创立的各民族文字,已近 40 种。也就是说,各民族是否有自己的书写文字、各民族书写文字方式的统一性等,直接影响着中国少数民族哲学研究的史料来源及史料搜集方法。

其二,各民族文化发展极不平衡,导致各民族的文化形式千差万别,有些民族有丰富的书面文献,而有些民族基本没有书面文献。因此,在中国少数民族哲学研究中,如何尽可能地涵盖基本的文献形式,以至于各民族的哲学分析在一个大体相同的尺度上，以及哪些"文献"可以进入中国少数民族哲学视阈的研究，则是特别复杂的问题。笔者认为，我们虽然不能禁止规定说"哪些不能用"，但却应该说"哪些应该用"，因为多种文化形式都能反映民族精神，并且用更广泛的"文献"形式来反映其民族精神，会更有说服力，而不是孤立用某种"文献"证明，或者以某种哲学观点作为孤立证据。据此，宜把进入少数民族哲学研究的"文献"分为几类，如果相应的文献都进入了，就能避免五花八门的史料选材，或导致遗漏重要的哲学文化材料。

有学者说可以把中国少数民族的典型哲学文献分为三类：第一类是可以确定具体名称、著者、时代的文献。这些通常是作为精英与经典存在的，如鸠摩罗什（344—413）的《注维摩经》《大乘大义章》[1]，优素甫·哈斯·哈吉甫（1019—1085）的《福乐智慧》，阿赫麦德·玉克乃克（具体生卒年不详）的《真理的入门》，保巴（？—1311）的《易源奥义》《周易原旨》，萨囊彻辰（1604—？）的《蒙古源流》，李元阳（1497—1580）的《李中溪全集》，李贽（1527—1602）[2]的《焚书》《续焚书》《藏书》《续藏书》，高奣映（1647—1707）的《太极明辨》《增订来氏易注》《金刚慧解》《心印经解》，王崧（1752—1837）的《乐山集》《说纬》《乐山制义》，王岱舆（约 1570—1660）的《正教真诠》《清真大学》《希真正答》，刘智（约 1660—1730）的《天方性理》《天方典礼》，马注（1640—1711）的《清真指南》，马德新（1794—1874）的《大化总归》《天理命运说》《性命宗旨》，等等。第二类是知其书但不明

---

① 鸠摩罗什，梵语 Kumarajiva，音译为鸠摩罗耆婆，又作鸠摩罗什婆，简称罗什，父鸠摩罗炎，母耆婆，鸠摩罗什为父母名合称，汉语意为"童寿"。鸠摩罗什父鸠摩罗炎，出生于印度，后到龟兹（今新疆库车县），与龟兹王妹结婚生罗什。《大乘大义章》，近人邱檗先生（希明）为之校勘，改名为《远什大乘要义问答》。

② 关于李贽的回族族属，或有异议，见《李贽祖籍南安考略》一文，据新华网·福建频道南安在线 ww·fj·xinhuanet·com/dszx/2006_08/04。根据冯契主编《哲学大辞典·中国哲学史卷》（上海辞书出版社，1985）、肖万源等主编《中国少数民族哲学史》（安徽人民出版社，1992）等文献以李贽为回族，这里从其说。

作者和时代的文献。如:《东巴经》《咋雷蛇曼蛇勐》①《沙夏纳桑坛》《信仰三阶段》》《宇宙人文论》《宇宙源流》②《传扬诗》《蒙古秘史》《斯巴问答歌》《礼仪问答写卷》,等等。第三类是带有综合性特征的文献。如:《哇雷麻约甘哈傣》《论傣族诗歌》》③《西南彝志》④《蒙古秘史》,等等。

学界还分析了中国少数民族的非典型哲学文献,这些文献被界定为"不是集中以哲学问题(包括宗教)为研究内容,或者是非自觉地形成的反映本民族哲学观念、哲学思想萌芽和哲学理论思维的典籍文献"。"这类文献史料大多不是专人专著的典籍,而是广泛流传于民间的创世史诗、神话、传说、谚语、格言等非哲学专著的文化形式,是非典型的文献专著,具有口头流传、无文字记载等特点。"⑤如《奥色密色》《哈尼阿培聪坡坡》《创世纪》《木刮基》《司岗里》《牡帕密帕》《扎奴扎别》《达古达楞格莱标》《密洛陀》《盘王歌》《过山榜》《布依族古歌》《穆播董》《柔番沃番钱》《社洛介》(汉译为《鸡卦书》)《侗族古歌》《款词》《水书》《宦谱》《巴塔麻嘎捧尚罗》《嘎里罗嘎里坦》《布算兰》《苗族古歌》《议榔词》《理词》《查姆》《梅葛》《阿细的先基》《勒俄特依》《劳谷和劳泰》《人类和万物的起源》》《打歌》等。

笔者认为,对于中国少数民族哲学研究所确认的史料来源,应从对文化的再界定开始。如何界定哲学人类学的文化?从哲学人类学的意义上来说,文化应该涵盖整个社会。因此,笔者认为,哲学人类学意义上

---

① 根据岩温扁的汉译,意译为《谈寨神勐神的由来》,简称为《寨神勐神》,见伍雄武、岩温扁:《傣族哲学思想史》,民族出版社,1995,第184—1185页。

② 《宇宙源流》是彝族古代哲学著作,用彝文写成,汉文又译做《训书》《说文》,1936年由丁文江编辑出版的《爨文丛刊》收入,见伍雄武、普同金:《彝族哲学思想史》,民族出版社,1998,第158页。

③ 《哇雷麻约甘哈傣》是汉语音译,意译为《论傣族诗歌》,见伍雄武、岩温扁:《傣族哲学思想史》,民族出版社,1975,第197页。

④ 《西南彝志》是彝族古代文献的宏大汇编,用彝文写成,原名音译为《哎哺啥额》,或意译为《影形及清浊二气》,根据罗国义选编,陈长友、王仕举、王运权修订,贵州民族出版社1991年版,名为《西南彝志》,见伍雄武、普同金:《彝族哲学思想史》,民族出版社,1998,第175、177页。

⑤ 徐初霞:《论中国少数民族哲学文献的特点》,《新疆社会科学》2012年第3期,第12—15页。

的文化应是整体上的"文化",即人及其创造性行为与成果。具体地说,应包括以下三个方面:(1)主体文化,即参加社会活动的人,人本身带有时代的文化烙印,人本身即是一种文化,包括人的物质性的身体和精神性的思想、品德等,因为人是自然生命与文化生命的统一。(2)行为文化,即人的社会行为,包括人认识和改造客观世界(含人自身)的各种物质生产和精神生产活动。(3)作为成果的文化,即社会活动的结果,包括物质成果和精神成果,这两种成果形式相互渗透,联系紧密。这种对于文化含义的界定,是从社会的角度考虑的,并且是将社会活动作为一个过程,而文化则渗透在社会活动的过程中,更进一步说,文化体现在人的社会化过程的每个阶段,即"化人"。

基于以上认识,我强调的文化定义即是:文化即人们对自然、社会及至人自身的万千世象的领悟、创造及其成果。也就是说文化是人化;文化是化人;文化是模式;文化活动是一种"艺术"。

(1)文化即人化。人可谓宇宙之精华,万物之灵长,是文化的创造者,强调人对自然、社会及至人自身万千世象的领悟和创造。人们在生产、生活过程中对自然、社会及至人自身万千世象的领悟和创造,也可以说是在追求人文景观中的文化创造力并解读其内涵。"自然"也具有人化的"文化"意义,这有如马克·吐温在《密西西比河上的生活》中所言:"水面马上变成了一部奇妙的书——这书的语言,不通文墨的过客是不知其所以然的,但它却把心事毫无保留地告诉了我;那些最堪玩味的秘密,和用声音说出来一样清晰……其实,能读得懂这书的旅人看到的不是别的,而是水面上一幅幅漂亮的画面,阳光为之敷色,云朵使其明暗,可对训练有素的眼光来说,那就没什么画面,有的只是不折不扣、一丝不爽的读书的事儿。"

(2)文化即化人。哲学人类学上的社会化,说到底就是"文化化",是一种文化的扩散或文化对人们的塑造;人与人、社会与社会之间的交流,说到底是文化的交流,这不仅因为外来者可带来外面的文化,而且也因为他们会把当地的文化带出去。所以,交流,说到底是在寻找文化差异、寻找文化特色,并且,这些文化不是被调查、研究、观光、欣赏的被动对象,而是寻古探幽者发掘意义可能性的无穷源泉,哪怕是"纯"自然景观,也是因为人们对其进行了意义赋值或科学揭示。再如,作为文化扩散载体的旅游,也不只是注意描述当地的"文化"特质,而是放入了更大的文化场景,进行一定的"对比"。人们因为对异地或异质文化的求知、求新与求异,希望离开自己的生活环境,通过观察、感受、体验异地或异质文化,满足文化介入或参与需求,这些文化只要得以传承,都总会使文化交流者隔着时空在不同的背景、视界融合下,产生丰富的联想意义与思幽情怀,领略文化"化人"的魅力。旅游如此,进行文化研究,特别是进行哲学文化研究就更是如此了。

(3)文化即模式。文化即模式是从个人、社会与文化的关系而言的。人与人之间因为文化模式的影响而调节自身的关系尺度,最典型的如在方言中,北京方言有"我容易吗我",南方人方言有"你再逼我,我就死给你看",长沙方言有"你要怎么着?"由此也可明显地反映出不同地方文化模式的影响。北京方言"我容易吗我",一般是在一个人处于劣势时,向人申辩用的,用意是让人理解自己的苦衷,说话人有无辜和被人误解的前提。一个北京人这么说的时候,自身委屈和苦衷已经明白无误地摆在对方面前。说话的人却话语里有解脱的意思,还有潇洒的成分。南方人方言"你再逼我,我就死给你看",虽然同样是那种情形,却像是被人逼急了,就狗急跳墙般地讲出的,于是往往就把对方给愣怔住。哪怕那人是压根儿不想死、天天一个劲儿寻长寿秘方的主儿,但人家虚张声势的那样,再逼人家也就无趣。相比之下,长沙方言"你要怎么着?"却缺少一种语言的情趣,与人有了干系,倒是像会刺刀见红的一样。这也就是我们所体认的模式。露丝·本尼迪克特在《文化模式》中曾对此有深入阐明,风俗与行为、文化的差异、文化的整合、社会的本质等都可反映出文化的"模式"意义,人们乐于适应一种模式。"一种文化就像是一个人,是思想和行为的一个或多或少贯一的模式。每一种文化中都会形成一种并不必然是其他社会形态都有的独特的意图。在顺从这些意图时,每一个部族都越来越加深了其经验。与这些驱动力的紧迫性相适应,行为中各种不同方面也取一种越来越和谐一致的外形。由于被整合得很好的文化接受了那些最不协调的行为,也往往由于那些最靠不住的变态而具有这种文化的特殊目的所具有的个性,这些行为所取的形式,我们只有靠首先了解那个社会的情感上的和理智上的主要动机才能理解。"①

（4）文化活动是一种"艺术"。这里强调的是,只要"领悟与创造",则一切活动都可认为是"文化"活动,从而升华为"艺术"活动。讨论社会发展中的"艺术"活动,将之作为一种创新与创意文化,当然必须要有丰厚的品味,诸如品类的丰富、质道的厚重、展示的精美、内涵与形式的统一和谐等。这一切艺术活动的创造以及人们的传承领悟,独到地形成了不同地区的文化,使其不是被动的存在,而是被人认识、欣赏,满足人们灵感的品味。

根据以上情形,笔者将中国少数民族哲学文献分为两类文献:一种是学术性的,书本上的,庄严而堂皇的书面文献;另一种是日常的、家常的、平常的口承文献或行为文献等。由于很多少数民族古代没有文字,因而主要是第二类文化哲学文献。而第二类事实上又可分为四个子类,这就是:

① 民间文学类——神话、传说、故事、谚语、格言、歌谣……

② 民间仪典类——各种仪典如丧事仪典、婚事仪典、乡规民约……

③ 民间物态类——服饰、建筑、工具、仪器……

④ 民间娱乐类——节庆、体育……

根据各民族的实际情况,书面文献比较充分的,应概括其他方面的（第二类）文献,从中揭示其民族精神,借以体现其丰富的文化形式与文化精神;书面文献较少的,口承文化、仪典文化、物态文化、娱乐文化（是否可以作为一类?）应作较为全面的阐明。这样,各民族的哲学分析即可大致形成一种基本相同的分析基础——通过各种文化形式揭示民族精

---

① 露丝·本尼迪克特:《文化模式》,王炜等译,社会科学文献出版,2009,第32页。

神,并从而研究其哲学,可以称为以文化哲学为基础的民族精神研究。本卷的选材范围即据此而来。

第六节　中国少数民族哲学史的书写问题

中国少数民族哲学研究,实际上是随着中国哲学研究的起步阶段而兴起的,比如在中国哲学创设过程中对回族思想家李贽的研究等即为其例。但是,那时并没有全球性现代化意义上的中国少数民族哲学自觉,最多只是在"中华民族"的意义上确立了"汉、满、蒙、回、藏"等层次的民族自觉。中华人民共和国成立后,由于在革命历程中很多少数民族革命家作出了巨大的贡献,在革命史观的指导下,对这些少数民族的革命家,如向警予(1895—1928)、邓恩铭(1901—1931)、赵世炎(1901—1927)、乌兰夫(1906—1988)、韦拔群(1894—1932)等进行研究,显然也会涉及他们的哲学思想,但没有从整个少数民族哲学的层面进行讨论。现代中国著名的马克思主义哲学家艾思奇(1910—1966),云南腾冲人,蒙古族,人们对他的哲学思想研究显然也应包括在中国少数民族哲学研究之中,但当时也没有从整个中国少数民族哲学层面进行该项研究。政治意识形态意义上的中国少数民族哲学研究始于 20 世纪 70 年代末,此前并未出现"少数民族哲学"这一概念;同样,学科意义上的中国少数民族哲学研究亦兴起于 20 世纪 70 年代末的改革开放。在经过一段时期的思想、观念积累以后,到 20 世纪 80 年代则明确地提出了中国少数民族哲学研究的问题,此前该研究方向从未在中国学术史上出现过。从 20 世纪 50 年代苏联出版的《苏联各民族哲学及社会思想史》一书在中国没有引起太大的民族性反响,到 20 世纪 80 年代中国少数民族哲学研究的兴起与发展,笔者明显感受到一种哲学发展的内在趋势。因为无论人们对于哲学有何种不同的理解,与常识、科学、文学、宗教等把握世界的方式相比,哲学的世界虽然同样是属人的世界,但它不应是人们站在世界之外看世界,而应是人们立定在包括自身在内的世界之中观察世界,即从人与世界的关系层面来分析和观察世界,从而体现出哲学思维方式的内在前提:"我们的主观的思维和客观的世界遵循同一些规律,因而两者在其结果中最终不能互相矛盾,而必须彼此一致,这个事实绝对地支配着我们的整个理论思维。这个事实是我们的理论思维的本能的和无条件的前提。"①因此,哲学是以反思为基础的思维方式。

一、兴盛中的中国少数民族哲学研究

20 世纪 70 年代末党的十三届三中全会以后,随着民族政策的落实,少数民族的平等权利得到充分保障。一个重要标志是中国少数民族成分的再确认,有的要求恢复民族成分,如土家族;有的要求修正民族成分,如崩龙族(德昂族的原称);有的要求像一些 1979 年后确认的少数民族那样,也确认本民族的成分;等等。② 与这种民族自觉相对应的是中国少数民族的哲学自觉,反映出中国少数民族在人与对象关系中的世界观发展。于是,1979 年在济南召开的全国哲学社会科学规划会议上,少数民族学者蒙和巴图(蒙古族)、果吉宁哈(彝族)直接提出了"少数民族哲学"这一问题及相应的研究方向,这是一种集政治、道义、学术于一体的提问。"中国哲学史"中没有"少数民族哲学",显然是学术意义的问题,但在中国这一特殊背景下,显然又极具政治性与道义性。对这一问题的回应除了当时会议上的反响外,便是《光明日报》上发表了邓祥的《建议重视我国少数民族的哲学思想研究》一文,文中先从政治上立论,引述毛泽东关于"各个少数民族对中国历史都作过贡献"之论,要求重视研究和如实反映中国少数民族的哲学思想,特别是从"历史实际"和"民族愿望"两个方面看,显然是道义与政治论证。不过,他又继续从哲学学科建设的层面强调中国少数民族哲学研究的"园地""空白"等问题,在引证实例

①《马克思恩格斯选集》第 4 卷,人民出版社,1995,第 364 页。
② 黄光学、施联朱主编:《中国的民族识别——56 个民族的来历》,民族出版社,2005,第 3—7 页。

后再提出了建议与对策,认为"研究我国少数民族的哲学思想,是摆在哲学工作者面前的一项光荣而艰巨的任务,对于繁荣我国的学术,增强各民族之间的团结,是非常必要的""无视或轻视少数民族的哲学思想,既不符合我国的历史实际,也不符合各族人民的愿望"①。该文后来被编入《民族哲学论文选》②作为该书的首篇。应该说,1979 年的动议,是笔者目前所知道的中国少数民族哲学自觉的最早的文字材料上的反映。此后的一切进步,都应是以此为基础的。"万事开头难",中国少数民族哲学研究的迟到的开篇和迟到的春天,似都因此动议而具有了坚实的进步基础。现在,中国少数民族哲学研究已是"万紫千红"、生机勃勃的世界了。

(一)中国少数民族哲学研究的组织化

初始提出中国少数民族哲学的直接而明确的起因,虽然是从学术上追问于当时的中国哲学史著作为什么没有写中国少数民族哲学而仅成了"汉族哲学史",但更重要的是上升为政治上的"少数民族群众是不是中国人"的问题,因而是一个集政治、道义与学术为一体的问题。在一个高度组织化的社会,组织起来显然是完成这一任务的基本条件,于是经过筹备,1981 年 1 月 9 日,在内蒙古师范学院成立了蒙古族哲学史研究室并举行了首届学术报告会,会上经民主选举,格·孟和、李凤鸣成为研究室负责人,他们一开始就在成立大会上报告了自己的研究成果:《试论蒙古族谚语中的哲学思想》《试论近代进步思想家罗布桑却丹的哲学和社会政治思想》,而且他们后来也实际上成了蒙古族哲学思想研究的领军人物。与此同时,"中国北方少数民族哲学及社会思想史学会"于 1981 年成立;"中国南方少数民族哲学及社会思想史学会"于 1983 年成立,在少数民族群众比较集中的省区也各自成立了自己的少数民族哲学研究机构,从而使中国少数民族哲学思想研究进入了组织化阶段。在南北学

---

① 邓祥:《建议重视我国少数民族的哲学思想研究》,《光明日报》1979 年 6 月 28 日。
② 中央民族学院民族研究论丛编委会编:《民族哲学论文选》,中央民族学院出版社,1987。

会的组织下，以年会或其他学术会议的形式，大大地推动了中国少数民族哲学研究，如"中国南方少数民族哲学及社会思想史学会"与"中国北方少数民族哲学及社会思想史学会"即前后组织过数届学术年会，直到南北两会于1992年合并为"中国少数民族哲学及社会思想史学会"。正是由于这种组织化的重要性，在佟德富、宝贵贞的《中国少数民族哲学专题研究》中有"中国少数民族哲学研究的兴起与发展"①一小节，即专门讲的这一问题。

目前，"中国少数民族哲学及社会思想史学会"有学会会员500多人，基本上荟萃了全国从事这方面研究的专家、学者。仅中国少数民族哲学研究一项，该学会即完成了《中国少数民族哲学史》《儒学与中国少数民族思想文化》等学术论著，搜集、发掘、抢救、整理、翻译和出版了大量少数民族哲学及社会思想史的研究资料，如：维吾尔族古典巨著《福乐智慧》，蒙、汉文的《哲学及社会思想史资料》，汉文的《哲学及社会思想史研究资料》，《成吉思汗军事思想资料》（一、二辑），汉文《蒙古风俗鉴》，还有南方少数民族的《侗款》《古歌》等其他许多资料。至于由会员出版的各民族哲学研究论述则更多。经过30多年的发展，中国少数民族哲学研究的组织化已进入了一个崭新的阶段。一是在"全国内陆腹地少数民族聚居地区和谐稳定与生态文明建设研讨会暨中国少数民族哲学及社会思想史学会2009年年会"上已初步确认学会更名为"中国民族哲学研究会"，去除了原有名称上的某种不自信。二是近40个民族70位专家学者集体攻关的国家社会科学基金重大项目"中国少数民族哲学史"最终成果将集成为一套4卷本约380万字的专著《中国少数民族哲学思想史》，目前已取得阶段性成果②。三是对中国少数民族研究由原来的个案研究深化到历史梳理，一方面在表现个案研究优势的基础上，通过历史

---

① 佟德富、宝贵贞：《中国少数民族哲学专题研究》，中央民族大学出版社，2006，第1页。
② 近40个民族的学者集体攻关"中国少数民族哲学史"，http://news.163.com/11/0319/17/6VHCLTHC00014JB5.html。按：笔者作为参与者，成为该项目的4卷本主编之一并承担其中一卷主编的任务，主编的这一卷含14个少数民族，目前已初步成书。

梳理展现中国各少数民族哲学的总体性,并力求揭示各民族哲学发展的历史联系、内在规律和总体风貌,并更进一步展现整个中国哲学的民族风格与个性化特征。另一方面是通过对哲学总体特征的把握与对各民族哲学个性的揭示、研究形式与研究内容的有机统一,在全球性现代化视野下,根据民族性与现代性这一互为表里的双重尺度,诉求中国少数民族哲学自身具有的以民族性为现代性的动力;同时使民族性成为具有现代性的民族性,超越封闭、狭隘的民族主义民族性,从而使中国少数民族哲学的民族性发展成为具有现代性的、开放的、面向世界面向未来的、多元共融的民族性。因此,中国少数民族哲学研究的组织化,具有极为严肃而科学的理论意义与实践意义。

(二)丰富的中国少数民族哲学研究成果

中国少数民族哲学研究自兴起以来,一直走着一条统分结合的发展之路。

在统的方面看,一是循着总体上反映和表现中国少数民族哲学发展的思路,推动少数民族哲学及其研究进入中国哲学发展的主流。在《中国大百科全书·哲学卷》《哲学大辞典》等大型工具书中设立"中国少数民族哲学"条目。在中国哲学的通史性论述中反映中国少数民族哲学,如:1980 年孙叔平在《中国哲学史稿》中提出中国少数民族哲学进入《中国哲学史稿》的问题[1];1981 年在全国性宋明理学讨论会上交流中国少数民族哲学研究成果,并进入最终论文集[2];1983 年任继愈主编的《中国哲学发展史·先秦》第一章《中国原始社会思维的发展和世界观的早期形态》[3],即运用了丰富的中国少数民族哲学文化资料;刘文英的《中国哲学史史料学》[4]第一次将少数民族哲学史料以专章的形式列入;等等,这

---

① 孙叔平:《中国哲学史稿》,上海人民出版社,1980,第 19 页。
② 田光辉:《彝族著作〈宇宙人文论〉的哲学思想初探》,载《论中国哲学史——宋明理学讨论会论文集》,浙江人民出版社,1983,第 348 页。
③ 任继愈主编:《中国哲学发展史·先秦》,人民出版社,1983,第 41—70 页。
④ 刘文英:《中国哲学史史料学》,高等教育出版社,2002,第 261—295 页。

些都可看作步入主流的有效形式。在这种形式上,有关的中国哲学研究总论性文献也对中国少数民族哲学研究有所讨论,如:李宗桂的《二十世纪中国哲学研究的审视和新世纪的展望》①即论述了中国少数民族哲学,认为这是"可喜的"事,并介绍了肖万源等主编的《中国少数民族哲学史》②《彝族哲学思想史论集》③《纳西族哲学思想史论集》④等;在 2011 年出版的郭齐勇主编的《当代中国哲学研究(1949—2009)》⑤中,不仅在总体上承认了"关于少数民族的哲学研究还比较薄弱",还反思了"我们研究的主要是汉语或汉族的哲学史",分析了产生这种现象的原因。既肯定目前的"中国哲学""即是历史上中华各民族间与文化间融合的产物",又肯定"少数民族哲学表现了中华民族这个民族主体的多样性。我们应当充分尊重与重视不同时期蒙古族、藏族、维吾尔族、回族、彝族、苗族、土家族等民族哲学与宗教的特色,下力气搜集、整理、研究各民族哲学的资料,培养少数民族哲学史研究专家,充分发挥他们的积极性、主动性。"该书还用专章介绍了中国少数民族哲学研究方面的问题。

二是寻求中国哲学界名人名刊的支持,以加强中国少数民族哲学研究。在著名刊物方面,如《中国哲学史研究》在发表李国文的《纳西族古代哲学思想初探》时即加"编者按",强调"少数民族的哲学思想,是中国哲学史的重要组成部分,积极开展这一方面的研究是建立完整的系统的中国哲学史体系的必要条件。由于种种原因,30 年来这一工作没有得到应有的开展,致使这一研究课题至今还是空白"⑥。又如 1984 年《哲学研究》编辑部和云南省社会科学院、中国哲学史学会云南省分会、云南师范大学在昆明联合召开"原始思维研究座谈会",会后《哲学研究》杂志在

---

① 李宗桂:《二十世纪中国哲学研究的审视和新世纪的展望(上、下)》,《学术界》2002 年第 1、2 期。
② 肖万源、伍雄武、阿不都秀库尔三编:《中国少数民族哲学史》,安徽人民出版社,1992。
③ 伍雄武主编:《彝族哲学思想史论集》,民族出版社,1990。
④ 伍雄武主编:《纳西族哲学思想史论集》,民族出版社,1990。
⑤ 郭齐勇主编:《当代中国哲学研究(1949—2009)》,中国社会科学出版社,2011。
⑥ 李国文:《纳西族古代哲学思想初探》,载郭大烈、杨世光编《东巴文化论集》,云南人民出版社,1985,第 271 页。

"原始思维研究"标题下发表一组论文,并在"短评"中写道:"由于原始社会还没有文字,而且距今年代久远,要研究和把握原始人类的思维结构和方式,只能依靠考古学、人类学、民族学方面的资料和研究成果;只能凭借于少数民族中残留下来的原始思维的痕迹。"①应该说,名刊对于推动中国少数民族哲学研究功不可没。现在,发表中国少数民族哲学研究成果的刊物较多,但在当时来说,这却是特殊的资源。在知名专家方面,如:1982年8月中国北方少数民族哲学及社会思想史学会举行第一届年会和学术讨论会,这次会议的论文集于1983年出版时请任继愈作序,任继愈先生在序中坦陈1949年以来中国哲学史这门学科"美中不足的是对少数民族的哲学史研究得很不够,它不能如实地反映我国各民族的哲学史现状,显得中国哲学史的内容不够充实。中国哲学史,是中华各民族共同创造的认识史,民族有大小,各族人口有多有少,但各民族都对中华民族的文化建设作出了各自的贡献……对各民族的哲学思想研究得越彻底,思想资料掌握得越丰富,将来我们写出的中国哲学史的内容就越充实,从而做到名符其实的'中国哲学史'"②。又如:1982年5月21日,蒙古族哲学及社会思想史研究会成立大会在呼和浩特市举行,中国哲学史学会副会长石俊于22日在会上就蒙哲史研究的几个问题作了题为《继承蒙古族的优良传统 开展哲学史的科学研究》③的报告,论述了"蒙哲史研究是社会主义新文化的一项重要内容""哲学思想史的研究范围应是宽广的""蒙古族哲学史研究的重要特点""哲学史研究的科学化问题",等等。还有,萧萐父的《吹沙集》中收有《马克思主义哲学史观与蒙古族思想史研究》④一文,是他在1983年5月参加蒙古族哲学思想史首次学术年会上发表的讲话,文章在通观中国哲学研究的基础上,探讨

① 钟哲:《加强原始思维的研究(短评)》,《哲学研究》1985年第1期,第48页。
② 中国北方少数民族哲学及社会思想史学会编:《中国少数民族哲学思想史论集》,中国社会科学出版社,1985,第1—3页。
③《蒙哲史论稿》编委会编:《蒙古族哲学及社会思想史论稿》,内部资料,1982,第1—3页。
④ 萧萐父:《吹沙集》,巴蜀书社,2007,第379—408页。该文同时刊于内蒙古社会科学院哲学研究所蒙哲室编:《蒙古族哲学思想史研究》,《内蒙古社会科学》杂志社,1985,第1—14页。

"蒙古族哲学研究的意义和它的立足点问题","为了建设中国式的社会主义精神文明,今天来研究、继承、整理各民族的文化遗产,研究我们各民族的哲学史、思想史,研究各族文化交流史的时候,是不是应该立足于这一点,紧紧地把握住这样一个主流,克服一些旧观念,防止各种各样的片面性。"以此为基础,他提出了"马克思主义的哲学史方法论原则与蒙古族思想发展的具体历史特点相结合的问题"。当时,石俊、萧萐父都是以中国哲学史学会负责人的身份与会并讲话的。这些情况表明中国少数民族哲学研究在入主流、上水平方面作出的努力与成功。

中国少数民族哲学在统的方面,自身也作出了重要成就。一是出现了三种类型的中国少数民族哲学通史性论著。第一类是以分民族论各民族哲学史而统名之为《中国少数民族哲学史》,这就是 1986 年立项、1992 年出版的肖万源等主编的《中国少数民族哲学史》①。该书由"前言与绪论"承担总论中国少数民族哲学的任务,探讨中国少数民族哲学的起源、形成与发展、思想渊源与特点及其历史地位,然后分编、章、节研究了 24 个民族,即:哈尼族、傈僳族、拉祜族、阿昌族、德昂族、佤族、鄂伦春族、鄂温克族、达斡尔族、瑶族、布依族、侗族、水族、纳西族、傣族、苗族、彝族、壮族、白族、满族、蒙古族、藏族、维吾尔族、回族等,论述民族哲学是大体按照哲学思想萌芽、形成、发展而成系统的顺序。由于该书是由 15 个民族的 27 位作者共同完成,并形成了一些中国少数民族哲学史研究的原则和方法,因而对此后的少数民族哲学思想史的研究和撰写影响很大。第二类是按照中国哲学研究的通行对象认知,将中国少数民族哲学按照绪论、本体论、认识论、方法论、伦理思想、无神论思想、政治思想等分类进行描述,把各民族的相关内容分入各问题之中,这就是佟德富、宝贵贞的《中国少数民族哲学专题研究》②,该书最初以《中国少数民族哲学概论》的形式于 1997 年 8 月在中央民族大学出版社出版,其中的综述

---

① 肖万源、伍雄武、阿不都秀库尔主编:《中国少数民族哲学史》,安徽人民出版社,1992。
② 佟德富、宝贵贞:《中国少数民族哲学专题研究》,中央民族大学出版社,2006。

篇承担的是中国少数民族哲学研究总论或绪论的任务。该书的特点在于："……在专题研究和讲座中,尽可能做到既讲'史',又概述各个民族……如此坚持数年,就写成了这本中国少数民族哲学专题研究,作为我系(中央民族大学哲学系——引者按)研究生教材奉献给读者。"①第三类是在 1995 年出版的伍雄武著的《中国少数民族哲学思想简史》,该书具有一定的综合性,结合了上述两类的特点,但也形成了自己的长处。一方面是有了自己的哲学观认知,这就是从生存实践和文化结构两个方面来理解少数民族哲学。在生存实践方面强调"在数千年的历史中,与自然斗争、与社会斗争,战胜各种艰难、险阻而生存和发展,创造了丰富多样的物质财富和灿烂的精神文明。此中,各民族一定有鼓舞自己奋进的精神力量,一定有维系民族群体的精神纽带。这种精神力量和精神纽带,凝聚为观念,结晶为理论,有的,由理论而成体系,可谓之哲学;有的,虽未成体系,却深涵哲理,亦可谓哲学思想。"②该书在文化结构方面强调"一个民族,它的文化总是多方面的、丰富多彩的,包括文学、艺术、宗教、道德、科学以及风俗习惯,等等。然而,这众多的方面决不是互不相关的、散漫混乱的,而是由某些深层的、普遍的、核心的观念,把它们贯穿和联系起来,整合、建构成为有机的文化整体。我认为,这种贯穿各种文化形式中的深层、普遍、核心的思想观念,就是哲学思想和哲学观念……哲学既是一种科学,和科学一起成长,同时,哲学也是一种文化,它也和文艺、宗教、道德等文化现象一起成长。因此,哲学既和科学相互渗透,相互包含,同时也和其他文化形式相互渗透和包含;我们既要从科学中,也要从文化中来发掘、认识和评价少数民族哲学思想。"③另一方面是形成了自己的体例,这就是根据统分结合、思想研究与问题研究等相结合,对此,作者在《后记》中指出:在总体结构上,分专题来讲,在专题中讲"史",在专题中概述各个民族的哲学;在内容上,一些重要人物和著作,力求直

① 佟德富:《中国少数民族哲学概论》,中央民族大学出版社,1997,第440—441页。
② 伍雄武:《中国少数民族哲学思想简史》,云南人民出版社,1995,第1页。
③ 伍雄武:《中国少数民族哲学思想简史》,云南人民出版社,1995,第2—4页。

接研读原著而后提出看法,如《福乐智慧》《米拉日巴传》等,但是,有许多原著却一时无法找到,只能借助和援引其他学者的论著。为此,本书有一些优点,就一个人通达中国少数民族哲学史的角度来讲,这是一个不错的体例。当然,就目前的情况看,上述三种类型都未能普及到全部中国少数民族哲学研究。

　　二是出版了一批不分民族的哲学思想研究论文集、论著和资料集,尽管在各集著内部有民族之分,但在总体上却是立足于整体的。论文集方面,自 20 世纪 80 年代以来出版的有:西南民族学院科研处等编写的《西南少数民族哲学社会思想史论文集》①、《云南少数民族哲学思想史论文选集》第 1 集②、《云南少数民族哲学思想史论文选集》第 2 集③、《民族哲学论文选》④、《中国少数民族哲学思想史论集》⑤、《中国北方少数民族哲学及社会思想史论集》(二)⑥、《民族思想研究集》⑦、杨明与刘德仁主编的《中国南方少数民族哲学思想研究》⑧,等等,这些论文集都分别研究了不少民族的哲学思想。论著方面有:伍雄武的《智慧奇彩——云南民族哲学思想》⑨、李国文等合著的《智慧的曙光——民族宗教哲学探》⑩、佟德富的《走进先民的智慧》⑪、李国文的《天地人——云南少数民族哲学

① 西南民族学院科研处等编:《西南少数民族哲学社会思想史论文集》,内部资料,西南民族学院,1983。

② 《云南少数民族哲学思想史论文选集》第 1 集,内部资料,中国哲学史学会云南分会,1983。

③ 《云南少数民族哲学思想史论文选集》第 2 集,内部资料,中国哲学史学会云南分会,1984。

④ 中央民族学院民族研究论丛编委会编:《民族哲学论文选》,中央民族学院出版社,1987。

⑤ 中国北方少数民族哲学及社会思想史学会编:《中国少数民族哲学思想史论集》,中国社会科学出版社,1985。

⑥ 《中国北方少数民族哲学及社会思想史论集》(二),中国北方少数民族哲学及社会思想史学会 1987 年编印。

⑦ 《民族思想研究集》,中国南方少数民族哲学及社会思想史学会 1985 年编印。

⑧ 杨明、刘德仁主编:《中国南方少数民族哲学思想研究》,四川大学出版社,1992。

⑨ 伍雄武:《智慧奇彩——云南民族哲学思想》,云南教育出版社,2000。

⑩ 李国文、龚有德、杨国才:《智慧的曙光——民族宗教哲学探》,云南人民出版社,1990。

⑪ 佟德富:《走进先民的智慧》,民族出版社,2002。

窥秘》①、杨学政的《原始宗教论》②、龚友德的《儒教与南方少数民族文化》③、牙含章与王友三主编的《中国无神论史》（其中有论中国少数民族文化的）④、《中国各民族宗教与神话大词典》⑤、何星亮的《新疆民族传统社会文化》⑥，等等。资料选集方面有：《云南少数民族哲学社会思想资料选编》（1—6集）⑦、《贵州少数民族哲学及社会思想资料选编》⑧、《中国少数民族神话汇编》⑨、民族院校公共哲学课教材编写组的《中国少数民族哲学和社会思想资料选编》⑩、中国北方少数民族哲学及社会思想史学会编印的《中国北方少数民族哲学及社会思想史资料选辑》（1—2辑）、李杰的《中国少数民族文献探研》⑪、包和平的《中国少数民族文献学概论》⑫，等等。这些成果充分表明中国少数民族哲学研究的整体性加强，虽然有的著作并不仅是为了中国少数民族哲学研究。

此外，还整理出版了一系列的原典文献、论著，可供学者进行各个少数民族的哲学研究，如：《崇搬图》⑬《阿细的先基》⑭《彝族古歌》⑮《牡帕密

---

① 李国文：《天地人——云南少数民族哲学窥秘》，云南人民出版社，1992。
② 杨学政：《原始宗教论》，云南人民出版社，1991。
③ 龚友德：《儒教与南方少数民族文化》，云南人民出版社，1993。
④ 牙含章、王友三主编：《中国无神论史》，中国社会科学出版社，1992。
⑤《中国各民族宗教与神话大词典》，学苑出版社，1990。
⑥ 何星亮：《新疆民族传统社会文化》，商务印书馆，2003。
⑦《云南少数民族哲学社会思想资料选编》，中国哲学史学会云南分会编印，1981—1986。
⑧《贵州少数民族哲学及社会思想资料选编》，贵州省哲学学会编印，1984。
⑨《中国少数民族神话汇编》，内部资料，中央民族学院少数民族古籍整理出版及规划领导小组办公室编印，1984。
⑩ 民族院校公共哲学课教材编写组编：《中国少数民族哲学和社会思想资料选编》，天津教育出版社，1998。
⑪ 李杰：《中国少数民族文献探研》，民族出版社，2002。
⑫ 包和平：《中国少数民族文献学概论》，民族出版社，2004。
⑬《崇搬图》，丽江县文化馆，1963，石印本。
⑭《阿细的先基》，云南人民出版社，1978。
⑮ 康健等整理：《彝族古歌》，王子尧译，贵州人民出版社，1989。

帕》①《仡佬族古歌》②《盘王大歌》③《苗族古歌》④《密洛陀》⑤《傣族古歌》⑥《论傣族诗歌》⑦《查姆》⑧《梅葛》⑨《侗款》⑩《壮族民间故事选》⑪《遮帕麻和遮米麻》⑫《傈僳族民间故事》⑬《西南彝志选》⑭《宇宙人文论》⑮《彝族诗文论》⑯《布依族古歌·叙事歌选》⑰《东乡族、保安族、裕固族民间故事选》⑱《水族民间故事选》⑲《鄂伦春族民间故事选》⑳《佤族民间故事选》㉑,等等。一些地方性文献则涉及多个少数民族文献,如杨利先主编的《云南民族民间文学典藏·云南民族民间故事》㉒,师宗县文联编的《云南民间文学集成·师宗县卷》㉓,等等。至于《中国少数民族神话汇编》㉔,则属于综合性资料,仅其中的"开天辟地篇""洪水篇""人类起源篇"等三篇即涉及了 44 个少数民族。而民族院校公共哲学课教材

①《牡帕密帕》,云南人民出版社,1979。
②《仡佬族古歌》,贵州民族出版社,1991。
③《盘王大歌》,岳麓书社,1988。
④《苗族古歌》,贵州人民出版社,1979。
⑤《密洛陀》,莎红整理,广西人民出版社,1981。
⑥《傣族古歌》,中国民间文艺出版社,1981。
⑦ 祜巴勐:《论傣族诗歌》,岩温扁编译,中国民间文艺出版社,1981。
⑧《查姆》,云南人民出版社,1981。
⑨《梅葛》,云南人民出版社,1959。
⑩《侗款》,岳麓书社,1988。
⑪ 农冠品、曹廷伟编:《壮族民间故事选》,广西人民出版社,1982。
⑫《遮帕麻和遮米麻》,云南人民出版社,1983。
⑬《傈僳族民间故事》,云南人民出版社,1984。
⑭《西南彝志选》,贵州人民出版社,1982。
⑮ 罗国义:《宇宙人文论》陈英翻译,民族出版社,1984。
⑯《彝族诗文论》,贵州人民出版社,1988。
⑰《布依族古歌·叙事歌选》,贵州人民出版社,1987。
⑱ 郝苏民编:《东乡族、保安族、裕固族民间故事选》,上海文艺出版社,1987。
⑲ 祖岱年、周隆渊编:《水族民间故事选》,上海文艺出版社,1988。
⑳ 隋书金编:《鄂伦春族民间故事选》,上海文艺出版社,1988。
㉑ 尚仲豪等编《佤族民间故事选》,上海文艺出版社,1989。
㉒ 杨利先主编:《云南民族民间文学典藏·云南民族民间故事》,云南人民出版社,2009。
㉓ 师宗县文联编:《云南民间文学集成·师宗县卷》,云南民族出版社,1993。
㉔《中国少数民族神话汇编》,内部资料,中央民族学院少数民族古籍整理出版及规划领导小组办公室编印,1984。

编写组的《中国少数民族哲学和社会思想资料选编》①则完全覆盖了全国55个少数民族的哲学文化资料,尽管有详略取舍不同。通过这些初步罗列,即可见成果之丰、基础之厚、影响之宽。当然,单纯靠某个人的智慧与精力来应对整个中国少数民族哲学研究,一定会是终生事业。不过,怀着"只在势之必然处见理","宁凿五丁之间道,不假邯郸之野马"的信念,支持笔者走出这艰难的一步。

(三)高度的少数民族哲学自觉

历史上中国各民族的民族性都十分强烈,但现代性的民族性却是与中国现代化进程紧密相连的。由于中国原生的现代化进程在明、清之际出现了历史回流,直至19世纪被强行卷入全球性现代化进程,使中国的现代化进程在总体上呈现为后发现代化形态。在这种后发现代化进程中,中国各民族除汉族、满族、蒙古族、回族、藏族、土家族、壮族等不多的民族同步同期被卷入而外,许多少数民族都是后发中的后发。因此,在诉求民族特色的现代化过程中,现代性的民族性即成了一个重要动力,"民族自觉"则是这一民族性的基础内容。所以,吉登斯说:"为了解释现代社会的性质,我们必须抓住民族国家的具体特征。"②

"民族自觉"是一个内涵十分丰富的概念,从民族身份的觉悟到民族哲学的觉悟显然处于不同的层次上。中华人民共和国成立之初,在1953年的全国第一次人口普查时,全国自报登记下来的"民族"多达400多个,到1954年经国家确认的即达38个。从1954年到1964年,经过10年的努力,又新确认了15个民族,此后在1965年确认了珞巴族,1979年确认了基诺族等,同时还对一些民族更名,如1963年改"佧佤族"为"佤族"、1965年改"僮族"为"壮族"、1985年改"崩龙族"为"德昂族"、1986年改"毛难族"为"毛南族"等,应该说这就是一种"民族自觉"。在民族身份

---

① 民族院校公共哲学课教材编写组编:《中国少数民族哲学和社会思想资料选编》,天津教育出版社,1998。
② 安东尼·吉登斯:《现代性的后果》,田禾译,译林出版社,2000,第11页。

自觉的过程中,文化自觉,继而"哲学自觉"当然会成为一种必然趋势。因此,中国少数民族哲学研究一开始就是基于一定的"民族自觉"而兴起的。可是,随着问题的深入,便进入了"哲学自觉"的新阶段。这就是中国少数民族哲学合法性问题的提出与讨论、中国少数民族哲学书写方式的探讨与摸索,等等。正是在这个意义上,我们说中国少数民族哲学研究的兴起,既有历史根基和历史主义依托,又有时代精神的续写与民族精神的塑造;既有民族发展的本质主义诉求,又有全球性现代化背景下民族性的新特质、现代性的新视野、民族哲学价值的新追求,因而这样的民族自觉、这样的中国少数民族哲学研究,本身即获得了中国文化复兴及中国梦的本体意义。

本来,在中国少数民族哲学研究中,随着哲学史资料的发掘,哲学思想的阐述,民族哲学英雄的注介,中国少数民族哲学的合法性并不是问题,如通过研究阐明的各民族重要的、有代表性的哲学思想及哲学英雄,如成吉思汗(1162—1227)、忽必烈(1215—1294)、尹湛纳希(1837—1892)、罗布桑却丹(1875—?)、玄烨、李元阳、高奣映、保巴,等等,加上对少数民族哲学原始思维的阐明,像刘文英从《创世纪》看纳西族的原始宇宙观念①、李国文从象形文字看古代纳西族时间观念的形成②等,已在学科上、学术上证明了中国少数民族哲学的合法性,并且以事实说明了中国少数民族哲学的存在性。

但是,正像中国哲学研究一直面临着合法性问题一样,中国少数民族哲学研究从 20 世纪 80 年代一兴起即面临着合法性问题:少数民族究竟有没有哲学思想? 吴德希、佟德富即在初起之时说:"在我国,开展少数民族哲学思想的研究是一项新课题。两年多来,我们在着手开展这项

---

① 刘文英:《从〈创世纪〉看纳西族的原始宇宙观念》,《哲学研究》1982 年第 11 期,第 66—71 页、第 25 页。

② 李国文:《从象形文字看古代纳西族时间观念的形成》,《哲学研究》1983 年第 1 期,第 66—72 页。此文及《纳西族古代哲学思想初探》等相关文章,均收入《李国文纳西学论集》,民族出版社,2006。

研究工作时,碰到了一些亟待解决的问题,比如,我国少数民族有无哲学思想? 开展这项研究工作有没有意义? 许多同志对这些问题都持肯定意见,但也有些同志抱怀疑乃至否定的态度。"①这个问题到 21 世纪初则以更尖锐的形式表现,以至于长期从事中国少数民族哲学研究并卓有成效的李国文即在 2007 年和 2008 年的学术讨论会上说:"我这些年搞的东西算什么我不知道,你说是什么就算什么!"②在中国少数民族哲学研究方面,李国文曾出版过《东巴文化与纳西哲学》③、《天地人——云南少数民族哲学窥秘》④、《先民的智慧——彝族古代哲学》⑤等专著,以及《纳西族古代哲学思想初探》⑥等著名论文,他在思想观念上的"动摇"实际上反映了一种倾向,这就是中国少数民族哲学研究者本身从"民族自觉"向"哲学自觉"的转化。

事实上,关注这一问题的学者甚多,据初步统计,研究中国少数民族哲学并关注过此类问题的专家有:任继愈⑦、孙叔平⑧、伍雄武⑨、

① 吴德希、佟德富:《谈谈少数民族哲学研究》,《中央民族大学学报(哲学社会科学版)》1982 年第 1 期,第 57—60 页、第 17 页。
② 2007 年"少数民族哲学理论及编写工作会"(云南景洪),2008 年"少数民族哲学—宇宙观及其人类学意义讲座研讨会"(北京)。
③ 李国文:《东巴文化与纳西哲学》,云南人民出版社,1991。
④ 李国文:《天地人——云南少数民族哲学窥秘》,云南人民出版社,1992。
⑤ 王天玺、李国文:《先民的智慧——彝族古代哲学》,云南教育出版社,2000。
⑥ 李国文:《纳西族古代哲学思想初探》,载郭大烈、杨世光编《东巴文化论集》,云南人民出版社,1985,第 271 页。
⑦ 任继愈:《中国少数民族哲学思想史论集·序》,载中国北方少数民族哲学及社会思想史学会编《中国少数民族哲学思想史论集》,中国社会科学出版社,1985,第 1 页。《如何看待中国古代哲学中的民族哲学家》,《南京大学学报(哲学人文科学社会科学版)》1982 年第 4 期;另见《任继愈学术文化随笔》,中国青年出版社,1996,第 49—53 页;任继愈主编:《中国哲学发展史·先秦》,人民出版社,1983。
⑧ 孙叔平:《中国哲学史稿》,上海人民出版社,1980,序言,第 1—19 页。
⑨ 伍雄武:《中华民族多元一体关系与少数民族哲学思想的研究》,《玉溪师范学院学报》2004 年第 1 期,第 32—35 页;《中国少数民族哲学思想简史》,云南人民出版社,1996;《纳西族哲学思想史论集》,民族出版社,1990;《略论少数民族哲学及其意义》,《云南师范大学学报(哲学社会科学版)》1994 年第 3 期,第 17—20 页。

蔡茂生[1]、孙俊萍[2]、何金山[3]、佟德富[4]、宋浩[5]、张天鹏[6]、张世保[7]、李兵[8]、李维武[9]、杨志明[10]、肖万源[11]、苏和[12]、乌兰察夫[13]、宝贵贞[14]、夏里甫

---

[1] 蔡茂生:《民族文化建设的哲学审视——"文化哲学与民族文化建设"研讨会纪要》,《广东社会科学》2001 年第 1 期,第 156—158 页。

[2] 孙俊萍:《伊儒合璧的回族哲学思想》,宁夏人民出版社,2008。

[3] 何金山:《评近代蒙古族哲学思想研究》,《内蒙古社会科学(汉文版)》2001 年第 6 期,第 56—58 页。

[4] 佟德富、宝贵贞:《中国少数民族哲学专题研究》,中央民族大学出版社,2006;佟德富、金京振:《朝鲜族哲学思想史论集》,民族出版社,1996;佟德富等编著:《维吾尔族哲学思想研究》,华南科技出版社,2004;《中国少数民族哲学概论》,中央民族大学出版社,1997;《走近先民的智慧》,民族出版社,2002;吴德希、佟德富:《谈谈少数民族哲学研究》,《中央民族大学学报(哲学社会科学版)》1982 年第 1 期,第 57—60 页、第 17 页。

[5] 宋浩:《论哲学的民族性内涵》,《边疆经济与文化》2009 年第 6 期,第 43—44 页。

[6] 张天鹏:《从求善向求真的转变——兼评〈从诗歌民族向哲学民族转变〉》,《新疆艺术》1999 年第 2 期,第 32—35 页。

[7] 张世保:《全球化审视下的中国少数民族哲学》,载王天玺主编《西部发展的理论与实践》,云南教育出版社,2005,第 279—286 页;《论少数民族哲学史的书写方式——以萧洪恩〈土家族哲学通史〉为讨论中心》,《中南民族大学学报(人文社会科学版)》2011 年第 5 期,第 92—96 页。

[8] 李兵、吴友军:《少数民族哲学何以可能——兼论民族文化的哲学基础》,《学术探索》2002 第 3 期,第 14—16 页;《少数民族哲学:何为? 为何?》,《云南民族大学学报(哲学社会科学版)》2004 年第 3 期,第 17—20 页;《少数民族哲学:意义及可能》,《曲靖师范学院学报》2003 年第 4 期,第 1—4 页。

[9] 李维武:《土家族哲学通史·序》,载萧洪恩:《土家族哲学通史》,人民出版社,2009,第 1 页。

[10] 杨志明:《对少数民族文化作哲学阐释的必要性》,《云南师范大学学报(哲学社会科学版)》2004 年第 1 期,第 9—13 页;《论民族哲学、文化研究统一的必要性》,《思想战线》2002 年第 3 期,第 52—55 页、第 90 页。

[11] 肖万源、伍雄武、阿不都秀库尔主编:《中国少数民族哲学史》,安徽人民出版社,1992。

[12] 苏和、陶克套:《蒙古族哲学思想史》,辽宁民族出版社,2002。

[13] 乌兰察夫、宝力格、赵智奎:《蒙古族哲学思想史》,内蒙古大学出版社,1994。

[14] 宝贵贞:《从合法性到新范式——中国少数民族哲学研究困境与出路》,《内蒙古师大学报(哲学社会科学版)》2009 年第 1 期,第 76—79 页。

罕·阿布达里①、格·孟和②、郭赤婴③、萧洪恩④、黄庆印⑤、龚友德⑥、潘蛟⑦,等等。2011—2012 年,笔者紧紧围绕这一问题先后发表了五篇文章⑧,即:《中国少数民族哲学合法性问题研究述评》《全球性现代化视域的中国少数民族哲学研究探析》《哲学的经验与情感:从黑格尔那里寻求中国少数民族哲学的合法性》《中国少数民族哲学研究方法论问题探析》《民族性与现代性:少数民族哲学视阈的马克思主义中国化》,对这一问题进行了深入分析。

事实上,中国少数民族哲学合法性问题在本质上是中国少数民族哲学的定位问题,在一些尚处于原始社会的民族中,或在一些处于社会发展较低阶段的民族中,是否真正存在一种可称之为"哲学"的学问? 这一点甚至是中国哲学都存在的合法性问题,在中国少数民族那里存在就自

---

① 夏里甫罕·阿布达里:《从诗歌民族向哲学民族转变》,《新疆艺术(汉文版)》1998 年第 3 期,第 4—11 页。

② 格·孟和:《论邓小平理论与研究蒙古族哲学思想史方法论》,《玉溪师范学院学报》2004 年第 10 期,第 24—29 页。格·孟和 1979 年在济南召开的全国哲学规划会议上率先提交了《蒙古族哲学史片断》的科研课题,该课题载入《全国 1979—1985 年哲学规划科研项目总表》。

③ 郭赤婴:《民族哲学的现代化》,《北京第二外国语学院学报》1995 年第 4 期,第 105—109 页。

④ 萧洪恩:《20 世纪上半叶土家族对儒家文化的反思与重构》,《武汉科技大学学报(社会科学版)》2008 年第 3 期,第 9—15 页、第 90 页;《20 世纪土家族哲学社会思想史》,中国书店出版社,2010;《20 世纪土家族哲学研究综述》,载胡茂成主编《土家族确认五十年 1957—2007》,湖北人民出版社,2008;《土家族口承文化哲学研究》,民族出版社,1999;《土家族哲学成立的可能与现实》,《湖北民族学院学报(哲学社会科学版)》2004 年第 5 期,第 1—5 页;《土家族哲学通史》,人民出版社,2009;《中国少数民族哲学:可能与现实》,《江汉论坛》2004 年第 10 期,第 77—80 页。

⑤ 黄庆印:《壮族哲学社会思想史》,广西民族出版社,1996。

⑥ 龚友德:《白族哲学思想史》,云南人民出版社,1992。

⑦ 潘蛟:《解构中国少数民族:去东方学化还是再东方学化》,《广西民族大学学报》2009 年第 2 期,第 11—17 页。

⑧ 萧洪恩:《中国少数民族哲学合法性问题研究述评》,《湖北民族学院学报(哲学社会科学版)》2011 年第 1 期,第 116—121 页;《全球性现代化视域的中国少数民族哲学研究探析》,《武汉科技大学学报(社会科学版)》2011 年第 3 期,第 303—309 页;《哲学的经验与情感:从黑格尔那里寻求中国少数民族哲学的合法性》,《武汉科技大学学报(社会科学版)》2011 年第 4 期,第 434—442 页;《中国少数民族哲学研究方法论问题探析》,《中南民族大学学报(人文社会科学版)》2012 年第 1 期,第 165—170 页;《民族性与现代性:少数民族哲学视域的马克思主义哲学中国化》,《湖北民族学院学报(哲学社会科学版)》2012 年第 1 期,第 75—81 页。

然而然了。由于中国少数民族哲学研究与全球性现代化运动相因应,因而中国少数民族哲学合法性问题讨论的关键是既不想以西方哲学为中心、标准来衡量,也不想以中国哲学为中心、标准来衡量。因此,中国少数民族哲学的合法性问题,实质上即是中国少数民族的"哲学自觉"问题,所以学界已不是简单地讨论中国少数民族哲学研究的价值与意义,而是讨论中国少数民族哲学自身的转型问题。借用中国哲学合法性问题的讨论,中国少数民族哲学合法性的问题,表面上看似是中国少数民族哲学研究所面临的一次危机,而其背后所包含的则是学科意识的高度自觉和彰显中国少数民族哲学主体性的诉求:"对于'中国哲学合法性'问题的探讨以及其他一系列的相关论说,都可以说是反省与检讨'如何建立中国哲学主体性'这一问题的不同层面与不同角度的表现"①。

不过,这里要特别强调的是,尽管已具有了中国少数民族的哲学自觉,尽管也启动了完成55个少数民族哲学思想的研究和探讨的中国少数民族哲学的整体工程,但在这一工程完成之前,中国少数民族哲学研究在目前已公开出版的或发表的成果中,都还有不少民族哲学研究呈"空白"状态,即如目前反映中国各民族文化研究最新成果的"中华民族全书丛书"②也都有这方面的空白。据统计,该套著作涵盖了包括中国汉族③在内的56个民族,其中的中国少数民族除哈萨克族、蒙古族、苗族、纳西族、维吾尔族等五个民族,笔者尚未见其著作外,其余的50个少数民族均已出书。从"哲学"研究层面看,如果把包括"宇宙观"研究在内均算为直接的"哲学"研究,则达到了34个民族。在书写了直接"哲学"研究成果的民族中,多数是专门用一节书写"哲学思想"的,但有特殊的处理方式,这就是《中华民族全书·中国水族》④(以下丛书名省略)把"哲学

① 彭国翔:《合法性、视域与主体性:当前中国哲学研究的反省与前瞻》,《江汉论坛》2003第7期,第38—40页。
② 杨宏峰主编:《中华民族全书》(共57册),宁夏人民出版社,2012。
③ 徐杰舜、徐桂兰编著:《中华民族全书·中国汉族》,宁夏人民出版社,2012。
④ 韦学纯:《中华民族全书·中国水族》,宁夏人民出版社,2012。

思想与伦理道德"列为一节,《中国傣族》①用"思想"作为一节阐明包括哲学思想在内的傣族思想并列有"哲学宗教著作"一节,《中国羌族》②以"哲学特征"为题进行叙述,《中国珞巴族》③点明"原始信仰中的哲学思想",《中国独龙族》④讲"古朴的天地宇宙观"等。应该说,仅从标题来看,就说明中国少数民族哲学研究又大大地向前推进了一步。不过,这套丛书中另有 16 个民族分册没有直接提到"哲学",其中回族、满族、壮族有其民族"哲学"研究专著问世,并在《中国少数民族哲学史》⑤中得到充分展现,但在《中国回族》⑥、《中国满族》⑦、《中国壮族》⑧等分册中未出现相应的民族"哲学";在《中国少数民族哲学史》⑨中已写了"哲学"的民族,但在《中国鄂温克族》⑩、《中国瑶族》⑪、《中国达斡尔族》⑫、《中国傈僳族》⑬、《中国阿昌族》⑭等分册中也未出现;在 2010 年前早已有"哲学"研究成果问世的民族,在《中国普米族》⑮、《中国柯尔克孜族》⑯、《中国黎族》⑰、《中国布朗族》⑱等分册中还是未有出现,均没有写"哲学"思想研究;另有《中

① 柯少林、白云:《中华民族全书·中国傣族》,宁夏人民出版社,2012。
② 张曦、黄成龙:《中华民族全书·中国羌族》,宁夏人民出版社,2012。
③ 格桑、王蕾:《中华民族全书·中国珞巴族》,宁夏人民出版社,2012。
④ 杨将领:《中华民族全书·中国独龙族》,宁夏人民出版社,2012。
⑤ 肖万源、伍雄武、阿不都秀库尔主编:《中国少数民族哲学史》,安徽人民出版社,1992。
⑥ 丁克家:《中华民族全书·中国回族》,宁夏人民出版社,2012。
⑦ 关凯:《中华民族全书·中国满族》,宁夏人民出版社,2012。
⑧ 梁庭旺:《中华民族全书·中国壮族》,宁夏人民出版社,2012。
⑨ 肖万源、伍雄武、阿不都秀库尔主编:《中国少数民族哲学史》,安徽人民出版社,1992。
⑩ 朝克:《中华民族全书·中国鄂温克族》,宁夏人民出版社,2012。
⑪ 潘玉阁:《中华民族全书·中国瑶族》,宁夏人民出版社,2012。
⑫ 齐勤:《中华民族全书·中国达斡尔族》,宁夏人民出版社,2012。
⑬ 欧光明:《中华民族全书·中国傈僳族》,宁夏人民出版社,2012。
⑭ 熊顺清:《中华民族全书·中国阿昌族》,宁夏人民出版社,2012。
⑮ 和向东:《中华民族全书·中国普米族》,宁夏人民出版社,2012。
⑯ 阿地里·居玛吐尔地:《中华民族全书·中国柯尔克孜族》,宁夏人民出版社,2012。
⑰ 文明英、文京:《中华民族全书·中国黎族》,宁夏人民出版社,2012。
⑱ 陶玉明:《中华民族全书·中国布朗族》,宁夏人民出版社,2012。

国锡伯族》①、《中国俄罗斯族》②、《中国乌孜别克族》③、《中国东乡族》④
等分册也未提及"哲学"。虽然在 2010 年后有关锡伯族、俄罗斯族的一
些"哲学"研究成果问世,但有关乌孜别克族、东乡族至今仍然未有发现
直接的"哲学"研究成果,具体情况我们将在后面对各民族哲学研究做一
大体描述。同时还应注意的是,该套丛书在对中国民族文化进行的研
究,特别是在对精神文化的研究中,最大的特点在于各分册都力求阐明
各民族的精神气质,并突出了各民族对伟大祖国的贡献。而在对"哲学
思想"的阐述中,将"哲学思想"归入"信仰文化"中,这种"信仰"归类法是
极有特色的。另外,一些民族完全具备形成一部通史性哲学研究著作的
条件,如维吾尔族、哈萨克族、瑶族、水族、侗族⑤等民族,可现在还没有出
现公开出版的汉文的通史论著;中国少数民族哲学应在中国哲学史中得
到反映,可目前还没有实现,特别是在"中国哲学史"教材中……另外,中
国各少数民族文化相互影响的关系特别明显,哲学文化也是一样,但现
在一方面是各民族哲学自身的研究还有待深化,另一方面则是各民族哲
学文化之间的互融互通研究方面还应加强。在这方面,中国少数民族的
几大族系之各民族之间、几大族系民族的大系之间、各少数民族与汉族
之间的哲学文化关系,等等,都是值得研究的。何况有些民族的哲学研
究,离开互融互通,就很难进行,如纳西族、白族、藏族、汉族哲学文化的
相互关系,维吾尔族、哈萨克族、乌孜别克族等民族哲学思想史的关系,
回族、保安族、东乡族哲学思想史的关系等也是如此。另外一些哲学问
题,若不从互融互通的角度也很难理解,如在云南,爨氏统治时期的《爨
龙颜碑》《爨宝子碑》,南诏时期的《德化碑》等即属此例。因此,有学者提

① 贺灵:《中华民族全书·中国锡伯族》,宁夏人民出版社,2012。
② 苏闻宇、马璐璐、罗意:《中华民族全书·中国俄罗斯族》,宁夏人民出版社,2012。
③ 米娜瓦尔·艾比布拉·努尔:《中华民族全书·中国乌孜别克族》,宁夏人民出版社,2012。
④ 马福元:《中华民族全书·中国东乡族》,宁夏人民出版社,2012。
⑤ 目前,有关侗族的哲学已出版了相关专著,如陈应发《哲理侗文化》(中国林业出版社,2012)、石干成《侗族哲学概论》(中国文联出版社,2016),但都不能算通史性著作,只能算成是断面研究作品。

出文化圈研究方法问题①,笔者多次强调以民族哲学研究为基础的地域文化研究方法也是如此。当然,这些问题并不是本书所要解决的。下面各节的分析,于是就显得与整个中国少数民族的发展水平不很适应,这既有研究成果本身的原因,也有本书容量的原因,当然还有作者自身的能力与水平的问题。

(四)百花争艳的民族哲学研究领域

中国少数民族哲学的初期研究,在 20 世纪 80 年代的成果,甚至包括 20 世纪 90 年代的成果,在总体研究范式上仍然坚持的是中国哲学研究的通行范式,特别是以哲学基本问题为主线,哲学上的"两个对子"为骨架,本体论、认识论、方法论、政治思想、伦理思想、无神论思想等为空间布局的结构。因而有学者认为,中国少数民族哲学研究在这方面存在着两种极端倾向:一方面,是不加"批判"地承认少数民族哲学,机械式地套用传统马克思主义哲学原理的理解模式和概念框架,按照世界观、辩证法、认识论、历史观等构成要素,从哲学的角度对少数民族文化分门别类,将其填充到哲学框架内;另一方面,是从教科书关于哲学的定义出发,否认少数民族拥有自己的哲学,放弃从哲学的意义上对民族文化进行探究②。而笔者根据目前的研究成果,看来这一评价是实事求是的。前些年有学者③说中国少数民族哲学与其他哲学研究领域相比,发展十分缓慢,通过总结分析有关中国少数民族哲学的研究成果发现,其合法性问题、史料选择问题,以及研究范式问题是困扰其发展的重要因素。也正是由于上述问题,因而使中国少数民族哲学研究的基本领域也就由此划定。不过,在此基础上还因为中国少数民族哲学发展的特殊性而应关注其历史尺度,特别是原始思维与哲学萌芽等问题。郭齐勇在《当代

---

① 宝贵贞:《从合法性到新范式——中国少数民族哲学研究困境与出路》,《内蒙古师范大学学报(哲学社会科学版)》2009 年第 1 期,第 76—79 页。

② 李兵、吴友军:《少数民族哲学何以可能?——兼论民族文化的哲学基础》,《学术探索》2002第 3 期,第 14—16 页。

③ 伦玉敏、刘勇:《从合法性到研究范式的转型:中国少数民族哲学研究历程》,《商丘师范学院学报》2012 年第 4 期,第 30—34 页。

中国哲学研究（1949—2009）〉①的第九章第二节中作了基本概括。

1. 原始意识、原始思维与哲学的萌芽研究

这是中国少数民族哲学研究一开始即十分强调的。主要文献有：1981年《云南少数民族哲学思想史论文选集》（第一集）中伍雄武的一篇文章，研究云南少数民族原始意识以探索哲学萌芽②，以及他的另一篇文章论及原始意识和哲学、宗教、道德、文艺、科学的起源③；佟德富论中国少数民族原始意识与哲学宇宙观之萌芽④，概说中国少数民族早期哲学宇宙观⑤；周凯模论民族宗教乐舞与神话哲学⑥；姜国柱论中国少数民族哲学的原始思维⑦；张胜冰从少数民族民间史诗看艺术类型的演进以考释原始艺术哲学⑧；王军从文化神话学的角度看中国上古神话与中国哲学的关系以阐明神话与哲学的互渗⑨；田清旺对我国西南少数民族创世神话的哲学审视⑩；章建刚与杨志明论艺术的起源⑪；雷昀与雷希论道德

① 郭齐勇主编：《当代中国哲学研究（1949—2009）》，中国社会科学出版社，2011，第275—280页。
② 伍雄武：《对哲学萌芽的探索——云南少数民族原始意识研究之一》，载《云南少数民族哲学思想史论文选集》（第一集），内部资料，1983，第7—31页。
③ 伍雄武：《原始意识和哲学、宗教-道德、文艺、科学的起源——云南少数民族原始意识研究》，《云南社会科学》1987年第2期，第25—32页。
④ 佟德富：《中国少数民族原始意识与哲学宇宙观之萌芽》，《中央民族大学学报（哲学社会科学版）》1995年第4期，第14—24页。
⑤ 佟德富：《中国少数民族早期哲学宇宙观概说》，《中央民族大学学报（哲学社会科学版）》1999年第5期，第120—127页。
⑥ 周凯模：《民族宗教乐舞与神话哲学》，《民族艺术》2000年第3期，第157—172页。
⑦ 姜国柱：《中国少数民族哲学的原始思维》，《云南教育学院学报》1995年第3期，第12—18页。
⑧ 张胜冰：《原始歌谣的艺术社会学透视——原始艺术哲学考释之一》，《民间艺术研究》2002年第2期，第4—8页、第80页；《从少数民族民间史诗看艺术类型的演进——原始艺术哲学考释之二》，《民间艺术研究》2003年第1期，第32—38页。
⑨ 王军：《神话与哲学的互渗——从文化神话学的角度看中国上古神话与中国哲学的关系》，《复旦学报（社会科学版）》1996年第3期，第58—62页。
⑩ 田清旺：《我国西南少数民族创世神话的哲学审视》，《吉首大学学报（社会科学版）》2006年第1期，第73—76页。
⑪ 章建刚、杨志明：《艺术的起源》，云南大学出版社，1996。

的起源①,等等。我们这里没有列出各少数民族哲学研究中的单一民族哲学起源的相关论文,如果这样列举,那实在太多。关于这方面的研究,总体上是为了从"少数民族现实的和不久前的生活中,我们可以得到许多关于哲学、宗教、伦理、审美等观念以及逻辑思维发生、发展的直接而生动的材料……如果把这些材料和地下发掘出来的殷商以前的文物作一番比较研究,很可能会得出许多有启发的结论。"②这一问题的研究,基本点是要区分原始思维与原始意识,相应的文献有:伍雄武论原始思维和云南少数民族的原始意识③,刘文英关于原始思维的特点④、以"漫长的历史源头"为题新探原始思维与原始文化⑤、论中国古代的时空观念⑥,等等。

2. 宗教思想研究

中国少数民族哲学与宗教的关系极为紧密,宗教研究因而成为中国少数民族哲学研究的应有领域。从总体研究来看,这方面的文献有:佟德富概述中国少数民族原始宗教⑦,于锦绣论原始宗教观念的发展及其表现形式⑧,熊胜祥与高志英论云南少数民族传统宗教信仰中的和谐思想⑨,李天纲述中国民间宗教研究二百年⑩,王庆德回顾中国民间宗教史研究百年⑪,吴真述民间信仰研究三十年⑫,王铭铭综述中国民间宗教的

① 雷昀、雷希:《道德的起源》,云南人民出版社,1999。
② 伍雄武:《谈谈开展云南少数民族哲学、社会思想研究工作的意义》,《中国哲学史研究》1982年第6期。
③ 伍雄武:《原始思维和云南少数民族的原始意识》,《哲学研究》1985年第1期,第54—55页。
④ 刘文英:《关于原始思维的特点》,《哲学研究》1985年第1期,第48—50页。
⑤ 刘文英:《漫长的历史源头——原始思维与原始文化新探》,中国社会科学出版社,1996。
⑥ 刘文英:《中国古代的时空观念》(修订本),南开大学出版社,2000。
⑦ 佟德富:《中国少数民族原始宗教概述》,《世界宗教研究》1997年第3期,第135—143页。
⑧ 于锦绣:《原始宗教观念的发展及其表现形式》,《思想战线》1985年第5期,第74—82页。
⑨ 熊胜祥、高志英:《云南少数民族传统宗教信仰中的和谐思想》,《中国民族报》2009年6月2日。
⑩ 李天纲:《中国民间宗教研究二百年》,《历史教学问题》2008年第5期,第33—37页。
⑪ 王庆德:《中国民间宗教史研究百年回顾》,《文史哲》2001年第1期,第30—37页、第127页。
⑫ 吴真:《民间信仰研究三十年》,《民俗研究》2008年第4期,第40—54页。

国外人类学研究①,等等。这些研究都在总体上与中国少数民族宗教相关,而且与中国少数民族哲学研究相关。除了总体论述而外,中国少数民族差不多都有自己的独特的宗教信仰,因而在一些少数民族哲学研究中,宗教哲学成了研究的重点,如回族、维吾尔族等10个民族的相当一部分群众信仰的伊斯兰教的哲学思想,蒙古族、藏族等民族的藏传佛教哲学思想,以及傣族等民族的南传佛教思想等,这方面的研究我们放在各民族哲学研究中去论述。不过,冯今源的《中国的伊斯兰教》②、王怀德与郭宝华的《伊斯兰教史》③、郭淑云与王宏刚主编的《活着的萨满——中国萨满教》④等则可算是一般研究。除总体上的研究而外,还有对各民族自生的、传统"宗教"的研究,如萨满教、毕摩教、东巴教、苯教⑤、本主崇拜、寨神勐神崇拜,等等,像关小云与王宏刚著的《鄂伦春族萨满教调查》⑥即是典型,这些成果都应放入各民族哲学研究中去论述。

　　这里要特别提出的是关于萨满教的哲学研究。在中国知网上,直接以萨满教为主题进行检索,得到有关萨满教研究的标题条目1 000多篇,主要涉及北少数民族的原始宗教研究,其中的哲学研究方面可以略分几类:(1) 直接从宇宙观方面研究,成果特别丰富,主要包括:冯恩学试论萨满教宇宙观对解读考古现象的重要性⑦,刘宁波论萨满教的宇宙观⑧,汤惠生考述神话中之昆仑山以阐明昆仑山神话与萨满教宇宙观⑨,谢继胜

① 王铭铭:《中国民间宗教:国外人类学研究综述》,《世界宗教研究》1996年第2期,第125—134页。
② 冯今源:《中国的伊斯兰教》,宁夏人民出版社,1991。
③ 王怀德、郭宝华:《伊斯兰教史》,宁夏人民出版社,1992。
④ 郭淑云、王宏刚主编:《活着的萨满——中国萨满教》,辽宁人民出版社,2001。
⑤ "苯教",或写作"本教""本波教"等,本书正文中一律用"苯教"以示统一。
⑥ 关小云、王宏刚:《鄂伦春族萨满教调查》,辽宁人民出版社,1998。
⑦ 冯恩学:《试论萨满教宇宙观对解读考古现象的重要性》,《贵州社会科学》2012年第6期,第38—40页。
⑧ 刘宁波:《萨满教的宇宙观》,《黑河学刊》1990年第4期,第108—115页。
⑨ 汤惠生:《神话中之昆仑山考述——昆仑山神话与萨满教宇宙观》,《2000年青海海峡两岸昆仑文化考察与学术研讨会会议论文集》,西宁,2000;汤惠生:《神话中之昆仑山考述——昆仑山神话与萨满教宇宙观》,《2001年山岳文化国际学术研讨会国际会议论文集》,大同,2001,第118页。

论藏族萨满教的三界宇宙结构与灵魂观念的发展①，乌峰论蒙古族萨满教宇宙观与草原生态②，等等。（2）直接进行哲学研究，主要成果有：郭淑云论萨满教宇宙观及其哲学思想③，萨满教灵魂观及其哲学思想④；色音作关于一种民间思想的哲学人类学探讨以论中国少数民族萨满教哲学的滥觞⑤；孟慧英论萨满教的认识论基础⑥；曹杏初探文化人类学视野下的先知⑦；李凤鸣比较研究蒙古萨满教的腾格理（天）和哲学范畴的腾格理（天）⑧；等等。（3）直接从世界观方面研究，主要成果有：巴干简论蒙古族萨满教及其世界观⑨，满都夫论蒙古萨满教的性质与世界观⑩，祖科夫斯卡娅（N. Zhukovskaya）、马克斯、阮氏芳簪论作为布里亚特人世界观形成因素的佛教与萨满教⑪，安娜-莉娜·希克拉、户晓辉论芬兰岩画、动物祭祀仪式与萨满教世界观⑫，吉日嘎拉论萨满教的观念世界及其

---

① 谢继胜：《藏族萨满教的三界宇宙结构与灵魂观念的发展》，《中国藏学》1988 年第 4 期，第 96—108 页。

② 乌峰：《蒙古族萨满教宇宙观与草原生态》，《中央民族大学学报（哲学社会科学版）》2006 年第 1 期，第 75—82 页。

③ 郭淑云：《萨满教宇宙观及其哲学思想》，《社会科学战线》2002 年第 2 期，第 181—189 页。

④ 郭淑云：《萨满教灵魂观及其哲学思想》，《云南社会科学》2001 年第 3 期，第 67—72 页。

⑤ 色音：《论中国少数民族萨满教哲学的滥觞——关于一种民间思想的哲学人类学探讨》，《宗教学研究》1999 年第 3 期，第 73—79 页。

⑥ 孟慧英：《萨满教的认识论基础》，《中央民族大学学报（哲学社会科学版）》2000 年第 6 期，第 66—71 页。

⑦ 曹杏：《文化人类学视野下的先知初探》，《牡丹江教育学院学报》2011 年第 3 期，第 13—14 页。

⑧ 李凤鸣：《蒙古萨满教的腾格理（天）和哲学范畴的腾格理（天）之比较研究》，《内蒙古师范大学学报（哲学社会科学版）》2002 年第 6 期，第 3—7 页。

⑨ 巴干：《蒙古族萨满教及其世界观简论》，《内蒙古社会科学（文史哲版）》1993 年第 4 期，第 38—43 页。

⑩ 满都夫：《论蒙古萨满教的性质与世界观》，《内蒙古社会科学》1986 年第 5 期，第 18—23 页、第 29 页。

⑪ 祖科夫斯卡娅（N. Zhukovskaya）等：《作为布里亚特人世界观形成因素的佛教与萨满教》，《共识》2011 年秋刊第 6 期，第 25—29 页。

⑫ 安娜-莉娜·希克拉等：《芬兰岩画、动物祭祀仪式与萨满教世界观》，《民族艺术》1997 年第 1 期，第 172—182 页。

演变①,孟慧英论萨满教的精灵世界②,彼德·奈克特、刘大先论"无萨满"时代的萨满③,高景森从"萨满"的遗存看现代人的天命观④,姚素秋从三首萨满佛调中得到的启示⑤,齐经轩从萨满教世界观看萨满的社会角色及其昏迷术⑥,等等。与此相应,苏鲁格论蒙古萨满教神灵观的形成和发展⑦,阿拉坦巴根浅析蒙古萨满教"腾格里"⑧,郭淑云论萨满教灵魂观与北方葬俗⑨及论萨满教天穹层次构想与神秘数字⑩、萨满教星辰崇拜与北方天文学的萌芽⑪,郭淑梅论东北土著文化的自然观及当代价值⑫,孟慧英论萨满教的二元神论⑬、萨满教的灵魂观念⑭、萨满教的人熊关系⑮、萨满教的天神与天命⑯、萨满教的自然神与自然神话⑰、萨满教与

① 吉日嘎拉:《萨满教的观念世界及其演变》,《内蒙古大学学报(人文社会科学版)》2001年第3期,第49—53页。

② 孟慧英:《萨满教的精灵世界》,《民族艺术》1999年第2期,第63—75页。

③ 彼德·奈克特、刘大先:《"无萨满"时代的萨满》,《萨满文化辩证——国际萨满学会第七次学术讨论会论文集》,长春,2004,第28—33页。

④ 高景森:《从"萨满"的遗存看现代人的天命观》,《学问》2003年第2期,第9—10页。

⑤ 姚素秋:《从三首萨满佛调中所得到的启示》,《艺术探索》1997年第S1期,第45—47页。

⑥ 齐经轩:《从萨满教世界观看萨满的社会角色及其昏迷术》,《内蒙古社会科学(汉文版)》1995年第2期,第42—47页。

⑦ 苏鲁格:《蒙古萨满教神灵观的形成和发展》,《内蒙古社会科学(文史哲版)》1995年第6期,第43—47页。

⑧ 阿拉坦巴根:《蒙古萨满教"腾格里"浅析》,《黑龙江民族丛刊》1987年第2期,第35—39页。

⑨ 郭淑云:《萨满教灵魂观与北方葬俗》,《满族研究》1999年第1期,第60—68页。

⑩ 郭淑云:《萨满教天穹层次构想与神秘数字》,《西域研究》2004年第3期,第94—101页、第124页。

⑪ 郭淑云:《萨满教星辰崇拜与北方天文学的萌芽》,《世界宗教研究》2003年第1期,第122—131页、第155页。

⑫ 郭淑梅:《东北土著文化的自然观及当代价值》,《"中华文化与和谐社会建设"国际学术研讨会论文集》,广州,2008,第356页。

⑬ 孟慧英:《萨满教的二元神论》,《满族研究》1999年第2期,第74—79页。

⑭ 孟慧英:《萨满教的灵魂观念》,《青海社会科学》1999年第4期,第95—99页、第72页。

⑮ 孟慧英:《萨满教的人熊关系》,《黑龙江民族丛刊》1999年第4期,第81—84页。

⑯ 孟慧英:《萨满教的天神与天命》,《内蒙古社会科学(汉文版)》2000年第1期,第59—64页。

⑰ 孟慧英:《萨满教的自然神与自然神话》,《社会科学战线》1999年第4期,第132—138页。

萨满神话中的火神及盗火英雄①、萨满文化中的风神②,王纪潮研究瑜伽、萨满和神秘主义埃里亚德和他的瑜伽、萨满③,金秀乃、于果研究韩国萨满传说和仪式中生命和死亡的宇宙戏剧④,等等,也可纳入世界观方面的研究,并且是从一般世界观的角度进行了阐明。(4)直接从思维方式方面进行的研究,成果主要有:洪玉范论古代蒙古族的思维与萨满教⑤,黄任远论萨满神话类型与原始思维特色⑥,蒋理论萨满神话类型与原始思维特色⑦,张思宁解析萨满文化对思维和心理的作用⑧,汤惠生论萨满教二元对立思维及其文化观念⑨,等等。与此相应,观念研究可纳入此类,这方面的研究成果有:黄中祥论哈萨克英雄史诗中所反映的萨满教观念⑩,田艳秋初探现代蒙古人深层意识中的萨满教宗教观念⑪,班玛更珠比较宗教学视野中的苯教、祆教与萨满教的宗教观念⑫,富育光初考萨满教天穹观念⑬及探考萨满教天穹观念与神话⑭,郭淑云论北方丧葬面

① 孟慧英:《萨满教与萨满神话中的火神及盗火英雄》,《满族研究》1998年第1期,第77—81页。
② 孟慧英:《萨满文化中的风神》,《民俗研究》2000年第3期,第72—77页。
③ 王纪潮:《瑜伽、萨满和神秘主义埃里亚德和他的瑜伽、萨满研究》,《博览群书》2002年第4期,第34—37页。
④ 金秀乃、于果:《韩国萨满传说和仪式中生命和死亡的宇宙戏剧》,《萨满文化辩证——国际萨满学会第七次学术讨论会会议论文集》,长春,2004,第593—608页。
⑤ 洪玉范:《古代蒙古族的思维与萨满教》,《黑龙江民族丛刊》1995年第2期,第86—91页。
⑥ 黄任远:《萨满神话类型与原始思维特色》,《黑龙江民族丛刊》1999年第3期,第119—121页。
⑦ 蒋理:《萨满神话类型与原始思维特色》,《满语研究》1999年第2期,第125页。
⑧ 张思宁:《解析萨满文化对思维和心理的作用》,《满族研究》2009年第1期,第68—72页。
⑨ 汤惠生:《萨满教二元对立思维及其文化观念》,《东南文化》1996年第4期,第34—43页。
⑩ 黄中祥:《哈萨克英雄史诗中所反映的萨满教观念》,《民族文学研究》2002年第3期,第76—80页。
⑪ 田艳秋:《现代蒙古人深层意识中的萨满教宗教观念初探》,《解放军外国语学院学报》2003年第3期,第114—117页。
⑫ 班玛更珠:《比较宗教学视野中的苯教、祆教与萨满教的宗教观念》,《西北民族大学学报(哲学社会科学版)》2008年第1期,第33—43页。
⑬ 富育光:《萨满教天穹观念初考》,《黑龙江民族丛刊》1987年第3期,第35—42页。
⑭ 富育光:《萨满教天穹观念与神话探考》,《学术交流》1987年第4期,第98—104页。

具与萨满教灵魂观念①,胡卫军、付黎明论萨满教思想观念对萨满教艺术的影响②,刘钻、曹天慧以萨满神灵造型与观念为旨论萨满神灵造型的艺术观③,色音论萨满教的观念体系及其特征④,等等。(5)直接从原始崇拜的层面研究,成果主要有:包海青以萨满教猫头鹰崇拜文化传统与族源传说为旨探讨蒙古族猫头鹰始祖型族源传说起源⑤,李云霞论蒙古族萨满教信仰的发展与变化⑥,曹丽娟论满族萨满舞蹈的古崇拜意识⑦及萨满舞蹈体现的古崇拜意识⑧,李中和、祝辉试论回纥萨满教原始信仰崇拜⑨,刘孟子探析满族萨满创世神话《天宫大战》与太阳崇拜⑩,韩香试论早期鲜卑族的原始萨满崇拜⑪,黄任远思考赫哲族神话阐明萨满神话与萨满崇拜⑫,李秀华、黄儒敏论赫哲族萨满教信仰的形成及其对自然崇拜

① 郭淑云:《北方丧葬面具与萨满教灵魂观念》,《北方文物》2005 年第 1 期,第 29—34 页。
② 胡卫军、付黎明:《萨满教思想观念对萨满教艺术的影响》,《美术大观》2010 年第 8 期,第 70 页。
③ 刘钻、曹天慧:《萨满神灵造型与观念——萨满神灵造型的艺术观》,《文艺评论》2011 年第 7 期,第 122—124 页。
④ 色音:《萨满教的观念体系及其特征》,《内蒙古社会科学(汉文版)》1992 年第 4 期,第 95—102 页。
⑤ 包海青:《萨满教猫头鹰崇拜文化传统与族源传说——蒙古族猫头鹰始祖型族源传说起源探讨》,《内蒙古民族大学学报(社会科学版)》2010 年第 5 期,第 45—81 页。
⑥ 李云霞:《蒙古族萨满教信仰的发展与变化》,《满族研究》2008 年第 4 期,第 98—103 页。
⑦ 曹丽娟:《满族萨满舞蹈的古崇拜意识论》,《满族研究》1992 年第 3 期,第 49—57 页。
⑧ 曹丽娟:《萨满舞蹈体现的古崇拜意识》,《社会科学战线》1991 年第 3 期,第 329—330 页。
⑨ 李中和、祝辉:《试论回纥萨满教原始信仰崇拜》,《青海社会科学》2007 年第 5 期,第 85—87 页。
⑩ 刘孟子:《满族萨满创世神话〈天宫大战〉与太阳崇拜探析》,《吉林省教育学院学报》2010 年第 1 期,第 144—145 页。
⑪ 韩香:《试论早期鲜卑族的原始萨满崇拜》,《黑龙江民族丛刊》1995 年第 1 期,第 86—91 页。
⑫ 黄任远:《萨满神话与萨满崇拜——对赫哲族神话的思考》,《黑龙江省中华炎黄文化研究会 2006 年会暨第五届学术研讨论文集》,哈尔滨,2006,第 164—176 页;《萨满神话与萨满崇拜——对赫哲族神话的思考之五》,《佳木斯大学社会科学学报》2002 年第 1 期,第 84—87 页。

神话的影响①,吴来山论满族萨满文化中柳崇拜的形成②,汪立珍论鄂温克族萨满教信仰与自然崇拜③,宋长宏等论布里亚特蒙古萨满教中的铁匠崇拜④,萧兵论灵石崇拜和祈雨巫术兼谈萨满教的札达仪⑤,曹琳论童子·萨满⑥,富育光考析萨满神柱崇拜⑦,桂丽论萨满教信仰体系下北方游牧民族造型艺术中的鹰崇拜⑧,郭淑云论萨满教动植物崇拜与生物认知⑨,金宝忱论萨满教中的绳条崇拜⑩,李枫等以《河柳图》为例论迟子建小说的柳意象和萨满教的柳崇拜⑪,孟慧英论萨满教的石崇拜⑫,汤惠生论北方游牧民族萨满教中的火神、太阳及光明崇拜⑬,王海冬论萨满教的

---

① 李秀华、黄儒敏:《赫哲族萨满教信仰的形成及其对自然崇拜神话的影响》,《佳木斯大学社会科学学报》2005 年第 1 期,第 93—94 页。

② 吴来山:《论满族萨满文化中柳崇拜的形成》,《辽宁师范大学学报(社会科学版)》2004 年第 3 期,第 121—122 页。

③ 汪立珍:《鄂温克族萨满教信仰与自然崇拜》,《中央民族大学学报(哲学社会科学版)》2000 年第 6 期,第 72—77 页。

④ Г. P. 加尔达诺娃、宋长宏:《布里亚特蒙古萨满教中的铁匠崇拜》,《民族译丛》1993 年第 3 期,第 35—37 页、第 59 页。

⑤ 萧兵:《灵石崇拜和祈雨巫术——兼谈萨满教的札达仪》,《民族艺术》1997 年第 3 期,第 46—58 页。

⑥ 曹琳:《童子·萨满》,《萨满文化辩证——国际萨满学会第七次学术讨论会论文集》,长春,2004,第 425—435 页。

⑦ 富育光:《萨满神柱崇拜考析》,《萨满文化辩证——国际萨满学会第七次学术讨论会论文集》,长春,2004,第 236—241 页。

⑧ 桂丽:《萨满教信仰体系下北方游牧民族造型艺术中的鹰崇拜》,《艺海》2012 年第 2 期,第 121—122 页。

⑨ 郭淑云:《萨满教动植物崇拜与生物认知》,《青海民族大学学报(社会科学版)》2004 年第 1 期,第 41—43 页。

⑩ 金宝忱:《萨满教中的绳条崇拜》,《黑龙江民族丛刊》1989 年第 1 期,第 57—59 页。

⑪ 李枫、隋琳:《迟子建小说的柳意象和萨满教的柳崇拜——以〈河柳图〉为例》,《中国新时期文学 30 年国际学术研讨会暨中国当代文学研究会第 15 届学术年会论文集》,济南,2008,第 55 页;李枫:《迟子建小说的柳意象和萨满教的柳崇拜》,《黑龙江社会科学》2008 年第 6 期,第 105—108 页。

⑫ 孟慧英:《萨满教的石崇拜》,《民族艺术》1998 年第 2 期,第 200—206 页。

⑬ 汤惠生:《北方游牧民族萨满教中的火神、太阳及光明崇拜》,《青海社会科学》1995 年第 2 期,第 87—93 页。

女性英雄崇拜①,王宏刚论萨满教的英雄崇拜与北方民族的崛起②,王其格论红山诸文化"神鸟"崇拜与萨满"鸟神"③,魏纲论图腾崇拜对中国北方民族萨满教的文化影响④,乌兰杰论萨满教文化中的生殖崇拜观念⑤,闫超从萨满教的崇拜看其生态环保因素⑥,等等。盖吉米论 13 世纪蒙古人的萨满教及其宗教观⑦等则是从萨满教的历史发展中探讨其哲学观念的发展。(6)直接进行伦理思想研究的,成果主要有:杨晗论北方民族萨满教的生态伦理关怀⑧,宝贵贞论萨满教伦理观与满族社会价值观⑨,姜小莉论萨满教对满族社会伦理观的影响⑩,陈旭论中国北方民族萨满文化所体现的生态伦理价值观念⑪,等等。(7)直接从原始信仰方面进行的研究,成果主要有:崔亚虹、李福论达斡尔族的萨满教信仰与神话传说⑫,程大力论萨满信仰与满族体育⑬,麻健敏论清代福州满族萨满信仰

① 王海冬:《论萨满教的女性英雄崇拜》,《东北史地》2011 年第 6 期。
② 王宏刚:《萨满教的英雄崇拜与北方民族的崛起》,《社会科学》2007 年第 12 期,第 149—157 页。
③ 王其格:《红山诸文化"神鸟"崇拜与萨满"鸟神"》,《大连民族学院学报》2007 年第 6 期,第 96—99 页。
④ 魏纲:《图腾崇拜对中国北方民族萨满教的文化影响》,硕士学位论文,天津师范大学历史文化学院,2011。
⑤ 乌兰杰:《萨满教文化中的生殖崇拜观念》,《民族文学研究》1995 年第 1 期,第 77—82 页。
⑥ 闫超:《从萨满教的崇拜看其生态环保因素》,《东北史地》2006 年第 4 期,第 48—52 页。
⑦ 盖吉米:《13 世纪蒙古人的萨满教及其宗教观》,硕士学位论文,内蒙古大学历史与旅游文化学院,2007。
⑧ 杨晗:《北方民族萨满教的生态伦理关怀》,《黑龙江民族丛刊》2008 年第 4 期,第 139—144 页。
⑨ 宝贵贞:《萨满教伦理观与满族社会价值观》,载朝克等编《科学发展观与民族地区建设实践研究》,俄罗斯布里亚特科学中心出版社(Russian Buryat Scientific Center Press)2010,第 528—536 页。
⑩ 姜小莉:《萨满教对满族社会伦理观的影响》,《沈阳师范大学学报(社会科学版)》2005 年第 2 期,第 37—38 页。
⑪ 陈旭:《中国北方民族萨满文化所体现的生态伦理价值观念》,《宗教学研究》2007 年第 2 期,第 150—155 页。
⑫ 崔亚虹、李福:《达斡尔族的萨满教信仰与神话传说》,《大连民族学院学报》2007 年第 6 期,第 78—80 页。
⑬ 程大力:《萨满信仰与满族体育》,《体育文史》1991 年第 6 期,第 7—10 页。

与本土巫文化的结合①,张莉、王丽伟重识萨满信仰与满族舞蹈②,韩晟以满族等东北亚少数民族的田野考察为例考证满族音乐逻辑的归纳及其源自萨满信仰活动③,姜小莉试论满族萨满教对东北民间信仰的影响④,李莉研究当代满族萨满信仰习俗中的汉满文化关系⑤,刘明新浅析满族萨满教信仰的式微⑥,刘小萌论满族萨满教信仰中的多重文化成分⑦,汪丽珍从满族萨满神歌中的神名看满族的宗教信仰⑧,苑杰论满族石姓穆昆记忆中的萨满教信仰体系⑨,周丽娜论萨满信仰在满族共同体形成过程中的作用⑩,周喜峰论清代黑龙江少数民族的萨满教信仰⑪,阿布都力江·赛依提考察哈萨克人信仰中的萨满教遗迹⑫,毕桪论萨满教信仰与哈萨克民间文学⑬,迪木拉提·奥迈尔以仪式及其变迁为旨论当

① 麻健敏:《清代福州满族萨满信仰与本土巫文化的结合》,《中央民族大学学报(哲学社会科学版)》2007年第1期,第54—59页。
② 张莉、王丽伟:《重识萨满信仰与满族舞蹈》,《赤峰学院学报(汉文哲学社会科学版)》2012年第9期,第224—225页。
③ 韩晟:《关于满族音乐逻辑的归纳及其源自萨满信仰活动的考证——以满族等东北亚少数民族的田野考察为例》,《音乐生活》2012年第10期,第74—76页。
④ 姜小莉:《试论满族萨满教对东北民间信仰的影响》,《吉林师范大学学报》2011年第3期,第23—26页。
⑤ 李莉:《当代满族萨满信仰习俗中的汉满文化关系研究》,硕士学位论文,吉林大学哲学社会学院,2007。
⑥ 刘明新:《浅析满族萨满教信仰的式微》,《中央民族大学学报(哲学社会科学版)》2008年第1期,第70—76页。
⑦ 刘小萌:《满族萨满教信仰中的多重文化成分》,《中国社会科学院研究生院学报》1989年第3期,第68—74页。
⑧ 汪丽珍:《从满族萨满神歌中的神名看满族的宗教信仰》,《满语研究》1997年第2期,第83—88页。
⑨ 苑杰:《满族石姓穆昆记忆中的萨满教信仰体系》,《满语研究》2008年第1期,第114—122页。
⑩ 周丽娜:《萨满信仰在满族共同体形成过程中的作用》,硕士学位论文,黑龙江大学满族语言文化研究中心,2012。
⑪ 周喜峰:《论清代黑龙江少数民族的萨满教信仰》,《历史教学(下半月刊)》2010年第11期,第33—36页。
⑫ 阿布都力江·赛依提:《哈萨克人信仰中的萨满教遗迹》,《西域研究》2005年第3期,第117—120页、第130页。
⑬ 毕桪:《萨满教信仰与哈萨克民间文学》,《中央民族大学学报(哲学社会科学版)》1990年第4期,第86—90页。

代哈萨克族的萨满教信仰①,古力扎提浅谈哈萨克族萨满教信仰中的禁忌行为——禳解②,黄任远、于晓飞、王威从伊玛堪看赫哲族萨满教的信仰观③,艾丽曼论蒙古族宗教信仰从萨满教到藏传佛教变迁的历程④,达尔罕论科尔沁蒙古萨满信仰之祭天仪礼⑤,赵永太、周翔以以色列西奈山圣约共同体和韩国葛梅洞都堂赛神为中心比较研究犹太教与韩国萨满教的信仰共同体⑥,努尔古丽从考古文化看新疆突厥语族各民族萨满教信仰⑦,钟进文论萨满教信仰与裕固族民间文学⑧,佐佐木宏干、岷雪研究欧美及日本萨满信仰⑨,鄂·苏日台比较研究萨满(博)服饰与原始信仰⑩,金士友论浸染着宗教信仰与历史文化的萨满神歌⑪及依附于宗教信仰的萨满祭祀音乐⑫,景超、景体渭以萨满信仰的文化核心论析惧感文

---

① 迪木拉提·奥迈尔:《当代哈萨克族的萨满教信仰:仪式及其变迁》,《新疆社会科学》2007 年第 5 期,第 44—48 页,第 111 页。

② 古力扎提:《浅谈哈萨克族萨满教信仰中的禁忌行为——禳解》,《西北民族大学学报(哲学社会科学版)》2005 年第 3 期,第 37—40 页。

③ 黄任远等:《从伊玛堪看赫哲族萨满教的信仰观》,《佳木斯大学社会科学学报》2004 年第 6 期,第 93—95 页。

④ 艾丽曼:《从萨满教到藏传佛教——蒙古族宗教信仰变迁的历程》,《青海师范大学民族师范学院学报》2011 年第 1 期,第 1—7 页。

⑤ 达尔罕:《论科尔沁蒙古萨满信仰之祭天仪礼》,《内蒙古民族大学学报》2011 年第 6 期,第 118—119 页。

⑥ 赵永太、周翔:《关于犹太教与韩国萨满教的信仰共同体的比较研究——以以色列西奈山圣约共同体和韩国葛梅洞都堂赛神为中心》,《萨满文化辩证——国际萨满学会第七次学术讨论会论文集》,长春,2004,第 483—494 页。

⑦ 努尔古丽:《从考古文化看新疆突厥语族各民族萨满教信仰》,硕士学位论文,中央民族大学民族学与社会学院,2006。

⑧ 钟进文:《萨满教信仰与裕固族民间文学》,《西北民族大学学报(哲学社会科学版)》1993 年第 1 期,第 94—100 页。

⑨ 佐佐木宏干、岷雪:《欧美及日本萨满信仰研究之研究》,《民族艺术》1998 年第 1 期,第 170—180 页。

⑩ 鄂·苏日台:《萨满(博)服饰与原始信仰比较研究》,《内蒙古社会科学(汉文版)》2000 年第 5 期,第 43—46 页。

⑪ 金士友:《浸染着宗教信仰与历史文化的萨满神歌》,《文艺争鸣》2012 年第 8 期,第 137—139 页。

⑫ 金士友:《依附于宗教信仰的萨满祭祀音乐》,《文艺争鸣》2011 年第 13 期,第 158—160 页;马宝艳、金士友:《浸染着宗教信仰与历史文化的萨满音乐》,《社会科学战线》2011 年第 1 期,第 273—274 页。

化①并诠释萨满信仰的文化学②,刘帅研究黑龙江下游通古斯语族萨满教信仰③,刘伟试析历史上中国北方萨满教信仰群体宗教信仰的特点及成因④,孟慧英论东北部地区少数民族萨满教信仰中的祖先神⑤及中国东北部地区少数民族萨满教信仰中的巫祖祖先神⑥,乔天碧论《尼山萨满传》中的满族信仰民俗⑦,热妮娅论俄罗斯布里亚特族的萨满教信仰⑧,容观夐论东山嘴红山文化祭祀遗址与中国古代北方民族的萨满教信仰⑨,余雁论萨满信仰文化中的造型艺术⑩及北方萨满信仰文化中造型艺术的象征性⑪,吴疆比较萨满教与中国传统信仰模式⑫,胡小双等浅谈东胡族系萨满信仰研究的现状及意义⑬,等等。在一定程度上说,把握了萨满教中的宗教哲学,基本上即可把握诸多北方少数民族原始宗教哲学的基础方面。

---

① 景超、景体渭:《萨满信仰的文化核心——惧感文化论析》,《吉林师范大学学报(人文社会科学版)》2007年第6期,第52—54页。

② 景超、景体渭:《萨满信仰的文化学诠释》,《满族研究》2007年第4期,第105—110页。

③ 刘帅:《黑龙江下游通古斯语族萨满教信仰研究》,硕士学位论文,中央民族大学历史文化学院,2012。

④ 刘伟:《试析历史上我国北方萨满教信仰群体宗教信仰的特点及成因》,《理论月刊》2010年第1期,第60—63页。

⑤ 孟慧英:《东北部地区少数民族萨满教信仰中的祖先神》,《文化多样性背景下的宗教和谐——国际人类学民族学联合会第十六届大会文集》,昆明,2009,第45—61页。

⑥ 孟慧英:《中国东北部地区少数民族萨满教信仰中的巫祖祖先神》,《民族研究》2009年第6期,第34—43页、第108页。

⑦ 乔天碧:《〈尼山萨满传〉中的满族信仰民俗》,《满族研究》1998年第3期,第70—76页。

⑧ 热妮娅:《俄罗斯布里亚特族的萨满教信仰》,《山西长治赛社与乐户文化国际学术研讨会论文集》(下册),长治,2006,第188—190页。

⑨ 容观夐:《东山嘴红山文化祭祀遗址与我国古代北方民族的萨满教信仰》,《民族研究》1993年第1期,第38—40页。

⑩ 余雁:《萨满信仰文化中的造型艺术》,《中国宗教》2009年第2期,第75页;又见《艺术评论》2009年第1期,第84—87页。

⑪ 余雁:《北方萨满信仰文化中造型艺术的象征性》,《文艺评论》2012年第7期,第109—112页。

⑫ 吴疆:《萨满教与中国传统信仰模式之比较》,《黑龙江社会科学》1995年第2期,第43—46页。

⑬ 祝贺、胡小双:《浅谈东胡族系萨满信仰研究的现状及意义》,《白城师范学院学报》2011年第4期,第18—20页。

3. 伦理思想和人学研究

这方面既有总体论述,也有对各民族伦理道德的分民族论述,这方面的专著有:郑英杰的《中国少数民族伦理文化通论》①、贺金瑞等的《民族伦理学通论》②、熊坤新的《民族伦理学》③、龚友德的《中国少数民族道德史》④、张哲敏的《民族伦理研究》⑤、高发元的《中国西南少数民族道德研究》⑥、刘明华等主编的《贵州省少数民族传统伦理道德研究》⑦、杨树美的《彝族古代人学思想研究》⑧、苏克明等的《凉山彝族道德研究》⑨、杨国才的《白族传统道德与现代文明》⑩,等等,可以说对中国少数民族的伦理思想有了基本把握。此外,在中国少数民族哲学的通史性论著中,也都阐明了其中的伦理思想。另外,也发表了不少的各民族伦理思想的论文,尤其以熊坤新、郑英杰等为代表的一批学者,在这方面用力深厚。比如以熊坤新为第一作者的民族伦理学论文即有:概述维吾尔族伦理思想⑪、蒙古族伦理思想⑫,综述汉族伦理思想⑬、回族伦理思想⑭、裕固族

---

① 郑英杰:《中国少数民族伦理文化通论》,中国文史出版社,2002。
② 贺金瑞等:《民族伦理学通论》,中央民族大学出版社,2007。
③ 熊坤新:《民族伦理学》,中央民族大学出版社,1997。
④ 龚友德:《中国少数民族道德史》,云南人民出版社,1998。
⑤ 张哲敏:《民族伦理研究》,云南民族出版社,1990。
⑥ 高发元:《中国西南少数民族道德研究》,云南民族出版社,1990。
⑦ 刘明华等主编:《贵州省少数民族传统伦理道德研究》,贵州教育出版社,1991。
⑧ 杨树美:《彝族古代人学思想研究》,人民出版社,2008。
⑨ 苏克明等:《凉山彝族道德研究》,四川大学出版社,1997。
⑩ 杨国才:《白族传统道德与现代文明》,当代中国出版社,1999。
⑪ 熊坤新、康基柱:《维吾尔族伦理思想概述》,《新疆师范大学学报(哲学社会科学版)》2006 年第 1 期,第 5—12 页。
⑫ 熊坤新、曹冬、张勇:《蒙古族伦理思想概述》,《新疆师范大学学报(哲学社会科学版)》2006 年第 2 期,第 58—65 页。
⑬ 熊坤新、李建军、严庆:《汉民族伦理思想综述》,《新疆师范大学学报(哲学社会科学版)》2006 年第 1 期,第 13—23 页。
⑭ 熊坤新、曹冬、陈丽明:《回族伦理思想综述》,《新疆师范大学学报(哲学社会科学版)》2006 年第 2 期,第 51—57 页。

伦理思想①,述评哈萨克族伦理思想②、柯尔克孜族伦理思想③,面面观满族伦理思想④、保安族伦理思想⑤,概论锡伯族伦理思想⑥、乌孜别克族伦理思想⑦、塔塔尔族伦理思想⑧,管窥塔吉克族伦理思想⑨、东乡族伦理思想⑩,综论达斡尔族伦理思想⑪,述论俄罗斯族伦理思想⑫,析论羌族伦理思想⑬,等等。

4. 中华民族精神研究

哲学与民族精神的关系,使中国少数民族哲学研究十分关注民族精神,而伍雄武又最为代表。从 1991 年发起和主持召开"中华民族精神——各民族精神的融汇与凝聚全国学术讨论会"后,伍雄武即致力于中华民族精神研究,1992 年在云南召开了"中华民族精神——各民族精

---

① 熊坤新、于潜驰:《裕固族伦理思想综述》,《新疆师范大学学报(哲学社会科学版)》2007 年第 3 期,第 26—33 页。
② 熊坤新、上官文慧:《哈萨克族伦理思想述评》,《新疆师范大学学报(哲学社会科学版)》2006 年第 1 期,第 24—29 页。
③ 熊坤新等:《柯尔克孜族伦理思想述评》,《新疆师范大学学报(哲学社会科学版)》2006 年第 2 期,第 66—72 页。
④ 熊坤新等:《满族伦理思想面面观》,《新疆师范大学学报(哲学社会科学版)》2006 年第 3 期,第 33—38 页。
⑤ 熊坤新、于潜驰:《保安族伦理思想面面观》,《新疆师范大学学报(哲学社会科学版)》2007 年第 2 期,第 37—43 页。
⑥ 熊坤新、田芳、吕劭男:《锡伯族伦理思想概论》,《新疆师范大学学报(哲学社会科学版)》2006 年第 3 期,第 39—46 页。
⑦ 熊坤新、吕劭男:《乌孜别克族伦理思想概论》,《新疆师范大学学报(哲学社会科学版)》2006 年第 4 期,第 37—43 页。
⑧ 熊坤新、吕劭男:《塔塔尔族伦理思想概论》,《新疆师范大学学报(哲学社会科学版)》2007 年第 1 期,第 29—34 页。
⑨ 熊坤新等:《塔吉克族伦理思想管窥》,《新疆师范大学学报(哲学社会科学版)》2006 年第 3 期,第 47—53 页。
⑩ 熊坤新等:《东乡族伦理思想管窥》,《新疆师范大学学报(哲学社会科学版)》2007 年第 2 期,第 29—36 页。
⑪ 熊坤新、吕劭男:《达斡尔族伦理思想综论》,《新疆师范大学学报(哲学社会科学版)》2006 年第 4 期,第 44—49 页。
⑫ 熊坤新、吕劭男:《俄罗斯族伦理思想述论》,《新疆师范大学学报(哲学社会科学版)》2007 年第 1 期,第 35—40 页。
⑬ 熊坤新、丁乙:《羌族伦理思想析论》,《新疆师范大学学报(哲学社会科学版)》2007 年第 3 期,第 34—41 页。

神的融汇与凝聚全国学术讨论会",出版了《中华民族精神新论——各民族精神的融汇与凝聚》论文集①。此后伍雄武于 2000 年出版了专著《中华民族的形成与凝聚新论》②,随后即提出了他自己的研究少数民族哲学的"哲学—民族精神—民族文化"模式,在 2007 年于呼和浩特举办的中国少数民族哲学及社会思想史学会年会上,他以《哲学、民族精神与构建和谐社会》为题,系统阐明了自己的主张:

> 哲学除了时代性和阶级性之外,还有民族性。哲学有民族性,要义不在于说:哲学的普遍原理、范畴在不同的民族中表现出特殊的民族形式。所谓"民族特色、民族性只是形式的问题,科学的、普遍的原理才是内容",以这样的观点来理解民族性,我以为没有抓住民族性的要点。哲学的民族性就在于哲学是民族精神的结晶,或者说,民族精神的自觉认识和理论表达就是该民族特有的哲学。任何一个民族都有自己的民族精神,但是,有的民族能自觉地认识和理论地把它表达出来,于是她就有自己的哲学(哲学学说);有的民族尚未做到,或没有完全做到这一点,从而她只有哲学思想……民族精神贯穿在一个民族的全部文化生活中,决定着一个民族的文化模式的性质、特点,决定着它的未来趋向和前途。这样,当我们理解了一个民族的民族精神的时候,那才可能把握这个民族各种文化形态的精髓和根本特征,反之,我们又只有从一个民族的各种文化形态中,才可能深切地体会和认识到该民族的民族精神。而哲学是民族精神的结晶和自觉表达,由此也就形成了"哲学—民族精神—民族文化"的认识模式,即从哲学或哲学思想去认识民族精神,再从民族精神去认识民族文化,以及整个民族的历史与现实。或反过来,从民族文化的各个表现形态,如宗教、道德、文学、艺术、习俗、制度……去理解和概括民族精神,再从民族精神去理解和认识一个民

---

① 伍雄武主编:《中华民族精神新论——各民族精神的融汇与凝聚》,云南人民出版社,1994。
② 伍雄武:《中华民族的形成与凝聚新论》,云南人民出版社,2000。

族的哲学或哲学思想……回顾 20 多年来我们对中国少数民族哲学、社会思想的研究,大体上接近上述研究模式。在我们的研究论著中,引述了许多诗篇(创世史诗、叙事长诗等)、文学著作、历史著作,根据它们以及宗教、道德的制度、习俗来论述少数民族的哲学和哲学思想。有的人认为这不是哲学史或哲学思想史的研究。我认为,他们之所以如此偏见,乃因其不理解我们的研究模式。再有人认为,哲学是科学,它研究的是普适的科学原理和原则,因此哲学原理和数学原理一样的,没有什么民族性的问题,而只有水平高低的问题。由此,他们认为少数民族哲学的研究只有历史的价值,而没有现实的意义,因为少数民族哲学只是人类认识的早期的、低级的阶段。我认为,他们作这样的看法乃因其不理解民族精神的重要地位和历史作用,不理解哲学与民族精神的关系。我们对少数民族哲学及社会思想的研究,需要不断地改进、提高、创新,但是,我们已有的正确而有开拓性的观点和方法,则要继续坚持、发展,这样才能保持学科的健康发展。

对于民族精神的研究,在各民族哲学研究中也同样得到了重视,如在土家族研究中,笔者即较早地研究了土家族的文化精神,并于 1990 年 10 月在湖北省召开的首届巴文化研讨会上发表了《论土家族文化精神》①一文,此后胡炳章出版了《土家族文化精神》②一书,蔡元亨出版了《大魂之音——巴人精神秘史》③一书等,其他相关著作也都有这方面的阐明。

5. 儒学及其他方面研究

儒学与少数民族哲学的关系实质上是汉族与少数民族的文化关系,各少数民族差不多都与儒学发生过深刻联系,甚至是人心向儒。因此,

---

① 萧洪恩:《论土家族文化精神》,《湖北民族学院学报(哲学社会科学版)》1990 年第 2 期。
② 胡炳章:《土家族文化精神》,民族出版社,1999。
③ 蔡元亨:《大魂之音——巴人精神秘史》,中央民族大学出版社,2001。

在中国少数民族哲学研究中,这个问题得到了较多研究,主要文献有:肖
万源、张克武、伍雄武主编的《中国少数民族哲学·宗教·儒学》①,肖万
源论中国少数民族哲学与儒学②,肖万源主编的《儒学与中国少数民族思
想文化》③,龚友德的《儒学与云南少数民族文化》④,黄昀试论儒学在少
数民族文化整合中的变迁⑤及略论少数民族文化对儒学的影响⑥,杨翰
卿论儒学对云南少数民族哲学的影响⑦并简论儒学在中国南方少数民族
哲学和文化中的传播影响⑧、论儒学与北方少数民族思想的互动及其意
义⑨、论儒学与我国少数民族哲学和文化的交融互动⑩、彝族哲学与汉代
天人儒学的同异关系⑪,桑德诺瓦论汉族流官与丽江纳西族儒学礼乐的
形成及分期⑫,周俊华论元明清时期"纳儒"对话的历史轨迹⑬,李小艳以
广东顺德的"姑婆屋"和纳西族的"殉情"为例研究儒教婚姻文化及其与
异地非儒文化的冲突⑭,等等。笔者也曾对土家族与儒学的关系作过深

① 肖万源、张克武、伍雄武主编:《中国少数民族哲学·宗教·儒学》,当代中国出版社,1995。
② 肖万源:《中国少数民族哲学与儒学》,《孔子研究》1995 年第 2 期,第 89—95 页。
③ 肖万源主编:《儒学与中国少数民族思想文化》,当代中国出版社,1996。
④ 龚友德:《儒学与云南少数民族文化》,云南人民出版社,1993。
⑤ 黄昀:《试论儒学在少数民族文化整合中的变迁》,《民族论坛》2008 年第 2 期,第 21—23 页。
⑥ 黄昀:《略论少数民族文化对儒学的影响》,《玉溪师范学院学报》2004 年第 9 期,第 45—
　48 页。
⑦ 杨翰卿:《儒学对云南少数民族哲学的影响》,《西南民族大学学报(人文社会科学版)》2011 年
　第 7 期,第 57—62 页。
⑧ 杨翰卿:《简论儒学在我国南方少数民族哲学和文化中的传播影响》,《西华大学学报(哲学社
　会科学版)》2011 年第 1 期,第 72—76 页。
⑨ 杨翰卿、徐初霞:《儒学与北方少数民族思想的互动及其意义》,《实学研究》(第 1 辑)2011 年
　卷,第 342—352 页。
⑩ 杨翰卿:《儒学与我国少数民族哲学和文化的交融互动》,《哲学研究》2011 年第 11 期,第 70—
　76 页。
⑪ 杨翰卿:《彝族哲学与汉代天人儒学的同异关系》,《西南民族大学学报(人文社会科学版)》
　2014 年第 4 期,第 65—70 页,第 2 页。
⑫ 桑德诺瓦:《论汉族沉官与丽江纳西族儒学礼乐的形成及分期》,《中国音乐》2005 年第 2 期,
　第 68—73 页,第 98 页。
⑬ 周俊华:《元明清时期"纳儒"对话的历史轨迹》,《云南民族大学学报(哲学社会科学版)》2006
　年第 6 期,第 81—85 页。
⑭ 李小艳:《儒教婚姻文化及其与异地非儒文化的冲突——以广东顺德的"姑婆屋"和纳西族的
　"殉情"为例》,《湖北民族学院学报(哲学社会科学版)》2002 年第 6 期,第 7—10 页。

入讨论,发表了不少这方面的论文,如:以脱蛮入儒为旨论 19 世纪土家族的文化认同与社会转型①,论 20 世纪上半叶土家族对儒家文化的反思与重构②,以入世与超越为旨论 15—17 世纪土家族的文化选择与哲学转型③,以中心与边缘为旨论土家族历史转型中的事件隐喻与哲学逻辑④,等等。儒学研究的丰富性,我们将在各民族哲学研究概观中有所论及。

中国少数民族哲学的其他方面研究内容还很多,比如方法论研究、少数民族的价值观问题、审美观问题、法理思想、军事思想,等等,正是这些非常广泛的研究领域,构成了中国少数民族哲学研究的宏大场域,为研究中国少数民族哲学拓宽了阵地,积累了成就。不过,哲学研究的方式是多种多样的,比如关于中国少数民族哲学史料的研究,目前即形成了不少的研究成果,像李国文在"中国少数民族哲学及社会思想史学会第四届理事会成立及学术报告会"上的发言即强调少数民族哲学思想研究必须高度重视资料工作⑤、徐初霞论中国少数民族哲学文献的特点⑥、李斌初探少数民族哲学文献史料的若干问题⑦,等等。其实,即使是这一问题,都还隐含有文献分类(即少数民族哲学的表现形式)、叙事框架、话语方式的研究,甚至还包括思想交流的办法和思维训练的途径等。

① 萧洪恩:《脱蛮入儒:19 世纪土家族的文化认同与社会转型》,《中南民族大学学报(人文社会科学版)》2006 年第 5 期,第 45—50 页。
② 萧洪恩:《20 世纪上半叶土家族对儒家文化的反思与重构》,《武汉科技大学学报(社会科学版)》2008 年第 3 期,第 9—15 页、第 90 页。
③ 萧洪恩:《入世与超越:15—17 世纪土家族的文化选择与哲学转型》,《湖北民族学院学报(哲学社会科学版)》2008 年第 6 期,第 11—16 页。
④ 萧洪恩:《中心与边缘:土家族历史转型中的事件隐喻与哲学逻辑》,载李申、陈卫平主编《哲学与宗教》第三辑,上海人民出版社,2009,第 32—47 页。
⑤ 李国文:《少数民族哲学思想研究必须高度重视资料工作——在"中国少数民族哲学及社会思想史学会第四届理事会成立及学术报告会"上的发言》,载朝克等编《科学发展观与民族地区建设实践研究》,俄罗斯布里亚特科学中心出版社(Russian Buryat Scientific Center Press),2010,第 177—184 页。
⑥ 徐初霞:《论中国少数民族哲学文献的特点》,《新疆社会科学》2012 年第 3 期,第 12—15 页。
⑦ 李斌:《少数民族哲学文献史料的若干问题初探》,硕士学位论文,云南师范大学经济政法学院,2006。

二、如何撰写中国少数民族哲学史

如何写好中国少数民族哲学史,其中包括各少数民族之单一民族的哲学史,目前还处在艰苦的探索中,这一问题主要有以下一些方面值得研究。

(一) 写作中国少数民族哲学史的主体

根据笔者对文化内涵的界定和对文化内容的分类,主体即人本身即是一种文化。就写作中国少数民族哲学史的主体而言,这一问题关心的是作为写作中国少数民族哲学史主体的人是什么人? 是团队? 还是个人? 这两种情况都是存在的。笔者主张向老一辈学人,如冯友兰、张岱年等那样的"通史"家学习,由个人来完成一个民族的哲学史书写任务,这当然是一个很艰巨的任务。笔者接受《中国哲学通史·少数民族哲学卷》这一任务,目的也是想延续中国哲学研究的这一传统,何况前面已有伍雄武的《中国少数民族哲学思想简史》[①]等开其端呢! 因此,笔者分两个层次来强调写作中国少数民族哲学史的主体:一个层次是先写出各少数民族哲学史或哲学思想史,特别是一些足以写成哲学史或哲学思想史的民族,应该努力完成这种任务;另一个层次是书写包括整个中国 55 个少数民族的中国少数民族哲学史,并进而完全包括中国 56 个民族哲学在内的中国哲学史(理想的书名应是《中华民族哲学史》),实现哲学通史要包括所有民族之哲学[②]的任务。这两个层次的理想状态都应是由个人来完成,这里的个人可以是各民族自己的学者(尤其是第一个层次),也可以是任何一个民族,甚至包括外国人来完成。

(二) 写作中国少数民族哲学史的形式

这一问题关心的是以什么形式来写中国少数民族哲学史,即写通史、写专题史,还是综合……目前有三种体例,事实上有三种写法:

---

① 伍雄武:《中国少数民族哲学思想简史》,云南人民出版社,1996。
② 梯利:《西方哲学史》,葛力译,商务印书馆,1995,第 14 页。

第一种体例是《中国少数民族哲学专题研究》的写法。根据 1997 年出版的《中国少数民族哲学概论》中的"后记",用这种写法的原因有三:一是教学与研究的经验,二是个人的能力与水平,三是中国少数民族哲学的实际,特别是后两者,作者曾说:"在教学和著述过程中,我深感就我现在的能力和水平是很难写出一部中国少数民族哲学史的。……于是,我就开始进行专题研究。"①这一思想,在新出版的修订版中得到了坚持,即"经过多年的使用,我深感这部教材叫'概论'二字有些欠妥,因为,这部教材不能概述中国少数民族哲学的全貌"②。因此,佟先生坚信:"我认为少数民族哲学专题研究,是一条研究少数民族哲学的有效途径。"③

第二种体例是肖万源、伍雄武、阿不都秀库尔共同主编的《中国少数民族哲学史》。可以概括为由各民族哲学发展组合成的《中国少数民族哲学史》,即"组合的中国少数民族哲学史",基本特点是根据中国各少数民族哲学发展的历史实际,大致划分出萌芽期的中国少数民族哲学,该书第一编六章,"主要是考察、分析哈尼、傈僳、佤、拉祜、阿昌、德昂、达斡尔、鄂温克、鄂伦春、瑶、布依、侗、水诸民族哲学的萌芽,或哲学趋于形成阶段,基本上属于原始哲学范畴,真正的哲学尚未形成。"④第二编五章,"主要考察、评介了纳西、傣、苗、彝、壮诸民族哲学的萌芽,以及由萌芽到哲学形成的各具特色的哲学思想。就是说,他们的哲学产生了。"⑤到了第三编六章,"主要是考察、阐述了白、满、蒙古、藏、维吾尔、回诸民族的哲学思想。其中,除考察、分析了诸民族哲学的萌芽,及由萌芽到哲学形成的过程",该书还有一个总结,即"如果说,第一编的特点在于哲学的萌芽及其滋长,第二编的特点重在哲学的形成,那么,第三编的特点就是哲

---

① 佟德富:《中国少数民族哲学概论》,中央民族大学出版社,1997,第 440 页。
② 佟德富、宝贵贞:《中国少数民族哲学专题研究》,中央民族大学出版社,2006,第 438 页。
③ 佟德富、宝贵贞:《中国少数民族哲学专题研究》,中央民族大学出版社,2006,第 3—4 页。
④ 肖万源、伍雄武、阿不都秀库尔主编:《中国少数民族哲学史》,安徽人民出版社,1992,第 41 页。
⑤ 肖万源、伍雄武、阿不都秀库尔主编:《中国少数民族哲学史》,安徽人民出版社,1992,第 226 页。

学的形成及其后的发展,且具有相当高的理论思维水平。理出这样的线索,是分编(章)顺序的意图。'①

第三种体例是伍雄武的《中国少数民族哲学思想简史》体例。该书认为"在总体结构上,分专题来讲,在专题中讲'史',在专题中概述各个民族;在内容上,一些重要人物和著作,力求直接研读原著而后提出看法,如《福乐智慧》《米拉日巴传》等。"其中"在专题中讲'史'"是比佟德富、宝贵贞的《中国少数民族哲学专题研究》有优势的方面,"在专题中概述各个民族"又是比肖万源、伍雄武、阿不都秀库尔的《中国少数民族哲学史》有优势的方面。②

根据笔者所见,目前集各民族学者的集体优势来写一部包括 55 个民族的中国少数民族哲学史的条件已经成熟,伍雄武教授已经组织力量在进行这方面的工作,下一步应该是由某位学者根据自己个人的哲学观来写出中国少数民族哲学史任务的提出并实施。笔者在这里真诚地希望能有这样的埋头做学问而不只是做研究的学者出现。这样的哲学史既是一部包括全部中国少数民族的哲学史,也是具有各民族哲学自身发展进程的哲学史。自然,其中有个别民族可能有自己的特殊情况,不宜作出漫长的历史叙述。

(三)写作中国少数民族哲学史的标准

这一问题关心的实质是按什么标准的体例和模式来写中国少数民族哲学史,这里面首先是一个哲学观的问题,在一定程度上即中国少数民族哲学的合法性问题。因此在研究少数民族哲学的过程中,有些学者后来出现了一定的动摇,如李国文即出现了这种状况,在 2007 年和 2008 年的两个学术讨论会即说:"我这些年搞的东西算什么我不知道,你说是

---

① 肖万源、伍雄武、阿不都秀库尔主编:《中国少数民族哲学史》,安徽人民出版社,1992,第 584 页。
② 伍雄武:《中国少数民族哲学思想简史》,云南人民出版社,1996,第 232 页。

什么就算什么！"①但佟德富却是越搞越坚定，即如他所说："通过多年的科研和教学实践，我更加坚定了中国少数民族有哲学思想的观点。中国少数民族不仅有哲学思想，而且在许多哲学领域有十分深刻十分丰富的哲学思想，到目前为止已经陆续出版的少数民族哲学专著和专论，就是极好例证。"②不过，佟德富的坚定是有前提的，这就是：承认中国少数民族有哲学，是从以下具体情况出发的，即"也不要将问题简单化，以为有些民族如蒙古族、满族、维吾尔族、壮族、白族、苗族、彝族等出版了哲学专著，就认为每个少数民族都能写出一部系统、完整的哲学专著，这是因为我国少数民族发展不平衡，有些民族几乎与汉族同步发展，有些民族直至中华人民共和国成立前还处于农奴制或奴隶制社会，有些甚至还在阶级社会门槛徘徊，没有经过人类社会历史发展的各个阶段，加之这些民族没有文字，很难写出像上述少数民族那样较为系统的哲学思想，更不要说按中国哲学史的体例和模式，完整系统地总结这些民族的哲学思想史了"③。

根据笔者多年来研究中国少数民族哲学，特别是土家族哲学的体会，各少数民族应有自己的哲学思想萌芽，有的民族的哲学还经过萌芽、产生、形成与发展，甚至达至近现代哲学转型的历程。但是应该强调的是，相比于传统的《西方哲学史》或传统的《中国哲学史》那种精英与经典阵容来讲，似乎有"某种局限"，但是若要问：那些精英、经典真的影响那么大吗？尤其是在"当代社会"？比如，西方的苏格拉底被处死了，中国的孔子并不被当时接受，王充的著作在当时流行度低，程、朱理学在元明清时代才有大的影响，有多少人读过王夫之的著作？思想家的孤独不正说明作为时代精神、民族精神精华的哲学不应只是那种精英或经典吗？相比而言，中国某些少数民族哲学却恰恰相反正好缺乏这种精英与经典

---

① 2007年"少数民族哲学理论及编写工作会"（云南景洪），2008年"少数民族哲学——宇宙观及其人类学意义讲座研讨会"（北京）。

② 佟德富、宝贵贞：《中国少数民族哲学专题研究》，中央民族大学出版社，2006，第3页。

③ 佟德富、宝贵贞：《中国少数民族哲学专题研究》，中央民族大学出版社，2006，第3页。

（部分少数民族除外），当精英或经典中讨论"中庸"的高深时，他们只说
"适可而止"四字即清楚明白了；当精英或经典中讨论"信任"的深刻时，
他们只一句"防人之心不可无，害人之心不可有"即清楚明白了；当精英
或经典中讨论"不真，故空"的深妙时，他们只"万事只在人心"一言即清
楚明白了……即使是所谓儒家，历经中国历代统治者提倡推扬，深藏在
人民心中的也只是那些日常道德，而作为那些提倡者的精英本身或即正
是违犯者，而《易经》的高深哲学或许正因为来自民间，而与民间关系甚
深，因而具有更为广泛的社会接受性——尽管是以其独特的方式——算
命、看相、风水、卜筮……我们无意贬低精英或经典，只是想明确是哪些
思想与民族的一般思维方式契合，借用人类学家的话说，是什么东西成
了民族的"法典"。这样，我们即可以看到，中国少数民族哲学表现形式
的非精英或非经典化——各民族的神话、史诗、传说、故事、谚语、仪式、
建筑样式、生活习惯……及至像苗族的议榔词、侗族的款词，不少民族所
具有的规约……却是那样的具有民族性、普遍性，又是那样深刻地影响
着中国少数民族的生活，如果说精英或经典是思想的"少数"的话，那么
少数民族哲学的这种表现却真正是"多数"，并且还不是"代表"的多数，
而是本身的"多数"。或许有人认为，这样的"哲学"是不系统的、非体系
化的，而事实上，这样的系统、体系是指这些思想是一个整体吗？是指思
想之间的内在联系吗？如果是这样的话，我们说这些"哲学"的确是整体
的、系统的、有机的，而且是文、史、哲、法等浑然一体的，不然的话，一个
一字不识的农民，只通过其所接受的口承文化，却能成长为一代代"新"
农民，原因就在于这些民众总是针对特定的"情境"说出他们的"哲学"，
与其说这些"哲学"是思想汇聚，倒不如说这些"哲学"是"情境"聚合，对
此，笔者曾有一篇博客文章《在母亲的谚语中成长》，对母亲的日常教育
做过初步总结……因此，我们特别强调的是，书写中国少数民族哲学史，
恰恰相反要发挥的是中国少数民族哲学史上的非精英或非经典化的优
势，千万不能因为这些东西在社会存在方面所具有的普遍性而犯"世多
有，故不论"的错误。更不能无视中国哲学的思维模式是直接袭取"百姓

日用"之间,及至直接承袭神话思维模式的传统,而套用扬弃了神话思维模式之后发展起来的西方哲学思维模式来观察中国的问题①。比如,有学者即强调:"早期的中国哲学家如老子、庄子等在很大程度上表现出神话思维的特征,而中国哲学中的基本范畴,如太极、道、阴、阳、五行、变、易等,几乎无一不是从神话思维的具体表象中抽象出来的。"②

三、如何写各少数民族哲学史

马克思在谈到经济学研究方法时,曾强调"哪怕是最抽象的范畴,虽然正是由于它们的抽象而适用于一切时代,但是就这个抽象的规定性本身来说,同样是历史条件的产物,而且只有对于这些条件并在这些条件之内才具有充分的适用性。资产阶级社会是最发达的和最多样性的历史的生产组织。因此,那些表现它的各种关系的范畴以及对于它的结构的理解,同时也能使我们透视一切已经覆灭的社会形式的结构和生产关系。资产阶级社会借这些社会形式的残片和因素建立起来,其中一部分是还未克服的遗物,继续在这里存留着,一部分原来只是征兆的东西,发展到具有充分意义,等等。人体解剖对于猴体解剖是一把钥匙。反过来说,低等动物身上表露的高等动物的征兆,只有在高等动物本身已被认识之后才能理解"③。显然,这一说法同样适用于研究和书写中国少数民族哲学。但是,中国少数民族哲学研究与书写一开始就面临着一种研究方法论的考量,这就是根据什么方式来研究中国少数民族哲学史,这一问题是中国哲学学科创建过程中遇到的老问题,中国少数民族哲学研究也不例外。

（一）历史上哲学史书写方法的简单梳理

在世界哲学史上存在着多种多样的哲学史书写方式,根据笔者的运

---

① 叶舒宪、俞建章:《符号:语言与艺术》,上海人民出版社,1988,第4章《神话思维》,第120页。
② 叶舒宪:《中国神话哲学》,陕西人民出版社,2005,导言,第3页。
③《马克思恩格斯选集》第2卷,人民出版社,1995,第23页。

用与选择,以下的几种方式影响较为特殊。

黑格尔之哲学观念发展的历史与逻辑相统一的方法是我们曾长期使用的方法,也是对笔者影响最大的方法,其前提是按照哲学史研究者的哲学确立一种"真正"的哲学观念,然后据此筛选哲学文化史料,并据以写出自己的哲学史。在黑格尔看来,"只有当我们能够提出一个确定的史观时,历史才能得到一贯性"①。于是,"只有真的哲学概念,才能使我们理解那些根据哲学的真概念从事工作的哲学家的著作"②。而且,"因为一门学问的历史必然与我们对于它的概念密切地联系着。根据这概念就可以决定那些对它是最重要最适合目的的材料,并且根据事变对于这概念的关系就可以选择那必须记述的事实,以及把握这些事实的方式和处理这些事实的观点"③。这种方法被描述为:"从笔者设想的哲学观点出发",将"哲学上那些基本问题在一开始便提了出来,接着指明确定和解答这些问题所采取的每一步骤;凡与主要问题无关的东西,均置之度外,不管它们在一些哲学家的心目中可能多么重要"④。显然,这种方法的最大问题在于,你的"真"哲学是什么? 黑格尔已经发现:"哲学有一个显著的特点,与别的科学比较起来,也可说是一个缺点,就是我们对于它的本质,对于它应该完成和能够完成的任务,有许多大不相同的看法。"⑤而且更为严重的是,如果按照某种哲学观,还可能在中国少数民族哲学研究中,"我们什么东西都可以找得到,就是找不到我们所了解的哲学。"⑥也有可能根据某种哲学观写出的中国少数民族哲学仅仅是某种哲学观的少数民族例子,成了"某种哲学在少数民族",而不是"中国少数民族哲学"。这样,不仅出现了研究者哲学观的"片面性的责难"⑦,而且还

---

① 黑格尔:《哲学史讲演录》第1卷 贺麟、王太庆译,生活·读书·新知三联书店,1956,第5页。
② 黑格尔:《哲学史讲演录》第1卷,贺麟、王太庆译,生活·读书·新知三联书店,1956,第5页。
③ 黑格尔:《哲学史讲演录》第1卷,贺麟、王太庆译,生活·读书·新知三联书店,1956,第4页。
④ 索利:《英国哲学史》.段德智译,山东人民出版社,1992,第1页。
⑤ 黑格尔:《哲学史讲演录》第1卷,贺麟、王太庆译,生活·读书·新知三联书店,1956,第5页。
⑥ 黑格尔:《哲学史讲演录》第1卷,贺麟、王太庆译,生活·读书·新知三联书店,1956,第4页。
⑦ 黑格尔:《哲学史讲演录》第1卷,贺麟、王太庆译,生活·读书·新知三联书店,1956,第5页。

"易于因强调某些特征而忽略其他一些特征从而失去历史的比例关系",因此,其"结果往往是片面的,易引出误解的"①。

相比较而言,罗素撰写《西方哲学史》的方法倒是一种较为适宜的方法,其方法也是一种历史研究法,特别突出哲学思想主题的提出背景,彰显哲学思想与其社会历史文化的关系,强调"哲学乃是社会生活与政治生活的一个组成部分:它并不是卓越的个人所作出的孤立的思考,而是曾经有各种体系盛行过的各种社会性格的产物与成因"②。在特定的社会历史时代,"哲学家们既是果,也是因。他们是他们时代的社会环境和政治制度的结果,他们(如果幸运的话)也可能是塑造后来时代的政治制度信仰的原因。"③据此,罗素的《西方哲学史》力求"在真相所能容许的范围内","试图把每一个哲学家显示为他的环境的产物,显示为一个以笼统而广泛的形式,具体地并集中地表现了以他作为其中一个成员的社会所共有的思想与感情的人。"④真正说来,如果能做到这一点的话,只要把罗素的"哲学家"换成"哲学文化事象",就足可进行中国少数民族哲学研究。但事实上,这对于目前的中国少数民族哲学研究是很困难的事,比如在中国少数民族历史上长期流传的不少文化事象,其历史文化关系就特别复杂,甚至是很难确定其时代的,我们在研究中只能根据其哲学的"形态"特征而进行描述。另一复杂情形是,即使在近现代有"哲学家",其哲学却未必是近现代的哲学"形态",出现了时代的断裂与错位情形。因此,罗素的方法是一个适宜而不可套用的方法。

在西方哲学界,书写哲学史,还有所谓的传记体方法,"从哲学家本人的哲学观点出发"⑤,对哲学家的个人生活经历、气质、主要著作、主要观点进行历史梳理,以此为基础,更进一步"依主题依次显现给每个哲学

① 索利:《英国哲学史》,段德智译,山东人民出版社,1992,第1页。
② 罗素:《西方哲学史》上卷,何兆武、李约瑟译,商务印书馆,1963,第5页。
③ 罗素:《西方哲学史》上卷,何兆武、李约瑟译,商务印书馆,1963,第8—9页。
④ 罗素:《西方哲学史》上卷,何兆武、李约瑟译,商务印书馆,1963,第9页。
⑤ 索利:《英国哲学史》,段德智译,山东人民出版社,1992,第1页。

家的情况来处理它,那些明确的概念和清楚的争端将随着史实的进展而逐渐呈现出来"①。很显然,在中国少数民族哲学中,不可能按照这种方法来书写。一方面,中国不少民族哲学史研究主要的不是以"哲学家"为研究对象,而更多的是以各种"文化事象"为研究对象;另一方面,中国少数民族历史发展中长期存在着历史停滞性(不少民族直到中华人民共和国成立前还处于原始社会等)与历史跳跃性(随某种大的民族关系变动而很快进入另一种社会形态,如近现代的历史跳跃等),使其哲学"史实"既有普遍的"叠加"现象,又有严重的"断裂"现象,因而不可能有传记体式的连续的哲学思想发展的总体图景。

目前在中国少数民族哲学研究中,专题史方法较受关注,这种方法应该是哲学史上的问题史方法、范畴史方法的延伸,比如问题史方法即把哲学看成是系列问题的展开史,据此可撇开哲学与其他社会文化形式之间的联系、舍弃哲学家的个人特质,只专注于哲学问题的提出与回答;范畴史研究则专注于哲学范畴的上述情况。在国外,德国著名的新黑格尔主义者理查德·克洛纳的两卷本巨著《从康德到黑格尔》运用的是问题史方法。在国内,《中国少数民族哲学专题研究》运用的也是这种问题史方法,至于范畴史的著作则更多。

显然,哲学史书写还有其他方法。我们认为在中国少数民族哲学研究中应有超越精神。

(二)中国哲学史书写方法的"金岳霖问题"

中国哲学史书写过程中有所谓"金岳霖问题",即把中国哲学史书写问题归结为哲学的实质与形式问题:"哲学有实质也有形式,有问题也有方法。如果一种思想的实质与形式均与普遍哲学的实质与形式相同,那种思想当然是哲学。如果一种思想的实质与形式都异于普遍哲学,那种思想是否是一种哲学颇是一问题。有哲学的实质而无哲学的形式,或有哲学的形式而无哲学的实质的思想,都给哲学史家一种困难。'中国哲

---

① 索利:《英国哲学史》,段德智译,山东人民出版社,1992,第1页。

学'这名称就有这个困难问题。所谓中国哲学史是中国哲学的史呢？还是在中国的哲学史呢？如果一个人写一本英国物理学史，他所写的实在是在英国的物理学史，而不是英国物理学的史；因为严格地说起来，没有英国物理学。哲学没有进步到物理学的地步，所以这个问题比较复杂。写中国哲学史就有根本态度的问题。这根本态度至少有两个：一个态度是把中国哲学当作中国国学中之一种特别学问，与普遍哲学不必发生异同的程度问题；另一种态度是把中国哲学当作发现于中国的哲学。"①

老实说，中国少数民族哲学研究开始也的确是从这个角度来思考问题的，即根据一定的"实质"的哲学，来甄别哲学与非哲学的史料，把少数民族的各种文献中属于"哲学"的部分，从其他文化史，如文学史、伦理学史、宗教学史等中区别出来，编辑出版了不少这方面的少数民族哲学研究资料，如《云南少数民族哲学社会思想资料选编》(1—6 辑)②、《贵州少数民族哲学及社会思想资料选编》③、民族院校公共哲学课教材编写组的《中国少数民族哲学和社会思想资料选编》④，等等。这一思路的问题在于我们必须以一种"普遍哲学"为依据，而潜意识中的普遍哲学又都是我们熟知的某种哲学，并以此为据，把中国少数民族哲学当作发现于中国少数民族文化中的哲学，中国少数民族哲学史就是在中国少数民族的哲学史，而一旦这种普遍哲学的标准动摇了，或者有某些人并不认可这种标准，那就会使整个中国少数民族哲学研究基础发生根本性毁损。同时，这样做的结果，就会完全失去中国少数民族哲学的民族性、族群性（在各民族内部族群差异上使用这一概念），使其成为像物理学、化学等

---

① 冯友兰：《中国哲学史》下册《审查报告二》，中华书局，1961，第 7 页。
②《云南少数民族哲学社会思想资料选编》，内部资料，中国哲学史学会云南省分会编印，1981—1986。
③《贵州少数民族哲学及社会思想资料选编》，贵州省哲学学会编印，1984。
④ 民族院校公共哲学课教材编写组：《中国少数民族哲学和社会思想资料选编》，天津教育出版社，1998。

自然科学那样的非历史科学,从而成了"哲学"上的"唯科学主义"①。

我们认为,书写中国少数民族哲学史的所谓共性,并不是去寻找某种都能接受的哲学。一方面,是站在现代哲学思想发展的高度来研究中国少数民族哲学史,去寻找历史上少数民族的哲学文化现象与现代中国各少数民族,和整个中华民族的哲学文化联系,这也就是黑格尔的哲学史研究所强调的:"如果我们要想把握哲学史的中心意义,我们必须在似乎是过去了的哲学与哲学所达到的现阶段之间的本质上的联系里去寻求。"②理由很简单——"我们的哲学,只有在本质上与此前的哲学有了联系,才能够有其存在,而且必然地从前此的哲学产生出来。因此,哲学史的过程并不昭示给我们外在于我们的事物的生成,而乃是昭示我们自身的生成和我们的知识或科学的生成。"③正是在这个意义上说:"哲学是在发展中的系统,哲学史也是在发展中的系统。"④"哲学史的研究就是哲学本身的研究。"⑤也只有这样,我们从所写出的哲学史中才会发现,"每一哲学曾经是,而且仍是必然的,因此没有任何哲学曾消灭了,而所有各派哲学作为全体的诸环节都肯定地保存在哲学里……各派哲学的原则是被保持着的,那最新的哲学就是所有各先行原则的结果,所以没有任何哲学是完全被推翻了的。那被推翻了的并不是这个哲学的原则,而只不过是这个原则的绝对性、究竟至上性。"⑥这里必须研究的是,当代中国少数民族到底需要什么哲学? 这也就是笔者在前面提到的研究中国少数

---

① 目前在中国少数民族哲学研究中,不少人都坚持哲学是"科学",这种看法即是一种"唯科学主义"的表现。事实上,哲学问题不可能有一个定论,这就是"哲学无定说",一旦形成定论,那就不是哲学,而是科学了。哲学的本质在于永远的智慧追求。
② 黑格尔:《哲学史讲演录》第1卷,贺麟、王太庆译,生活·读书·新知三联书店,1956,第7页。
③ 黑格尔:《哲学史讲演录》第1卷,贺麟、王太庆译,生活·读书·新知三联书店,1956,第9页。
④ 黑格尔:《哲学史讲演录》第1卷,贺麟、王太庆译,生活·读书·新知三联书店,1956,第33页。
⑤ 黑格尔:《哲学史讲演录》第1卷,贺麟、王太庆译,生活·读书·新知三联书店,1956,第34页。
⑥ 黑格尔:《哲学史讲演录》第1卷,贺麟、王太庆译,生活·读书·新知三联书店,1956,第40—41页。

民族哲学应着眼于哲学自身的发展,而不只是从功能主义的意义上去看问题。

另一方面,中国少数民族哲学研究应着眼于揭示其哲学文化精神,或说揭示其民族精神,这种精神在黑格尔那里表现为一定的"哲学理念",即:"历史上的那些哲学系统的次序,与理念里的那些概念规定的逻辑推演的次序是相同的。"①"如果我们能够对哲学史里面出现的各个系统的基本概念,完全剥掉它们的外在形态和特殊应用,我们就可以得到理念自身发展的各个不同的阶段的逻辑概念了。反之,如果掌握了逻辑的进程,我们亦可从它里面的各主要环节得到历史现象的进程。不过我们当然必须善于从历史形态所包含的内容里去认识这些纯粹概念。"②在马克思那里表现为所谓的"真正的精华":"哲学史应该找出每个体系的规定的动因和贯穿整个体系的真正的精华,并把它们同那些以对话形式出现的证明和论证区别开来,同哲学家们对它们的阐述区别开来……哲学史应该把那种像田鼠一样不声不响地前进的真正的哲学认识同那种滔滔不绝的、公开的、具有多种形式的现象学的主体意识区别开来……在把这种意识区别开来时应该彻底研究的正是它的统一性,相互制约性。"③在恩格斯那里则表现为一定的思想进程中"前后一贯的反映":"历史从哪里开始,思想进程也应当从哪里开始,而思想进程的进一步发展不过是历史过程在抽象的、理论上前后一贯的形式上的反映;这种反映是经过修正的,然而是按照现实的历史过程本身的规律修正的,这时,每一个要素可以在它完全成熟而具有典型性的发展点上加以考察。"④

事实上,我们如果把握住了这两个方面,就能够正确处理好金岳霖问题。

---

① 黑格尔:《哲学史讲演录》第 1 卷,贺麟、王太庆译,生活·读书·新知三联书店,1956,第34 页。
② 黑格尔:《哲学史讲演录》第 1 卷,贺麟、王太庆译,生活·读书·新知三联书店,1956,第34 页。
③《马克思恩格斯全集》第 40 卷,人民出版社 1982 年版,第 170 页。
④《马克思恩格斯选集》第 2 卷,人民出版社,1972,第 43 页。

（三）中国少数民族哲学史书写的具体问题

根据笔者对目前存在的中国少数民族哲学研究成果的把观，中国少数民族哲学史书写方法的具本问题是：

其一，是不是所有民族都能写出"×××族哲学史"？答案是值得研究的。如果按肖万源、伍雄武、阿不都秀库尔主编的《中国少数民族哲学史》，则据其第一编共六章的考察、分析，哈尼族、傈僳族、佤族、拉祜族、阿昌族、德昂族、达斡尔族、鄂温克族、鄂伦春族、瑶族、布依族、侗族、水族等民族就无法写出自己的民族哲学史①，因为这些民族的哲学尚处于萌芽阶段。但从实际而言，其实涉及所谓哲学观问题，根据笔者对这些民族的了解，侗族、水族等民族哲学都经过出现萌芽、形成而具有了近现代转型意义，因而都能写出了自己的哲学思想史，只不过还应作更进一步深入研究而已。

其二，如果要写"×××族哲学史"，是按什么标准或模式来写自己民族的哲学史，佟德富提供了两个标准，即蒙古族、满族、维吾尔族、壮族、白族、苗族、彝族等出版了哲学专著的那些模式，以及类同中国哲学史的体例和模式，这两个层次，佟德富是分得很清楚的。

佟德富基于中国少数民族哲学发展的不平衡性，认为有些民族无法写出"×××族哲学史"，因而分民族写出 55 个民族的中国少数民族哲学史很困难。这些不平衡性表现在：虽然"不能因此就说这些（不能写出"×××族哲学史"的）民族没有哲学，只能说这些民族的哲学思想发展不平衡，比如有些民族哲学萌芽阶段的思想和资料十分丰富，但在其他方面不太突出，只有一般表现；有些民族早期宇宙观念十分发达；有些民族辩证思想特别丰富；有些民族社会伦理思想很系统；有些民族社会认知观很独特，而其他方面较一般或受汉族及周边民族影响较大，等等，情

---

① 肖万源、伍雄武、阿不都秀库尔主编：《中国少数民族哲学史》，安徽人民出版社，1992，第41页。

况较为复杂"①。目前,伍雄武概括了各民族哲学史的三种体例,见本章第一节中的"(一) 丰富的少数民族哲学研究成果"里的介绍。

这里应特别提出的是,目前的中国少数民族哲学的写法,通常是用"×××哲学思想史",这种提法是否有问题? 有学者即说"思想史是人们的观念与感受的历史","观念"可能可以被哲学史容纳,但"感受"就不仅仅是精英的和经典的,也包括一般民众的;不仅仅是理智思考的,也可能只是一种气氛构成的思想背景,精英的和经典的文献可能可以描述古代曾经有过的"哲理",但是却未必能描述哲理背后的"历史";可以表达人们的"观念",但是却难以表现人们的"感受"。同样,那些"正统"的、可以称为"哲学"的东西,常常是属于悬浮在精英和经典世界中的,它们和实际社会生活中支配性的制度、习惯和常识之间,其实还有一段不小的距离②。更为重要的是,依据一种什么"哲学"来研究中国少数民族的思想文化,是像人类学、民族学运用"元语言"["指用来分析和描写另一种语言(被观察的语言或对象语言)的语言或一套符号,如用来解释一个词的词或外语教学中的本族语"③],因而也运用某种"元哲学"来研究和分析少数民族哲学文化? 还是直接根据少数民族的生存境遇,从少数民族的思想文化中分析其所蕴含着的意义、象征、价值和观念系统,从而揭示其民族精神或时代精神? 显然,我们应该倡导的是后者。

比如,许多少数民族,甚至包括中国汉族在内,在其哲学时空观上,都是时空混元的,并没有西方哲学上的那种纯粹时间或纯粹空间,这正如金春峰先生所说:"在西方,古希腊很早就产生了纯时间与空间观念。亚里士多德在其范畴表中,分析了时间与空间范畴,提出时间与空间本身加以界说。时空单位是客观的时空的量度。这种时空观对近代自然

---

① 佟德富、宝贵贞:《中国少数民族哲学专题研究》前言,中央民族大学出版社 2006 年版,第 3 页。
② 葛兆光:《为什么是思想史? ——"中国哲学"问题再思》,《江汉论坛》2003 年第 7 期,第 24—26 页。
③ 哈特曼、斯托克:《语言与语言学词典》,黄长著等译,上海辞书出版社,1984,第 213 页。

科学的发展无疑起了极其有利的作用。但在'月令'图式中,时间却是与空间结合的。东方与春季相结合,由木主持;南方与夏季相结合,由火主持;西方与秋相结合,由金主持;北方与冬相结合,由水主持。土兼管中央与四季。作为地上及地上皇权的代表,土在天人关系中,实际是人的代表。因此,不仅没有脱离特定空间的纯时间观念,亦没有脱离特定时间的纯空间观念。"①显然,历史似乎又形成了一个圆圈——相对论的时空观——"爱因斯坦的相对论,如果我没有理解错的话,空间只有以时间为基准,才能考察和测定。相反,时间只有以空间为基准,才能考察和测定。就是说,时间和空间,不管它是存在,还只是人的思考中错觉的范畴,都是不可分割的统一体。"②如果我们以相对论为元语言或元哲学,那么是否中国古人,其中包括中国少数民族先民都早已有了相对论呢? 其实,我们与其说是少数民族如何高明,倒不如说这种时空观或者本身即是人的本能认知。

四、各民族哲学研究的基本评价

中国少数民族哲学研究发展 30 多年来,的确是成果丰硕,异彩纷呈。仅按照目前已见的三史,即佟德富、宝贵贞的《中国少数民族哲学专题研究》③、肖万源、伍雄武、阿不都秀库尔的《中国少数民族哲学史》④及伍雄武的《中国少数民族哲学思想简史》⑤及一些综述性文献,即可知目前的中国少数民族哲学研究:一是已经弄清了中国少数民族哲学的特点,即文史哲合璧;朴素直观性;神话和史诗是中国少数民族早期哲学最主要的表现形式;鲜明的民族特色;中国少数民族哲学内容丰富,形式多

① 金春峰:《"月令"图式与中国古代思维方式的特点及其对科学、哲学的影响》,载深圳大学国学研究所主编《中国文化与中国哲学》,东方出版社,1986,第 129 页。
② 汤因比、池田大作:《展望 21 世纪:汤因比与池田大作对话录》,荀春生等译,国际文化出版公司,1985,第 340—341 页。
③ 佟德富、宝贵贞:《中国少数民族哲学专题研究》,中央民族大学出版社,2006。
④ 肖万源、伍雄武、阿不都秀库尔主编:《中国少数民族哲学史》,安徽人民出版社,1992。
⑤ 伍雄武:《中国少数民族哲学思想简史》,云南人民出版社,1996。

样,流派杂多;中国少数民族哲学与宗教关系密切,受宗教影响较深;等等。尽管这些特点只是就中国少数民族传统哲学而言,没有兼及中国少数民族哲学的近现代转型,但毕竟形成了一套成型的认知。二是已经形成了一套行之有效的中国少数民族哲学研究方法,包括掌握史料的原则、途径、方法与研究中国少数民族哲学的方法等。三是已形成了一大批成型的研究成果,其中包括100万以上人口的中国少数民族,除布依族、朝鲜族、瑶族、哈萨克族、黎族等五个民族外,都有了自己的哲学史研究专著并形成了一批论文,100万人口以下的民族中,水族等也有了自己的哲学研究专题论文。截至2013年底,就目前已进行直接哲学研究并发表公开成果的达到了近40个民族,其他的民族也都有相应的间接研究成果。四是形成了一支中国少数民族哲学研究的队伍,特别是各民族自己的哲学研究队伍。从上述我们知道,凡是各民族哲学研究成果丰硕的差不多都有自己的研究骨干队伍⋯⋯对于这些成绩,宝贵贞的《民族哲学20年》①《中国少数民族哲学研究的回顾与展望》②两文分别对中国少数民族哲学研究有过20年、30年两个总结,而伍雄武则在郭齐勇主编的《当代中国哲学研究(1949—2009)》③第九章中对整个中国少数民族哲学研究进行了更为深入的总结。在上述这些总结与评论的基础上,笔者认为以下几个方面也应引起重视并得到肯定。

(一)重视研究范式转换

初始的中国少数民族哲学研究,基本上是按照传统的、中国人所熟知的马克思主义哲学教科书体系来研究或解释的,但到20世纪90年代,即开始发生了中国少数民族哲学研究的范式转换,开始关注民族文化精神,从文化哲学层面研究中国少数民族哲学,如早在1989年,黄汉江、陈纪鸾论现代认识论与少数民族哲学思想研究以谈研究少数民族哲

① 宝贵贞:《民族哲学20年》,《哲学动态》2001年第12期,第39—40页。
② 宝贵贞:《中国少数民族哲学研究的回顾与展望》,《中国民族报》2010年12月10日。
③ 郭齐勇主编:《当代中国哲学研究(1949—2009)》,中国社会科学出版社,2011。

学的方法①,提出"文化哲学认识论对我们深入研究少数民族的哲学思想,有着不容忽视的作用和意义"。1990 年 8 月 6 日至 10 日,在湖南省湘西土家族苗族自治州首府吉首市隆重举行中国南方少数民族哲学及社会思想史学术讨论会。这次会上即讨论了"文化哲学"问题②,在会上还研究了侗族文化哲学,被认为是开辟了民族文化哲学研究的新领域,该文即张世珊、杨昌嗣发表的《侗族文化哲学》③。此后,笔者出版了《土家族口承文化哲学研究》④《土家族仪典文化哲学研究》⑤等文化哲学研究专著。进入 21 世纪以后,既有会议讨论,又有论文发表,还有哲学研究的实践,如:蔡茂生以民族文化建设的哲学审视为旨作"文化哲学与民族文化建设"研讨会纪要⑥;杨志明以云南少数民族文化哲学为旨谈研究云南少数民族传统文化现代化问题的一种思路⑦,论民族哲学、文化研究统一的必要性⑧,申论对少数民族文化作哲学阐释的必要性⑨;等等。尽管其中的论述并没有划清哲学文化学与文化哲学的界限,从而影响了对中国少数民族哲学性质的界定:是哲学的"文化学"还是文化哲学,前者应属民族学科,后者应是哲学学科。

除了文化哲学研究的范式外,2002 年有学者又提出了生存论范式,即把哲学理解为"以某种文化样式对关于自身存在的这种自我意识的表

---

① 黄汉江、陈纪鸾:《现代认识论与少数民族哲学思想研究——谈研究少数民族哲学的方法》,《实事求是》1989 年第 5 期,第 25—28 页。

② 杨昌嗣:《中国南方少数民族哲学及社会思想史学术讨论述评》,《贵州民族研究》1991 年第 1 期,第 167—170 页。

③ 张世珊、杨昌嗣:《侗族文化哲学》,《贵州民族研究》1991 年第 1 期,第 9—19 页。

④ 萧洪恩:《土家族口承文化哲学研究》,中央民族大学出版社 1999 年版。

⑤ 萧洪恩:《土家族仪典文化哲学研究》,中央民族大学出版社 2002 年版。

⑥ 蔡茂生:《民族文化建设的哲学审视——"文化哲学与民族文化建设"研讨会纪要》,《广东社会科学》2001 年第 1 期,第 156—158 页。

⑦ 杨志明:《云南少数民族文化哲学——研究云南少数民族传统文化现代化问题的一种思路》,《云南民族大学学报(哲学社会科学版)》2001 年第 5 期,第 156—159 页。

⑧ 杨志明:《论民族哲学、文化研究统一的必要性》,《思想战线》2002 年第 3 期,第 52—55 页、第 90 页。

⑨ 杨志明:《对少数民族文化作哲学阐释的必要性》,《云南师范大学学报(哲学社会科学版)》2004 年第 1 期,第 9—13 页。

达"。从这个意义上讲,只要有人的存在,就会有某种形态的哲学存在。所以,少数民族哲学即"是存在于少数民族各种文化样式或'文本'形式之中,以少数民族哲学理解和把握世界的各种独特方式……为中介,所反映出来的他们关于自身存在的自我意识,以及他们对'思维和存在关系问题'的思索和'觉解'"①。

到2009年,还有人提出人性论范式,这是由玛西毕力格简论关于蒙古哲学研究中几个理论问题②时提出来的,作者认为,从蒙古族哲学分析来看,"人性分析方法从《蒙古秘史》为代表的各种历史文献和蒙古族文化各种物质的、非物质的精神产品中寻找蒙古族文化创造和发展的精神之路时大有裨益。正是基于人性分析,从蒙古族历史文化颇有影响力的历史遗产英雄史诗中可以发现以善恶内觉为基础的道德人类学文化工程开始(即精神建构的文化工程)的某种历史轨迹。"

2012年,笔者撰文认为研究中国少数民族哲学,要有自己的哲学观,强调坚持黑格尔的哲学史研究就是哲学研究的原则,主张中国少数民族哲学研究即是研究者的哲学情感与体验结合研究对象的情感与体验,这样,中国少数民族哲学研究实际上成了研究者自己哲学观的投射。事实上,本来的中国少数民族哲学研究就是这样,比如,我们所说的少数民族哲学研究,在本质上即是一种研究者对少数民族原始文献的创造性误读。比如我们翻译的中国各少数民族文献,从本质上说,那已不是少数民族原来意义上的了,我们现在来看有些翻译的少数民族的东西,用的差不多就是中国化的马克思主义哲学语言,或者现代科学语言,比如我们看苗族的生成哲学研究即有此种情形。事实上,只要不是对少数民族历史文献、各民族哲学思想资料的抽象的、超历史的、粗暴的、望文生义的解读,这种误读都是允许的。也正是在这个意义上,我们想起了本杰

---

① 李兵、吴友军:《少数民族哲学何以可能——兼论民族文化的哲学基础》,《学术探索》2002年第3期,第14—16页。

② 玛西毕力格:《简论关于蒙古哲学研究中几个理论问题》,《内蒙古科技与经济》2009年13期,第78—80页。

明·史华慈在《古代中国的思想世界》①中所写的："超越了语言、历史和文化以及福柯所说'话语'障碍的比较思想研究是可能的。这种信念相信：人类经验共有同一个世界。"如果是这样的话，中国少数民族哲学也有了广义与狭义的区分。广义的中国少数民族哲学已包括少数民族及其学者消化、吸收，甚至翻译任何其他民族哲学；狭义的即是中国少数民族的"传统哲学"及近现代哲学。但不管是哪种情形，研究者自身也凸显于其中了。所以，现在仍然谈范式转型方面的问题，实际上应坚持的是中国少数民族哲学自身的主体性②。

（二）重视方法论的锤炼

研究方法论的重要性一开始就为中国少数民族哲学研究所重视。无论研究专著还是研究论文，都有不少这方面的讨论。像佟德富、宝贵贞的《中国少数民族哲学专题研究》强调"就总的指导思想而言，研究少数民族哲学必须遵循的理论和方法，是对所要研究的每一个问题都应作缜密的、具体的、历史的、辩证的分析"即是方法论问题③。对于这个问题，笔者述评中国少数民族哲学合法性问题研究、探析全球性现代化视域的中国少数民族哲学研究、以哲学的经验与情感为旨从黑格尔那里寻求中国少数民族哲学的合法性、探析中国少数民族哲学研究方法论问题、以民族性与现代性为旨论少数民族哲学视阈的马克思主义中国化等论文即已作了专门介绍。特别是其中强调的作为中国少数民族哲学研究方法论的四个方面，全球性现代化理论的方法论意义等，都是近年研

① 本杰明·史华慈：《古代中国的思想世界》，程钢译、刘东校，江苏人民出版社，2004，第12页。
② 宝贵贞：《从合法性到新范式——中国少数民族哲学研究困境与出路》，《内蒙古师范大学学报（哲学社会科学版）》2009年第1期，第76—79页；伦玉敏、刘勇：《从合法性到研究范式的转型：中国少数民族哲学研究历程》，《商丘师范学院学报》2012年第4期，第30—34页。
③ 佟德富、宝贵贞：《中国少数民族哲学专题研究》，中央民族大学出版社，2006。

究中国少数民族哲学的切身体会①。

笔者特别强调的是,我们研究中国少数民族哲学,最基本的研究方式应该是从中国少数民族文化内部特别是以传统语言及历史情感与经验去研究,从而获得一种具有强烈历史真实与生存体验的哲学情感与体验,这样就能尽可能地避免"现代化""哲学化""问题化"。当然我们也并不排除所谓的"反向格义",不过必须以自己的民族的历史经验与情感为基础,这是非常重要的。当然,如何进入自己民族的历史经验,并以此为基础运用某种他者的哲学范式,自己民族的哲学才能解释清楚。"庄子注郭象"与"郭象注庄子"、"六经注我"与"我注六经"、刘笑敢的"两种定向"、"格义"与"反向格义"等,都必须以自己民族的历史经验与历史情感为基础。

(三)重视推进整体研究

按照民族史的一般分类,中国民族史有族别史、民族关系史、通史体中国民族史、中华民族形成史、民族考古、民族地区历史地理等部分②,而在具体研究中,族别史研究又是基础的基础。就整个民族史研究看,现在已到了在各族别史基础上进入对中华民族历史进行整体研究的发展阶段③。这一规律对于中国少数民族哲学研究来说,似乎并不完全适用。因为从中国少数民族哲学研究一开始兴起就有一种整体推进的目标,从目前所见的 1988 年出版的民族院校公共哲学课教材编写组编的《中国

---

① 萧洪恩:《中国少数民族哲学合法性问题研究述评》,《湖北民族学院学报(哲学社会科学版)》2011 年第 1 期,第 116—121 页;《全球性现代化视域的中国少数民族哲学研究探析》,《武汉科技大学学报(社会科学版)》2011 年第 3 期,第 303—309 页;《哲学的经验与情感:从黑格尔那里寻求中国少数民族哲学的合法性》,《武汉科技大学学报(社会科学版)》2011 年第 4 期,第 434—442 页;《中国少数民族哲学研究方法论问题探析》,《中南民族大学学报(人文社会科学版)》2012 年第 1 期,第 165—170 页;《民族性与现代性:少数民族哲学视阈的马克思主义中国化》,《湖北民族学院学报(哲学社会科学版)》2012 年第 1 期,第 75—81 页。
② 陈连开:《中国民族史纲要》,中国财政经济出版社,1999,第 1 页。
③ 陈连开:《中国民族史研究的基本特点和发展三阶段》,《西北民族研究》1993 年第 2 期,第 1—8 页。

少数民族哲学和社会思想资料选编》①中把中国55个少数民族的文化资料从当时理解的哲学内容的各个方面进行分类整理即可看出这种整体性。到1992年出版的肖万源、伍雄武、阿不都秀库尔的《中国少数民族哲学史》②,虽然只写了其中约24个民族,但中国少数民族的历史整体与空间整体都得到了充分体现。到1997年出版的佟德富的《中国少数民族哲学概论》,其中的一段十分动情的话,为我们理解这种整体性提供了鲜活的证据:

> 随着教学科研的不断深入,我想编写一部少数民族哲学史教材,于是,开始搜集资料,组织人力编写大纲,经过几年的努力,写出了一本《中国北方少数民族哲学思想史》,也只包括蒙古族、藏族、满族、回族、朝鲜族五个民族的哲学思想,在教学和著述过程中,我深感就我现在的能力和水平是很难写出一部中国少数民族哲学史的。中国有55个少数民族,要写出他们的哲学思想史,不广泛动员各民族从事此项研究的学者和热心于此项研究的同仁的共同努力,任何个人都是很难担当如此浩大的历史重任的,更何况一些边远山区的少数民族,没有完整地经历过人类历史的各个阶段,按着中国哲学史的模式,完整系统地总结出这些民族的哲学思想史几乎是不可能的。于是,我就开始进行专题研究,并把研究成果作为选修课给研究生讲,在专题研究和讲座中,尽可能做到既讲"史",又概述各个民族,并坚持成熟一个专题就讲一个专题,如此坚持数年,就写成了这本中国少数民族哲学专题研究,作为我系研究生教材奉献给读者。③

这一思想在新版《中国少数民族哲学专题研究》中仍然得到了体现。这一整体诉求不仅促成了2010年度国家社科基金重大招标项目《中国

---

① 民族院校公共哲学课教材编写组编:《中国少数民族哲学和社会思想资料选编》,天津教育出版社,1988。
② 肖万源、伍雄武、阿不都秀库尔主编:《中国少数民族哲学史》,安徽人民出版社,1992。
③ 佟德富:《中国少数民族哲学概论》,中央民族大学出版社,1997,第440—441页。

少数民族哲学史》的立项、实施,而且也直接促成了本书的写作。

当然,中国少数民族哲学研究还有其他一些值得肯定的有价值的探索,如重视"哲理"研究,张炯论少数民族哲学思想史研究中的几个问题①,肖万源、伍雄武、阿不都秀库尔主编的《中国少数民族哲学史·绪论》②,伍雄武的《中国少数民族哲学思想简史·绪论》③,吴德希、佟德富谈少数民族哲学研究④等都有这方面的坚守。又如强调研究中国少数民族的思维方式,如笔者在《土家族口承文化哲学研究》《土家族仪典文化哲学研究》中,杨昌嗣在论侗族的文化哲学中,都特别关注民族思维方式的问题。

正是在上述这些研究成果的基础上,笔者并不同意有的学者所说:"中国少数民族哲学自 20 世纪 80 年代兴起发展至今,并未受到学术界足够的重视,与其他哲学研究领域相比,发展十分缓慢。通过总结分析有关中国少数民族哲学的研究成果发现,其合法性问题、史料选择问题以及研究范式问题是困扰其发展的重要因素。只有处理好以上问题,才能开拓出少数民族哲学研究的新局面。"⑤

---

① 张炯:《少数民族哲学思想史研究中的几个问题》,《中央民族大学学报(哲学社会科学版)》1986 年第 4 期,第 37—39 页。

② 肖万源、伍雄武、阿不都秀库尔主编:《中国少数民族哲学史》,安徽人民出版社,1992。

③ 伍雄武:《中国少数民族哲学思想简史》,云南人民出版社,1996。

④ 吴德希、佟德富:《谈谈少数民族哲学研究》,《中央民族大学学报(哲学社会科学版)》1982 年第 1 期,第 57—61 页。

⑤ 伦玉敏、刘勇:《从合法性到研究范式的转型:中国少数民族哲学研究历程》,《商丘师范学院学报》2012 年第 4 期,第 30—34 页。

第二章 中国少数民族传统哲学的起源

　　一切民族都有其哲学之思,而一切民族的哲学之思都有其直接的起源。在中国各少数民族哲学中,除中国回族、京族、俄罗斯族等因形成过程的特殊性而使其哲学形态具有传统哲学起源的跳跃性外,其他各少数民族哲学都有其独特的起源类型。在中国,各少数民族传统哲学的起源包括两种尺度:一是在时间尺度上,即使某些少数民族长期处于原始社会,但在全球性现代化运动的推动下,特别是在1840年的鸦片战争以后,中国各少数民族差不多都被从整体上卷入了近现代社会的历史进程,形成了社会历史与思想历史的跳跃性发展,因而在总体上开启了近现代的社会与思想转型。所以,传统哲学的起源研究在总体上应止于1840年的历史尺度。不过应看到的是,虽然几乎所有的中国少数民族哲学在发展总体水平上都经过了"起源"阶段,如哈尼族、傈僳族、佤族、拉祜族、阿昌族、德昂族、鄂伦春族、鄂温克族、达斡尔族、塔塔尔族、珞巴族、门巴族、怒族等民族的哲学思想,但部分民族的哲学直到近现代都还处在萌芽时期,这类民族哲学在近现代具有历史跳跃性,形成了所谓跨时代的进步;另一部分民族的哲学已经过"起源"阶段而形成了定型的民族哲学,如土家族、蒙古族、满族、壮族、回族、藏族、维吾尔族、苗族、彝族等。在这里,研究中国少数民族神话、宗教仪式、史诗(古老的民族史诗)中的哲学思想的萌芽,可以作为研究中国少数民族哲学起源的基础,特别是通过研究还可以发现中国少数民族哲学起源与中域哲学起源的关系,其中尤其是哲学与神话的先后关系次序,即以汉族哲学为核心的中域哲学的大规模发展是在诸子百家哲学形成之后,而中国少数民族哲学的形成则不同。在一定程度上说,正是由于中国少数民族神话进入中域文化,才推动了中域神话的大发展,形成所谓的文明神话,汉族历史上的"累层创史说"中的史前英雄,在一定程度上说,都可从中国少数民族神话中找到一定的依据,具有一定的渊源关系。正是从这个意义上说,阐明中国少数民族哲学的起源,并不只是为提供中国哲学起源的素材,而是一种提供哲学起源的特殊类型的哲学探索,并可从基于哲学与神话关系的维度进行考察。

第一节　中国少数民族哲学起源的民族文化基础

哲学是一个民族基于其社会文化环境的生存或生成体验与情感而形成的民族文化的核心精神。从哲学起源的层面研究,有关中国少数民族哲学思想萌芽的材料相当丰富,它不仅给研究中国哲学思想萌芽的产生以及如何由萌芽成长到形成提供了不可多得的宝贵资料,而且还有益于探寻哲学思想萌芽以及由萌芽到哲学思想形成的民族文化基础。事实上,民族文化基础的丰富性,提供了中国少数民族哲学起源的真正土壤。不过在这一时段,中国少数民族哲学的萌芽期还可分成几个具体环节,如原始宗教阶段,主要由图腾崇拜、自然崇拜、灵魂崇拜、祖先崇拜等方面构成,这一阶段,人们讨论的是人类如何在自然界中安置自己的问题,借用罗蒂的话说,是赋予自然以魅力的过程,"应该重新重视杜威的看法,即把世界重新赋予魅力,宗教所曾提供给我们祖先的,我们重新加以恢复……哲学如果能够与事物的力量配合,并且把日常生活的意义说得清楚而一致,科学与情感就会紧密相连,生活实践和想象就会密不可分。这时,诗歌和宗教的情感就会成为生活中自然绽放的花朵。"[1]又如

---

① 理查德·罗蒂:《哲学和自然之镜》,李幼蒸译,生活·读书·新知三联书店,1987,第9页。

神话与史诗的相继出现，使初民由神灵崇拜过渡到英雄崇拜，其观念自然也会随之演进，并能反映古代初民哲学思维的萌芽。一方面，"史诗以及全部神话"是"由野蛮时代带入文明时代的主要遗产"①。另一方面，史诗也是艺术生产成为独立部门之前的不发达阶段的产物，"就某些艺术形式，例如史诗来说，甚至谁都承认：当艺术生产一旦作为艺术生产出现，它们就再不能以那种在世界史上划时代的、古典的形式创造出来；因此，在艺术本身的领域内，某些有重大意义的艺术形式只能在艺术发展的不发达阶段上才是可能的"②。前者表明了"史诗"超越"神话"而对"神"有了首次否定，神话中的主人翁——神，让位于史诗中的主人翁——人，这即是一种思维的进步。正是从这个意义上说，可以把神话、史诗、传说，当成是哲学思维萌芽的三个阶段。史诗表明，个人还未从集体中分离出来单独地进行艺术创作，他的展现只是作为人类的整体思维活动，是集体的思维形式，因而有所谓的"民族性"。并且，史诗的精神都是正向的，即它作为民族精神的传承方式，可以通过仪式、选举、征战、抢婚等多种方式传承，能够反映那一时期历史、地理、军事、医学、天文、体育、音乐等初民的物质和精神生产生活的方方面面，在本质上说是一个民族的历史和祖先的遗教，更是一个民族人民早期生产生活的百科全书。更为重要的是，史诗是作为一个民族的胜利凯歌、自信和自豪旗帜而存在的，在总体精神取向上，它不是失败和痛苦的哀歌。所以，在史诗中，我们发现的是初民充满高昂热情和永不退却的乐观精神、必胜信念和强大力量的精神状态，因而在人格上即最为庄严、气魄上最为宏大。正是因为这种情形，我们可以把神话中的射日与史诗中的射日相对比，再现出各民族的思想发展进程。像壮族和水族的口承文化，都有这种思想进程上的反映。

---

① 《马克思恩格斯选集》第 4 卷，人民出版社，1995，第 23 页。
② 《马克思恩格斯选集》第 2 卷，人民出版社，1995，第 28 页。

一、中国少数民族哲学起源的类型

中国少数民族哲学起源,可以从类型学的角度进行区分。这种区分表明,在整个中国哲学的起源中,中国少数民族哲学的起源长期在"中国哲学"之外,比如胡适于 1919 年出版的《中国哲学史大纲》(卷上)从第二篇开始对中国哲学史进行叙述,标题是"中国哲学发生的时代",其中的第一章为"中国哲学结胎的时代",第二章为"那时代的思潮",不仅对诸子前的思想接触极少,而且主要集中于春秋时代,更不要说涉及中国少数民族的哲学起源了。冯友兰于 1930 年出版的《中国哲学史》第一篇即冠以"子学时代"的标题,虽然其中也考察了鬼神、术数、天以及部分的开明思想等,但均未涉及中国少数民族哲学的起源问题。这个问题直到 20世纪 80 年代,1983 年出版的由任继愈主编的《中国哲学发展史·先秦》一书,在"中国原始社会思维的发展和世界观的早期形态"中,大量使用中国少数民族的文献,从中考察中国哲学的起源,初步统计即有佤族、纳西族、鄂温克族、傈僳族、布朗族、彝族、高山族、怒族、景颇族、白族、苗族、瑶族、黎族、壮族、布依族、哈尼族、侗族等民族的资料进入了研究中国哲学起源的范围,自此而后,至少在哲学发展的学科层面,中国少数民族哲学的起源属于中国哲学的起源问题。直到目前,中国哲学的通史性教材仍然未见中国少数民族哲学史。不过在众多中国哲学史料学专著中,已有刘文英的《中国哲学史史料学》第一次将少数民族哲学史料以专章的形式列入,尽管其中所涉及的少数民族的面还较窄,在内容安排方面对以断代还是以族别为划分标准的问题缺少成熟的思考,但毕竟是一种突破。

尽管在承认中国少数民族哲学属中国哲学的类型上已初步形成了中国哲学界的共识,但并不能就此否认中国少数民族哲学又是中国哲学的相对独立的类型,其起源也有其独特性(从这个意义上说,"中国哲学史"宜更名为"中华民族哲学史"更恰当)。这种独特性表现在:各少数民族基本上都走着自己相对独立的发展道路,并在各自的发展道路上适应各自的环境而形成了自己独特的哲学类型,如作为哲学起源阶段的思维成果,各民族即形成了自己独具特色的原始宇宙演化观,这些宇宙演化观不仅较汉族宇宙观突出而鲜明,而且就是各少数民族自身之间、各民族内部各族群之间等,都有其特殊性。如彝族、纳西族先民认为在有形的天地万物及人类产生之前,先出现的是天地万物及人的"影子",有了"影子"后,才有真正的有形的天地万物及人①。土家族先民则认为在天地万物产生以前,"宇宙间一片黑暗,昼夜不分,无天无地",突然间一阵狂风把黑暗吹散,出现了一片片、一团团的白云。白云在飘荡、涌动中逐渐形成了天地万物。因而在宇宙原初并没有天地万物,只是"黑暗""混沌",后来由于某种特殊原因才由具体的物质(诸如火、土、水、风、大气……)运动、演化而成现在的宇宙。应该说,这些宇宙演化观是有相当特色的。

　　除了宇宙的演化外,人的演化同样显示出中国少数民族哲学的独特性,其哲学起源也一样。如纳西族先民说:"最初期间,上面高空有声音震荡着,下面地里有气体蒸酝着。声音和气相互感应,化育为三滴白露,由白露化育,变成三个黄海,一滴露水落在海里,就生出了'恨时恨蕊'",演化到第十代的"崇蕊利恩"时代,才有了人类②。侗族的《人类起源歌》中说:"起初天地混沌,世间还没有人,遍地是树蔸,树蔸生白菌,白菌生蘑菇,蘑菇化河水。河水里生虾,虾子生额荣,额荣生七节,七节生松恩。松恩真好运,生得十二子。"③土家族的《开天辟地与伏羲姊妹》中的"卵生"说则写道:"古时候,无天无地,突然一阵狂风,出现了一朵白云,白云里面有一个卵,卵白似天形,卵黄似地形,卵生下无极,无极生下太极,太极生两仪,两仪有阴有阳,就像两个人,他俩自己取名。阴就自称李古娘,阳就自称张古老……"其他还有如各少数民族在原始神话、史诗、传说等故事中关于人类的来源的思想。

---

① 丽江调查队搜集翻译整理:《创世纪》,云南人民出版社,1978。
②《崇搬图》,云南省丽江县文化局,1963,石印本,第 26—27 页。
③《贵州少数民族哲学及社会思想资料选编》第 1 辑,贵州省哲学学会编印,1984,第310 页。

不过，应当特别强调的是，由于中国少数民族形成过程的特殊性，这种哲学的多元独特性也有其相对的意义，这就是其中所具有的各民族文化的相互影响，既包括汉族与各少数民族之间的相互影响，也包括各少数民族之间的相互影响。其多元性在于：由于地域限制及历史上相对的社会封闭，各少数民族与外界很难有物质和文化信息交流，导致其文化相对缺少外来文化的辐射和浸润，因而走上一条独立的发展道路。上述材料中的各种宇宙论及人类起源论即可见出其特殊性和相对独立性。但是，一方面是汉族等各民族文化的相互交流，因而形成了各民族文化相互影响的基础，像许多少数民族神话、史诗中在讲到人类起源的时候，都是讲诸民族共同起源的，其中会特别提到汉族，从而反映出各民族文化的影响，这在哲学上反映得特别明显。另一方面，如中国少数民族关于日月起源的神话，数量多、内容多，且雷同少，即反映出其中的相对独立性，在这方面，有学者统计了 13 个民族的创世神造日月的说法，包括阿昌族、布依族、蒙古族、苗族、侗族、哈萨克族、珞巴族、满族、畲族、土家族、彝族、瑶族、壮族等。如：阿昌族创世史诗《遮帕麻与遮米麻》讲"天公遮帕麻捏金沙银沙为日月，用赶山鞭播下千万颗星星，创造了天空、日月和星辰"①；布依族创世神布灵则"用红白岩石造成了日月，并叫黄龙把日月托到天上去安放"②，其创世史诗《开天辟地》则说"祖先力嘎把自己的两只眼珠挖出来，钉在蓝天上，变成了太阳和月亮"③；蒙古族神话却说太古天上没有日月，玉皇大帝的女儿牡丹青姆用金镜在海面上磨了三千六百下，跳出了太阳，用银镜在海面上磨了三千六百下，跳出了月亮；苗族神话讲到太初大神列老史·格密·炎觉郎努遣六铜匠炼铜造撑天柱、炼金造太阳、炼银造月亮；土家族的《制天造地》则讲盘

①《中国各民族宗教与神话大词典》编审委员会编：《中国各民族宗教与神话大词典》，学苑出版社，1990，第 3 页。
②《中国各民族宗教与神话大词典》编审委员会编：《中国各民族宗教与神话大词典》，学苑出版社，1990，第 44 页。
③《中国各民族宗教与神话大词典》编审委员会编：《中国各民族宗教与神话大词典》，学苑出版社，1990，第 44 页。

古制造了十二个太阳；哈萨克族创世神迦萨甘用自身的光和热创造了日月，并置之于天地之间；拉祜族的天神厄莎、满族的天神阿布卡赫赫双目化为日月；布依族、瑶族、壮族等 9 个民族都有盘古双目化生日月的说法；畲族则说是盘古的左右手分别化为日月；彝族创世史诗《葛梅》说是老虎的左右眼化作日月；畲族还有神话说一只叫"金鸡"的三足乌脚一点地，飞到高空变成了太阳，一只玉兔四脚跳起，跳到高空变成了月亮；在维吾尔族乌古斯庆典中东西各立一根高竿，金鸡悬挂在东竿，银鸡悬挂在西竿，分别象征日月①……这类起源观念本身就既说明了其相对独立性，又说明了相互影响，如盘古神话等的渗入及流传的广泛性即是证明。

承认中国少数民族哲学起源及其哲学本身的类型，具有重要的理论与实践意义。一方面是能发扬各民族的优秀文化传统，激发各民族人民的自信心，能在维护和加强民族团结、共同进步等方面起到一定的积极作用；另一方面则能丰富整个中国哲学起源的内涵。这不仅因为中国少数民族哲学颇具民族特色，内容丰富，流派众多，甚至还有各种宗教哲学，从而给中国古代哲学增添了新内容、新形式、新流派、新人物，是中国古代哲学内容丰富、形式多样的重要表现之一②，而且还提供了一种新的中国哲学起源的类型，即神话与哲学先后关系的特殊类型，也是一种新的中国哲学的特殊起源模式。

二、中国少数民族哲学起源的基础

20 世纪 80 年代以来，对中国哲学起源的研究出现了越来越多的新成果，其中一个重要方面就是拓宽了研究的领域与研究思路，诸如宗教史、伦理史、社会思想史、礼制史、观念史等，不一而足。事实上，研究中

---

① 《中国各民族宗教与神话大词典》编审委员会编：《中国各民族宗教与神话大词典》，学苑出版社，1990，第 357 页。

② 肖万源、伍雄武、阿不都秀库尔主编：《中国少数民族哲学史》，安徽人民出版社，1992，第 36—37 页。

国哲学的起源,特别是中国少数民族哲学的起源,必须要研究影响其起源的一些基本要素。按照过去的一般分析,即从社会历史条件等方面着手,而这一研究又易于简单化。比如,中国少数民族的分布区域十分广阔,其人口虽然只占全国总人口的 8.49%,但民族自治地方的陆地国土面积却占全国陆地总面积的 64%,相当于全国 2/3 的陆地国土;中国少数民族聚居地区的资源极为丰富多样,全国大部分耕地、森林、水能、草原、畜牧、矿产资源等都分布在少数民族聚居地区;在已确认的 55 个中国少数民族中,有 30 多个是跨界民族,民族自治地方占全国 135 个边境县的 79%、占全国 2 000 多千米的陆地边界线的 91%,少数民族同胞占全国 2 100 多万边境人口的 45%;中国少数民族居住地方也高低悬殊,但又主要集中在高原地带……这样的自然地理环境,当然影响着少数民族的哲学思考,因而少数民族哲学起源中的思维,多集中在各少数民族聚居区的各种资源里。因此,这一特点说明,在研究中国少数民族哲学起源时,很难用抽象的地理环境观念来加以说明。在一些地方,针对一些民族,甚至会陷入地理环境决定论。不过,其实,在中国哲学史上,齐国之于阴阳家、鲁卫之于儒家、宋国之于墨家、秦国之于杨朱、楚蔡之于道家,等等,在西方哲学史上,古希腊伊奥尼亚之于米利都学派、爱利亚之于爱利亚学派、克罗顿之于毕达哥拉斯学派,显然都有其地理环境的影响因素。

考察中国少数民族哲学的起源还必须关注中国少数民族社会发展的历史进程。人类社会的发展是一个自然历史过程,这个过程自然有其客观性,人们的认识当然不能超越其时代。在历史上,各少数民族并没有完全经历原始社会、奴隶社会、封建社会等经典作家所认为的历史发展全程,虽然有少部分少数民族大体都经历过这些历史过程,但并不充分;相当一部分少数民族都没有走完或经历这些历史发展阶段,并且各民族内部还因居住地域、环境等关系而存在着处于几种不同社会形态的族群。中国的许多少数民族直到中华人民共和国成立前仍处于原始社会末期向奴隶制社会过渡阶段,或存在着浓厚的原始公社制的残余,有的又保留着较为典型的奴隶制或存在着封建农奴制……这些状况不仅影响着中国少数民族自身的发展,而且也影响着人们对中国少数民族哲学的认识。前者反映出中国少数民族聚居地区与中域地区的发展差距,至今,有的研究还表明,在经济水平上,各民族之间经济收入差距巨大,主要体现在汉族同胞的人均国内生产总值远高于少数民族同胞,东部发达地区各民族人均国内生产总值远高于中西部欠发达地区;在文化水平上,各民族人均受教育程度天差地别,高等教育在学人数、毛入学率、本专科在校生规模、研究生发展等,都存在较大差距;在民族心理水平上,部分民族已经跟上了全球性现代化的步伐,思想意识极端超前,而不少少数民族同胞却没有机会接触电脑、乘坐飞机,没听过"高铁"为何物,他们的认知、情感、行为还一直停留在封闭的村寨文化之中,承续着古老的传统……

后者影响着人们对中国少数民族哲学的认识,以至于长期不承认中国少数民族有自己的哲学。中国少数民族哲学的研究者也特别关注少数民族哲学产生的条件,认为各民族能够形成哲学的基本条件是已进入阶级社会、有了体力和脑力劳动的分工、有了自己的语言和文字及一定发展程度的科学文化知识,等等。这一思想直到 20 世纪 90 年代,仍然被学界坚持。如有的学者分析蒙古族有没有哲学思想问题时即强调了马克思主义经典作家对哲学思想产生条件的分析,基本内容与上述略同。不过,仔细分析在中国少数民族哲学中,有不少民族的哲学思想萌芽产生得早、形成晚且发展缓慢,其本质上即是由于各该民族长期处在较低的历史发展阶段、生产力低下、经济不发达等原因所致。因此,在中国少数民族哲学研究中发现,除了少数的民族外,大多数都没有形成自己多样而独特的成熟、完备、系统的哲学思想体系。当然,这并不否认,在中国少数民族哲学中,也产生了自己的哲学家、思想家,他们都已形成了自己较为完备的哲学思想体系,有的甚至与同时代的汉族哲学家处于同一发展水平上,如鸠摩罗什、李贽、法拉比、优素甫·哈斯·哈吉甫、保巴、李元阳、高奣映、玄烨、王岱舆……因此不得不承认,在中国传统哲学中,从整体上说,中国少数民族哲学的发展程度在国内与汉族相比要落后一些,在世界上与其他一些古老而发达的民族相比也有一定的距离,但从整个世界来说,其地位是不低的。在全球性现代化出现以前的古代社会,中国少数民族中已有一些民族超越了哲学思想萌芽(即原始哲学)的阶段而产生了自己的哲学,有的民族哲学的理论思维水平还较高,与中世纪西欧、古代印度等相比并不逊色,甚至在中国哲学内部也极具特色和魅力。

如果要对产生中国少数民族哲学的基础作深入研究,以下几个方面是值得重视的,这些方面甚至就是影响哲学思维萌芽的要素。

一是对"知识"的强调,这是处理人与自然关系的核心。有了知识,人们就能充分利用自然、利用社会为自己服务。如:彝族古歌《天地论》中即强调"美好的知识,传入天地间。天地传知识,知识愈美好";强调"大地知识大,大地知识美。大地产知识,知识壮大地。红雁落大地,心与灵最美。心灵成知识,心灵是一对。心灵知识来,知识如鲜花,鲜花遍地开。遍地开鲜花,美呀美大地,繁荣是知识"。其他,如:维吾尔族认为"知识极为高尚,理智极为珍贵","学会了知识,事业才会昌盛"[1]"没有知识将一无所得","任何财宝都比不上知识的宝藏","思考而后说话语言精辟"[2];蒙古族认为"多思考会成功",要懂得"经济和生产的深刻道理"[3];彝族认为"世间谁最大?世间知识大,君是第二名,臣只算第三","人类管天地,完全靠知识。世上无知识,万物没有用"[4]。因此,"要学习

---

[1] 优素甫·哈斯·哈吉甫:《福乐智慧》,郝关中等译,民族出版社,1986,第858—859页。

[2] 阿赫麦德·玉克乃克:《真理的入门》,魏萃一译,新疆人民出版社,1981,第13页、第12页、第14页。

[3] 罗布桑却丹:《蒙古风俗鉴》,赵景阳译,管文华校,辽宁民族出版社,1988,第116页、第112页。

[4] 《贵州少数民族哲学及社会思想资料选编》第1辑,贵州省哲学学会编印,1984,第405页、第486页。

知识""追求知识"①"寻求知识"②。彝族史诗《居次勒俄》③肯定祭司知识多；纳西族《创世纪》强调"屋前住着斯，去向斯请教"，斯即是有知识的人；壮族《布洛陀》中的神"布洛陀"本身即具有知识的意义；佤族《司岗里传说》则强调智慧、思维能力、创造性等。其实，中国少数民族的神话、史诗、传说、故事、寓言、格言、谚语等，都是作为百科全书而得以存在的。比如，史诗作为人类"由野蛮转入文明所带过来的主要遗产"，在苗族那里有极充分的表现——已公开整理出版的即有《苗族古歌》《苗族史诗》《苗族古老话》《西部苗族古歌》，等等，这些史诗对于诸如宇宙的初始、万物及人类的起源、天人关系等一些带有根本性的问题均作出了自己的回答，充满了先民的智慧和哲学之光。其他各民族也都有自己的这方面的百科全书。其实，图腾崇拜、自然崇拜，本身即被人类学家称为原始的"自然哲学"，甚至也可以称为原始的"自然科学"，因而本身即是原始人的一种知识系统，例如，"图腾制实际上只是一般分类问题的一种特殊情况，是在进行社会分类时往往赋予特定项目的作用的一个例子。"④据此可以认为，这种对生物和自然现象加以分类组合的原始人类的智力在本质上与现代文明人的思维毫无区别，因而也可称之为一种"自然哲学"。"土著人的分类法不仅是有条有理的，而且还以精心建立的理论知识为根据。从一种形式的观点来看，有时它们满可以与动植物学中尚在运用的分类法相比。"⑤

　　二是对"信仰"的坚定，这是处理人的自我身心关系的核心。有了信仰，人们就能克服各种困难，最终战胜敌人。虽然中国少数民族居住的区域现在被描写得诗情画意：白云朵朵的莽莽草原、云雾缭绕的高原群山、景色秀丽的山川河谷、潋光水色的鱼米之乡……这些环境在古代，特

---

① 优素甫·哈斯·哈吉甫：《福乐智慧》，郝关中等译，民族出版社，1986，第 23 页、第 519 页。
② 阿赫麦德·玉克乃克：《真理的入门》，魏萃一译，新疆人民出版社，1981，第 11 页。
③《居次勒俄》系彝语音译，亦称《勒俄特依》或简称《勒俄》，意为历史书。
④ 列维-斯特劳斯：《野性的思维》，李幼燕译，商务印书馆，1987，第 73 页。
⑤ 列维-斯特劳斯：《野性的思维》，李幼燕译，商务印书馆，1987，第 53 页。

别是在文明时代到来之前,作为哲学思想萌芽的土壤、环境,却由于绝大多数少数民族生产力发展迟缓,经济落后,科学知识缺乏,人们"还没有获得自己的人的自我意识和自我感觉"①,因而需要有建筑在万物有灵论观念上的信仰,"在想象里并借助想象以征服自然力,支配自然力,把自然力加以形象化"②。以至于每一件新工具的发明创造,每一次征服自然的胜利,都是"神的力量"与人的力量的进步。人类征服自然斗争的不断胜利,唤起了他们的安全感、自豪心和对新胜利的希望,并且激发他们去创作英雄史诗。柯尔克孜族的《玛纳斯》,藏族的《格萨尔》,蒙古族的《江格尔》《英雄希林嘎拉珠》《阿拉坦嘎鲁》,希腊的史诗《伊利亚特》等都可以从坚定的信仰上去进行研究。

三是对生态环境的亲爱。中国少数民族哲学的起源从总体上说是生态友好型的。几乎在所有关于中国少数民族哲学起源的文献中,我们都能看到的是人与自然的对话,不仅动物、植物可以与人对话,就是天神、地神、精灵、鬼怪等都可以与人对话,显示出一种可爱的和谐世界。从哲学思维发展的层面说,图腾崇拜、自然崇拜、原始宗教等,提供的都是一种对生态环境的喜爱。这种思维直接促成了中国各少数民族聚居地区的良好生态之思,并得以与中域文化传统的天人合一思想相契合,成为中国各少数民族接受中域文化的思想基础之一。目前,这方面的研究成果已十分丰富,在此只略加提出,以表明中国少数民族哲学起源时代的基本特征。

三、中国少数民族哲学起源的主要成果

原始崇拜与原始宗教,神话、史诗与原始仪式等作为人类最早的文化形式,同时也是哲学思维萌芽的主要基础,中国少数民族哲学萌芽也应作如是观。

①《马克思恩格斯选集》第1卷,人民出版社,1972,第1页。
②《马克思恩格斯选集》第2卷,人民出版社,1972,第113页。

（一）少数民族原始意识中的哲学思想萌芽

在多元一体的中华民族大家庭中,共同生活着已经确认的 56 个兄弟民族及一些有待于进一步确认的少数民族族群,其中除汉族外,其他55 个民族及相关族群"因其人口所占比例较小,习惯上一般统称少数民族"①。从社会历史发展的一般规律而论,在 56 个兄弟民族中,只有汉族及部分少数民族经历了原始社会、奴隶制社会、封建社会等典型的历史发展阶段,许多少数民族的历史发展进程都异常特殊,且发展极不平衡,有的少数民族大体上走完了各自的自然历史过程,有的少数民族并没有走完或经历以上这几个历史发展阶段,有的少数民族直到中华人民共和国成立时仍处在原始社会末期或向奴隶制社会过渡阶段,"存在着浓厚的原始公社制的残余"②,等等。

1. 原始意识与哲学的萌芽

从思想渊源上说,任何民族或国家的哲学都"萌芽"于原始意识中,没有哲学的这种"萌芽",哲学就是无源之水、无本之木。所谓原始意识,是指原始人在生活和生产劳动中产生的关于自然、社会、人,以及他们之间关系的人类最初级的认识。这种认识,主要是直观的、具体的、习惯的、经验的,富于猜测、幻想,随意性、神秘性较浓,带有最简单的类比、联想、概括、抽象等特点。而作为主观的意识,它主要通过口头传说、神话、史诗等形式表现出来,内涵为原始道德、原始艺术、原始崇拜、原始科学、原始神话、原始宗教、原始哲学等方面。而且,上述这些方面还相互影响、相互渗透,既有错综复杂的联系,又浑然一体于原始意识之中,并于阶级社会产生后,逐一从原始意识中分化出来,成为独立的学科。作为世界观之学问的哲学,就思想渊源上说,也是从原始意识中萌生、分化、综合和发展而来的。③

①《中国大百科全书·民族》,中国大百科全书出版社,1986,总论,第 2 页。
② 刘先照、韦世民:《民族文史论集》,民族出版社,1985,第 4 页。
③ 肖万源、伍雄武、阿不都秀库尔主编:《中国少数民族哲学史》,安徽人民出版社,1992,第 8 页。

原始意识是原始人为适应环境、改造自然,在生活和生产劳动中关于自然、社会、人本身的种种认识。主要内容包括:(1) 原始人在征服自然、利用自然、改造自然及和谐自然的过程中积累的原始经验和提炼的原始知识,如摩擦生火、水来土掩、绿树遮阴等经验,如在战洪水、斗猛兽、观天象、辨气候、觅食物、造工具等实践中积累的认识。(2) 原始人的自然崇拜、图腾崇拜、祖先崇拜等原始崇拜意识,这是人类最早的一种自然观。由于原始人不能真正认识自然、征服自然,也完全不了解自己身体的构造和人脑的性能,误以为某些自然之物、力、现象为"精灵"或有"精灵"存在并加以崇拜而出现了自然崇拜;认为人与某种动物、植物等有血缘关系,以之作为氏族或部落的标记而有了图腾崇拜。所以,原始崇拜的思想基础是"万物有灵"观念,而"万物有灵"的核心则为"精灵"观念。(3) 原始人的灵魂和鬼神观念,这是人类对形神关系的最早的思考和探索。灵魂观念的产生是在原始崇拜的基础上,原始人对梦、病、死亡等生理现象进行思考的结果。原始人对不断出现的梦境进行反复的思考,并与人的生与死联系起来,就误认为他们之所以做梦,人之所以有生有死,是因为有一种附于人体而又能离开并独立于人体的"灵魂"起作用,进而产生了灵魂不死的观念。(4) 原始神话、史诗、传说中关于宇宙的原始、天地万物的产生、人类的来源等意识,是原始意识中的最精彩部分。对此,马克思主义经典作家曾就神话与世界观等的关系作出经典说明,并以古希腊艺术同神话的关系为例强调:"希腊神话不只是希腊艺术的武库,而且是它的土壤。成为希腊人的幻想的基础、从而成为希腊[神话]的基础的那种对自然的观点和对社会关系的观点……任何神话都是用想象和借助想象以征服自然力,支配自然力,把自然力加以形象化;因而,随着这些自然力之实际上被支配,神话也就消失了。"①从思维水平的角度说,原始意识所体现的原始思维(有人称之为史前时期的人类思维,或称之为"潜逻辑思维",以之与"逻辑思维"相区别)同样经历了一个萌

---

① 《马克思恩格斯选集》第 2 卷,人民出版社,1972,第 113 页。

生发展的过程,而原始神话、史诗、传说等的出现,则是原始思维的发达时期。但是,原始意识还不是哲学,只能说是哲学的萌芽。因为它们远没有达到关于整个世界的最一般的观点、认识,也远没有形成并达到理论化、系统化的理论高度。

2. 原始神话与哲学的萌芽①

"原始人的思维虽然简单,却喜欢攻击那些巨大的问题。例如:天地缘因而始,人类从何而来,天地之外有何物,等等,他们对这些问题的回答便是天地开辟的神话,便是他们的原始哲学,他们的宇宙观。"②因此,神话被称为哲学之父。

作为哲学源头的"神话",关键在于其体现了"哲学"的"问题"——世界怎么样、怎么来;人怎么样、怎么来,即起源问题与样态问题。因此,马克思主义认为原始神话是哲学、艺术等的"武库""土壤""母胎",其本质是"把自然力加以形象化",是"通过人民的幻想用一种不自觉的艺术方式加工过的自然和社会形式本身"③;其所体现的"哲学"精神在于原始神话充分显示了原始人不安于现状、征服自然、奋发向上的英勇精神,即"用想象和借助想象以征服自然力、支配自然力"的精神,是原始人在与自然、社会的斗争中所产生的理想生活,并对之向往的思想的反映;从"哲学"内容上说,是原始人的"幻想的基础",是他们"对自然的观点和对社会关系的观点"。

在中国少数民族的原始神话中,足以表现哲学思想萌芽的主要有两方面的内容:一是说"神"用某种具体的物质性的东西,创万物、造人类;二是说天地万物、人类是由具体的物质性东西不断运动、演化而来的,甚至把"鬼神"也说成是由某种具体的物质性的东西在演化的过程中产生的。前者是宇宙起源论或宇宙完善论,后者是宇宙样态论或宇宙结构

---

① 本节内容主要参考了佟德富:《中国少数民族原始意识与哲学宇宙观之萌芽》,《中央民族大学学报(哲学社会科学版)》1995 年第 4 期,第 14—24 页。
② 茅盾:《神话研究》,百花文艺出版社,1981,第 150 页。
③《马克思恩格斯选集》第 2 卷,人民出版社,1972,第 113 页。

论。应特别注意的是：由于不同的物质环境、生产方式，对于这些问题的回答，不仅不同的民族有不同的说法，甚至同一个民族的不同族群也有好几种说法。

其一，关于天地、万物、人类产生与完善的意识。从哲学思维发展的角度来说，即使在人类思维发展处于极为简单的阶段也都喜欢探索和追问一些重大的"世界疑谜"问题，其中最具有哲学意义的即天地缘何而始、宇宙万物从何而来，这也反映了初民的思考。正是在这些问题上，中国各少数民族先民对这些问题具有天才般的猜测与回答，并孕育着极为丰富的哲学本体论思想的萌芽。（1）气本原说。中国的布依族、傣族、土家族和壮族等民族以气本原说来回答天地缘何而始的问题，但又各具特色。其中，布依族认为在天地万物产生之前，世上只有清气和浊气，天地万物就是由清、浊二气运动、变化而产生的。纳西族《古歌》则说："清气浊气两分离，清气'呼呼'往上升，浊气'朴朴'往下沉，清气上升变青天，浊气下沉变大地。"[1]纳西族先民还提出过"佳音""佳气"（或译为"妙音""瑞气"，下同）说，认为"很古很古的时候，天和地还没有奠定，日、月、星辰还没有出现，山川还没有形成"的时候，"在上方出现了佳音，在下方出现了佳气"，"佳音佳气结合变化"，产生了天地和日、月、星辰[2]。傣族先民则把宇宙万物的起源归之为烟雾、气团、狂风和水，其创世史诗开篇就说："相传古时候，天地还未形成，没有日月星辰，没有鬼怪和神。只有烟雾在滚动，只有叭月烈在沸腾，只有狂风在汹涌，烟雾和气体的下层，是白茫茫的一片水。"壮族先民中也有相近似的气本原说，如在《天地分家》的神话中说："在天地未分家时，先有一团大气在宇宙中旋转，最后变成一个圆蛋，圆蛋爆开分三片，一片飞到上边成为天，一片下地底下成为海，留在中间的就成为大地。"（2）雾罩、雾露说。苗族等一些少数民族提出了与雾相关的宇宙起源说，如苗族的雾罩说、彝族的雾露说、侗族的大

---

[1]《布依族古歌叙事歌选》，贵州人民出版社，1982，第18页。

[2] 傅懋勣：《丽江庅些象形文〈古事记〉研究》，武昌华中大学，中华民国27年（1938年）7月，第44页。

雾说、土家族的白云说和瑶族的浮云说,等等。苗族先民提出雾罩说阐明宇宙的本原,其中《开天辟地歌》中说,在天地万物产生之前,整个宇宙只有一片片、一团团的雾气,天地万物就是雾气演化而来的。《古歌》中追问"掉脸看古时候","哪个生来最早?"回答是:"雾罩生最早,雾罩生白泥,白泥生成天;雾罩生黑泥,黑泥变成地","天地才又生万物"①。或说:"我们看最古,看造田造地;雾罩尺头亮,它来生天上……水气心头亮,它来生地下","雾罩水气心头亮,它们生天地,生日出高山,生水冒地层,生地乃开田,生寨子生人烟"。② 彝族先民则主张雾露本原说:在远古的时候,"只有雾露一团团,只有雾露滚滚翻。雾露里有地,雾露里有天。时昏时暗多变幻,时清时浊年复年"。彝族先民还认为,雾露和云彩是不分的,故在《阿细的先基》中说,在最古最古没有天地的时候,只有"云彩分两层,云彩分两张。轻云飞上去,就变成了天","重云落下来,就变成了地"。侗族先民则认为天地混沌未开之初,"大雾笼罩",云开雾散,把天地分。"天在高上,地在低层,天有日月星辰,地有万物生灵"③,把大雾看作原初物质。瑶族先民中则提出了"浮云生盘古","盘古生万物"的神话④。(3)混沌说(浑沌说)。混沌说是中国少数民族神话的一个十分普遍且十分具有代表性的学说。如:阿昌族的《史诗》提出"混沌"的"白光"是宇宙的开端和万物的起源:"混沌中忽然闪出一道白光,有了白光,也就有了黑暗,有了黑暗,也就有了阴阳。阴阳相生诞生了天公遮帕麻和地母遮米麻。"侗族的《人类起源歌》说:"起初天地混沌。"彝族的《勒俄特依》说:"混沌演出水是一,浑水满盈盈是二,水色变金黄是三,星光闪闪亮是四,亮中偶发声是五,发声后一般是六,停顿后又变七,变化来热猛是八,下方全毁是九,万物全尽是十,此为天地变化史。"从诸神话与史诗

---

① 《苗族古歌·开天辟地歌》,载《民间文学资料》第 4 集,中国作家协会贵阳分会筹备委员会编印,1958。

② 《民间文学资料》第 71 集,中国民间文艺研究会贵州分会编印,1985。

③ 《盘王歌》,载《瑶族文学资料》第 8 集,广西壮族自治区民间文学研究会编印,1962,第 8 页。

④ 赵安贤、杨叶生、智克:《遮帕麻和遮米麻》,《华夏地理》1981 年第 2 期,第 26—33 页。

来看,"混沌"既是无边无际,无始无终的空间,又是原初物质。(4)卵生说和"本无空"说。藏族苯教经典《黑头矮子的起源》中提出卵生世界的观点。该典籍中说,世界最初"本无空"。由"空"到"如镜三湖",然后产生卵,卵中孵出二鸟,二鸟生出三卵,三卵演化为人类、天神和动物。或只指认"本无空"为宇宙之源:"世界最初是本无空,由空稍起本有,由本有略生洁白之霜,由霜略生似酪之露。"①即没有混沌状态的"本无空"发展为"本有",再发展为万物。(5)茶叶是万物的阿祖。德昂族的《古歌》提出了独具特色的茶叶是宇宙万物本原的思想,"在很古很古的时候,大地一片浑沌,水和泥巴拢在一起,土和石头分不清楚。没有人的影子,只有雷、风呼呼,到处是茂盛的茶树,翡翠一样的茶叶,成双成对把树抱住。茶叶是茶树的生命,茶叶是万物的阿祖"②。(6)"二宗"本原说。"二宗"是指善与恶、光明与黑暗。祆教和摩尼教主张世界有两个各自独立、相互对立的本原,善与恶、光明与黑暗就是这种最初存在的精神实体。祆教认为,善与恶是宇宙中存在的两个对立的本原,善的最高神是阿胡拉·玛兹达,是智慧和主宰之神,代表光明、清净、创造等,人就是阿胡拉·玛兹达用泥土做成的。恶的最高神是安格拉·曼纽,代表黑暗、虚伪、恶劣和愚昧。善恶双方不断对立和斗争,最后善战胜恶。摩尼教则认为,光明与黑暗是互为相邻的两个王国,二者始终存在,谁也不创造谁,谁也不消灭谁。整个世界就是二者相互斗争、合力创造的。祆教的圣书《阿维斯塔》和摩尼教的经典《摩尼教残经》中,对上述二元本体论观点均有详论。(7)神创论。在宇宙本原问题上的神创思想。如:佤族利吉神辟地、路安神开天、木依吉神造人说,拉祜族关于厄莎神造天地万物的思想,瑶族的密洛陀创造天地万物说,布依族的龙造说,侗族和苗族的盘古开天辟地的造人说,水族的女神牙巫创造天地万物说,以及彝族的格兹天神创世说,等等。

---

① 土观·罗桑却季尼玛:《土观宗派源流》,刘立千译注,西藏人民出版社,1984。
② 赵腊林、陈志鹏:《达古达楞格莱标》,《华夏地理》1981年第2期,第50—55页。

综观中国少数民族先民关于宇宙本原、万物起始的思想,可以发现其中所包含的丰富的哲学前史。关于宇宙本原的思想,内容丰富,形式多样,除上述之外,还有:壮族的"古本原"说、纳西族的"阴阳"说、侗族的"树苑"说、独龙族的"日月交配生万物"说,以及维吾尔族的"四素"、"四性"说等极其丰富的内容;而且,即使在同一个民族先民中,也有多种宇宙本原说,如:阿昌族有"混沌"说、"白光"说和"天公遮帕麻造天,地母遮米麻织地"说,瑶族有"浮云"说、"盘古生万物"说、"密洛陀"是始原说,纳西族有"佳音""佳气"说和"阴阳"说,侗族有"大雾是本原"说和"树苑"说,彝族有"雾露"说、"彩云"说、"混沌"说和"二元"本体说,藏族有"卵生"说、"本无空"说,维吾尔族有"善、恶"二元说、"二宗"本体论和"四素"说,等等。此外,中国少数民族先民在探索宇宙本原中,不仅有丰富的朴素本体论思想萌芽,而且还充满了方法论的思想萌芽。如:水族有"匹配成对""各与阴阳""参差不齐"和"相依相靠"等思想。纳西族有"佳音佳气变化"产生万物的思想。彝族有"万物在动中生,万物在动中演变,不动嘛不生,不动嘛不长。这就是天地的起始,这就是万物的来源"的思想和"万物在相分相配中繁衍"的思想。布依族有"清气浊气相粘"以及"清气'呼呼'往上升,浊气'朴朴'往下沉"等清浊二气相互对立、运动变化产生天地万物的思想。侗族有天地是雾气自然演化而成、万物则随天地的分化经一系列运动变化而成的思想。阿昌族有"阴阳相生""明暗相间"生天地万物的思想。此外,还有各民族都共有的关于宇宙发生、发展的思想等。这些多姿多彩的变化、发展的思想,生动地说明了原始意识的群体性、直观性和随意性等特点,可以说,这些思想恰恰是千变万化的大自然现象在原始人头脑中的直接反映,这种朴素本体论和朴素方法论思想萌芽的自然结合,直接导致了少数民族早期哲学综合性特点的产生。

其二,人类自身的来源。中国少数民族先民对于人类自身的来源也有极其浓厚的探索兴趣,并作出种种天才的猜测和解释。(1)某一植物演化为人之说。如苗族的"枫树生人"说,阿昌族、拉祜族、佤族等民族的"葫芦生人"说,怒族的"南瓜变人"说,白族的"瓜生人"说。(2)某一动物变人之说。这除了各民族大都将动物图腾看作本民族的祖先（这方面的例子，不胜枚举）外，值得指出的是藏族、彝族、纳西族等民族的"猴子变人"说。（3）蛋卵生人说。如苗族、侗族、土家族、黎族、纳西族、哈尼族等民族的"卵生"说。（4）非生命物质变人说。如瑶族的"云彩结成人"说，佤族的"石洞"说。（5）"神"用某一物质材料造人之说。如：壮族的"泥土造人"说，傣族的"黄泥造人"说，景颇族的"泥巴捏人"说，回族的"用血块创造人"说，彝族的"用雪造人"说、用白泥造女人和用黄泥造男人之说，鄂伦春族的用飞禽的骨肉和泥造人说，等等。这些人类来源的种种说法，除了神用物质材料造人之说外，其他均非神创造，或是由生命物质（动植物）自然演化的，或是由无生命物质自然化生的，尤其是"猴子变人"说，表现了少数民族先民的天才的猜测，具有丰富的想象力。

（二）少数民族民间宗教中的哲学

在"民间宗教"研究领域，事实上还没有一个统一的认知，有主张两层次说的学者强调，"与其将中国人的宗教生活分为儒、释、道三部分，还不如将它分为两个层次来得正确。这两个层次一个是寻常百姓的层次，一个是知识已开者的层次。"其中"寻常百姓的层次"即是民间宗教[①]。有主张宗教的两种基本形式者划分制度型（institutional）和普化型（diffused），其中普化型宗教则表现为其宗教要素密合无间地扩散到一种或多种世俗社会制度之中并变成后者观念、仪式及结构的一部分而并无明显的独立存在，且"宗教成分渗透于中国所有主要社会制度内及所有乡里的有组织的生活之中，是通过普化形态，民众与宗教保持着极为密切的接触"[②]。再有的则强调"采用'民间宗教'一词与其说是基于它是一种有别于为上层所接受和信奉的正统、贵族宗教（佛教、道教）而流行于下层民间社会的宗教组织，毋宁说是基于它是一种更能迎合下层民间

---

① 陈荣捷：《现代中国的宗教趋势》，台湾文殊出版社，1987，第137页。

② Yang, C. K. *Religion in Chinese Society*: *A Study of Contemporary Social Functions of Religion and Some of Their Historical Factors*. Berkeley, 1961, pp. 294—295. 转引自王庆德：《中国民间宗教史研究百年回顾》，《文史哲》2001年第1期，第30—37页。

社会人士心理需要的宗教教义和信仰。换言之,我们所谓的民间宗教不仅是就其传播流行的对象和范围而言,而且更重要的是就其教义信仰更具有为下层民间社会人士所接受和信奉的功用而言。"①还有的则认为"所谓民间宗教,是指流行于社会中下层、未经当局认可的多种宗教的统称"。并且,"就宗教意义而言,民间宗教与正统宗教之间没有隔着不可逾越的鸿沟……民间宗教与正统宗教虽然存在质的不同,但差异更多地表现在政治范畴,而不是宗教本身。前者不为统治秩序所承认,被污称为邪教、匪类,屡遭取缔镇压,往往只能在下层潜行默运;后者从整体上属于统治阶层的意识形态,受到尊崇、信仰和保护"②……

为了便于研究,我们采纳王铭铭的意见,认为中国民间宗教文化包括信仰(神、祖先和鬼),仪式(家祭、庙祭、墓祭、公共节庆、人生礼仪、占验术)和象征(神系的象征、地理情景的象征、文字象征、自然物象征)三大体系③。但在具体分析时,我们分这样几个层次讨论中国少数民族的民间宗教:

1. 制度化宗教的民间化

在中国的宗教文化体系中,被称为制度化宗教的,主要是指伊斯兰教、佛教、天主教、基督教、道教等,一定程度上还包括儒教(家)。伊斯兰教、佛教、天主教、基督教等均作为外来宗教,在传入中国以后,都已中国化、地方化,在一定程度上已是中国少数民族民间宗教的一部分。

佛教形成了藏传佛教、汉传佛教、南传上座部佛教等三大体系,且内部又存有不同派别。其中藏传佛教形成于雪域高原并得到广泛传播,元代还曾被奉为国教,不仅被藏族相当一部分群众信仰,而且还为蒙古族、土族、裕固族、达斡尔族、普米族、门巴族,以及部分纳西族群众所信仰,从而形成了以藏族、蒙古族为中心的青藏高原和蒙古高原藏传佛教文化

① 徐小跃:《罗教·佛学·禅学》,江苏人民出版社,1999,第2页。
② 马西沙、韩秉方:《中国民间宗教史》上海人民出版社,1992,第5页。
③ 王铭铭:《中国民间宗教:国外人类学研究综述》,《世界宗教研究》1996年第2期,第125—134页。

圈;汉传佛教虽然在汉族聚居的地区较为流行,但在朝鲜族、白族、布依族、壮族、京族、毛南族等少数民族中也有影响;云南地区一些少数民族的相当一部分群众则信仰南传上座部佛教。因此,有学者认为,"中国的民间宗教在其形成、发展过程中,佛教的影响举足轻重。南北朝时期的大乘教、弥勒教,发端南宋初年的白云宗、白莲教,肇始于明中叶的罗教,等等,无不受佛教启迪,或成为佛教世俗化教派,或成为其流衍、异端,乃至下层民众对这类教派风行景从、云合相应,信仰之炽烈,往往又超过了对正统佛教膜拜"①。

伊斯兰教在我国西北地区的一些少数民族群众中有相当影响。回族、维吾尔族、塔塔尔族、柯尔克孜族、哈萨克族、乌孜别克族、塔吉克族、东乡族、撒拉族、保安族等 10 个少数民族,有相当一部分群众信仰伊斯兰教,形成了中国西北少数民族伊斯兰教文化圈。但是应看到,其中的地方化、民间化也十分明显,如回族相当一部分群众所信仰的伊斯兰教属于逊尼派,在哈乃裴派、马立克派、沙费尔派和罕伯里派等四大宗教法学派中,中国回族伊斯兰教属于其中的哈乃裴派;此外,还形成了三大教派四大门宦。

基督教最早在唐代传入中国,当时来的是基督教聂斯脱利派,即景教,后来,元代、明代也有基督教传入,其中的天主教、新教势力逐步传入到彝族、布依族、朝鲜族、景颇族、拉祜族、土家族、佤族、壮族、藏族等民族中,维吾尔族、哈萨克族中的部分群众都曾信仰景教;散居我国西北、东北等地的俄罗斯族,有很少一部分群众信仰东正教。此外,中亚、西亚地区一些民族的古老宗教也曾影响过中国的少数民族,如维吾尔族、乌孜别克族、塔吉克族的部分群众曾信仰过袄教(拜火教);维吾尔族、乌孜别克族以及裕固族的一部分群众曾信仰过摩尼教等。

至于中国的本土宗教道教,不仅在瑶族、仫佬族、壮族、土家族、白族、阿昌族、毛南族等民族中得到了较为广泛的传播,而且始终与民间宗

---

① 马西沙、韩秉方:《中国民间宗教史》,上海人民出版社,1992,第 36 页。

教紧密联系,"中国宗教有许多不同的形态,而道教正是中国宗教在民间层面的显现。"这并"不是说道教即民间宗教",但的确"道教是综合各民间宗教形态的最有影响的一派宗教"①。《中国民间宗教史》第一章甚至直接用"汉末民间道教及其形态的演变"作标题,最终结论即是强调"近两千年的道教史是一部由民间走向正统,再由正统走向民间的历史"②。

2. 相对固定化的民族民间宗教

在中国各少数民族民间宗教文化体系中,许多少数民族已发展出了自己较为固定的宗教形式,展现了中华民族宗教文化的多元一体格局,如:纳西族的东巴教、摩梭人的打巴教、普米族的韩归教、彝族的西波教、壮族的师公教(亦称中国大教)等,其他的如 19 世纪 60 年代前后在朝鲜族中流行的一些新的本民族宗教,即东学教系的天道教、侍天教、济愚教、水云教和青林教,檀君教系统的檀君教、大倧教和元倧教等,虽然没有形成朝鲜族全民性的统一的宗教,但却也可归入相对固定化的民族民间宗教一类。

民族民间宗教应特别提到的是曾经在中国北方地区形成的一个少数民族萨满教文化圈,在蒙古族、鄂温克族、鄂伦春族、达斡尔族、满族、锡伯族、朝鲜族、裕固族等民族群众中都曾有人信仰。萨满教信仰虽然也是一种原始宗教信仰,起源于万物有灵的信仰,但就其较为固定等特征来看,显然可归入相对固定化的民族民间宗教一类。

此外,藏族聚居地区的原始信仰苯教(也称本波教),也是一种类似于萨满教的宗教信仰,是藏化了的萨满教,同样可归入相对固定化的民族民间宗教一类。

3. 民族民间的原始宗教信仰

在中国大陆的西南、中南、东南地区及沿海岛屿生活的少数民族较为普遍地保持着以万物有灵为中心的原始宗教信仰。

保持着自然崇拜的有:基诺族、德昂族、拉祜族、傈僳族、珞巴族、怒

---

① 秦家懿、孔汉思:《中国宗教与基督教》,吴华译,生活·读书·新知三联书店,1990,第127页。
② 马西沙、韩秉方:《中国民间宗教史》,上海人民出版社,1992,序言,第5页。

族、羌族、彝族、侗族、毛南族、哈尼族、畲族、高山族等民族。

保持着动物崇拜的有:布依族、独龙族、德昂族、佤族、怒族、侗族、傈僳族、哈尼族、壮族、高山族等民族。

保持着鬼神崇拜的有:景颇族、苗族、侗族、布依族、阿昌族、布朗族等民族。

保持祖先崇拜的有:拉祜族、苗族、仫佬族、土家族、黎族、布朗族、德昂族、侗族、哈尼族、高山族等民族。

保持着图腾崇拜的有:羌族、彝族、畲族、高山族、苗族、仫佬族、珞巴族、布朗族等民族。

保持着神灵崇拜即多神信仰的有:阿昌族、布朗族、侗族、独龙族、仡佬族、哈尼族、景颇族、门巴族、苗族、仫佬族、土家族、怒族、畲族、佤族、彝族等民族。

保持着灵物崇拜的有:阿昌族、傈僳族、苗族、毛南族、羌族、彝族、畲族、普米族、佤族、土家族等民族。

保持着英雄崇拜的有:京族、侗族、毛南族、土家族、彝族、布依族等民族。

此外,白族的本主崇拜也可以划入原始崇拜的范畴。

从哲学思维发展的角度,各层次的民族民间宗教都可作出哲学解剖,如对个人心灵的慰藉、社会善恶的明示;对个人与社会的"需求"和"希望"意义,使人们并不完全放弃勇气和希望等,这具有明显的功利意义。同时,民族民间宗教信仰所体现的人与人、人与自然、人与社会,甚至人的自我身心的关系,都无不宣示着民族民间宗教的哲学意义,正如有的学者认为:"中国社会的底层信仰是一个巨大的空间,它是由民间宗教以及道教和佛教共同组成的。这样一个信仰层面就基本性质而言与原始宗教或巫术有着密切的关系,因此它有着明显的低端信仰的色彩或特征。另一方面,这样一个层面的信仰也包含了对心灵的慰藉,对希望的追求以及对善恶的划分,所有这些又是积极的和合理的。"[1]

---

[1] 吾淳:《中国社会的宗教传统——巫术与伦理的对立与共存》,上海三联书店,2009,第124页。

第二节　起源期中国少数民族哲学的思维内容

在哲学史研究中,通过哲学问题研究与通过哲学范畴研究会形成不同的研究指向,关注哲学范畴,必然会凸显哲学观念之间的历史联系;重视哲学问题,则必然凸显哲学观念与文化历史的关系。显然,研究中国少数民族哲学,特别是研究中国少数民族哲学的起源,只能采用重视哲学问题的思路。按照这一思路,我们可以把哲学观念分解为一般与特殊两种类型。哲学观念的一般类型,是哲学自身的提问方式和自身提出的问题,如本体论、认识论、方法论等,这类哲学观念一旦形成,便起着过滤器的作用,使经验世界的内容经过其间的过滤而升华为哲学的内容。这就是我们为什么能在少数民族的神话传说中看到宇宙起源、人类起源等共性问题的原因。哲学观念的特殊类型,是不同时代、不同民族的特殊提问方式及其提出的问题,这里不仅有基于时代和传统的对哲学自身的提问方式和问题的不同理解,而且还有直接来自具体时代、具体民族的文化历史的特殊提问方式和特殊问题,这也就是我们从少数民族的哲学文本中看到不同时代内容和不同民族性格的原因,甚至是少数民族神话也在不断增加新内容的原因。事实上,研究中国少数民族哲学起源的思维内容,也就是要把握其思维的主题。

一、宇宙与人类起源的本体探索

研究哲学的起源,自然会有不同的观点,如按照进化论的观点,哲学应该是人类进入文明时代以后,特别是发展到相当于西方古希腊文明阶段之后出现的,因而非希腊民族自然不会有什么哲学产生。但是,按照所谓"轴心时代"的理论,至少在"轴心时代"的各主要文明都有了自己的哲学。因此,从 20 世纪 90 年代以来,中国学界已习惯于用雅斯贝斯的"轴心时代"概念作为当然的一种设定:作为与希腊、印度差不多同时并行的古代中国,也处在这个"轴心"之中并拥有轴心期文明的基本特征①。很显然,这是两种不同的文明观。之所以"轴心时代"历史观影响更大,一个重要原因在于它更符合中国人的认识,这是一种超越欧洲中心论,发展到文明轴心论的进步,这是一个重要的转折。其意义一方面在于批判了欧洲中心论,强调"在西方世界,基督教信仰缔造了历史哲学。在从圣·奥古斯丁到黑格尔的一系列鸿篇巨制中,这一信仰通过历史而具体化为上帝的活动。上帝的启示活动相当于决定性的分界线。因此,黑格尔仍能说,全部历史都来自耶稣基督,走向耶稣基督。上帝之子的降临是世界历史的轴心。我们的年表天天都在证明这个基督教的历史结构。但是,基督教仅是基督教徒的信仰,而非全人类的信仰。因此,这一普遍历史观的毛病在于,它只能为虔诚的基督徒所承认"②。据此,雅斯贝斯肯定"最不平常的事件集中在这一时期。在中国,孔子和老子非常活跃,中国所有的哲学流派,包括墨子、庄子、列子和诸子百家,都出现了。像中国一样,印度出现了《奥义书》和佛陀,探究了怀疑主义、唯物主义、诡辩派和虚无主义等各类哲学认识的可能性。伊朗的琐罗亚斯德传授一种挑战性的观点,认为人世生活就是一场善与恶的斗争。在巴勒斯坦,从以利亚经由以赛亚和耶利米到以赛亚第二,先知们纷纷涌现。希腊贤哲如云,其中有荷马,哲学家巴门尼德、赫拉克利特和柏拉图,许多悲剧作者,以及修昔底德和阿基米德。在这数世纪内,这些名字所包含的一切,几乎同时在中国、印度和西方这三个互不知晓的地区发展起来。"③另一方面,则强调了去神话的理性时代的到来,强调"神话时代及其宁静和明白无误,都一去不返。像先知们关于上帝的思想一样,希腊、印度和中国哲学家的重要见识并不是神话。理性和理性地阐明的经验向神话发起一场斗争(理性反对神话),斗争进一步发展为普天归一的上帝之超然存在,反对不存在的恶魔,最后发生了反对诸神不真实形象的伦理的反

---

① 参见卡尔·雅斯贝斯:《历史的起源与目标》,魏楚雄、俞新天译,华夏出版社,1989。
② 卡尔·雅斯贝斯:《历史的起源与目标》,魏楚雄、俞新天译,华夏出版社,1989,第7页。
③ 卡尔·雅斯贝斯:《历史的起源与目标》,魏楚雄、俞新天译,华夏出版社,1989,第7、8页。

抗。""这一人性的全盘改变可称之为精神化。""哲学家首次出现了。人敢于依靠个人自身。中国的隐士和云游哲人,印度的苦行僧,希腊的哲学家和以色列的先知,尽管其信仰、思想内容和内在气质迥然不同,但都统统属于哲学家之列。人证明自己有能力,从精神上将自己和整个宇宙进行对比。他在自身内部发现了将他提高到自身和世界之上的本原。"①从上述内容可以看出,雅斯贝斯提出"轴心时代"理论,具有严肃的历史分界意义,"在前数千年中,历史具有不同的意义,它缺乏后来轴心期首次感受到的精神作用力,这种作用力此后一直起着作用,它探究人类的全部活动,赋予历史以新的意义。""在所有地方,轴心期结束了几千年古代文明,它融化、吸收或淹没了古代文明……前轴心期文化,像巴比伦文化、埃及文化、印度河流域文化和中国土著文化,其本身规模可能十分宏大,但却没有显示出某种觉醒的意识……与轴心期光辉的人性相比,以前最古老的文化十分陌生,似乎罩上了面纱。"只有当"古代文化的某些因素进入了轴心期,并成为新开端的组成部分,只有这些因素才得以保存下来"②。

问题在于,此前的前文明时代(沿用原有的说法),真的就是非理性的吗?当人们强调人类文明始于神话,把约在公元前 1000 年至公元前 800 年的时期称之为神话时期,强调在这一时期人类从蒙昧走进自己的童年,并相应地产生了特定的文化形式——神话,古希腊神话、东方神话等都可以看成这一时期的产物。于是,人们强调神话的产生就是人类文明的产生,并进而把神话看成是哲学之父。因此,"哲学深信,神话创作功能的产物一定具有一个哲学的,亦即一个可理解的'意义';如果神话在所有各种图像和符号之下隐匿起了这种意义,那么把这种意义揭示出来就成了哲学的任务。"③

事实上,从哲学起源的角度说,神话要解决的哲学问题就是人类如

---

① 卡尔·雅斯贝斯:《历史的起源与目标》,魏楚雄、俞新天译,华夏出版社,1989,第 9、10 页。
② 卡尔·雅斯贝斯:《历史的起源与目标》,魏楚雄、俞新天译,华夏出版社,1989,第 13 页。
③ 恩斯特·卡西尔:《人论》,甘阳译,上海译文出版社,1985,第 94 页。

何产生的问题,而要解决人类产生的问题,又必须先解决宇宙天地如何产生的问题。全部哲学方面的问题,如认识论问题、本体论问题,甚至方法论问题等,都可以从神话中找到它的原始形式,如在中国少数民族的神话、史诗中,例如:水族的《水书》,侗族的《款词》,布依族的《乡规碑》《祖训八条》《社洛介》《柔番沃番钱》《穆播董》,瑶族的《密洛陀》《盘王歌》《过山榜》,等等,都有这方面的内容。而且,这些神话、史诗还阐明了宇宙发生论,如傣族的《论傣族诗歌》、彝族的《宇宙人文论》及《西南彝志》等古文献中说:"却说天地产生之前,清气熏熏的,浊气沉沉的。清、浊二气互相接触,一股气、一路风就兴起来了,两者又接触,形成青幽幽、红彤彤的一片,清的上升为天,浊的下降为地。"这段文字描述了一个天、地由清、浊二气不断地运动、接触形成的过程,把日月星辰、风云雨露、霜雪雷电、地上万物等也都是清、浊二气的"接触",或"充溢",或"相搏",或"凝结"的产物,从而确认的是万物的统一性,并进而确认人类对自然的一种信念——战胜、利用的信念。

人们在讲到西方哲学起源时特别强调了其"休闲"与"惊异"的意义,其实那是从功能上的评价。不过还应强调的是,任何科学的最初源起或许都因在"休闲"中有"惊异",只不过哲学应更深入一层,这就是它是对"惊异"的"惊异"。因为真正来说,哲学对于人来说,应是根源的意义,所以古往今来的真正思想家都极为重视哲学意识的树立,像柏拉图认为"唯有哲学才是人应寻求的东西""哲学是最高的财富"[1];亚里士多德认为"其他的知识可能是比哲学更为需要的,但没有一种是比哲学更优越的"[2];黑格尔说哲学在丰富的民族精神中"是最盛开的花朵,它是精神的整个形态的概念,它是整个客观环境的自觉和精神实质,它是时代精神、作为自己正在思维精神,这多方面的全体都反映在哲学里面,以哲学作

---

[1] 黑格尔:《哲学史讲演录》第2卷,贺麟、王太庆译,生活·读书·新知三联书店,1956,第172页。

[2] 黑格尔:《哲学史讲演录》第2卷,贺麟、王太庆译,生活·读书·新知三联书店,1956,第287页。

为它们单一的焦点,并作为这个全体认识其自身的概念"①。不仅在西方,在中国也同样如此,如史学家司马迁在谈到治史宗旨时即强调"亦欲以穷天人之际,通古今之变,成一家之言"②;西汉初期的左丞相陈平强调自己要"上佐天子理阴阳,顺四时,下育万物之宜,外镇四夷诸侯,内亲附百姓,使卿大夫各得任其职",其中重要的职能即是哲学工作;南宋朱熹写道德修养书要从"无极而太极"的哲学之时写起,强调要有所谓"洒扫应对以至于性命"的哲学思考等,这些都说明了哲学之思的根源意义。事实上,正像笔者在分析土家族神话时所强调的,那是一种人类自身在寻找自己在宇宙中的应有地位。

二、个体与人类生存的终极关怀

人类为什么需要哲学?因为人类的心灵需要哲学来慰藉。试想,在那远古的洪荒时代,面对陌生的自然及其他的他者,人性中最原始的感觉、最潜在的本能是什么?显然是害怕孤独、害怕无助。于是为了消除这种孤独与无助,人们总是要找个理由来依托,这样活着才心里光明、活得才心里踏实。于是,神话产生了,史诗产生了,传说产生了。所以,可以说,我们说哲学起源的问题,说到底是探讨先民对人类终极关怀的最初探索。比如说,我们人的自然生命是受客观规律支配的,我们从一出生就是"宿命"的,生老病死谁也拦不住,试图修炼出不死的功夫那是邪教。在自然生命这里,它不需要说道理而只需要物质交换,因而人们首先必须吃穿住,必须关注死亡及相关问题,所以神话传说中这方面的内容特别多。但是,人的心灵、人的文化生命并不只受客观规律支配,它不只是需要物质而特别需要道理来滋润,并且它一形成就是自由的,唯一受到规矩的,就是它总试图为自己的思想与行为找一个理由。正是从这

---

① 黑格尔:《哲学史讲演录》第 2 卷,贺麟、王太庆译,生活·读书·新知三联书店,1956,第 56 页。
② 司马迁:《报任少卿书》。

个意义上说,人类本来就是一个找理由的动物。所以,高尔基说:"要把费尽一切力量去为生存而斗争的两脚动物想象为离开劳动过程、离开氏族和部落的问题而抽象地思想的人,这是极端困难的。"①这一点,我们从一则珞巴族神话似可得到恰当的说明。珞巴族神话多次提到天地结婚后,大地母生了许多孩子。这些神话有一个共同的情节即关于生殖与生长的人格想象结构:"这怎么行呢? 天和地商量,我们太孤单了,要造出一些东西来才是啊! 于是天和地结了婚。……太阳和月亮呀,树木和花草呀,鸟兽和虫鱼呀,都是大地母诞生的孩子,天地间终于有了生气。"天地当然也害怕寂寞,因此它们才结婚生孩子。这里的天地已具有人的复杂性格,是人的自觉,即自我意识的泛化和物化。在这个想象的规定情节中,有一种强烈的自我欣赏和自我安置意味。

当我们打开少数民族哲学萌芽期的文献,我们会不断地看到人类所寻出的理由,一种说明自己思想与行为合法性的理由。藏族的《创世传说》给出我们现在的人存在并居住于"中界"的理由:"天也有了,地也有了,动物、植物都有了,就是没得人住在中间。"在经过了"一寸人""立目人""八尺人"等过程以后,最后才出现了我们现在的"人"。《苗族古歌》中的"开天辟地歌"为人类自给自足的生存状态所寻的理由是从开天辟地讲起,然后明确了现在生成状态的根据是:"天已撑稳了,地已支好了。爸爸走下山,犁田种麦稻;妈妈转回屋,重新架锅灶;后生吹芦笙,姑娘围着;歌声和笑声,阵阵冲云霄。"彝族《勒俄特依》在"开天辟地"中找到的理由是:"制造九把钢铁斧,交给九个仙青年,随同约祖去造地。司惹约祖呵,为着平整地面事,上午的时候,你说我说争着说,下午的时候,你做我做争着做,遇高山就劈,遇深谷就打。一处打成山,作为牧羊的地方;一处打成坝,作为放牛的地方;一处打成平原,作为栽秧的地方;一处打成坡,作为种荞的地方;一处打成垭口,作为打仗的地方;一处打成沟谷,作为流水的地方;一处打成山坳,作为住家的地方……"

---

① 高尔基:《文学论文选》,孟昌等译,人民文学出版社,1958,第 320 页。

可以看出，虽然这些"哲学"研究的是宇宙大问题，可实际要处理的却是人类自身的问题，是人生的终极问题。在人类起源的问题上，中国少数民族的神话、传说表现得更为明显。在该问题上有多种多样的观点，如：藏族、布依族等主张猕猴变人说，侗族、纳西族等主张卵生说，苗族、瑶族、纳西族等主张气生说、水生说和人兽兄弟说等。就其本来意义而言，最终还是要为人类找到存在的根据。如哈尼族的"天、地、人的传说"讲兄妹俩成婚这一问题，人类的生存责任与伦理道德的冲突成为主题，然而最终是人类生存的责任超越伦理责任，这已不是一般的事宜从权的问题。"兄妹俩又深深陷入苦恼。阿直神再次来到他们身边，在佐罗心里种下了情，在佐卑心里投下了爱，要佐罗和佐卑配对成双。兄妹俩虽然因此有了爱情，但是也们说要他们做夫妻，还得抛树叶、扔木刻、滚磨盘，看看天地的旨意。兄妹俩找到两座相隔九条沟的高山，佐罗站在东边的高山，佐卑站在西边的高山。第一次他们各抛一片树叶，两片树叶飘飘落落，粘在一起了。第二次他们各扔一半木刻，两半木刻飞飞扬扬，合在一起了。第三次他们各滚一扇磨盘，两扇磨盘翻翻滚滚，重在一起了。看到粘在一起的树叶，合在一起的木刻，重在千起的磨盘，想到繁衍人类的事情，佐罗和佐卑不得已哟，只有做了夫妻，人类才传下来了。"

作为对个体与类生存终极关怀的例证，莫过于有众多的大地女神出现。作为族源性女神，大地女神直接表明的是她与人类的渊源关系，即大地创造和孕育了人类。中国少数民族中的珞巴族、门巴族、哈尼族等民族的族源神话中都包含有这一主题的丰富内容。珞巴族神话《天和地》叙述了天与地结合孕育了珞巴族始祖阿巴达尼，从而繁衍了珞巴族的过程；珞巴族神话《肯库》描述了混沌初开之时，有一怪物名叫肯库，她生下泥球样的名叫禅图的乌佑，禅图又生下珞巴族的祖先阿巴达尼，禅图垂死化生，创造万物，以供阿巴达尼创造的人类生存；门巴族神话《创世说》将创世与造人两大母题结合在一起，讲述两位男神兄弟拉旺布加钦与拉旺布拉钦倍感创世前的孤独，就用法棍在大海里搅拌，结果搅出了太阳、月亮以及装有太阳火种的陶罐,数千个小天神围绕着陶罐鞠躬。时间一久,他们化作天上无数的星辰。天神兄弟劝说太阳和月亮结婚,他们光芒照耀着大地,天和地于是结婚生下了草、树、人和动物;哈尼族神话《它朋然夏阿玛》讲述女神它朋然夏阿玛被一阵奇妙的风吹得全身都怀了孕,后来生下 77 种飞禽走兽和人……

其他的还有:苗族、土家族、满族、朝鲜族、瑶族、鄂温克族、蒙古族、仫佬族、傈僳族、基诺族、布依族、景颇族、哈尼族、黎族、白族、羌族、傣族、毛南族、佤族、普米族、怒族、德昂族、水族、藏族、回族等 25 个少数民族的族源神话中都有救世女神出现,强调在人类生存的关键时刻,如大旱降临、魔鬼来袭、火种缺乏等大灾难时期,为保证民族持续繁衍而出现了神圣性的佑护。如:苗族神话《落天女的子孙》讲的是很古老的时候,天与地创生了一位女神,人们称呼她为"落天女"。她来到凡间,因为吞吃了老人送给她的红果子,生下七个儿子,他们被玉皇大帝任命为雷公,专门监督人类要行善尽孝,否则将受到惩罚。最小的两个儿子戈生与戈瑟脾气都很暴躁,他们之间发生了冲突,戈瑟用计将戈生囚禁起来。戈瑟的子女伏羲兄妹受骗,给了戈生水与火,结果戈生用雷电炸开锁链逃走,并降下洪水报复。后面即是著名的再创世神话母题,戈瑟的子女伏羲兄妹结合,繁衍了苗族子孙,成为苗族先祖。土家族神话《八部大王》讲一只仙鹤种的楠树爆出两位大神,她传白虎娘娘的命令,让他们下凡结为夫妻,繁衍人类,后来,女神阿妮喝了白虎娘娘派神送来的喜药,生下了土家族的八位英雄。满族神话《天女浴躬池》、朝鲜族神话《坛君神话》、蒙古族神话《天女之惠》、瑶族神话《日月成婚》、鄂温克族神话《鄂温克人的起源》、仫佬族神话《伏羲兄妹的传说》、傈僳族神话《洪水》及《岩石月亮》、基诺族神话《祭祖的由来》、苦聪人①神话《人类起源》、布依族神话《洪水滔天》、景颇族神话《人类始祖》、哈尼族神话《俄八美八》、黎族神

---

① 苦聪人主要分布在哀牢山中部地区,1987 年经云南省人民政府批准,苦聪人归属为拉祜族称谓。

话《人类的起源》、白族神话《人类是从哪里来的》及《氏族的来源》、羌族神话《黄水潮天》、傣族神话《布桑戛西与雅桑戛赛》、毛南族神话《盘兄和古妹》、哈尼族神话《天、地、人的形成》、佤族神话《谁敢做天下万物之王》、纳西族神话《人类迁徙记》、景颇族神话《宁冠哇》、普米族神话《洪水滔天》、怒族神话《腊普和亚妞》、德昂族神话《人与葫芦》、水族神话《阿日亘送火种》、藏族神话《人的由来》、回族神话《阿丹好娃》《阿丹和海尔玛》，等等，都说明了这一终极问题。其中还有些神话是将创世与造人两大功能结合起来，如：瑶族神话《密洛陀》、彝族神话《创造万物的巨人尼支呷洛》、阿昌族神话《遮帕麻与遮米麻》、苗族神话《创世纪》，等等。当然，也有直接诉求于祖先的，如：黎族神话《黎母山》、高山族神话《神鸟的启示》、哈萨克族神话《迦萨甘创世》，等等。这些关于人类起源的神话，甚至是天地起源与人类起源的复活型神话，都在探寻人在宇宙中的位置及人类自身的其他终极问题，属于基于自己民族特殊场景的哲学之思。

三、自然生命与文化生命的终极选择

哲学家尼采说"存在——除'生命'而外，我们没有别的关于存在的观念"[1]。可是，如何理解人的生命却有不同的认识。"人为万物之灵"，人的生命存在不同于其他有机体的生命存在，这就是他除了一切生物机体都具有的自然生命而外，还有人所特有的文化生命。对此，中国古代哲学家荀子在谈到人与无机物、植物、动物的区别时就说道："水火有气而无生，草木有生而无知，禽兽有知而无义，人有气有生有知亦且有义，故最为天下贵也。"[2]在他看来，无机物（"水火"）只是由物质性的元气构成的，而没有生命性；植物（"草木"）在元气构成的基础上具有了生命性，但这种生命性没有感知能力；动物（"禽兽"）在元气构成的基础上具有了

---

[1] 弗里德里希·尼采:《权力意志——重估一切价值的尝试》，张念东、凌素心译、商务印书馆，1991，第 186 页。
[2]《荀子·王制》。

生命性及其感知能力,但这种生命性及其感知能力没有文化规范("义")作为指导;只有人才既在元气构成的基础上具有了生命性及其感知能力,又具有了指导这种生命性及其感知能力的文化规范。"气"与"生"或"气"与"生""知"所构成的是自然生命,这是植物或动物这些生物机体所具有的;而"义"则是文化生命的产物,唯有人才具有。正是这种"义",这种文化生命,赋予了人生命的特征,使人的生命不同于其他有机体的生命,形成了人的生命存在与其他有机体的生命存在相区别的人类本质。

在中国少数民族哲学的起源期,我们看到,中国少数民族哲学虽然重视人的自然生命的生存,但更重视人的文化生命的生成。在关于人类进化的序列里,中国少数民族是将自然生命的演进与文化生命的逐渐丰富联系起来的。如彝族史诗《查姆》中认为人类的进化经历了"独眼睛时代""直眼睛时代"和"横眼睛时代"三个时代;《阿细的先基》则认为人类社会经历了"蚂蚁瞎子那一代""蚂蚱直眼睛代""蟋蟀横眼睛代"和"筷子横眼睛代"四个时代,并且各时代都是一个人的自然生命不断变化而文化生命不断丰富的进化过程。史诗《查姆》说:

> 人类最早那一代,他们的名字叫拉爹;
>
> 他们只有一只眼,独眼生在脑门心。
>
> 拉爹下一代,名字叫拉拖;他们有两只直眼睛,两只直眼朝上生。
>
> 拉拖的后一代,名字叫拉文;他们有两只横眼睛,两眼平平朝前
>
> 生……
>
> 独眼睛这代人,不会说话,不会种田,像野兽一样过光阴。
>
> 今天跟老虎打架,明天跟豹子硬拼;人吃野兽,野兽也吃人。
>
> 常常互相争斗,有时还会人吃人。
>
> 独眼睛这代人,深山老林做房屋,野岭岩洞常栖身。
>
> 石头作工具,木棒当武器,在风雨雷电中穿行。
>
> 独眼睛这代人,树叶做衣裳,乱草当被盖,渴了喝凉水,
>
> 饿了吃野果,草根树皮来充饥。他们不知酸甜味,他们苦辣不

能分……

　　独眼睛这代人啊,慢慢认识野兽习性……

　　用石头敲硬果,溅起火星星……

　　聪明的独眼人,把火的好处记在心。

　　用火来御寒冷,用火来做伴侣,用火来烧东西,

　　从此冷暖能分辨,从此生熟能分清①。

特别是"独眼睛这代人心不好,要换掉这代人。要找好心人,重新繁衍子孙",更彰显了人的道德生命的意义。在独眼睛人中选出了一个好心人,并由此进化到了直眼睛人时代。直眼睛人具有丰富的知识。如一个阿妹唱到:"阿哥啊阿哥,世上只有我一个女人。我有话儿问问你,要是答对了,我俩做夫妻。"最后是直眼睛人全都答对了,所以结成了夫妻。虽然直眼睛时代的人:

　　他们都有两只眼睛,两只眼睛亮晶晶,

　　不到一月会说话,不到二月能走路,一年就能扛犁耙……

　　世上只有这群兄妹,兄妹只好成亲做一家。

　　上节口袋生的四十个,配成二十家,去高山种桑麻;

　　中节口袋生的四十个,配成二十家,去坝子种谷、种瓜;

　　下节口袋生的四十个,配成二十家,去河边打鱼捞虾。

　　兄妹一百二十人,配成六十家,一家住一处,一处一寨隔有篱笆。

　　过了九千七百年,世上住不下,直眼睛人一天比一天增多,

　　地方一天比一天窄狭。

但是,这一代人的文化生命仍然有待丰富,因而说

　　直眼睛这代人呀,他们不懂道理,他们经常吵嘴打架。

　　各吃各的饭,各煲各的汤。一不管亲友,二不管爹妈。

---

① 陶立璠等编:《中国少数民族神话汇编·人类起源篇》,内部资料,中央民族学院少数民族古籍整理出版及规划领导小组办公室编印,1984,第47—73页。

爹死了拴着脖子丢在山里,妈死了拴着脚杆抛进沟凹……

树多不砍嘛,看不见青天,草多不割嘛,看不见道路,

不讲道理的人不换嘛,看不见善良和纯朴。

要重发一代芽,要重开一次花,要重结一次果,要重换一代人。

于是再继续进化发展,进入了横眼睛时代,而这就是现在各民族的来源。此外,《阿细的先基》《梅葛》等史诗也都讲到了人类的不断变化过程。如《阿细的先基》记载:天地形成之后,地上没有人,于是男神阿热、女神阿咪便来造人类,他们"称八钱白泥,称九钱黄泥,白泥做女人,黄泥做男人。两手造成了,两脚造成了,眼睛鼻子造成了,嘴巴耳朵造成了,完全像人的样子,脑壳光秃秃的。一天看一次,一天变一次……天上刮起大风,大风吹进泥人的嘴,肚子里刮刮地响,泥人会说话了。天上有太阳,太阳晒得暖洋洋;晒了七天七夜,泥人晒活了,泥人会走路了……坡头白草多,他们养儿养女也多;天下四个方面,处处都住满了。"在《宇宙人文论》中说:"人体的根本,也是形成天的青清之气与凝成地的红浊之气。""清气往上升,浊气往下行,日、月、星、云出现了,人类产生并繁衍了。""天地产生之后……天象地象又不断起变化,便产生了爱和哺。爱是天子,属阳;哺是地女,属阴。阴和阳都是长远存在的。爱、哺的子孙,像云雾那样多得数不清,他们就是天地间的'实勺'。千千万万的人群,有如百川归海,汇集融合,成为'六祖'①的后代,到处繁衍。"在《勒俄特依》中则讲:最初,神仙们想尽一切办法来造人都告失败,后来还是因为地上的一棵梧桐树"起了三股雾,升到天空去,降下三场红雪来,降在地面上。九天化到晚,九夜化到亮,为成人类化,为成祖先化……结冰成骨头,下雪成肌肉,吹风来做气,下雨来做血,星星做眼珠,变成雪族的种类。"雪族的子孙共分为十二种:"有血的六种,无血的六种。"有血的是蛇、蛙、鹰等,无血的是草、树、藤等,这实际上是对动物与植物的划分,在动物的六种中,又是依着此蛙→蛇→鹰→熊→猴→人的次序演变发展

_____

① "六祖"指彝族先民第一代祖先的六个部落。

的。当动物演化到猴时，"猴类分三家，住在森林与岩上，猴类繁殖无数量。人为第六种，人类分布遍天下。"从这段描述中我们可以看到，彝族先民在这里把"人类"的产生描述为一个进化过程，并由进化而成为人类自身进取心的动力。

此外，在傣族哲学文献《咋雷蛇曼蛇勐》(《谈寨神勐神的由来》，另有《寨神勐神》之称)①中则提出了傣族历史三阶段进化说：第一是"篾桓蚌"(竹虫集中)时期，即傣族刚刚产生的群居时期，住在北方的"冷森林"里。由于没有火，"不会用刀，不会弯弓射箭"，不得不挤在一起来取暖，因而，那是一个"我们祖先整天为着填饱肚子而奔波的时期"，是"靠天然物产，即觅食野菜野果、树皮树根为生"的时期。第二是狩猎时代，由于"子孙后代的增多，山上的野菜野果不够吃"，进入了狩猎时期，起初人们群集追赶野兽，后来又进入"向各地森林移居、追捕野兽的大分散时期"。分散开来，一群人推举一个"盘巴"即首领，不同的人群在各自盘巴的率领下，为争夺猎物而相互残杀，这就是"赖盘赖乃"(多首领)的痛苦时代。第三是农耕和定居时代。为结束"多猎首、大分裂的痛苦时代"，出了一个聪明无比、智慧超群的民族英雄叭桑木底，倡导友爱团结，于是《咋雷蛇曼蛇勐》说："蜂子集中有蜂窝，蜂子友爱有蜂王。针织鸟虽小，它们有窝窠，风来不怕吹，雨来不怕淋……我要学蜂王，当人类之主，把人们叫来，上山砍木材，立寨盖房子，风雨不害怕，挖地种野瓜，子孙不游动，胜过满山跑。"这样，叭桑木底教会人们盖房子和种地，从此，进入了农耕定居时代。

傣族哲学不仅认为人类社会是不断发展的，而且认为人们获得食物的方式采集、狩猎和农耕及人们的生活方式穴居、游猎、建房定居，是社会变化的基础，这是物质生产决定社会发展思想的萌芽。在傣族《沙夏纳桑坛》(《信仰三阶段》)则提出了另外的三阶段划分："滇腊沙哈"为第一个时期，意为食野菜野果时期，这一时期的特点是"没有首领、没有佛寺，没有负担"(指没有徭役)；"慕腊沙哈"为第二个时期，意为食兽肉和

① 祜巴勐:《论傣族诗歌》，岩温扁编译，中国民间文学出版社，1981，第89页。

谷子时期,其特点是"有首领、没有佛寺,没有负担";"米腊沙哈"为第三个时期,意为有制度、受约束时期,其特点是"有首领、有佛寺、有负担"。值得注意的是,书中还提出了与此三个时期相应的信仰三阶段,即信仰"披"(鬼)、"盘"(狩猎头领)和佛。如书中对前面两个阶段的信仰做如下描述:"滇纳沙哈末期,我们祖先中出现了沙罗,历史进入了沙罗时代,这一时期是信仰的童年时代。这个'童年时代'的崇拜代表是'猎神'。历史向前发展,祖先在动荡中进入'慕纳沙哈'即帕雅桑木底时代。这一时期,是我们祖先的信仰由童年走向'成熟年代'的时代。到'成熟年代'信仰的则是'帝娃拉曼,帝娃拉励'(寨神、勐神)。"

进化论所关注的思维重点是自然生命的生存,技术能人、英雄成为少数民族原始神话关注的重点。从中也可以看出少数民族原始文化的"哲学"问题,这是典型的哲学问题意识。这种进化的自然结果是随着人类自然生命改进的过程,人类的文化生命也在不断地得到丰富。因此,中国少数民族哲学对人类生命的终极关怀,成为一条思维主线而得以延续。甚至可以说,中国少数民族哲学本来就是中国少数民族生命进程的终极之思。

第三节　起源期中国少数民族哲学的民族特色

哲学作为世界观的学问,本身曾经历过长期的孕育、萌芽、形成过程,特别是作为理论化、系统化的世界观及其相应的智慧追求,作为人类把握世界本质的方式,其萌芽、产生、发展更是经历了一些复杂的过程。考察哲学起源的思路,事实上可以沿着多条路径进行,有代表性的路径,一是通过地下考古"文献"研究,笔者曾作《史前期土家先民哲学思维的萌芽》①一文,算是这方面的一种探讨;二是沿着人类学、民族学路径,像

---

① 萧洪恩:《史前期土家先民哲学思维的萌芽》,《湖北民族学院学报(社会科学版)》1995 年第 1 期,第 30—33 页。

姜国柱《中国少数民族哲学的原始思维》①一文即走的此一路径;三是从传世文献中去探寻,这方面的研究则更多。不过,就现在来看,通常都是多条路径相结合的。正是通过对这个问题的考察,反映出中国少数民族哲学起源在整个中国哲学起源与西方哲学起源的分析框架中,都有其特殊性。

一、哲学起源的漫长历史过程

虽然本卷名为"中国少数民族哲学",其实这只是从中华民族多元一体格局的意义上阐明中国哲学基本精神的统一性而已。事实上,无论是从空间意义上,还是从时间意义上讲,都没有一个"统一"的中国少数民族哲学。研究表明,中国少数民族哲学在起源的时间向度上,不仅同一民族经历着由石器时代到文明时代的历史演进,而且不同民族在同一起跑线上(漫长的原始社会)跑出了不同的进程,有的已大体走完了相应的历史进程,有的则还迈步不远,直到中华人民共和国成立时还处于原始社会末期或阶级社会初期,从而展现出哲学起源的不同阶段性,分别处于萌芽期、形成期等,更不用说后世哲学形态的多样性转型了。因此,对于不少中国少数民族的传统哲学来说,阐明到哲学起源阶段,似已完成了历史使命,而一旦进入新的社会形态以后,其哲学形态已实现了"跨越式发展",直接接受了近现代哲学,有的甚至形成了所谓后现代哲学。可以说,研究中国少数民族哲学起源,关注中国少数民族哲学的"跨越式发展",应看成是中国少数民族哲学发展的独特特色和基本规律。

从空间向度说,中国少数民族哲学虽然存在着大致相同的思维内容,但却是多元发生、多线发展的。一方面,中国的 55 个少数民族及其他待确定族群,并无一个统一的各民族或族群哲学,如土家族有酉水流域、清江流域、乌江流域等地域差别;彝族先民既和白族、拉祜族、哈尼族

---

① 姜国柱:《中国少数民族哲学的原始思维》,《云南教育学院学报》1995 年第 3 期,第 12—18 页。

等民族先民共处于一个母体之中,相互促进,相互影响,共同发展,在哲学上形成一定的共性,但又分别居住于今云南、四川、贵州、广西四省(区)而有不同的哲学特色,仅从其流行于不同地区的史诗《梅葛》《阿细的先基》《勒俄特依》《查姆》《尼苏夺节》《阿黑西尼摩》《洪水泛滥史》《英雄支格阿龙》,以及叙事长诗《阿诗玛》《妈妈的女儿》《南诏国的宫灯》《我的么妹》《逃到甜蜜的地方》等即可看出其哲学起源的复杂性,其他民族如蒙古族、回族、藏族、维吾尔族、苗族、壮族、布依族、满族、侗族、瑶族、白族、哈尼族、傣族、傈僳族、佤族、拉祜族、水族、纳西族、达斡尔族、阿昌族、鄂温克族、德昂族、鄂伦春族等民族的哲学起源,也都有这种情况。

研究中国少数民族哲学的起源,除地下考古提供的研究资料外,我们这里沿着神话、史诗、传说故事、哲学文献的历史顺序阐明中国少数民族哲学起源的历史进程。

关于中国少数民族神话,既有总体上的多种研究成果,又有比较研究成果。这些研究成果表明,中国少数民族神话具有极端的丰富性。仅中央民族学院少数民族古籍整理出版规划领导小组办公室编印的《中国少数民族神话汇编》,即分为九册,包括开天辟地篇、人类起源篇、洪水篇、万物篇、日月篇、创造发明篇、英雄篇、族源篇、迁徙篇等,共收入中国14个民族的韵文体和散文体神话作品约300多万字。代表性的作品除上述彝族的神话外,还有:拉祜族的《牡帕密帕》《扎努扎别》,哈尼族的《奥色密色》《阿扎》《哈尼祖先过江来》,纳西族的《黑白之战》《创世说》,高山族的《九隆神话》《开天辟地的传说》,苗族的《苗族古歌》,傣族的《厘俸》,怒族的《女猎神》,藏族的《格萨尔王传》《西藏王统记》,维吾尔族的《十二木卡姆》,柯尔克孜族的《玛纳斯》,哈萨克族的《迦萨甘创世》,蒙古族的《江格尔》《吉雅其夫妇》《保牧乐》《天女之惠》,等等。

从神话理论上说,尽管对神话研究形成了不同的理论,但进化学派似更近于历史真实,如德国学者阿道夫·巴斯蒂安认为神话是一种"人的观念",每个民族"自身会发展一定的思想"。英国学者爱德华·泰勒在其名著《原始文化》中提出了著名的"万物有灵论",认为"万物有灵实际上是野蛮人和文明民族的宗教哲学基础"①。安德鲁·兰认为各种族或民族"在观念、幻想、习俗和欲望上惊人的相似"②,是各民族神话呈现相似性的原因和基础。詹姆斯·弗雷泽认为各民族的文化是通过以下类似的轨道向前发展的,人类智力的发展经历了巫术→宗教→科学这样三个发展阶段③。

在中国,袁珂在他的《古代神话的发展及其流传演变》④一文中把古代神话的演变归纳为两种结果:一种是历史化,一种是仙话化。事实上,各民族神话会从两个方面走向哲学,成为哲学的源头,当然不是唯一的源头。"一种是神话继续在文学艺术领域里,以其本身所寓含的劝谕、训诫和认识意义的不断增长,使一部分神话逐渐哲理化而最后演变为寓言;一种是从神话与原始宗教的关系导致而来的宗教对神话的利用,使一部分神话宗教化。"这两个方面的进步又通过神话的历史化得到强化:"一方面可能朝着历史传说和信史的方向发展和演化,以一部分神话最终退出文学艺术的领域,演变为历史为其结局;另一方面,它也可能以文学艺术的形式继续发展,使一部分神话逐渐系统化、人话化而演变为史诗,成为艺术化的历史"。⑤

从哲学起源的角度说,神话提供了中国少数民族哲学萌芽的土壤,其表现形式即是多种多样的原始意识,其中原始崇拜意识是人类最早的一种自然观,反映出人们对自然的最初解释,因而鲁迅在《中国小说史略》中说:"昔者初民,见天地万物,变异不常,其诸现象,又出于人力所能以上,则自造众说以解释之,凡所解释,今谓之神话。"游国恩主编的《中

---

① C. A. 托卡列夫:《外国民族学史》,汤正方译,中国社会科学出版社,1983,第44页。
② 阎云翔:《泰勒、兰、弗雷泽的神话学理论述评》,《云南社会科学》1989 年第 6 期,第 83—95 页。
③ 詹姆斯·弗雷泽:《金枝》上册·徐育新等译,新世界出版社,2000,第 560—561 页。
④ 袁珂:《古代神话的发展及其流传演变》,《民间文学论坛》1982 年第 1—2 合期(创刊号),第 11—23 页。
⑤ 武世珍:《再论古代神话的发展和演变》,《西北师范大学学报(社会科学版)》1983 年第 4 期,第 149 页。

国文学史》亦认为:"神话是远古时代的人民,对其所接触的自然现象、社会现象,幻想出来的具有艺术意味的解释和描述的集体口头创作。"灵魂和鬼神观念则是人类对形神关系的最早的思考和探索,正如恩格斯所说:"在远古时代,人们还不完全知道自己身体的构造,并且受梦中景象的影响,于是就产生了一种观念:他们的思维和感觉不是他们身体的活动,而是一种独特的、寓于这个身体之中而在人死亡时就离开身体的灵魂的活动。"①从其有对肉体与精神关系问题的思考来看,这应即哲学思维的萌芽。至于原始神话、史诗、传说里面关于宇宙的原始、天地万物的产生、人类的来源等意识,虽然还不是哲学,但都可看成是哲学的萌芽,反映出中国少数民族哲学起源的漫长过程。

二、哲学与原始文化的接榫点

从哲学起源的层面研究哲学与神话、史诗的先后顺序,会揭示出一个民族哲学的内在特性。就中国中域哲学与中国少数民族哲学的比较来说,就主体层面而言,中域的哲学明显先于神话、史诗,而使中域神话多成为文明神话。这里的"文明神话"是相对于"原始神话"而言的。所谓"文明神话",一般是指文明时代少数文化落后地区滋生的新生原始神话,除了产生时间的滞后性外,其余特征与原始神话毫无二致,在一定意义上说,中国少数民族的神话即兼有原始神话与文明神话的双重意义。但是,就通常意义而言,"文明神话"指的是文明社会统治阶级的某些明显反科学、反理性的政治意识形态,或现代社会意识形态中某些具有虚幻性和欺骗性的具体形式。相比较而言,中国中域神话多数属于后一种意义的文明神话。正是在这个意义上说,中国曾被指为没有或很少有神话的国家。

由于"任何神话都是用想象和借助想象以征服自然力,支配自然力,把自然力加以形象化,因而,随着这些自然力之实际上被支配,神话也就

---

① 《马克思恩格斯选集》第 4 卷,人民出版社,1995,第 223 页。

消失了。"①这里实际上承认了不断产生神话的可能性,因为自然力的实际被支配永远都只具有相对的意义,当"这些自然力"被支配以后,"那些"自然力却还没被支配,因而必然会产生一类新的神话。不过,神话的这种产生过程,不仅使神话自身可以显示出历史性,出现上古神话亦即原始社会、奴隶社会的神话及古代神话、新的神话等不同历史形态,而且通过与哲学等其他文化形式的关系反映并影响着民族的思维方式。其中最明显的是神话与哲学思想的关系,不仅中国各民族有不同的关系顺序,而且与西方社会哲学思想的源起也有不同的顺序。

根据历史发展的一般进程,人类对自身本性及其生存环境的第一次认识或发现,即体现在神话之中,然后依次递进为史诗等,再后来则体现在哲学等思想文化形式中。在西方文化史上,我们可以发现,从古希腊神话、史诗行进到哲学的历史进程,即使是犹太—基督教文化也基本上经历了这一历史过程。但在中国中域则不尽然。作为中华文明的主体,中域文明的哲学大发展、"思想文化的大突破"都发生在先秦诸子百家的争鸣中,但真正完备的创世神话体系却是出现于两汉以后,特别是出现在汉代纬书之中。所以,美国研究中国神话的汉学家 D. 波德认为如果不把盘古神话考虑在内,则中国应为几大文明古国中唯一没有名符其实的创世神话者。不过,这句话只说对了一部分,因为中国的中域并不代表整个中国。若加上中国少数民族神话,则中国还存在另一种类型的神话系统,并与哲学发展呈现出不同的先后顺序。

先于哲学的古希腊神话从一开始就有了自己的创世说,如宇宙生下俄斯(混沌)、盖娅(地母)、塔尔塔罗斯(地狱)、埃罗斯(爱)等,后来他们又生下了太空、大海、高山等,天空乌拉诺斯成为世界的主宰,形成奥林匹斯神系,这种创世宇宙论对后来的西方哲学影响巨大。而承袭巴比伦神话传说的希伯来人在《圣经》的开始也记载了耶和华七天之内创造世

---

① 米海伊尔·里夫希茨:《马克思恩格斯论艺术》第 1 卷,曹葆华译,人民文学出版社,1960,第195 页。

界的故事,其他民族也以创世为神话的开始。而中国中域神话则一直到三国时期才出现盘古开天的故事:"天地混沌如鸡子,盘古生其中。万八千岁,天地开辟,阳清为天,阴浊为地,盘古在其中,一日九变,神于天,圣于地,天日高一丈,地日厚一丈,盘古日长一丈。如此万八千岁,天数极高,地数极深,盘古极长,后乃有三皇……"①"……首生盘古,垂死化身,气成风云,声为雷霆,左眼为日,右眼为月,四肢五体为四极五岳,血液为江河,筋脉为地理,肌肉为田土,发露为星辰,皮毛为草木,齿骨为金石,精髓为金玉,汗流为雨泽,身之诸虫,因风所感,化为黎氓。"②中域神话后于哲学,少数民族神话先于哲学,形成了中国少数民族哲学与中域哲学的不同风貌。中域哲学对宇宙起源关注较少,而中国少数民族哲学则产生了不少的直接来源于神话、史诗、传说的宇宙起源思想。像维吾尔族、哈萨克族、回族等有土、水、气、火"四素"说,壮族的"一团大气"说、"岩石"说,苗族的"雾罩"说,彝族的"雾露"说、"云彩"说,布依族、水族等民族的"清浊二气"说,纳西族的"佳音佳气"(或译为"妙音瑞气")说,阿昌族、彝族、纳西族、土家族等民族的"混沌"说,傣族的"水汽、烟雾、大风"说,哈尼族的"雾"说,瑶族的"浮云"说,土家族的"白云"说,德昂族的"茶叶"说,蒙古族、藏族的"阴阳二气"说;等等。还有如土家族先民认为,天地万物产生前,"宇宙间一片黑暗,昼夜不分,无天无地",突然间一阵狂风把黑暗吹散,出现一片片、一团团的白云;白云在飘荡、运动中逐渐形成了天地、万物。其他如关于人的起源、万物的起源与发展等,在中国少数民族哲学中也随处可见。就此而论,中国少数民族哲学倒是同西方哲学与神话的关系具有一致性,并在哲学风格上有相应关系,只是在发展形态上有所差别而已。

神话与哲学起源的这种关系还直接影响到各民族的历史认知,比如,无论是中域神话还是西方神话,都有倒退的历史观,像中域神话中的

①(三国)徐整:《三五历纪》(原书已佚),《太平御览》卷二引。
②(三国)徐整:《五运历年纪》(原书已佚),《绎史》卷一引。

文化英雄是"三皇步，五帝趋、三王驰，五霸骛"所显示的"皇帝王霸"的神话历史观；犹太—基督教的创世纪神话及古希腊神话中人类有史以来经历的黄金世纪、白银世纪、青铜世纪、英雄世纪、黑铁世纪等都是如此；其他如摩尼教"二宗三际论"，以人类史前为"初际"，光明国与黑暗国相分离，"中际"为人类的历史状态或文明状态，光明与黑暗、美好与邪恶混合在一起，从初际到中际的过程即是一种堕落；在佛教中亦有所谓正、象、末三法时期，佛法每况愈下、日益衰败的说法。可以说，在进化论产生之前，这种退化和堕落的神话历史观都支配着相应民族的文化历史观念。然而，中国少数民族神话，由于其特殊的自然环境及其他多种因素影响，却很少有这种倒退史观，相反倒是有一种"进化论"思想。如壮族先民认为，宇宙中原初只存在"一团大气"，在不停地旋转中，收缩、凝聚成一个大圆蛋，内有三个蛋黄，蛋壳爆开分成三片，一片上飞成为天空，一片落下成为海洋，一片居中成为人类居住的地方，形成宇宙上、中、下三界。大地形成后，生出一朵花，花朵中长出一个女人，叫妹洛甲，这就是人类的始祖。她用自己的尿和泥捏成许多小泥人，用草盖起来，经过四十几天都变成了活人。这就是壮族原始的宇宙生成论和"泥土造人"说。苗族先民认为，宇宙万物中，"雾罩生得最早，雾罩生白泥，白泥变成天，雾罩生黑泥，黑泥变成地"；有了天和地，"天地才生万物"；天地"生游走天下的东西"，"生钻山涉水的东西"，"生昆虫"，"生鬼神"，"生草木"，"生撵山的狗"，"生犁田的牛"，"生报晓的鸡"，"生我们和你们"，[1]就是说，不仅天地、万物、人类是"雾罩"不断运动、演化成的，就是"鬼神"也是在天地出现后，与万物、人类一样，是由天地"生"出来的，其本原都是"雾罩"。这种说法虽幼稚而不合科学，却鲜明地体现了"进化"思想。据笔者研究，形成这种"进化"思想的原因，主要应是中国中域文化先进性的导引所致。

---

[1]《开天辟地》，载《贵州少数民族哲学及社会思想资料选编》第1辑，贵州省哲学学会编印，1984，第11—12页。

　　在家庭伦理类型上,包括中国少数民族神话在内的中国神话似又与西方神话形成了完全不同的特性。希腊神话作为西方精神文明中最古老的内容,其中几个著名的家庭人物形象对西方人后来的家庭观、人性观、道德观,以及其他相关的人生观念有深远的影响。比如赫西阿德《神谱》中的作为众神之王的宙斯家系的传承:宙斯的那位可以看成其祖父的先辈是天神尤兰那斯,与其产生者盖娅具有母子关系,但二人却母子乱伦地结合生下了几个子女,其中包括克罗诺斯。因为尤兰那斯厌恶其子女而把他们都关在盖娅体内,盖娅动员子女起而报复并得到克罗诺斯的响应,克罗诺斯用弯刀割断了尤兰那斯的睾丸,在其血泊中篡夺了其父的王位,并使天地相分离。这是西方文化遗产中最早的父子相残、夫妻反目、家人变仇人的故事之一。此后,杀父篡位的克罗诺斯娶了自己的姐姐雷娅为妻,因吞食子女而遭儿子宙斯赶走,成为上一代家庭悲剧的一个几乎完整的重复……希腊神话中的这类家庭类型十分普遍。由于熟知神话中行为的人,容易降低他们对于人的道德能力的期望值,并直接影响到哲学,以至于柏拉图为西方哲学确立的传统将爱分解为三种:"爱欲"之爱、"优雅"之爱、"宗教"之爱,但就是没有家庭之爱。相比之下,中国神话的家庭类型却完全是另一种风格——家庭伦理性风格,即使是兄妹成婚,往往也是出于道义,是人类种族繁衍责任的超越性。

　　在社会理想上,中国神话以桃花源为社会理想,而西方以乌托邦为社会理想,这反映出中国神话的现实取向。如陶渊明的名作《桃花源记》、唐代李公佐的《南柯太守传》,以及许多少数民族神话中的理想社会都是这样。这些文献承认现实的苦难,因而产生了一种理想的追求,但这种追求是很有中国少数民族风格的,笔者甚至认为《桃花源记》本身即出自中国少数民族神话,其特点是:虽然是现实所无,却离现实不远,都能达到;虽然现实所无,但并不是不存在的,因为有人达到过;虽然可以达到,但却只有一条隘路,像渔夫钻山洞,淳于梦穿槐树树洞等。这里面的关键还是人自身的修养,包括能力、品德等方面。应该说,这是包括中国少数民族神话在内的中国神话的共性。

三、文化精神与哲学特质

哲学在本质上说,是一种文化的核心精神。因此,黑格尔认为哲学并不神秘:"哲学的特点,就在于研究一般人平时所自以为很熟悉的东西。一般人在日常生活中,不知不觉间曾经运用并应用来帮助他生活的东西,恰好就是他所真不知的,如果他没有哲学的修养的话。"[①]换句话说,若从现实生活考察,从对日常生活要素的反思开始即有了哲学。当然,"一个民族的精神文明必须达到某种阶段,一般地才会有哲学。亚里士多德曾说过:'首先要生活上的需要得到满足,人们才开始有哲学思想'。"[②]以此为尺度的哲学只研究就必须抓住这种对常识、生活普遍性的关注,"因为历史里面有意义的成分,就是对于'普遍'的关系和联系。"[③]"哲学史上的事实和活动有这样的特点,即人格和个人的性格并不十分渗入它的内容和实质。与此相反……在哲学史里,它归给特殊个人的优点和功绩愈少,而归功于自由的思想或人之所以为人的普遍性格愈多,这种没有特异性的思想本身应是创造的主体,则哲学史就写得愈好。"[④]依于上述标准,黑格尔还分析了哲学的产生所包括的两种情况:一是哲学的一般产生,一是某特殊哲学的产生。作为一般的产生即:"哲学作为一个时代的精神的思维和认识,无论是怎样先验的东西,本质上却也是一种产物;思想是一种结果,是被产生出来的,思想同时是生命力、自身产生其自身的活动力。这种活动力包含有否定性这一主要环节,因为产生也是消灭。当哲学自身产生出来时,是以自然的阶段作为它加以否定的出发点的。哲学是在这样一个时候出发:即当一个民族的精神已经从

---

① 黑格尔:《哲学史讲演录》第 2 卷,贺麟、王太庆译,生活·读书·新知三联书店,1956,第 25 页。

② 黑格尔:《哲学史讲演录》第 2 卷,贺麟、王太庆译,生活·读书·新知三联书店,1956,第 53 页。

③ 黑格尔:《哲学史讲演录》第 2 卷,贺麟、王太庆译,生活·读书·新知三联书店,1956,第 11 页。

④ 黑格尔:《哲学史讲演录》第 2 卷,贺麟、王太庆译,生活·读书·新知三联书店,1956,第 7 页。

原始自然生活的蒙昧浑沌境界中挣扎出来了,并同样当它超出了欲望私利的观点,离开了追求个人目的的时候。精神超出了它的自然形态,超出了它的伦理风俗,它的生命饱满的力量,而过渡到反省和理解。其结果就是它攻击并摇动了现实的生活方式、伦理风俗和传统信仰。因而出现了一段破坏的时期。再进一步于是思想又集中向内。我们可以说,当一个民族脱离了它的具体生活,当阶级地位发生了分化和区别,而整个民族快要接近于没落,内心的要求与外在的现实发生了裂痕,而旧有的宗教形式已不复令人满足,精神对它的现实生活表示漠不关心,或表示厌烦与不满,共同的伦理生活因而解体时,——哲学思想就会开始出现。"[①]至于哲学的特殊产生,则应据不同哲学的具体时代而论,这就是黑格尔和马克思都十分强调的"哲学是时代精神的精华"之说。

根据上述思想,我们完全可以从中国少数民族哲学中看到这种本质的"产生",即不同环境中的哲学反思。例如,在历史文献资料中,中国少数民族先民根据各自的环境反思宇宙创始、万物生成、人类起源等本体论问题,提出了各自的认识与诉求。如:蒙古族成吉思汗的天力论、保巴的"太极运化"说、罗布桑却丹的驳佛教"一切皆空"思想,维吾尔族的思想家法拉比的存在论等的自然哲学体系、哈吉甫的道德论与理想社会观、阿赫麦德·玉克乃克的知识论与道德论,白族李元阳的"性心意情"说,满族玄烨(1654—1722)的"真理学"、章佳·阿克敦(1685—1756)的"体用"说,回族李贽的"童心"说,壮族郑献甫(1802—1872)的"二教论",藏族伽苯(苯教的一个派别)的"本无空"哲学、宗喀巴(1357—1419)的"一切法皆自性空"论等佛教哲学,龟兹鸠摩罗什的非有非无的"毕竟空"论,回族王岱舆的"真一、数一、体一"论,马德新的"大化总归"论……

一般来说,哲学思考的是终极问题,而宇宙观又最为真切,因而更能体现文化精神。中国各少数民族差不多都有自己关于开天辟地、日月形

[①] 黑格尔:《哲学史讲演录》第 2 卷,贺麟、王太庆译,生活·读书·新知三联书店,1956,第 53—54 页。

成以及万物起源的神话或者传说。如在人类起源方面,苗族有"枫树生人"说,阿昌族、拉祜族、佤族、土家族等民族有"葫芦生人"说①,怒族有"南瓜变人"说,藏族、彝族、纳西族等民族有"猴子变人"说,苗族、侗族、土家族、黎族、纳西族、哈尼族等民族有"卵生"说,瑶族有"云彩结成人"说,佤族有"石洞"②说,壮族、土家族等民族有"泥土造人"说,傣族有"黄泥造人"说,景颇族有"泥巴捏人"说,回族有"用血块创造人"说,彝族有"用雪造人"说和用白泥造女人和用黄泥造男人之说,鄂伦春族有"用飞禽的骨、肉和泥造人"说③……通观这些说法,不难发现其中有一种基本的文化精神——基于环境认知的天人合一精神,并且我们看到,在所有这些起源思想中,都没有退步史观,总体说是一种进步诉求。

我们这里可以侗族古歌及民间传说中关于万物的形成所反映出来的观念为例加以说明。在侗族的相关文献中,人体化生与万物自生是同时存在的,其中的人体化生如《戛冷顺》中说到万物的形成,是由一个名叫冷顺的人在他的身体化解后,变成许多与人们生活十分密切的物种:

> 从前有件稀奇事:有对夫妻生个怪娃娃。
>
> 给他起名叫冷顺,哪个见了都害怕。
>
> 夫妻生气把他来砍死,尸体丢在河沙坝。
>
> 说来真奇怪,第二天冷顺尸骨全搬家,
>
> 鼻子变成狗,嗅觉灵敏通天下。眼睛变成鹤,捕雀捉鸟眼不眨。
>
> 嘴巴变鹭鸶,潜入深潭把鱼抓。心变老鹰,空中盘旋扑鸡鸭。
>
> 牙齿变耗子,牙利齿快毁庄稼。耳朵变菌子,团团长在深山洼。
>
> 脑浆变豆腐,最白最嫩要算它。脑壳变葫芦,摇头摆脑像傻瓜。
>
> 胆变成了酒,苦凉香千家。骨头变成牛,身强力壮把田耙。

---

① "葫芦"在南方少数民族文化中具有特殊重要地位,据笔者的看法,汉字"南"即应是葫芦形象,其原因在于指认南方各少数民族大多数都认为出自葫芦,且以葫芦作为基本生活用具之一。不过,学界另有认为南即指南针、盐器或杆栏建筑之形,故葫芦说算是聊添新说吧。

② 关于"司岗里"的解释之一,另有说是出自葫芦,还有说是要求团结,此仍然从石洞说。

③ 肖万源:《中国少数民族哲学的形成和发展》,《社会科学辑刊》1992 年第 2 期,第 7—12 页。

下巴变青蛙，脑壳扁扁躲在岩底下。脚杆和手杆——

变成黄瓜和丝瓜，吊在架下密麻麻。手肢指甲变螺蚌，坚甲硬

壳任水打。

头发胡须变青苔，河里池塘都有它。肠变泥鳅和黄鳝，又细又

长个不大。

血变成鱼，江河湖海去安家。口水变云雾，彩云朵朵罩天下，

鼻涕变黄蜂，泥巴底下把营扎。尿变成了雨，洒遍高山和平坝。

屎变成了菜种，年年春天发新芽。冷顺全身都变化——

天上地下，万物来源都是它。①

这首古歌表明了一种以人为中心的世界观，由人的身体衍化成为许许多多的物种，这些物种反映了侗族社会及自然环境的不同侧面，如饲养鹭鸶以捕鱼，饲养鹰鹞以捉鸟，是侗族社会渔猎生活的一种形式；黄瓜、丝瓜、葫芦瓜、青苔、菌子、豆腐是侗族人民喜爱和常用的食物；泥鳅、黄鳝、螺蚌和鱼是侗族群众食物的珍品；特别是鼻涕变黄蜂更是反映了侗族社会生活的特色。在侗族群众生活的地区，每到夏末秋初时节，黄蜂产卵生仔，幼蜂在成虫以前是一种既白又嫩的蜂蛹，它是人们喜爱的野味。"破蜂窝"是侗族采集野生食物的一种手段，在歌词里把黄蜂也列入人体变成的一种物品，这显然具有鲜明的侗族生活特色②。

四、历史跳跃与哲学转型

中国各少数民族在中华人民共和国成立之前，除极少数民族大致经历了与汉族相近的历史发展过程以外，基本上都还处于相对落后的社会形态阶段。从经济形态来看，属于藏缅语族的民族，如藏族、门巴族、珞巴族、彝族、傈僳族、纳西族、拉祜族、哈尼族、阿昌族等大都是从游牧民

---

① 《民间文学资料集》第1集，黔东南苗族侗族自治州文学艺术研究室编印，1981。

② 向零：《侗族哲思想述略》，载贵州省侗学研究会编：《侗学研究》(3)，贵州民族出版社，1998，第11—12页。

族转化而为农牧并重的民族；属于壮侗语族的民族，如壮族、布依族、傣族、侗族、水族、仫佬族、毛南族、黎族等大多是以水田农业为基础的农耕民族；属于苗瑶语族的民族，如苗族、瑶族大多是以山地农业为基础的山地农耕民族；属于通古斯—满语族的民族，如满族、锡伯族、赫哲族、鄂伦春族、鄂温克族等也基本上处于从游牧民族转化而为农牧并重的民族阶段，还有一些民族的经济形态则更为原始。

　　各民族的经济状况与各自所处的社会形态阶段关系密切。首先，是部分民族的社会发展阶段相对滞后，有的已进入封建地主经济阶段，有的尚处在封建领主经济阶段，有的仍停留在奴隶经济阶段，有的还保留着若干原始社会残余，而且各阶段的长短不同、发展程度也不同。像独龙族的"克恩"、拉祜族的"卡"和布朗族的"嘎滚"在性质上都还处于父系家庭公社阶段，而且三者还处于父系家庭公社的不同发展阶段上，其中"克恩"保留了许多母系氏族社会的残余，而以一夫一妻制结合而成的"卡尔信"还包孕在父系大家庭之中，属于父系家庭公社的初期阶段；"卡"所保留的母系氏族社会的残余已经不多，小家庭已经成为单独的消费单位，但又不时回到"卡"为参加"共产"，处于由父系大家庭向父系小家庭的过渡阶段；"嘎滚"是由一个父系祖先传下来的子孙组成，它包括若干由祖孙三代构成的"拆甲"，而在"拆甲"内又有若干一夫一妻制的小家庭，处在父系家庭公社的晚期阶段。据学者研究，中华人民共和国成立前，在中国南方少数民族中尚保存家长奴隶制的有佤族、黎族、珞巴族、傈僳族、怒族、景颇族等，尚处于奴隶社会的有四川大凉山和云南小凉山的彝族。就封建社会而论，仅就南方少数民族而言，即有五种类型的封建社会制度形式：由农村公社直接发展起来的西双版纳傣族的封建领主制；以溪洞组织为基础建立起来的壮族、布依族亭目制；以家支组织为特征的黔西北彝族的则溪制；西藏的封建领主庄园制；阿坝藏族牧区的初期封建领主制等。[①]　显然，研究中国少数民族哲学的发展，必然离不

---

① 史继忠：《南方少数民族社会形态比较研究》（一至四），《贵州民族研究》1989 年第 1—4 期。

开各民族所处的不同发展阶段及其社会形态下的多种表现形式。其次，各民族的内部差异性明显，甚至存在多种社会形态因素并存的现象。就某一个民族来说，其社会形态处于一种极为复杂的交替时期，例如中华人民共和国成立前的凉山地区，奴隶主所有制显然占据了统治地位，但其属于原始社会父系家庭的家支制度不仅存在，而且还与奴隶制融为一体形成以"诺合家支"为特征的奴隶社会；不仅如此，在凉山还随着封建因素的增长而出现了大量的租佃关系，"曲诺"等级在总人口数中占了很大比重。这种状态在中国其他少数民族中也同样存在，像珞巴族等即是。再次，各民族还因外界影响而出现"包夹"与"跳跃"社会形态的现象，使一些处于落后状态的民族在某种历史浪潮的冲击下，突然改变社会发展的正常历程而进入另一种社会形态，但其内部却又依然如旧，例如中华人民共和国成立前在贵州荔波的瑶山生活的"白裤瑶"，虽然其内部还盛行着原始社会的"瑶老"制和"油锅"组织，但由于周围的布依族已进入到封建领主社会，"白裤瑶"在布依族领主向外扩张的过程中被迫作为一个整体沦为布依族领主统治下的农奴，从而跨进了封建社会的门槛，但其内部的原始社会因素，却直到中华人民共和国成立前夕还都没有明显的阶级分化。这种现象，在中国少数民族中比比皆是，黔西北的"大花苗"等即如此。

另一个重要的历史事实是，无论各民族历史上的社会形态、思想状况如何，在全球性现代化运动中，中国各少数民族都发生了历史性的跳跃。我们如果将西方文艺复兴作为现代化运动的起点，则西方近现代科技传入中国，就可算是中国现代化的酵素，于是可从利玛窦1583年来华算起，这是以"西方中心论"为界标的划分；同样，如果以资本主义萌芽产生、中国早期启蒙为起点，那么应从明清之际算起。也就是说，中国的现代化进程均可追溯至明清之际。但是，作为一种中国式的现代化运动，只能从1840年鸦片战争开始，正是那场战争将中国强行卷入了全球性现代化运动的历史进程。也正是在19世纪40年代，世界历史和中国历史都从此掀开了极为重要的一页：1848年《共产党宣言》的发表宣告了马克思主义的诞生,从而揭示了科学社会主义的历史前景;而1840年鸦片战争则拉开了中国现代化历史的序幕。从1840年以后的历次侵略与反侵略战争,一方面表现出了资本主义社会的巨大能量,另一方面也凸显了资本主义的残暴、贪婪本性。于是,中华民族就有了两大历史任务:一是实现现代化;二是反抗西方资本主义。在这一过程中,中国人民遭受了西方资本主义的暴力压迫,并逐渐认识到"遭受这种暴力的民族只有在拥有有效的自卫手段(即自己的国家)的情况下才是安全的"①。为此,包括中国少数民族在内的整个中华民族都投入到了为新中国诞生而奋斗的历程中。

　　1840年鸦片战争后清朝的失败,很多中国人在一定程度上却将其归于偶然,保持了平静。然而,第二次鸦片战争以后,西方侵略者的魔鬼面像促使了更多中国人普遍的奋起反抗,实现了由"抱着东方宿命论的态度屈从于敌人的暴力"向发起"保卫社稷和家园的战争"转变,发起了"保存中华民族的战争"。这场战争所用的手段,马克思主义经典作家根据中英两个民族不同的文明程度来衡量,并十分肯定地说"旧中国的死亡时刻正在迅速临近",从此已"看到整个亚洲新纪元的曙光"②。此后,很多中国人的观念发生了一系列重大变化,如与国外订条约,用的是"中国",表明那种"家天下"观念的失落;承认外国的地位,清除了那种自大的心理;鸦片战争使中国陷入了"既购买商品又购买毒品"的双重困境③,在一定程度上加快了中国人对西方现代文明的全面认识,看到了西方文明本身的内在矛盾。此后的洋务运动则是自觉以"西学"为范本的中国现代化运动;甲午中日战争的失败使中国人在更深刻的意义上认识了西方文明,开启了维新运动,成为中国现代化运动的内在必然。此后的中国在现代化运动的主流进程上,总体体现出某种"西化"而非本土化的特质。

_____

① 耶尔·塔米尔:《自由主义的民族主义》,陶东风译,上海译文出版社,2005,第2页。
②《马克思恩格斯选集》第1卷,人民出版社,1995,第706—712页。
③《马克思恩格斯选集》第1卷,人民出版社,1995,第714页。

正是在全球性现代化运动的这一历史转折中,中国各民族与整个中国近现代历史进程表现出了高度一致,体现了适应中国现代化进程的历史转折。各民族在捍卫民族和国家独立主权的斗争中,形成近现代民族国家意识,使各民族哲学思考的问题发生了重大变化,从而形成了具有近现代历史意义的哲学思想形态。例如:北方各少数民族进行了坚决的反抗俄国侵略的斗争及反抗英法联军及日本侵略的斗争,其中东北各族人民还展开了保护矿权的斗争;西北少数民族则奋起反击俄国、英国的侵略运动,其中回族、东乡族、保安族等少数民族将士曾英勇地抗击了八国联军;南方少数民族英勇地反抗英、法等国的侵略……中国共产党成立后,中国少数民族儿女更是积极参加了中国共产党领导的革命斗争,其中不少民族的优秀分子还成为中国共产党的创始人或中国共产党领导的革命斗争的骨干,如邓恩铭、赵世炎、向警予、韦拔群等。

从哲学层面分析,近现代各少数民族哲学思考的主要问题,直接或间接地与全球性现代化运动有关,全球性现代化运动的意义在于:"世界"作为一种文化或文明范畴生成了,相对落后的国家或地区追赶相对发达的国家或地区,甚至追赶最发达的国家或地区成为这种文化的最主要动力特征。在现代化的进程中,不仅在地域上是全球性的,而且在政治制度、生活方式、价值取向、道德标准等各方面,"世界"都成了各国或地区的文化参照。在这种"世界"文化下,参照与追赶实际上成了一种普遍的机制性功能。所以,全球性现代化运动本身就是一种内生性动力,"现代化本身就是'内因',就是这个运动的规定性。因此,从运动性质来讲,现代化不可能由这个运动性质之外的东西(比如传统)来决定;当然,从真实空间来讲,也不可能由地球之外的东西(比如外星人)来决定。"①关于现代化的这一动力机制,马克思主义经典作家以一种宏大的世界历史视野对由资产阶级引发的现代化发展类型进行了经典阐释。在马克思主义经典作家看来,生产力的大发展是欧化国家现代转型的首要标

---

① 孙津:《打开视域比较现代化研究》,社会科学文献出版社,2004,第167页。

志,即"资产阶级在它的不到一百年的阶级统治中所创造的生产力,比过去一切世代创造的全部生产力还要多,还要大……过去哪一个世纪料想到在社会劳动里蕴藏有这样的生产力呢?"[1]其次是全面改造了以往社会的生产关系、政治关系、家庭关系、职业关系、民族关系、宗法关系,等等,即改变了以往社会的社会结构[2]。总之,"资产阶级社会是历史上最发达的和最复杂的生产组织。因此,那些表现它的各种关系的范畴以及对于它的结构的理解,同时也能使我们透视一切已经覆灭的社会形式的结构和生产关系。"[3]从中不难看出:整个资本主义以前的社会都是被代替、被改造的对象,资本主义社会则是一种全新的社会,并在这种社会改造中使"现代社会则随着……发展起来"。同时,马克思主义经典作家还认为:这种社会为人的全面发展创造了必要条件,打下了基础[4]。在此基础上,这种社会实现了人们的观念革命,在这里,"一切固定的僵化的关系以及与之相适应的素被尊崇的观念和见解都被消除了,一切新形成的关系等不到固定下来就陈旧了。一切等级的和固定的东西都烟消云散了,一切神圣的东西都被亵渎了。人们终于不得不用冷静的眼光来看他们的生活地位、他们的相互关系。"[5]当然,马克思主义经典作家也同时揭露了这种资本主义社会的种种罪恶。正是马克思主义经典作家揭示的这种情形,再现了中国少数民族近现代新哲学思想产生的根源。正是在全球性现代化运动中,中国的一些少数民族实现了哲学思想的历史跳跃,如:土家族在 20 世纪前半叶生成了现代意识,形成了自由主义、马克思列宁主义、资产阶级民主主义哲学形态;侗族在近现代形成了自己具有民族特色的新哲学思想表现;近代以来,水族人民不仅形成了"天大地大,国事为大"[6]的民族国家意识,而且产生了邓恩铭这样的马克思主义

---

①《马克思恩格斯选集》第 1 卷,人民出版社,1995,第 277 页。
②《马克思恩格斯选集》第 1 卷,人民出版社,1995,第 274—277 页。
③《马克思恩格斯选集》第 2 卷,人民出版社,1995,第 23 页。
④《马克思恩格斯全集》第 46 卷上,人民出版社,1979,第 104 页。
⑤《马克思恩格斯选集》第 1 卷,人民出版社,1995,第 275 页。
⑥ 杨浩青编:《贵州少数民族谚语选》,中国民间文艺出版社,1989,第 1 页。

者、工人运动的领导人;近代以来,傣族人民中的先进分子为寻求挽救国家、民族危亡的道路,接受了孙中山为代表的革命民主主义思想,刀安仁(1872—1913)便是其中代表之一[①];张秀眉(约 1822—1872)领导了清朝咸丰同治年间在贵州黔东南清水江畔爆发的苗民大起义,形成了具有近代民主思想特质的新哲学思想;近代白族的哲学既表现了近代白族自身文化、教育的发展,及白族与其他民族(特别是汉族)文化方面的融合进一步加深,与汉族哲学在研究对象上取得了更大的一致,又与白族聚居地及全国急剧变化的社会历史现实相映衬,社会政治问题成了近代白族哲学集中研究的对象,具体来说,即反帝爱国、社会改革及其推动社会进步的主要力量等问题,是其主要内容和中心议题;近代以来,彝族、汉族、苗族、回族、哈尼族、傈僳族、傣族等各族人民在 1856—1868 年期间的团结战斗中曾提出了"驱逐满贼,除汉庄主"的反封建思想、"汉与夷为敌者,豪强也,贫无与焉"的民族团结思想,以及"贵在得民"的思想;近代蒙古族思想史上有一批重要人物,诸如裕谦、倭仁、哈斯宝、尹湛纳希、贡桑诺尔布、罗布桑却丹等,他们的政治思想倾向尽管不同,但大多带有近代哲学特征……

　　总之,无论是 1840 年以前的中国各少数民族的社会形态处于何种社会发展阶段,也无论其哲学处于萌芽期的何种发展程度,但都不能否认的是,中国各少数民族哲学都有其特殊的形式。但是,这种哲学并不是一种僵化的研究对象,而是一条不断发展的长河,这条长河在经历了全球性现代化运动的冲击以后,几乎各民族都出现了哲学发展的历史跳跃。因此,揭示中国少数民族哲学的起源、萌芽,显然有利于更进一步地彰显中国少数民族哲学的近现代发展。

---

① 刀安禄、杨远生编著:《刀安仁年谱》,德宏民族出版社,1984;曹成章:《傣族的民主革命先行者——刀安仁》,《云南社会科学》1985 年第 1 期。

第三章　中国少数民族哲学的形成

　　一般来说,哲学的形成要各民族相继进入阶级社会以后才会发生。然而,不但各民族在整体上进入阶级社会的历史进程不同,而且各民族内部也存在着明显的区域差异;加上各民族创生与接受的文化状况、地理环境等因素,因而在哲学思想的形成方面也有历史差别。不过可以肯定的是,萌芽期的各民族哲学意识或观念,在进入阶级社会后仍然通过人们的口耳相传等多种形式继续流传、发展着,成为各民族人民的文化精神。在此基础上,各民族形成了自己的一些口承文献或书写文献,汉族正史也记载了一些少数民族的思想文字,因此,我们可以据此考察较为系统的各民族哲学思想。蒙古族、回族、藏族、维吾尔族、土家族、彝族、满族、苗族、布依族、侗族、白族、纳西族、傣族、壮族等民族都形成了自己的哲学思想体系,如:傣族的《阿雅兴安龙召片领》(《召片领的法律大典》),《嘎里罗嘎里坦》(教规、格言),《布算兰》(爷爷教育子孙),《嘎牙桑嘎雅》(人体名称),《咋雷蛇曼蛇勐》《谈寨神勐神的由来》,《哇雷麻约甘哈傣》(《论傣族诗弦》),《沙夏纳桑坛》(《信仰三阶段》)等;彝族的《宇宙人文论》《训书》《西南彝志》等;壮族的《传扬诗》等;蒙古族的《蒙古秘史》《蒙古天文学》等;土家族的《田氏一家言》《答猿诗草》《叠岫楼诗草》等;藏族的《土观宗教源流》《萨迦格言》《四部医典》等;维吾尔族的《福乐智慧》《真理的入门》等；回族的《正教真诠》《清真大学》……都有自己丰富的自成体系的哲学思想。

第一节　中国少数民族哲学的形成过程

哲学的形成是一个历史过程。我们这里所说的哲学的形成是从整体上说的。我们承认各民族都有自己的哲学思想，只不过各民族的"精神力量和精神纽带，凝聚为观念，结晶为理论，有的由理论而成体系，可谓之哲学；有的虽未成体系，却深涵哲理，亦可谓哲学思想"[1]。目前，虽然各民族哲学都已进入了学界的研究领域，但从已公布的成果来看，特别是通过中国知网及其他一些检索工具，可以确认的中国少数民族哲学研究成果并不全面，有的民族还没有相应的直接的哲学研究成果见诸媒介。通过笔者的考察，虽然在总体上应肯定中国少数民族哲学都有其萌芽阶段，但在具体环节上却不得不承认有些民族直到中华人民共和国成立前尚在总体上处于原始社会。这些民族，以及那些较晚正式确认成为中国少数民族的民族尚未形成自己的哲学思想，其哲学尚处于萌芽状态，如傈僳族、佤族、高山族、拉祜族、东乡族、景颇族、仫佬族、布朗族、撒拉族、毛南族、阿昌族、普米族、怒族、俄罗斯族、鄂温克族、德昂族、保安族、裕固族、独龙族、鄂伦春族、赫哲族、门巴族、珞巴族、基诺族等 24 个民族的哲学思想。根据笔者所见，那些已进入阶级社会诸相应阶段的民族，不少已形成了自己的哲学思想，如蒙古族、回族、藏族、维吾尔族、苗族、彝族、壮族、布依族、满族、侗族、瑶族、白族、土家族、哈尼族、傣族、纳西族、羌族、朝鲜族、水族、哈萨克族、黎族、畲族、柯尔克孜族、土族、达斡尔族、仡佬族、锡伯族、塔吉克族、乌孜别克族、京族、塔塔尔族等 31 个民族，这些民族哲学都或多或少地进入了传统哲学的形成期。本节考察各民族哲学形成的过程即据此而论。这里应特别强调的是，这种结论并不

---

[1] 伍雄武：《中国少数民族哲学思想简史》，云南人民出版社，1996，第 1 页。

一定完全切合各民族哲学发展的历史实际,它只是笔者的一孔之见。这正如上一章已经指出的那样,各民族哲学在全球性现代化进程中,都已处于近现代哲学的历史发展进程中。

一、中国少数民族哲学的形成概述

关于中国少数民族哲学的形成研究,早在 1992 年出版的《中国少数民族哲学史》中,即研究了 24 个民族的哲学思想,其中对相关民族哲学萌芽期研究的包括哈尼族、傈僳族、佤族、阿昌族、德昂族、拉祜族、鄂伦春族、鄂温克族、达斡尔族等 9 个民族,而研究相关民族哲学形成与发展期的则涉及了瑶族、布依族、侗族、水族、傣族、纳西族、苗族、彝族、壮族、白族、满族、蒙古族、回族、藏族、维吾尔族等 15 个民族。学界认为这一著作"基本包括了我国主要的少数民族"的哲学,按照哲学史的"进化"路径,该书第一编讲的 9 个民族是处于哲学思想萌芽阶段的民族,第二编讲的纳西族、傣族、苗族、彝族、壮族 5 个民族是哲学思想基本形成并有一些发展的民族,第三编讲的白族、满族、蒙古族、藏族、维吾尔族、回族等 6 个民族则是有较丰富的哲学思想和系统发展过程的民族。作为第一本较为系统地进行历史论述的中国少数民族哲学史著作,算是以当时的认识对中国少数民族哲学思想的基本类型与发展水平作了一个基本界定,既较为充分地反映了中国少数民族哲学思想的丰富性和多样性,也在一定程度上描述了中国少数民族哲学思想发生、发展的总体过程,特别是对其中的 11 个民族哲学思想发展的历程进行了通史性论述,还着力探讨了其中一些民族哲学的特点,如中国少数民族的宗教哲学思想,书中探讨了佛教、伊斯兰教和各民族的传统宗教等。

从历史进程的"进化"尺度对中国少数民族哲学进行总体研究的还有伍雄武所著的《中国少数民族哲学思想简史》[①],其中除了论述中国少数民族哲学思想的萌芽外,也论及了中国少数民族哲学思想的形成与发

[①] 伍雄武:《中国少数民族哲学思想简史》,云南人民出版社,1996。

展,特别是对纷繁复杂的宗教哲学思想与古朴多样的伦理道德思想进行了阐明,其中还论及了唐宋时期少数民族哲学家和哲学著作,如《南诏德化碑》、《宇宙人文论》、优素甫·哈斯·哈吉甫的《福乐智慧》;元明时期少数民族哲学家和哲学著作,如保巴、李元阳、李贽,《咋雷蛇曼蛇勐》（《谈寨神勐神的由来》）、《哇雷麻约甘哈傣》（《论傣族诗歌》）;清朝及近代少数民族哲学家和哲学著作,如王岱舆、马德新、艾哈默德·阿拜都拉·哈拉巴蒂(1638—1736)、玄烨、阿克敦、尹湛纳希、罗布桑却丹,《西南彝志》,刘定逌(1720—1806)、郑献甫、高奣映、赵式铭等,可以说让人们对中国少数民族哲学有一个基本的了解。

与上述通史性论述相对,各少数民族哲学研究也迅速发展起来,对各民族哲学的形成与发展作出了深入研究。最初是龚友德的《白族哲学思想史》[①],以中国的历史朝代为线索,研究了白族哲学思想的历史进程。另有伍雄武、杨国才主编的《白族哲学思想论集》[②],对于白族哲学思想的形成也作了一定程度上的探讨。

在对各民族哲学形成的研究中,继白族哲学思想研究之后,相继有1994年出版的《蒙古族哲学思想史》[③]《蒙古族哲学史》[④]、1996年出版的《壮族哲学思想史》[⑤]、1997年出版的《傣族哲学思想史》[⑥]、1998年出版的《彝族哲学思想史》[⑦]、2004年出版的《维吾尔族哲学思想研究》[⑧]、2005年出版的《中国苗族哲学社会思想史》[⑨]、2008年出版的《伊儒合璧的回

---

① 龚友德:《白族哲学思想史》,云南人民出版社,1992。
② 伍雄武、杨国才主编:《白族哲学思想论集》,民族出版社,1992。
③ 乌兰察夫、宝力格、赵智奎:《蒙古族哲学思想史》,内蒙古大学出版社,1994。
④ 武国骥主编:《蒙古族哲学史》,内蒙古文化出版社,1994。
⑤ 黄庆印:《壮族哲学社会思想史》,广西民族出版社,1996。
⑥ 伍雄武、岩温扁:《傣族哲学思想史》,民族出版社,1997。
⑦ 伍雄武、普同金:《彝族哲学思想史》,民族出版社,1998。
⑧ 佟德富等编著:《维吾尔族哲学思想研究》,华南科技出版社,2004。
⑨ 石朝江、石莉:《中国苗族哲学社会思想史》,贵州人民出版社,2005。

族哲学思想》①、2009 年出版的《土家族哲学通史》②,等等;另有《东巴文化与纳西哲学》③、《成吉思汗哲学思想研究》④、《满族哲学思想研究》⑤、《先民的智慧——彝族古代哲学》⑥、《诗性的智慧——哈尼族传统哲学思想研究》⑦、《天地人——云南少数民族哲学窥秘》⑧、《哲理侗文化》⑨、《侗族哲学概论》⑩,等等,这些学术著作都有对各少数民族哲学形成进行论述。有学者认为,"分民族的通史专著""应当被视为 30 年来学科建设最重要的成绩"⑪。

总体来说,目前已有哲学著作问世并进行了较为广泛研究的包括:壮族哲学,除了一批研究论文外,已有黄庆印的《壮族哲学社会思想史》⑫一书面世,书中对壮族哲学社会思想萌芽以后的形成与发展进行了深入研究,其中阐明了秦汉至南北朝、唐宋、元明、明末清代等各个时期的壮族哲学思想,就其内容来说都可以说是壮族哲学社会思想的形成历程。蒙古族哲学,研究起步早,成果丰富,除形成了大批学术论文外,还形成了一批学术专著或论文集,像蒙古族哲学及社会思想史论稿编委会编的《蒙古族哲学及社会思想史论稿》⑬,苏和、陶克套合著的《蒙古族哲学思想史》⑭,乌兰察夫、宝力格、赵智奎合著的《蒙古族哲学思想史》⑮,内蒙

---

① 孙俊萍:《伊儒合璧的回族哲学思想》,宁夏人民出版社,2008。
② 萧洪恩:《土家族哲学通史》,人民出版社,2009。
③ 李国文:《东巴文化与纳西哲学》,云南人民出版社,1991。
④ 格·孟和:《成吉思汗哲学思想研究》,辽宁民族出版社,2005。
⑤ 宋德宣:《满族哲学思想研究》,辽宁大学出版社,1994。
⑥ 王天玺、李国文:《先民的智慧——彝族古代哲学》,云南教育出版社,2000。
⑦ 李少军:《诗性的智慧——哈尼族传统哲学思想研究》,民族出版社,2006。
⑧ 李国文:《天地人——云南少数民族哲学窥秘》,云南人民出版社,1992。
⑨ 陈应发:《哲理侗文化》,中国林业出版社,2012。
⑩ 石干成:《侗族哲学概论》,中国文联出版社,2016。
⑪ 伍雄武:《中国少数民族哲学史研究 30 年述评》,载宝贵贞主编:《回顾与创新:多元文化视野下的中国少数民族哲学》,中央民族大学出版社,2011,第 25 页。
⑫ 黄庆印:《壮族哲学社会思想史》,广西民族出版社,1996。
⑬ 蒙古族哲学及社会思想史论稿编委会:《蒙古族哲学及社会思想史论稿》,内部资料,1982。
⑭ 苏和、陶克套:《蒙古族哲学思想史》,辽宁民族出版社,2002。
⑮ 乌兰察夫、宝力格、赵智奎:《蒙古族哲学思想史》,内蒙古大学出版社,1994。

古社会科学院哲学研究所蒙哲室编的《蒙古族哲学思想史研究》①等,都对蒙古族哲学萌芽后的形成过程作了历史描述。其中苏和、陶克套的《蒙古族哲学思想史》分英雄文化时期(前2世纪—10世纪)、汗权文化时期(10世纪—18世纪中)、民众文化时期(18世纪中—20世纪中)三个时期进行论述,后两个时期应主要是蒙古族哲学的形成期。依据前述,在对其他各民族哲学形成的研究中,形成了不少的论文集及一些相关著作,如:《蒙古族哲学思想史论集》《藏族哲学思想史论集》《朝鲜族哲学思想史论集》《彝族哲学思想史论集》《白族哲学思想史论集》《纳西族哲学思想史论集》《傣族哲学思想史论集》《中国南方少数民族哲学思想研究》《西南少数民族哲学社会思想史论文集》《云南少数民族哲学思想史论文选集》,等等。

　　通过对各民族哲学形成的研究,不少学者都概括了中国各少数民族哲学形成时期的主要成果,代表性的如在《中国少数民族哲学史·绪论》②中的阐述。作者以"中国少数民族哲学的形成与发展"为题进行了专题论述,认为各少数民族由于在进入阶级社会的时间上有先有后,以及其文化背景、环境条件有别,从而使他们的哲学思想内容、理论水平、表现形式,以及形成和发展的过程也不同。正因为如此,各民族哲学形成期产生了具有各自特色的哲学思想。如:蒙古族有"天力论"哲学,虽然学界认识不同,有的学者称"长生天的气力",有的则称"天佑论",或"天命论",以及"天、佛、汗合"说,反佛教"一切皆空"思想等;回族有儒家心学(以回附儒阶段)、伊斯兰教哲学(汉文译著活动及其后阶段)等;藏族有苯教哲学、藏传佛教哲学;维吾尔族哲学有前伊斯兰教时期的各种宗教哲学(主要为萨满教哲学、佛教哲学),伊斯兰教哲学等;彝族有清浊二气说;满族有"循与革"的历史观,太极、理气观的理本体论;苗族、布依

---

① 内蒙古社会科学院哲学研究所蒙哲室编:《蒙古族哲学思想史研究》,内蒙古社会科学杂志社,1985。

② 肖万源、伍雄武、阿不都秀库尔主编:《中国少数民族哲学史》,安徽人民出版社,1992,绪论,第1—42页。

族、侗族等民族有政治伦理哲学;白族有"本主"哲学、以儒为主的儒释道融合论哲学;纳西族有精威五行说和宇宙发生论;土家族等民族有独特的诗性智慧等。

在中国少数民族哲学的形成时期,还产生了不少的少数民族哲学家。如:蒙古族有成吉思汗、保巴、罗布桑却丹,回族有李贽、海瑞(1514—1587)、王岱舆、马注、马德新,维吾尔族有法拉比、哈吉甫、阿赫麦德·玉克乃克(约生活在12世纪至13世纪之际),壮族有刘定逌(1720—1806)、郑献甫,满族有玄烨、阿克敦,白族有李元阳、高奣映(族属还有彝族、汉族之说)……

在中国少数民族哲学的形成时期,还产生了丰富的宗教哲学。如:回族王岱舆的"真一、数一、体一"论马德新的"大化总归"论;刘智的"无称"本原论等的伊斯兰教哲学;藏族的"本无空"论的苯教哲学、藏族宗喀巴的"一切法皆自性空"论等的佛教哲学;龟兹鸠摩罗什的非有非无的"毕竟空"论等的佛教哲学;等等。

在中国少数民族哲学的形成时期,还产生了丰富的哲学著作或具有哲学内容的相关文献。如:《蒙古秘史》、《蒙古源流》、《礼仪问答写卷》、《宇宙文文论》、《西南彝志》、《训书》(又译为《宇宙源流》)、《南诏德化碑》、《咋雷蛇曼蛇勐》(《谈寨神勐神的由来》)、《哇雷麻约甘哈傣》(《论傣族诗歌》)、《水书》、《东巴经》,以及众多的乡规、民约、宗谱、地方志,等等。①

二、不同民族哲学的形成过程

中国各少数民族哲学的形成时期各不相同,各有特色。这里应强调的是,中国各少数民族哲学所经历的萌芽、形成、发展等各个时期,虽然在总体上可以作出明确的划分,但在本节的论述过程中,我们把形成与

---

① 肖万源、伍雄武、阿不都秀库尔主编:《中国少数民族哲学史》,安徽人民出版社,1992,第27—30页。

发展作一个统一体论述。

（一）壮族哲学思想的历史进程

早在旧石器时代，现今壮族聚居地区的土地上就已有人类生息。目前在壮族聚居地区发现的古人类即有："柳江人""甘前人""麒麟山人""荔浦人""干淹人""九楞山人""白莲洞人""都乐人""宝积岩人""定模洞人""灵山人"，等等。其中，1973年于广西桂林市甑皮岩洞穴内发现的"桂林甑皮岩人"，距今一万年前，属新石器时代时期的南方蒙古人种，其体质形态承继"柳江人"，与现代壮族人有着较明显的相似特征，反映出壮族聚居地区壮族人的历史连续性。到了新石器时代，距今7000—6000年前的顶蛳山文化遗址、距今4900—4700年的石峡文化遗址、距今4000年左右的钦州独料遗址等，都具有自己的文化独特性，尤其是石峡文化遗址与史传的苍梧古国的活动、地域时间相符。《尚书·尧典》《史记·五帝本纪》《礼记·檀弓下》等古代文献也都记载有苍梧古国之迹。夏商周三代，壮族聚居地区存在着大批"方国"，《逸周书·王会解》中记载有"瓯、邓、桂国、损子、产里、百濮、九菌，请令以珠玑、玳瑁、象齿、文犀、翠羽、菌鹤、短狗为献"。然而其零星的史料，无法承载我们的哲学研究。据考古发现，广西武鸣县元龙坡、安等秧坡古墓群遗址提供的信息，以及流传的史料反映的在兼并战争中逐步强大的西瓯、骆越、句町等方国，使我们对春秋战国时代壮族先民地区在这一时段的文化发展有了一定的了解。从青铜文明的发展来看，约在秦朝统一以前，壮族聚居地区社会已处于原始社会末期向奴隶制社会过渡阶段，壮族哲学的形成应在这一时期。以后壮族聚居地区经历了秦统一后的郡县制，唐、宋时代在壮族聚居地区实行"羁縻制度"，元、明推行的土司（土官）制度，明中叶后始实行"改土归流"等。可以说，壮族聚居地区及壮族经历了比较完整的历史进程，其传统哲学也有较为成熟的发展形式。其哲学研究情形，我们已在前面论及，这里仅就其哲学形成发展的简要历程略加介绍。

在壮族哲学的萌芽时期，原始宗教的观念，如自然神崇拜、鬼神观念、灵魂观念等，普遍存在，并得到长时期的延续。同样，壮族也存在图腾崇拜观念,其花图腾崇拜观念把花作为图腾加以崇拜,显示出壮族先民独特的生命体验。其他还有蛙图腾崇拜观念、鸟图腾崇拜观念等。其中较能反映萌芽期壮族哲学的文献是《壮族麽经布洛陀》,简称《麽经布洛陀》①,学界对此的研究已较深入,比较有代表性的是其"三界"说的宇宙观,这基本上是中国少数民族原始哲学的共同思想,但其具体结构又有所不同;同时,其主张进化的历史观及带有系统整体思考的思维方式,也较有特色。到了秦汉时期,壮族哲学思想业已形成,标志是中域文化大规模的传入,并形成了佛、道、儒兼容而杂以壮族传统思想文化的思想格局。隋唐时期的壮族哲学思想在《大宅颂》《智城碑》等碑文中有所体现,其"文武全备""人皆礼义""耕农尽力"思想,可以看成是一种社会哲学。而广泛使用的"阴阳""元气""无边""无极"等思维范畴说明中域哲学已与壮族哲学实现了有机结合。到了宋明时期,壮族已出现了自己的哲学英雄,如李璧、瓦氏夫人等。到明末清初,《传扬歌》②已把壮族哲学的基本特征彰显出来。此后的哲学英雄及其作品包括:刘定逌的《三难通解训言述》,张鹏展的《峤西诗抄》《女范》《离骚经注》《谷贻堂全集》《读鉴绎义》《兰音山房诗草》《王人心疏》《宾州志》等,蓝景章的《地理辩序》,韦天宝的《士先器识论》、《存悔堂遗集》(共 6 卷,现仅存 1—3 卷)、《今是山房吟余琐记》等,郑献甫的《四书翼注》、《愚一录》、《补学轩诗集》(16卷)、《补学轩散骈体文集》(12 卷)、《补学轩文集外编》(4 卷)、《象州志》等,以及黄焕中(1832—1912)、黄诚沅(1863—?)和民主革命时期壮族群众领袖韦拔群等。这些人物与作品反映出壮族哲学发展的整体线索。

(二)回族哲学思想形成的特殊性

回族,是回回民族的简称,是中国少数民族中人口较多、分布最广、经济文化较发达的一个民族,在一定程度上说,是最类似于汉族居住状况的中国少数民族。回族在中国形成,虽然可远溯至 7 世纪中叶,但真

---

① 张声震主编:《壮族麽经布洛陀影印译注》(1—8 卷),广西人民出版社,2004。
② 梁庭望、罗宾译注:《壮族伦理道德长诗传扬歌译注》,广西民族出版社,2005。

正形成一个民族则是在元代以后,明代则是其形成的关键时期,明末清初其获得了明显的发展。

回族在中国形成的特殊性在于,回族的先民一进入中域地区就是在较高的文化形态上,而且与中域文化交融,因而其哲学的形成与发展很难说有一个原始哲学的发展阶段。从中国历史发展的角度说,回族形成于中国封建社会中晚期,其哲学思想也就直接适应了这一时代;由于回族人民的基础文化受伊斯兰教影响较大,因而其哲学形成又具有了儒伊合璧的特征。一般认为,回族哲学思想在元代已开其端,明代则成其流,清代则总其成,近现代则大转型。不同时代的代表人物包括:赛典赤·瞻思丁(1211—1279)①、瞻思(1277—?)、萨都剌(1272—?)、马哈麻、扎马鲁丁、郑和、李贽、海瑞(1514—1587)、丁鹤年、胡登洲、王岱舆、刘智、马注、马德新,等等。从总体上看,回族哲学以崇拜真主独一,永恒、万能的安拉为基本精神,并运用天文学、数学、医学等多方面的知识进行自然哲学的论证,运用中国传统哲学文化进行诠释;以认主、奉主为哲学思辨的基本目标,且儒伊结合,把中国传统哲学的"格物致知"统一于认主哲学中,并将儒家人性论思想与伊斯兰教的道德学说结合起来。因此,回族哲学无论是在中国哲学发展的类型方面,还是在中国哲学发展的内容方面,都有其独特贡献,并在一定程度上体现了中国社会历史发展与哲学思想发展的高度一致性。

(三)满族哲学思想的形成

满族形成期的哲学首先表现为在自然崇拜、图腾崇拜、祖先崇拜的基础上形成了自己的宗教——萨满教,并贯穿于他们日常生活中的祭祀、喜庆、治病、丧葬等活动中,且一直延续到清代,仍在民间占有非常重要的地位和发生广泛的影响。在渤海国时期,根据由散见史料编写出的《渤海国志》《渤海国志长编》等记载,满族哲学思想已有了一定的抽象思维资料。这一时期的重要哲学思想成果是在统治者中间形成了崇尚中

①"瞻思丁",亦有译为"赡思丁",本书从前者。

域儒家文化的风气,并逐步日上至下地传播到各个阶层,如渤海的政治机构依唐制设有六部,取名为忠、仁、义、礼、智、信;王公贵族多取名元义、言义、明忠、仁秀、贞惠、贞孝、义信、诚庆、诚慎、昭顺、禹谟、谒德、高仁、文德、文信、孝慎、居正、成规,等等,即可证明。其间,还传入了佛教文化,渤海国并曾派王子到长安,请求入佛寺礼拜,当然萨满教仍然居于主导地位并成为形成期满族哲学的底色。

金朝时期是满族哲学思想形成期的重要时段。这一时期儒、释、道等思想在满族先民中继续传播,其中儒家思想可能是他们从政的指导思想,因而对儒家典籍极为重视,像"太宗入乘汴州,取经济图书"①即可证明。不过这一时期的佛教、道教也得到了广泛传播,"浮图之教,虽贵戚望族,多舍男女为僧尼"②;"金国崇重道教与释教同,自奄有中州之后,燕南燕北皆有之。"③因此,萨满教已逐渐降到次要的地位。

金朝时期,满族哲学的重要成果是出现了一批具有哲学思想意识的学者,如完颜亶、完颜亮、完颜雍、完颜璟。作为金朝的第三代皇帝金熙宗,完颜亶(1119—1148)不仅在当政期间提倡儒学,"贯综经业,喜文辞……"④,认为"孔子虽无位,其道可尊,使万世景仰"。因而强调"大凡为善,不可不勉。自是颇读《尚书》《论语》及五代史诸书,或以夜继焉"。为此,他主张并实行"可则循,否则革"的原则,强调"唯兹故土之风,颇尚先民之质,性成于习,遽易为难,政有所因,姑宜仍旧,渐祈胥宫,翕致大同"⑤,显示了一定的进步历史意识。完颜亮(1122—1161),即海陵王以弑君夺得王位,虽然表现出对"天"的蔑视,但却认同了儒家"天命无常,唯德是辅"的思想,因而特别重视"德":"国家吉凶,在德不在地,使桀纣居之,虽卜善地何益;使尧舜居之,何用卜为。"⑥从宗教信仰上看,完颜亮

① 张博泉:《金史简编》,辽宁人民出版社,1984,第374页。
② 宇文懋昭撰:《大金国志校证》(下)卷三六《浮图》,崔文印校证,中华书局,1986,第517页。
③ 宇文懋昭撰:《大金国志校证》(下)卷三六《道教》,崔文印校证,中华书局,1986,第518页。
④ 宇文懋昭撰:《大金国志校证》(上)卷九《纪年九》,崔文印校证,中华书局,1986,第135页。
⑤ 张金吾编纂:《金文最》卷四《更定官制诏》,中华书局,1990,第48页。
⑥《金史》卷五《海陵》,中华书局,1975,第97页。

虽然崇佛,但却只是以其为思想工具,也与儒家对鬼神的态度一致。所以在未取得统治地位时他"赐诸寺僧绢五百匹,彩五十段,银五百两"①,可为了他的统治利益,他却毁寺兴农,"命会宁府毁旧宫殿,诸大族宅第及储庆寺,仍夷其址而耕种之"②。也就是说,他并不信佛,而是强调信佛"以希福利,皆妄也",至于老妇"迫于死期,多归信之"等则是可以理解的。相比而言,金世宗完颜雍(1123—1189),主张读书"必须行之"的"任实"思想,更显示出儒家文化的深刻影响。完颜雍特别强调"人治",主张"知在能行",反对知与行脱节,"经籍之兴其来久矣,垂教后世,无不尽善。今之学者,既能诵文,必须行之,然知而不能行者,多矣。苟不能行,诵之何益"。③ 为此,他特别强调了"知"得"任实"去伪:"事当任实,一事有伪则丧百真,故凡事莫如真实也。"④为此,他强调自己虽然是天子,但也有认识的局限性,需要大家提醒,"朕居深宫,岂能悉知外事,卿等尤当注意"。⑤ "凡已经奏断,事有未当,卿等勿谓己行,不为奏闻改正。朕以万几之繁,岂无一失,卿等但言之,朕当更改,必无吝也"⑥。据此,他充分肯定了老百姓的意见,"百姓上书陈时政,其言犹有所补,卿等位居机要,略无献策,可乎?"⑦由于有了这种求实态度,因而他认为信佛、道神学,不只无益,还有害民生,"闻愚民祈福,多建佛寺,虽已条禁,尚多犯者,宜申约束,无令徒费财用"。⑧ 相比之下,金章宗完颜璟(1168—1208),由于系统地接受了儒家思想的教育,因而重孝义贬佛道。他曾下"诏购求崇文总目内所阙书籍",继"置弘文院,译写经书"⑨,并令臣下学习儒家经典,

---

① 《金史》卷五《海陵》,中华书局,1975,第106页。
② 《金史》卷五《海陵》,中华书局,1975,第108页。
③ 《金史》卷七《世宗》,中华书局,1975,第163页。
④ 《金史》卷八《世宗》,中华书局,1975,第191页。
⑤ 《金史》卷六《世宗》,中华书局,1975,第148页。
⑥ 《金史》卷七《世宗》,中华书局,1975,第165页。
⑦ 《金史》卷六《世宗》,中华书局,1975,第128页。
⑧ 《金史》卷七《世宗》,中华书局,1975,第161页。
⑨ 《金史》卷十《章宗》,中华书局,1975,第231—232页。

"诏亲军三十五以下令习《孝经》《论语》"①。甚至以孝义二字作为择人任官的标准,"孝义之人素行已孚,稍可用即当用之,后虽有希觊作伪者,然伪为孝义,犹不失为善。可检勘前后所申孝义之人,如有可用者,可具以闻"②。据此,他驳斥并限制佛教、道教的流行,"尚书省奏:言事者谓释道之流不拜父母亲属,败坏风俗,莫此为甚。礼官言唐开元三年敕云:'闻道士、女冠、僧尼不拜二亲,是为子而忘其生,徼亲而绚于末。自今以后并听拜父母,其有丧纪轻重及尊属礼数,一准常仪。'臣等以为宜依典故行之。制可"③。

　　元明时期是满族哲学思想形成的重要时期,其中元朝女真人的哲学思想有的因为南迁与汉人共同生活而逐渐接受了汉族文化,其哲学思想的发展同中域传统哲学渐趋于一致;或迁入内蒙古地区而与蒙古族相近,思想文化的发展几与蒙古族同步;或留居于"白山黑水"的而略显滞后。其中的赵良弼、夹谷之奇等人的思想较有特色。到了明朝中后期,满族哲学思想有了一定的发展,努尔哈赤、皇太极等人形成了自己较有特色的哲学思想,如"天佑"有德者为王思想:"为恶者天谴之,其国衰败;为善者天佑之,其国炽昌。总之,主宰在天……"④"自古天下,非一姓所常有,天运循环,几人帝,几人王,有未成而中废者,有既成而复败者。岂有帝之裔常为帝,王之裔常为王者哉。独不见辽金元亦曾君临天下,后复转而属之明。可见皇天无亲,善则培之,否则倾之,乃不易之理也。"⑤为此,他们特别强调"皇天无亲,善则培之,恶则倾之"的思想:"天下者非一人之天下,唯有德者能居之,亦唯有德者可称为天子。今朕蒙天佑为国主,岂敢遂为天之子,为天所亲乎。倘不行善道,不体天心,天厌朕躬,

---

①《金史》卷十《章宗》,中华书局,1975,第270页。
②《金史》卷九《章宗》,中华书局,1975,第220页。
③《金史》卷九《章宗》,中华书局,1975,第220页。
④《太祖高皇帝实录》卷六。
⑤《太宗实录》卷四七。

更择有德之人，君主是国。"①"皇天无亲，有德者受命，无德者废弃。"②又如他们提出了"兵民是赖"思想："天运循环，但易其君，不易其民。若天意所与者，即其民也。"③"从古以来，国君与贝勒未有以衣食竭尽而败亡者，唯所行纵恣至于败亡耳……凡人溺于非僻不自省改，犹大厦将倾而坐中悬，岩欲崩而立其下也。而贝勒诸臣若骄恣不逊，则自丧其德；过失不改，则自辱其身。凌侍从，虐仆隶，则禄不保。"④从文化信仰上，他们都重儒学而贬佛道："人皆称仙佛之善，然仙佛虽善，而居心不善者不能为也。必勤修善行，始能与之相合。人君奉天理国，修明政教，克宽克仁，举世享太平之福，则一人有道，万国数宁，胜于仙佛矣。"⑤

到了清朝前期，满族哲学思想已进入体系化阶段，如：玄烨的理本体论和"真理学"、阿克敦的太极阴阳五行说、永增的哲学思想、昇寅的反鬼神迷信思想，等等，使满族哲学进入了一个新的发展阶段，具体内容我们将在后面加以论述。

（四）苗族哲学思想的形成

秦汉以后，苗族先民逐渐进入阶级社会。形成期的苗族哲学，既有苗族知识分子，如杨岳斌（1822—1890）、满朝荐（1561—1629）、吴鹤（约略晚于王阳明）、龙绍纳（1793—1873）、龙凤翔（1862—1945）等的思想贡献，又有苗族民间的哲学思考。就民间而论，在苗族哲学中保持了大量的鬼神观念，崇信筮卜迷信，甚至直接受到了汉族有神论思想的影响。当然也存在怀疑鬼神的无神论意识，比如怀疑和否定筮卜迷信及灵魂说、转生说等。

议榔词和理词是苗族哲学思想的重要表现形式，其中隐含着许多社会哲学思想。"议榔"或称"构榔""埋岩会议""合款""里社会议"等，是苗

---

① 《东华录》，天聪九年五月，转引自孙文良、李治亭：《清太宗全传》，吉林人民出版社，1983，第367页。
② 《太宗文皇帝实录》卷五九。
③ 《太宗文皇帝实录》卷九。
④ 《太祖高皇帝实录》卷五。
⑤ 《太祖高皇帝实录》卷五。

族聚居地区维持正常的生产、生活的一种社会组织形式。"议榔"上所定的公约叫"榔规",是大家应遵守的规章法度。因此,它特别强调规范和公约的法制意义,崇尚基本的道德规范,如:要求"烧山遇到风,玩狗雷声响。烧完山岭上的树干,死完谷里的树根。地方不依,寨子不满,金你郎来议榔,罗栋寨来议榔。封河才有鱼,封山才生树"。①"穿衣同疋布,做活同一处,地方才繁荣,人口才兴旺"。② "人多力量大,柴多火焰清。踏地如山倒,拍手像雷鸣。天宫能降服,龙王也低头。"③"我们团拢才成寨子,团结才成地方。合作做活路,互教砍柴烧。这样地方才好,这样人口才多。"④凡此等等,不一而足。从哲学上讲,议榔词、理词的哲学意义在于其提供了日常生产、生活的方法论原则。如:强调事物的特殊性——"一种鱼是一种鳞,一和鸟是一种毛,一种汤是一种味";"牛屎各一团,马屎各一堆";"一桩纠纷是一样古理"。⑤ 强调认识的全面性——"我们只听见一方的申诉,没有听见双方的理由",就等于"只看见布的一面,没有看见布的两面",那就"不好""不正"⑥,"佳就会干僵,理就会枯萎。"⑦强调事物的根源——理的探索:"在太古的时候,歌在什么地方? 理在什么地方?""歌在堰边水流里,理在堰边水流里。""理在夜空月亮的肚脐","理是地下的鬼,大家去不到,我们的老人也走不到,"⑧"挖理像拖木条","挖理像牵纱",⑨"推理好比缫丝,绩理有如绩麻"。⑩ 强调事物的相互联系——

　　　　你浑什么? 水:蝌蚪跑动我才浑。

①《民间文学资料》第14集,中国作家协会贵阳分会筹委会编印,1959,第165、176、164页。
②《民间文学资料》第14集,中国作家协会贵阳分会筹委会编印,1959,第165、176、164页。
③《民间文学资料》第14集,中国作家协会贵阳分会筹委会编印,1959,第165、176、164页。
④《民间文学资料》第14集,中国作家协会贵阳分会筹委会编印,1959,第165、176、164页。
⑤《民间文学资料》第61集,中国民间文艺研究会贵州分会编印,1983,第146页。
⑥《民间文学资料》第6集,中国作家协会贵阳分会筹委会编印,1959,第23页。
⑦《民间文学资料》第61集,中国民间文艺研究会贵州分会编印,1983,第150页。
⑧《民间文学资料》第14集,中国作家协会贵阳分会筹委会编印,1959,第115、112、113页。
⑨《民间文学资料》第6集,中国作家协会贵阳分会筹委会编印,1959,第1页。
⑩《民间文学资料》第23集,中国作家协会贵阳分会筹委会编印,1959,第98页。

你跑什么？蝌蚪：石头滚来我才跑。

你滚什么？石头：野鸡刨土我才跑。

你刨什么？野鸡：我刨板栗填肚皮。

你为什么落？板栗：大风吹来我才落。

你吹什么？风：不吹不了季节，我吹才了季节。

不然冬天老在人间，冷得直抱头。①

关于苗族文人的哲学思想，如满朝荐、龙绍纳等人的哲学思想，我们将作专门讨论，这里不再论述。

（五）彝族哲学思想的形成

彝族哲学研究的成果具有异常的丰富性。如：冯利略论古代彝族的自然哲学②，李延良初探彝族哲学著作《宇宙人文论》③，龙厚华初探《宇宙人文论》哲学思想的源流④，普同金论《宇宙人文论》的哲学思想⑤，田光辉初探彝族著作《宇宙人文论》的哲学思想⑥，王路平试论古代彝族的八卦哲学⑦、探析古代彝族宇宙生成论⑧，冯利、覃光广论八卦哲学与彝族⑨，王路平、傅责中试论古代彝族宇宙论的产生和形成⑩，司亚勤、王路

---

① 《民间文学资料》第 23 集，中国作家协会贵阳分会筹委会编印，1959，第 181 页。

② 冯利：《略论古代彝族的自然哲学》，《西南民族大学学报（哲学社会科学版）》1981 年第 4 期，第 13—20 页。

③ 李延良：《彝族哲学著作〈宇宙人文论〉初探》，《哲学研究》1982 年第 4 期，第 69—72 页。

④ 龙厚华：《〈宇宙人文论〉哲学思想源流初探》，《贵州民族研究》1983 年第 4 期，第 118—125 页。

⑤ 普同金：《〈宇宙人文论〉的哲学思想》，《云南民族大学学报（哲学社会科学版）》1989 年第 2 期，第 47—51 页。

⑥ 田光辉：《彝族著作〈宇宙人文论〉的哲学思想初探》，载《论中国哲学史——宋明理学讨论会论文集》，浙江人民出版社，1983，第 348—362 页。

⑦ 王路平：《试论古代彝族的八卦哲学》，《贵州民族大学学报（哲学社会科学版）》1991 年第 1 期，第 13—18 页、第 24 页。

⑧ 王路平：《古代彝族宇宙生成论探析》，《贵州社会科学》1990 年第 6 期，第 19—25 页。

⑨ 冯利、覃光广：《八卦哲学与彝族》，《西南民族大学学报（人文社科版）》1986 年第 4 期，第 36—46 页。

⑩ 王路平、傅责中：《试论古代彝族宇宙论的产生和形成》，《云南社会科学》1991 年第 5 期，第 48—57 页。

平论古代彝族的宇宙论①,梁勤星、吉克曲日初探彝族古代哲学思想特
点②,普同金论彝族传统思想文化中的死亡观③,等等。可以说,彝族哲
学研究的论文不仅数量多,而且很有深度,其中还包括硕士、博士学位论
文。除论文外,还产生了大批学术专著或编著的作品,如:伍雄武、普同
金的《彝族哲学思想史》④,易谋远的《彝族古宇宙论与历法研究》⑤,苏克
明等著的《凉山彝族哲学与社会思想》⑥,以及伍雄武主编的《彝族哲学思
想史论集》⑦,等等。另外在肖万源、伍雄武、阿不都秀库尔主编的《中国
少数民族哲学史》第十章设有专论,佟德富、宝贵贞在《中国少数民族哲
学专题研究》中则有部分专题论述。

　　根据研究,彝族先民约在西汉前后已进入奴隶制社会并延续到唐
初,达600多年的时间。其间,魏晋阶段为蜀汉治下的"南中大姓"实际
管理,南北朝时期则为爨氏统治300余年。唐初为蒙舍诏(即南诏)所取
代,公元8世纪前后在滇西洱海地区形成了六诏(六个民族集团),"诏"
即是当时夷语对王、首领的称谓。"南诏于公元737年建立、902年灭亡,
先后存在近二百年(在这约二百年的时间里,南诏始终是奴隶制社会),
作为一个存在时间较长的发达的地方政权,对云南地方史和彝白两族发
展史有巨大的影响……南诏文化是彝族文化的一个源头,是彝族文化史
的一个环节。"⑧南诏时期,彝族"积极向唐王朝学习先进思想,使儒家重
仁德而远鬼神的思想,传统的朴素唯物主义思想传入彝族统治阶层,形
成了南诏初期具有朴素唯物主义倾向的世界观和较进步的社会政治思

① 司亚勤、王路平:《论古代彝族钓宇宙论》,《贵州民族研究》2002年第2期,第73—80页。
② 梁勤星、吉克曲日:《彝族古代哲学思想特点初探》,《天府新论》1998年第1期,第59—61页。
③ 普同金:《彝族传统思想文化中的死亡观》,《中南民族大学学报(人文社会科学版)》2001年第
　　3期,第35—38页。
④ 伍雄武、普同金:《彝族哲学思想史》,民族出版社,1998。
⑤ 易谋远:《彝族古宇宙论与历法研究》,科学出版社,2006。
⑥ 苏克明等:《凉山彝族哲学与社会思想》,四川人民出版社,1999。
⑦ 伍雄武主编:《彝族哲学思想史论集》,民族出版社,1990。
⑧ 伍雄武、普同金:《彝族哲学思想史》,民族出版社,1998,第76—77页。

想,这种思想突出地表现在《南诏德化碑》之中"①。

彝族约在唐末时期,与滇池地区的白族、汉族一起步入封建社会,其中的《彝族源流》可看成是极具哲学内涵的彝文经典。该书是一部彝族历史文献汇编,汇集了彝族社会从远古开端直到明末清初的文献,全书共收入 30 余万字彝文文献,内容十分复杂,以封建社会时期的思想内容为主。通观全书内容,学界认为其各个篇章的原作者应是历史上众多的毕摩(布摩),而最后成书的编纂者则可能是明代以后的许多人②。

在彝族哲学形成期的文献中,《训书》具有重要地位。《训书》出自贵州省大方县彝区。该书"在原《爨文丛刻》本罗文笔为《宇宙源流》所作的序例中称:'是篇《说文》始于宓阿迭所造',宓阿迭是彝族先民的部落首领,根据彝族史书的记载,他曾'教人作斋,以供奉祖先'。推测约为公元前一千多年前的人。自然这一记载的时间太久,可靠程度值得研究。但《宇宙源流》是在彝族内部长期流传的一部著作,则是无可怀疑的"。③"我们从《训书》的内容,如五行说来看,则应是唐宋以后的作品,是水西地区封建领主制时期的重要著作。"④按照书中的内容,学界已从古代彝族的宇宙观、人生观、政治经济生活以及社会伦理道德等方面进行了深入研究。

这一时期彝族的哲学文献还包括《宇宙人文论》《西南彝志》等。《西南彝志》原名《哎哺啥额》,意译为《影形及清浊二气》,是一部彝族古代文献的宏大汇编。"根据书中所记载的历史事件推断,全书大约于公元1664—1729 年之间编纂完成。但是,书中许多篇章选自远古的彝族文献,许多内容是千百年来水西彝族所积累的思想财富。先存的彝文原本是贵州省大方县陈朝光家所藏的古抄本。"⑤《宇宙人文论》是以彝族毕摩

---

① 林超民主编:《中华地域文化大系——滇云文化》,内蒙古教育出版社,2003,第 324 页。
② 伍雄武、普同金:《彝族哲学思想史》,民族出版社,1998,第 198 页。
③ 伍雄武:《彝族哲学思想史论集》,民族出版社,1990,第 213 页。
④ 伍雄武、普同金:《彝族哲学思想史》,民族出版社,1998,第 158 页。
⑤ 伍雄武、普同金:《彝族哲学思想史》,民族出版社,1998,第 175 页。

笃仁、鲁则对话的形式，用彝文写成的一部哲学、天文、历法著作，具体的成书年代亦无从确考，现有罗国义、陈英据 1939 年抄本整理、翻译，民族出版社于 1984 年出版的《宇宙人文论》。"从其内容来看，《宇宙人文论》似乎像是宋以后的作品，大约在明代或宋明之间成书。这时，水西地区已从奴隶制向封建领主制转变了。"[①]

（六）土家族的哲学的形成

土家族群众基本分布在湘、鄂、渝、黔四省市边界地区（以下简称为土家族聚居地区）。在土家族聚居地区有一条自成系列的文化发展线索，考古学成果可以从新旧石器时代的联系及与现今土家族聚居地区文化传承的关系来证明。土家族先民曾以虎为图腾。根据考证，以虎为图腾的族群可上溯至传说中的伏羲时代，且至迟在黄帝时代已与中原各族有交往。秦统一后，在土家族聚居地区设有巴郡、黔中郡、南郡，汉代改黔中郡为武陵郡。三国时，'武陵蛮'又称为"五溪蛮"。元代至元十二年（1275）以后建立了土司制度，清代雍正五年（1727）至乾隆二十七年（1762），因全面实行"改土归流"，在土家族聚居区结束了长达 400 余年的土司制度。

从汉文文史的记载看，除对土家族的称谓有一个由"蛮夷"到"熟夷"又到"土民"再到"土家"的变化过程外，更多的是反映土家族独特的文化性格。土家族的文化性格与土家族的生存环境有必然的联系，在总体风貌上表现为一种亢争精神，其对外形象表现为一种开放融合的宽容精神，它每接受一种新的文化因子以后，都经过了一段长时间的消化融汇，借以变成自己的文化传统。

土家族传统哲学的特征与土家族的文化性格紧密相连。在特定的文化建构中，土家族人民追求一种理想的生活状态，正是这种现实环境与理想状态的冲突形成了土家族传统哲学的特殊性，并通过其特定的思维方式和理性工具构成了传统哲学形态。从历史发展的角度说，土家族

---

① 伍雄武、普同金：《彝族哲学思想史》，民族出版社，1998，第 151 页。

传统哲学同样经历了由朴素形态向近现代形态逐步转型的过程。在土家族传统哲学形态下,本体论和认识论并不发达,实践活动中的创造性、探索性受到广泛重视,并因此而体现了土家族传统哲学的实践特征;到了元明清时代,社会政治经济问题成了土家族文人及一般民众关注的焦点,因而在文人作品及民间传说故事、民间叙事长诗中都明显关注着与生存相关的社会政治、经济问题,并塑造了相应的人物形象。与上述哲学价值取向相联系,形成了土家族传统哲学的特殊思维方式。具体表现在:关注人类生存是土家族传统哲学思维方式的价值取向,实际上是把"生存"问题上升到哲学本体论的高度。土家族传统哲学思维模式的独特性,包括:历史追寻的叙事模式,人神共营的发展模式,社会和谐共存的生存模式,仁义认同的人格模式,在对人生际遇的认知中坚持寓达于穷的变通模式,等等。在以后的历史发展中,土家族哲学在总体上以趋于中心化为总体特征,并形成坚持自我与开放纳新的两条基本线索。

（七）侗族哲学思想的形成

侗族的哲学思想研究成果已较为丰富,主要有:向零述略侗族哲学思想①,杨昌嗣初探侗族古代哲学思想②,张世珊、杨昌嗣论侗族文化哲学③,全珊论侗族哲学思想④,何龙清初探古代侗族哲学思想⑤,侗川探析侗族先民的哲学思想⑥,石佳能、廖开顺论侗族神话与侗族先民的哲学观⑦,萧川论析侗族创世神话与史诗的哲学思想⑧,欣哲浅析侗族神话故

---

① 向零:《侗族哲学思想述略》,载贵州省侗学研究会编:《侗学研究》(3),贵州民族出版社,1998,第8—47页。
② 杨昌嗣:《侗族古代哲学思想初探》,《吉首大学学报(社会科学版)》1984年第2期,第75—80页。
③ 张世珊、杨昌嗣:《侗族文化哲学》,《贵州民族研究》1991年第1期,第9—19页。
④ 全珊:《侗族哲学思想》,《民族论坛》1995年第3期,第50—62页。
⑤ 何龙清:《古代侗族哲学思想初探》,《贵州民族研究》1986年第1期,第86—90页。
⑥ 侗川:《侗族先民的哲学思想探析》,《中南民族大学学报(人文社会科学版)》1987年第1期,第85—89页。
⑦ 石佳能、廖开顺:《侗族神话与侗族先民的哲学观》,《民族论坛》1996年第1期,第76—78页。
③ 萧川:《侗族创世神话与史诗的哲学思想论析》,《怀化信仰学报》1991年第4期,第9—13页。

事发展的思想渊源及其哲学观①,杨玉琪初探侗族祖先的社会历史观②,吴能夫论侗族创世款的进化思想③,等等。

　　总体而论,形成期的古代侗族的哲学思想发展非常迟缓,并且主要是通过《款词》、民歌以及文人著述表现出来的。从现有的研究成果来看,侗族哲学还显得不是很系统,因而研究成果的"历史"感不强。比如《款词》,学界考证"款"产生的历史下限最晚也应当在 7 至 10 世纪,但却一直延续到了清末。"款"是集立法、司法、军事、礼仪、教育为一体的社会组织体系,《款词》主要提出的是一些社会规范,属社会政治哲学,其中的《侗族古规起源的传说及古规十二条》《从前我们起大款》强调的主要是社会生活规范:"古时候,侗族寨上无法可依,无章可循",因此"合千家为大众,汇小河成大江,大家聚拢来议定条款","八万侗乡的人们,邀请了各处侗寨九十九个有威望的'林劳'(老人)开了个款会,共同商议了款约十二条。"④除《款词》外,在一些民歌和传说中则显示出了丰富的社会伦理思想,如:《懒汉变忙人》《父母歌》《戒懒汉》《懒人做活路》《点勉》《吉妮》《呵罗湖》《长寿塘》《风雨桥的传说》,等等,其中即如此。不过到了明清时代,侗族中出现了有一定哲学思想的文人,如生活于清嘉庆道光年间的吴文彩即有丰富的哲学思想。吴文彩是贵州黎平县人,具体生卒年月不详。作为侗戏之祖,他一生编写了许多歌谣和剧本,其中继承和吸取了创世古歌中的"混沌"演化意识,发展为具有哲学自觉的万物起源思想,例如:"远古时代混混沌沌,直到朦胧初开才分天地。风云雷雨归天,土石人兽归地。"⑤他吸取汉族的哲学思想,并以诗歌、剧作等方式传播社会进化思想,如在《盘古开天地》中说:"古时没有屋,野果当饭菜,树叶做衣裳,猎物都生吃,不会烧火烫……有位燧人氏,生的吃不惯,钻木来取

① 欣哲:《浅析侗族神话故事发展的思想渊源及其哲学观》,《当代小说(下半月)》2009 年第 6 期。
② 杨玉琪:《侗族祖先的社会历史观初探》,《怀化学院学报》1991 年第 6 期,第 6—10 页。
③ 吴能夫:《侗族创世款的进化思想》,《民族论坛》1992 年第 3 期,第 65—67 页。
④《民间文学资料》第 1 集,中国作家协会贵阳分会筹委会编印,1959,第 380、384 页。
⑤《民间文学资料》第 1 集,中国作家协会贵阳分会筹委会编印,1959,第 374 页。

火,火焰闪闪亮,火种红彤彤,挨村挨户散,从此吃熟食,味道更香甜。伏羲皇帝治婚姻,男婚女嫁结良缘。有巢教人起屋住,鲁班巧手架桥梁。神农皇帝尝百草,驱(祛)除百病保安康。轩辕皇(黄)帝更聪明,造出罗盘指方向。他还叫人造戥称,轻轻重重看斤两。缧祖教人纺纱线,织出布匹做衣裳。炎帝教人做生意,宋帝教人读文章,后稷教人种田地,先撒种子后栽秧。"①应该说,这些思想在一定程度上反映了侗族哲学在明清时期的形成与发展水平。

（八）布依族哲学思想的形成

目前,还没有形成有关布依族的通史性哲学研究成果,但是包括以下文章:伍文义试论布依族《古歌》中的哲学思想②、邱靖论布依族原始宗教信仰及其哲学思想的产生③、罗正副以生死哲学与魂归祖地为旨论摩经视域下的布依族思想信仰世界④、王鸣明浅谈布依族神话和民间故事中的哲学思想⑤,等等,这些文章研究了该民族哲学。在肖万源、伍雄武、阿不都秀库尔主编的《中国少数民族哲学史》第四章设有专论,而佟德富、宝贵贞在《中国少数民族哲学专题研究》⑥中则有部分专题论述。总体来说,布依族哲学思想的形成时期应是春秋战国时代,其时布依族先民处于奴隶社会时期,是夜郎国的主体民族,其中布依族古代祈祷丰收、防止虫灾的宗教经典——《穆播董》中有关于从原始社会进步到阶级社会的历史记叙,反映了阶级产生、统治形成、个体家庭等内容。布依族的著名史诗《柔番沃番钱》中把"王权"和"神权"联系起来,强调"国王'兴'

---

① 《民间文学资料》第 1 集,中国作家协会贵阳分会筹委会编印,1959,第 374—375 页。
② 伍文义:《试论布依族〈古歌〉中的哲学思想》,《贵州社会科学》1983 年第 3 期,第 1—7 页、第 12 页。
③ 邱靖:《布依族原始宗教信仰及其哲学思想的产生》,《兴义民族师范学院学报》2007 年第 4 期,第 27—31 页。
④ 罗正副:《生死哲学与魂归祖地——摩经视域下的布依族思想信仰世界》,《贵州大学学报(社会科学版)》2012 年第 1 期,第 29—34 页。
⑤ 王鸣明:《浅谈布依族神话和民间故事中的哲学思想》,《贵州民族研究》2001 年第 4 期,第 101—105 页。
⑥ 佟德富、宝贵贞:《中国少数民族哲学专题研究》,中央民族大学出版社,2006。

啊！在天上,恩德播四方,恩德撒四面";肯定"王啊,您分下的粮食给我吃。您留下稻种我赎买。我要赎到十一、十二层天里,赎到四面八方的地面,赎来谷子奶样白,赎来田地和种子,赎来豆种和荞麦。"这段材料表明阶级统治观念、至上神观念和天命观念的形成,也表明布依族先民抽象思维水平的提高。《社洛介》(汉译为《鸡卦书》,作占卜用),可以说是布依族的《周易》,其中共有鸡卦130余图,有"介加""介三""介荣""介要""介肖"等卦名,其卦词涉及天文、农事、疾病、婚嫁、丧葬、交友、战争等内容。例如:"介肖卦"卦词:"敌方攻阵,我方撤退;我方进攻,敌方溃逃;我方追击,抓获敌兵。""介要卦"卦词:"奴隶整主人,难如上天;主人整奴隶,易如放田水。""介荣卦"卦词:"不日病好转;交友情谊长久,出行平安,巳、酉、丑诸日得此卦大吉;其他日得此卦凶。""介加卦"卦词:"多吉。然寅、午、戌日得此卦敬神不吉,出行可能漏财。"[1]其中的敌我、进退、主奴、吉凶等对应范畴,显示出了较高的理论思维水平。但是,由于历史原因,封建社会是布依族哲学比较混沌的历史时期,似乎直到明清以后,才又可以发现一些哲学文化来反映其哲学发展水平。如一些布依族大姓所制定的《族谱》中表现的忠君与爱民的思想、封建伦理观念,以及《乡规碑》等提出的社会观范一类。相比而言,哲学思想似略显缺乏。不过从总体上看,反映出布依族已基本接受中域文化,到明清时期已完全认同了中华民族大家庭。然而,这一过程走了两千多年。

(九)白族哲学思想的形成

目前,形成期的白族哲学研究也很深入。例如:龚友德初探白族学者高奣映哲学思想[2],即认为白族学者高奣映的思想同顾炎武、黄宗羲、王夫之、颜元等人"有相近的地方",也有自己的特色,"是清初云南唯物主义者的一面旗帜"。龚友德还在《民族工作》1983年第9、10、11期上著文论述了白族哲学、社会思想史,并于1992年由云南人民出版社出版了

---

① 任文义、王开吉、王国沛翻译:《兴仁县地脚区布依族鸡卦》。
② 龚友德:《白族学者高奣映哲学思想初探》,《云南社会科学》1985年第6期,第51—56页。

专著《白族哲学思想史》①。此外,杨国才、伍雄武主编有《白族哲学思想史论集》②,其中收有关于白族哲学思想史的论文 17 篇,关于形成时期的白族宗教、哲学方面的论文有 8 篇。其他的论文如李薇论明代白族学者李元阳的心性说③、李乾夫探析南诏大理国时期白族主要哲学思想及其特点④,等等。在肖万源、伍雄武、阿不都秀库尔主编的《中国少数民族哲学史》第 12 章设有专论,而佟德富、宝贵贞在《中国少数民族哲学专题研究》中则有部分专题论述。

白族形成期的哲学应起于两汉,时间可延续至清代。其间,白族经历了滇国、爨氏、南诏、大理国几个地方政权统治及元、明、清等全国性统治时代。

在白族形成期的哲学思想中,作为思想底色的应是白族的本主崇拜及其他宗教信仰。本主崇拜由白族先民的原始宗教信仰逐渐演变而来。"本主"即本地区的主宰神,是掌管本地区居民生死祸福的神灵,能保佑本地区的风调雨顺,五谷丰登,人畜兴旺。即使后来佛教和道教的逐渐传入,本主崇拜也仍然长期存在于白族群众之中,直到近现代仍然如此。据徐嘉瑞 1944 年赴大理的调查资料所载:"今大理之七十村中几皆各有本主庙一⋯⋯有本主庙之神祇,共六十神,其中女神有二十一,男神有三十九。"⑤可见白族本主崇拜的内容很复杂,有的是自然神灵,如苍山神、水泉女王、龙王、龙母等;有的是为民除害消灾的英雄人物,如周城本主杜朝选;有的是烈女、孝子;还有许多是帝王将相,如唐朝大将李密、明朝大将李定国等。学界的共识是:本主崇拜虽然是白族特有的宗教,但是它又能和白族聚居地区的各种宗教相融合,并由此得以生存和发展。不

---

① 龚友德:《白族哲学思想史》,云南人民出版社,1992。
② 杨国才、伍雄武主编:《白族哲学思想史论集》,民族出版社,1992。
③ 李薇:《论明代白族学者李元阳的心性说》,硕士学位论文,云南师范大学,2005。
④ 李乾夫:《南诏大理国时期白族主要哲学思想及其特点探析》,《黑河学刊》2011 年第 6 期,第 21—23 页。
⑤ 徐嘉瑞:《大理古代文化史》,转引自肖万源、伍雄武、阿不都秀库尔主编:《中国少数民族哲学史》,安徽人民出版社,1992,第 601 页。

过应注意的是：许多本主不是令人畏惧的神灵，而是人们所热爱、尊敬的历史人物和祖先，因为他们中的绝大多数都是有益于人民、为人民有过功绩或有高尚道德情操的，由此可见本主信仰的社会基础与理想诉求。更为重要的是，白族的本主并不弃绝和否定现实的社会生活，也不超越和鄙视七情六欲，而恰好诉求的是社会现实理想，吃喝住穿、结婚成家、生儿育女、走亲访友等，因此是十分现实的宗教。

形成时期的白族宗教哲学还包括南诏初期，即 8—9 世纪开始传入白族聚居地区的佛教和道教，另外还包括南诏、大理时期传入白族聚居地区的儒家、道家思想，像南诏即派子弟前往成都"习孔子之诗书"，大理国时期中原文化更为广泛地传入。具体可从《护法明公德运碑赞》、兴宝寺《德化铭》与《嵇肃灵峰明帝记》等中可见。

元明清时期的白族哲学思想进入了一个新的阶段，其中一个显著标志是出现了白族的学者哲学，产生了一大批白族的知识分子及学术著作，其中李元阳的《云南通志》、高奣映的《鸡足山志》、王崧的《云南通志》等具有代表性，反映出白族哲学思想在元明清时期有了独立发展的特色。另一个标志是白族哲学与中域哲学思想的联系进一步密切，发展渐趋一致，典型表现即是儒家哲学思想在白族聚居地区居于正统地位，白族知识分子中出现了"理学名儒，项背相望"[1]的盛况。另外的标志是对儒、佛、道三者的关系作了自觉的思考和认识，信儒释儒，以理抗佛、道，强调修齐治平等成为一种学术风气。因此，元明清时期的白族哲学已达到了较高水平，代表人物有：爱民忧民的杨南金、杨士云，融释儒思想的哲学家李元阳，得理学深旨的哲学家高奣映，主张"先气化后形生"的哲学家王崧，等等。所以，学界认为白族于明清时代的哲学思想已接近或达到同时期汉族哲学思想的水平[2]。

---

[1] 黄元治纂修：《大理府志》卷十二〈风俗〉，民国 23 年（1940 年），大理严镇专重印本。
[2] 肖万源、伍雄武、阿不都秀库尔主编：《中国少数民族哲学史》，安徽人民出版社 1992 年版，第584 页。

（十）傣族哲学思想的形成

傣族哲学思想已得到了较为充分的研究。目前已出版了伍雄武、韩培根主编的《傣族哲学思想史论集》①和伍雄武、岩温扁合著的《傣族哲学思想史》②，在肖万源、伍雄武、阿不都秀库尔主编的《中国少数民族哲学史》第八章设有专论，此外，佟德富、宝贵贞在《中国少数民族哲学专题研究》中也有部分专题论述。

作为哲学形成的社会基础，傣族何时开始进入阶级社会还未形成统一意见。一种意见认为 1 世纪前后傣族先民建立的掸国已属初期的阶级社会③，另一种意见则认为直到 10 世纪前后的庸那迦国和播赏弥国时期，傣族才向阶级社会过渡④；还有学者根据唐代樊绰的《云南志》中有"茫蛮部落，并是开南杂种也，茫是其君之号，蛮呼茫诏"⑤之说而推测大约在唐代傣族（或部分傣族）已进入阶级社会。确切的认知是承认 1180 年建立的景龙金殿国作为傣族进入阶级社会的确凿时间，到 14—15 世纪时则已进入发达的封建领主制社会。与此相应，傣族哲学形成期的思想基本上属于封建领主制社会的上层建筑，其基本内容体现在傣族的多种多样的文化形式中，其中包括傣族的佛教、丰富多彩的叙事长诗等，当然也有不少傣族的哲学理论著作，如已发现并汉译出版的《咋雷蛇曼蛇勐》（《谈寨神勐神的由来》)和《哇雷麻约甘哈傣》（《论傣族诗歌》)⑥等。

傣族信仰的佛教是南传上座部佛教，该宗教传入傣族聚居地区后成为傣族全民信仰的宗教并形成了有自己特色的民族宗教形式，还形成了佛教与政权相结合的政教合一体制。傣族宗教哲学的特点，一是出现了具有傣族文化特点的佛教文献，如佛教即在傣族中长期流传，并且形成了号称 84 000 部之多的傣族佛经，若加上众多的佛教故事、寓言、格言

---

① 伍雄武、韩培根主编：《傣族哲学思想史论集》，民族出版社，1993。
② 伍雄武、岩温扁：《傣族哲学思想史》，民族出版社，1997。
③《傣族简史》编写组：《傣族简史》，云南人民出版社，1985，第 48 页。
④ 江应樑：《傣族史》，四川民族出版社，1983，第 171—174 页。
⑤ 樊绰撰：《云南志补注》卷四，向达原校，木芹补注，云南民族出版社，1995，第66 页。
⑥ 祜巴勐：《论傣族诗歌》，岩温扁编译，中国民间文学出版社，1981。

等,则构成一种独特的傣族佛教文化现象。二是形成了傣族佛教的独特标志性思想——"赕",这是傣语的音译梵语 Dana(汉语音译为"檀""檀那"),其意为布施、贡献。傣族佛教把"赕"推到特别重要的地位,几乎所有的宗教活动都贯穿着赕佛,而群众为了赕佛则竭尽全力,甚至不惜倾家荡产。

叙事长诗不仅是傣族哲学的重要表现形式,而且是傣族哲学思想形成的特殊标志之一。在 16—17 世纪时,傣族叙事长诗的创作已十分繁荣。380 多年前的《哇雷麻约甘哈傣》(《论傣族诗歌》)说"我们的叙事长诗已经确切达到整整五百部了"[1]。关于《哇雷麻约甘哈傣》(《论傣族诗歌》)一类的傣族长诗,已有不少学者进行了哲学研究。我们将在后面有所论述,在此从略。

根据伍雄武的研究,形成时期的傣族哲学,在思想渊源上,一方面受到内地各兄弟民族的影响,另一方面又受到以南传佛教为代表的东南亚文化的影响,特别是自秦汉以降,傣族聚居地区作为祖国的一个有机组成部分和内地其他省区,以及云南各兄弟民族建立了紧密的政治、经济、文化联系,因而在哲学精神上具有了相互联系与共同的认知。在哲学内涵上,由于南传佛教始终在傣族的意识形态中占据统治地位,不论哲学思想或伦理道德思想以至文学、医学无不受到佛教思想的渗透和影响,并且形成了傣族佛教思想。不过,傣族的传统哲学思想仍然与佛教哲学并行发展着,如对寨神、勐神的崇拜和信仰,《咋雷蛇曼蛇勐》(《谈寨神勐神的由来》)、《哇雷麻约甘哈傣》(《论傣族诗歌》)等内容就表现了传统哲学思想。在哲学的存在形式上,叙事长诗始终成为傣族哲学最重要的代表。

(十一)纳西族哲学思想的形成

相比较而言,纳西族哲学得到了较为充分的研究,早在 1990 年就出

---

[1] 祜巴勐:《论傣族诗歌》,岩温扁编译,中国民间文学出版社,1981,第 61 页。

版了伍雄武主编的《纳西族哲学思想史论集》①,1991年又出版了李国文的《东巴文化与纳西族哲学》②,加上其他著作中所涉及的相关论文,人们对纳西族哲学已能有一个清晰的了解。此外,在肖万源、伍雄武、阿不都秀库尔主编的《中国少数民族哲学史》第七章设有专论,佟德富、宝贵贞在《中国少数民族哲学专题研究》中也有部分专题论述。不过,由于纳西族社会的总体发展状况较封闭而相对滞后,纳西族哲学形成期的基本线索并不是很清晰,甚至可以说还处于较初始阶段。

纳西族经历了漫长的原始社会,约在3世纪以后开始过渡到阶级社会,但直到9世纪末,纳西族社会的总体发展水平都不是很高。10世纪至16世纪中叶,在纳西族社会内部出现了木氏家族统治,并形成了统摄麽些诸部的局面。但由于元明至清的土司统治,整个社会都显得封闭而落后,及至改土归流后,纳西族部分地区才开始与周围汉族、白族一样进入封建地主制的社会形态。这样的历史进程使纳西族哲学包含了某种混杂因素。

从总体上看,纳西族哲学思想形成于宋元时期,其显著标志是在宋代出现的东巴教。在这一时期,不仅形成了东巴教的祖师,而且形成了东巴教的经书。"纳西族巫师称为东巴,意即'智者',社会地位很高,在统治者左右,祈神、禳鬼,还能看星、推历、祈年、卜课,以宗教为手段,赞助统治者筹谋划策。""纳西族开始有象形文字的年代可能很早,是为社会生活需要,约定俗成的通行,不能指出何时、何人所造……可以推测纳西族很早时期已有文字,也有巫教,到社会政治、经济、文化发展到一定阶段,巫师应用文字为宗教服务,宗教和文字都有所发展,东巴教奉萨勒为祖师,有祭萨勒作道场的经书,造许多神异传说,未必可信,唯他虽不是宗教和文字的创造者,而对宗教和文字的发展有贡献,就奉为祖师。从社会基础来看,萨勒的时代在可能是在11世纪中叶,这时已用文字写

---

① 伍雄武:《纳西族哲学思想史论集》,民族出版社,1990。
② 李国文:《东巴文化与纳西族哲学》,云南人民出版社,1991。

经书了。"①到了明清时期,纳西族哲学思想得到更进一步的提升,在东巴教的基础上,藏传佛教、汉传佛教、道教(道家),以及儒学在纳西族社会中都有反映。据杨福泉《纳西族文化史论》②所论,东巴教的形成本来就与藏传佛教有关,是纳西族接受藏传佛教思想因素影响的结果。到了明代,木氏统治集团与藏传佛教噶玛噶举派建立了良好关系,藏传佛教的噶玛噶举红帽系得以广泛传播,特别是明末格鲁派(黄教)取得西藏政教统治权之后,"木氏二司为在西藏地区受压的噶玛噶举派在康滇川地区的传播和弘扬起了关键的作用。"③此外,"木氏土司统治时期,大力弘扬藏传佛教,而木氏则禁止在民间进行汉文化教育,因此,东巴教和藏传佛教是纳西民众的重要的精神寄托和文化生活的主干,对纳西人的生产生活、精神世界有重要的影响"④。同期,汉传佛教也随之传入纳西族聚居地区,故元代李京《云南志略》记末些蛮"不事神佛,唯正月十五登山祭天"⑤;另据《明末滇南纪略》所载,明代木氏土司倡导汉传佛教,如"丽江土官自明朝开国以来,俗多奉佛"⑥。除佛教外,道教也在明代传入纳西族聚居地区,乾隆《丽江府志》曾载明武宗正德年间始有道士入纳西地区,木氏土司亦即信奉道教:"艺客遥将访我楼,岭云湖鹤共悠悠。醉余说尽延生诀,袖拂苍髯不肯留。"⑦另外,同期传入的儒学则对纳西人的信仰、价值观念、政治思想等方面产生了深刻影响,产生了如木公、木增一类儒家精英。例如:木公《述怀》云:"胸中恒运平蛮策,阃外常开捍虏戈。忧国不忘驽马志,赤心千古壮山河。"又诗云:"国丰唯我愿,民乐此心康。"⑧木增则云:"每爱潜元论,其如东事何! 主忧臣与辱,师众饷尤多。

---

① 方国瑜编撰:《纳西象形文字谱》和志武参订,云南人民出版社,1981,第42—44页。
② 杨福泉:《纳西族文化史论》,云南大学出版社,2006。
③ 杨福泉:《纳西族文化史论》,云南大学出版社,2006,第164页。
④ 杨福泉:《纳西族文化史论》,云南大学出版社,2006,第194—195页。
⑤ 李京:《云南志略》,王叔武校注,载《大理行记校注·云南志略辑校》,云南民族出版社,1986,第93页。
⑥ 杨福泉:《纳西族文化史论》,云南大学出版社,2006,第213页。
⑦ 杨福泉:《纳西族文化史论》,云南大学出版社,2006,第227页。
⑧ 和钟华、杨世光主编:《纳西族文学史》,四川民族出版社,1992,第502页。

愚贡点涓滴,天恩旷海波。狼烟看扫尽,木石葆天和"①。以至于《明史·土司传》也说"云南诸土官,知诗书好礼守义,以丽江木氏为首"。至清代,"康熙三十九年(1700),在丽江府设儒学署,置教授、训导各一名,掌管全府学务及学署教学事宜,开创了平民子弟入学之先河。""乾隆年间,丽江知府管学宣和万咸燕重修书院,资助学校,购置图书,还请内地名师到丽江教学。继雍正年间设立白沙、兰州、下井等三个义学馆后,又在各个乡里设立忠义、束河、白马、喇沙、吴列、七河、九河、巨甸、通甸等 18 个义学馆,吸收平民子弟入学。"②

形成期的纳西族哲学有一种诸教融合的特征,这在木高所撰的一篇碑文中得到了最为集中的体现:

> 佛即天矣,天即君矣。
>
> 仁君(寿),天下安矣;天下安,世官永矣;世官永,边土宁矣;边土宁,人民乐矣;人民乐,五谷丰矣;五谷丰,仁义兴矣;仁义兴,礼乐作,人神和矣;人神和,天地位焉,万物教③育焉,盛矣哉!且夫天地之视听亦从于民,子子孙孙世官此土,恒于忠孝,笃于仁爱,忠君报本,育民乐道。夫如是,佛天保佑,鬼神默助,加官增禄,延寿康身,随心所愿,无有不应者,而四夷欣服,万民乐仰,绵绵相继,与天地同久矣。是岁也,建此万德宫,立金相有三:中位大孝释迦牟尼文佛,左位炽盛光王佛,右位药师光王佛。敬释迦体孝德也,敬紫微体忠心也,敬药师体仁义也。所谓:"人能弘道,非道弘人。"是故我皈依,愿子孙长久之计。若人禁心、索性、宝身,崇满腔春意充塞乎天地,君子道长小人道消矣。歌曰:
>
> 北岳之崇,尊五岳中;雪莹古今,玉光凌空。
>
> 来龙万里,血脉充隆;崑峨崒嵂,西来盛风。

---

① 和钟华、杨世光主编:《纳西族文学史》,四川民族出版社,1992,第 511 页。
② 杨福泉:《纳西族文化史论》,云南大学出版社,2006,第 254—255 页。
③ 笔者按:"教"字衍。

文笔之阳,万德之宫;无思无为,豁然遂通。

水环仁义,山环忠孝;木氏之丰,天地随同。

如月之初,如日之东;集善云仍,如斯阜鑫。

木本水源,万代无穷。[①]

该文写于明嘉靖三十五年(1556)丙辰六月九日吉,是丽江军民中宪大夫世袭土官知府木高紫金尊者所作。从文章中认定对"佛即天矣,天即君矣",强调"佛天保佑,鬼神默助",要求"敬德保民"且兴忠孝仁义等看,其"敬释迦体孝德也,敬紫微体忠心也,敬药师体仁义也",显然是一种文化大融合的哲学信仰。

（十二）羌族哲学思想的形成

羌族是中国最古老的民族之一。《史记·六国年表》记"禹兴于西羌",说明夏禹时代羌人文明已极为发达。甲骨文中多有"羌方"记载,在周武王时代曾与周人及其他族群结成的联盟发动了牧野之战,并最终消灭了商王朝。两汉时期已有羌人与中域汉人融合,另一部分羌人则以畜牧兼农,开始定居。魏晋南北朝时期羌人姚氏建立了后秦(384—417)政权,儒学、佛学等相继传入并被接受。隋唐时期活跃着党项、白兰、哥邻、白狗、南水诸羌人群落。党项羌人在宋朝时期建立了西夏政权,将儒释学说融会贯通以治国。元以后行土司制度,直到清朝改土归流。中华人民共和国成立后,羌族聚居地区实行了民族区域自治制度。

羌族哲学同样经历了萌芽、形成的漫长过程。在悠久的历史与长期闭塞的生活环境中,古代诗歌与古代神话得以长期传承,《开天辟地》《山沟和平坝的形成》《造人类》《斗安珠和木姐珠》等著名神话中所说的姐弟成婚、射落八个太阳的故事,曲折地反映了羌族原始社会的生活及其哲学思想的萌芽。古老的民间故事传说,如《泽祺格布》《木姐珠》《大战戈几人》等也极具哲学意义。"混沌"说的自然观、"发展"论的历史观等是这一时期的重要哲学观念。大禹治水的实践催生了"五行"思想;姜子牙

---

① 在瑞:《万德宫——徐霞客传授文化的地方》,载《丽江文史资料》第3辑,第101—102页。

待时而动的寻机意识,可以看成是军事哲学的先声,以至于产生了托名之作《六韬》——《文韬》《武韬》《龙韬》《虎韬》《豹韬》《犬韬》;到了党项羌人建立的西夏王朝,儒家思想即与其民族文化有机地结合起来,开创一代治国之思,实现了哲学信仰上的转变,当然,同期也有佛教等宗教信仰。不过应看到的是,羌族哲学思想的独特性是其集大成者"释比"及其经典,这是集原始宗教信仰、释比"木吉卓""羌戈大战"等口承文献、释比祭山法事为一体的独特的民族哲学形式。其间,也形成了自己独特的伦理思想和宗教信仰等。

(十二)水族哲学思想的形成

关于水族哲学研究,目前的成果不是很丰富,其中仅发现有唐建荣等解读水书蕴含的水族哲学思想[①],蒙耀远、文毅略论水书中的阴阳五行[②]思想,主要研究了其中的阴阳哲学。不过,在肖万源、伍雄武、阿不都秀库尔主编的《中国少数民族哲学史》第六章设有专论,佟德富、宝贵贞在《中国少数民族哲学专题研究》中也有部分专题论述。

由于对古代水族哲学形成期的研究很不充分,因而一般都把《水书》作为重点对象,借以探讨水族的哲学思想。一般认为,水族哲学的形成时期大体从汉代开始直到清末鸦片战争止,其中《水书》大致形成于秦汉之际或早于该时期。从哲学思想发展来看,其中既有较为原始的鬼神观念,体现出"水家的鬼多",仅水族信仰的鬼神竟有七八百个之多。但是,《水书》中的时空观念、成对观念却具有极深的哲学意义,如在《水书》中对年、季、月、日、时都有清楚的划分,且以水历为依据划分时间,水历按月相变化周期定月份,把一年分春夏秋冬四季 12 个月、一天一夜各为六个时辰;《水书》中还有丰富的东西南北上下等方位观念,表明水族空间观念已初步形成。

---

① 唐建荣等:《水书蕴含的水族哲学思想解读》,《贵州民族大学学报(哲学社会科学版)》2010 年第 5 期,第 10—13 页。

② 蒙耀远、文毅:《略论水书中的阴阳五行》,《三峡论坛(三峡文学·理论版)》2011 年第 6 期,第 91—93 页、第 149 页。

从哲学本身的角度看,阴阳观念是《水书》的基本哲学观念,这就是其表现为一系列成对范畴——阴阳、水火、金木、生死、吉凶、文武、贪廉、夫妇、父母等。按照蒙耀远、文毅略论《水书》中的阴阳五行的论述,《水书》的本质与核心是阴阳五行,在对比《水书》阴阳五行与汉文化的阴阳五行的基础上,作者认为"《水书》与汉文化同源共生"。而按照唐建荣等解读水书蕴含的水族哲学思想,则《水书》是水族的"易经""百科全书",其中比较系统化地反映了水族丰富的哲学思想,尤其是阴阳五行、对立统一、物极必反、否极泰来等观念得到充分展现。其广博的阴阳观念认为阴阳五行体系有着完全不同于鬼神体系的本体论内核,把世界归结为阴阳两个相反而又相承的方面,归结为金、木、水、火、土五种互相制约的要素或性质,它是在自然界中,而不是在超自然的鬼神世界中去寻找事物现象的原因。在《水书》中,将阴阳以公母的形式直接作为《水书》条目的名称,如招致贫穷疾病的《阴》《阳》,引来官灾口舌的《公沙朋》《母沙朋》与《公堂华》《母堂华》,导致丧亡遍野的重丧《公涌恒》《母涌恒》,易发恶性伤亡的《公引贯》《母引贯》,推动事态连续发展的《公梭项》《母梭项》,多发命案灾难的《公头》《母头》,麻风病威胁的《公别库》《母别库》,也有带来福泽吉利的《公壬辰》《母壬辰》,等等。其对立统一观念则贯穿于《水书》的始终,无处不在,而其五行生克观念则表现为强调"阴家住阴家,阳家住阳家,留下祖宗冷清的屋基。""金家住金家,水家住水家,没有片碗使用。""阴换得,穿戴银子白花花一片;阳换得,养的鹅鸭遍野灰扑扑。"此外,还有丰富的物极必反、否极泰来观念,其《天烟》《歹耿》《当凝》等有这方面的丰富论述。而且,在水族故事、歌谣、寓言及谚语中,也隐含了丰富的哲理思想和朴实的伦理思想。

各少数民族哲学的形成还有极为丰富的内容,如藏族哲学、回族哲学的形成主要是宗教哲学的形成问题,我们将在宗教哲学中论述;维吾尔族哲学与宗教的关系也极大。至于蒙古族哲学的形成,由于蒙古族哲学研究是中国少数民族哲学研究中起步最早的民族哲学研究之一,目前的研究队伍最大,成果也最丰富。在肖万源、伍雄武、阿不都秀库尔主编的《中国少数民族哲学史》第14章中,对蒙古族哲学思想的形成作了较为充分的论述。一般认为,蒙古族的第一部典籍《蒙古秘史》即突出反映了蒙古族哲学形成初期思想的主要内容,包括崇天观念和天力论(或天命论)思想,其中"腾格里"(天)是当时蒙古族的最高观念。成吉思汗时期,伦理观念"诚"和崇天观念结合起来,形成了"以诚配天"的天命论思想。从天人关系而言,反映了人的主体意识的增强。到了忽必烈时期,忽必烈提出了"至诚应天",使蒙古族天命论思想趋于完善化。这一时期,蒙古族的哲学思想除强调天力,"以诚配天"的天命论思想外,还有朴素的宇宙论、伦理思想、"祖述变通"的历史观、军事辩证法思想等内容。

三、中国少数民族哲学的主要文献

中国少数民族留下了丰富的历史文献,成为中国少数民族哲学研究的基本资料。按照中国少数民族哲学思想发展的实际情况,可以分为三期进行描述,即萌芽期、形成期、发展期。但严格说来,所谓萌芽期是指在中华人民共和国成立前尚处于哲学萌芽阶段的诸民族的哲学文献所处的时期,形成期则是进至形成期而包括了萌芽期,发展期则包括了萌芽期与形成期而进至发展期。因此,萌芽期、形成期、发展期是指依据中华人民共和国成立前的社会历史实际而作出的划分,其划分基本上是依据肖万源等主编的《中国少数民族哲学史》。

谈到中国少数民族哲学的主要文献,徐初霞的《论中国少数民族哲学文献的特点》[①]一文有较详细的讨论,应注意参阅。该文从非严格意义上把中国少数民族的哲学文献和与哲学相关的文献大致分为中国少数民族典型哲学文献、中国少数民族非典型哲学文献和中国少数民族蕴含哲学思想或观念的其他文献三类。其中,中国少数民族典型哲学文献又细分为三类,即有具体而确定的文献名称、著者、时代的少数民族哲学文

---

① 徐初霞:《论中国少数民族哲学文献的特点》,《新疆社会科学》2012年第3期,第12—15页。

献；反映中国某少数民族哲学思想但具体作者和时代均不详的哲学文献；带有综合性特征的少数民族哲学文献。中国少数民族的非典型哲学文献，即不是集中以哲学问题（包括宗教）为研究内容，或者是非自觉地形成反映本民族哲学观念、哲学思想萌芽和哲学理论思维的典籍文献；中国少数民族蕴含哲学思想或观念的其他文献，这些文献具有突出的综合性、融汇性、通俗性、交叉性，是文学、文化学、宗教、民族学、民俗学、历史学、哲学，还包括科技、农医等多种文化元素和内容的渗透、集汇。以上分类极具价值与启发意义。笔者在本小节从历史的角度作一大致描述。

（一）民族哲学萌芽期的文献

前面提到，所有中国少数民族都有其哲学思想的萌芽期。《中国少数民族哲学史》一书对此作了进一步的划分，认为哈尼族、傈僳族、佤族、拉祜族、阿昌族、德昂族等民族的哲学仍处于萌芽、滋长状态的阶段，达斡尔族、鄂温克族、鄂伦春族等民族的哲学在私有制和阶级出现后意识形态领域有了新的变化，而瑶族、布依族、侗族、水族等民族的哲学则由萌芽而渐趋形成。这一时期的哲学文献十分丰富，如哈尼族重要的史诗和传说有《奥色密色》《合心兄妹传人种》《古老时候的人》《哈尼阿培聪坡坡》《哈尼祖先过江来》《不愿出嫁的姑娘》《十二月生产调》等。其中"奥色密色"是哈尼语音译，意译为"开天辟地"。《奥色密色》源于远古，流传至今。《哈尼阿培聪坡坡》[1]以"哈尼哈八"（哈尼族酒歌）的形式讲述哈尼族先祖的迁徙史，包含着哈尼族传统的社会历史思想。傈僳族口头流传的创世史诗有《创世纪》《木刮基》等，民间传说有《天地和人的来历》《洪水滔天和兄妹成家》《横断山脉的传说》等，民歌有《逃婚调》《生产调》《重逢调》[2]等，其中《重逢调》是一首优美动人的叙事长诗，极具哲学意义。

---

[1] 朱小和演唱：《哈尼阿培聪坡坡》，史军超、芦朝贵、段贶平、汤叔孔翻译，云南民族出版社，1986。
[2] 参见《逃婚调，重逢调，生产调》（傈僳族民间长诗三首），周忠枢等翻译、整理，云南人民出版社，1980。

《司岗里》是佤族的创世史诗,"司岗"意为"石洞"或意为"葫芦","里"意为"出来",故"司岗里"意即"从石洞里出来"或"从葫芦里出来",指佤族,甚至整个人类以及各种动物都是从石洞或葫芦里出来的,它是一部民族起源史诗。拉祜族史诗《牡帕密帕》,"牡帕密帕"意为"太阳、月亮",它是拉祜族的一部创世史诗,是研究拉祜族哲学思想的基本资料之一;英雄扎努扎别的故事在拉祜族中广为流传,遂成长诗《扎努扎别》,有的地区则作为民间故事讲述①。阿昌族有丰富的口头文学作品,著名史诗《遮帕麻和遮米麻》②被阿昌族人民称为"我们历史的歌"。德昂族有《葫芦的故事》《天王地母》《龙女的传说》等,尤其是《先祖的传说——达古达楞格莱标》③是研究德昂族历史和哲学思想的重要资料,包含着德昂族先民对天地万物和人类起源的认识,叙述了远古时代德昂族的历史发展。鄂伦春族有古老的史诗《英雄格帕欠》④,还有《喜勒特很》《阿勒塔聂》⑤等英雄传说。鄂温克族有《猎手和汗的姑娘》《汗的第七个女儿的故事》⑥等。达斡尔族有叙事诗《乌春》、幻想性较强的魔法故事《孟贡胡》⑦、揭露社会矛盾的故事《伊玛迪》⑧等。瑶族有大量的歌谣、史诗、故事、寓言、谚语、谜语,其中以历史文献《评皇券牒》(《过山榜》)和创世史诗《密洛陀》《盘王歌》⑨等最为著名,这是研究瑶族人民哲学思想的主要资料。布依族将本

---

① 《扎努扎别》,王松搜集整理、汉译,《民间文学》1959年10月号。长诗《扎努扎别》附于《牡帕密帕》第三部分中,但非《牡帕密帕》原有的内容,而是晚于《牡帕密帕》的独立诗篇。

② 《遮帕麻和遮米麻》正式发表的有散文体和诗体两种,均系赵安贤演唱,杨叶生翻译,兰克、杨智辉整理。散文体《遮帕麻和遮米麻》载于《华夏地理》1981年第2期;诗体《遮帕麻和遮米麻》由云南人民出版社1983年出版。《云南少数民族哲学社会思想资料选辑》第4辑第91—92页收录有散文体《遮帕麻和遮米麻》。

③ 赵腊林唱、译:《先祖的传说——达古达楞格莱标》,陈志鹏整理,《华夏地理》1981年第2期。

④ 参见《黑龙江民间文学》第17集,中国民间文艺研究会黑龙江分会1986年编印。

⑤ 参见《鄂伦春族社会历史调查》第2集,内蒙古人民出版社,1985。

⑥ 参见《中国少数民族社会历史调查资料丛刊》修订编辑委员会编:《鄂温克族社会历史调查》,民族出版社,2009。

⑦ 《达斡尔族文学资料汇编》第1辑,内蒙古语言文学研究所铅印本,第36—45页。

⑧ 《中国少数民族社会历史调查资料丛刊》修订编辑委员会编:《达斡尔族社会历史调查》,民族出版社,2009。

⑨ 参见《密洛陀》,莎红整理,广西人民出版社,1981。

民族长期流传的《史诗》和《宗教祭祀诗》记录成册，或刻于石碑，留下大批典籍，世代相传至今，如《古谢经》八卷、《巷王经》四卷、《分王》四卷、《谷种经》一卷、《边元经》一卷，以及其他《杂经》数十卷，等等，其中自清嘉庆至咸丰同治年间布依族村寨出现了《安民碑》《晓谕碑》《垂芳千古碑》《禁革碑》《联防合同碑》等多种形式的数十块乡规碑，这也具有重要哲学意义；布依族原始神话《祭寨龙歌》等、原始史诗《古歌》等，产生于阶级社会的《穆播董》、《柔番沃番钱》（译意为《赎买稻种和钱根》）、历史久远的《社洛介》（汉译为《鸡卦书》），以及一些谱书中的相关文献，如《黄氏宗谱》及其《祖训八条》等，都是重要的哲学文献。侗族的原始史诗被称为"嘎登"，意译为"古歌"，著名的有《人类的起源》《侗族祖先哪里来》等"嘎登"；《款词》和民歌也是侗族的重要哲学资料，《懒汉变忙人》《父母歌》《戒懒汉》《懒人做活路》《点勉》《吉妮》《呵罗湖》《长寿塘》《风雨桥的传说》等都具有丰富的哲学内容，其中《侗族大歌》更应引起重视。水族哲学思想萌芽主要反映在创世神话和古歌中，其中，《开天辟地造人烟》《开天辟地》《开天立地》《开天辟地歌》《恩公开辟地方》《拱恩总恒》等较有代表性。而《水书》中则蕴含有丰富的哲学观念，《水书》约有 400 个单字，已编纂成 30 多卷典籍。按照《中国少数民族哲学史》的观点，上述民族的哲学基本上处于"起源"阶段，属哲学萌芽期的哲学文献。不过，根据上面的论述，不少民族的哲学已进入到了形成时期，如侗族、布依族、瑶族，等等。

（二）民族哲学形成期的文献

《中国少数民族哲学史》认为纳西族、傣族、苗族、彝族、壮族等民族的哲学处于从萌芽期到形成期这一历史时段，其中彝族、苗族、壮族等民族的哲学由萌芽而形成，且又缓慢地演进的线索较为清晰。按照中国少数民族哲学发展的实际，有 31 个民族的哲学已经到了形成期。

纳西族早已有古代的奇文《白狼歌》三章：《远夷乐德歌》《远夷慕德歌》《远夷怀德歌》；还有历史中形成的《东巴经》；其他的文献有具体描述天地、万物起源的《崇搬图》《懂述战争》等书，这些书中的精威五行说和宇宙发生论很有代表性。傣族现今仍流传着一部13 000余行的创世史诗《巴塔麻嘎捧尚罗》（又名《南师巴塔麻嘎帕萨傣》）①；还有民间故事《阿銮》《朱腊波提的故事》《艾苏和艾西的故事》《甘达莱的故事》等，另有《召树屯》这些书中的《兰嘎西贺》；傣文法典有音译为《阿雅兴安龙召片领》（意译为《召片领（最高领主）的法律大典》）；傣族格言、训条的汇集包括：《嘎里罗嘎里坦》（教规）、《布算兰》（爷爷教育子孙）、《土司对百姓的训条》、《教训儿子处世的道理》、《教训妇女做媳妇的礼节》等；傣族医学理论科学著作有《嘎牙桑嘎雅》（人体名称）等，这些文献都具有丰富的哲学思想。此外，《咋雷蛇曼蛇勐》（《谈寨神勐神的由来》）、《哇雷麻约甘哈傣》（《论傣族诗歌》）、《沙夏纳桑坛》（《信仰三阶段》）等，这三部文献中的哲学思想也十分丰富。傣族的宗教和鬼神观、朴素认识论较有代表性。

苗族的原始史诗即古歌有《爬山涉水》《开天辟地歌》《枫木歌》《古老话》《苗族古歌》，等等；另有议榔词和理词，"议榔"有"构榔""埋岩会议""合款""里社会议"等不同名称，是一个社会组织及其规范，它以联合集议制订公约并执行公约的方式，来规范人们的行为，维持正常的生产和生活。苗族的伦理道德哲学较有影响力。苗族已有自己的哲学英雄及其文献。

彝族史诗有《梅葛》《阿细的先基》《勒俄特依》《查姆》《尼苏夺节》《阿黑西尼摩》《洪水泛滥史》《英雄支格阿龙》，等等，已整理出来的叙事长诗就有《阿诗玛》《妈妈的女儿》《南诏国的宫灯》《我的么妹》《逃到甜蜜的地方》等20多部，有《码本特衣》《尔比尔吉》《人生哲理》等丰富的谚语和格言诗等，有著名的传世古碑《爨宝子碑》《爨龙颜碑》等，有直接的哲学和文学理论著作《彝族诗文论》②（其中包括举奢哲的《彝族诗文论》、阿买妮的《彝语诗律论》、布独布举的《纸笔与写作》、布塔厄筹的《论诗的写作》、举娄布佗的《诗歌写作谈》等五位古代彝族思想家和诗人的论著）；彝族封建社会的哲学文献则有《宇宙人文论》、《训书》（又译为《宇宙源流》）、《西

① 参见《巴塔麻嘎捧尚罗》，岩温扁据西双版纳勐欣的手抄本汉译，云南人民出版社，1989。
② 参见《彝族诗文论》，康健、王子尧、王冶新、何积全等整理并汉译，贵州人民出版社，1988。

南彝志》,等等。彝族以清浊二气为核心的宇宙论、朴素辩证法思想较有代表性。壮族有神话故事《天地分家》《布洛陀和咪咯甲》《保洛陀》《陆驮公公》《布伯的故事》《特康射太阳》等,还有著名的伦理教科书——《传扬诗》,全诗用五言勒脚体写成,共20章,2 100余行,10万多字。壮族的军事辩证法思想、人生哲学、伦理道德思想等较有代表性。在《中国少数民族哲学史》看来,上述民族已形成了自己的哲学思想。不过,我们这里强调的是民族哲学从萌芽到形成的全过程。

（三）民族哲学发展期的文献

《中国少数民族哲学史》认为,白族、满族、蒙古族、藏族、维吾尔族、回族等民族的哲学已经历了由萌芽到哲学形成的过程,其中白族、满族于明清时代的哲学思想接近或达到同时期中域哲学思想的发展水平。因此,这些民族哲学的特点就是哲学的形成及其后来的发展,具有相当高的理论思维水平。

根据云南省民间文学集成办公室编《白族神话传说集成》[1]与李星华记录整理的《白族民间故事传说集》[2],白族丰富的创世神话有《人类和万物的起源》(又名《劳谷和劳泰》或《古千古洛创世纪》)、《开天辟地》、《石明月》、《氏族来源的传说》等篇,另有《打歌》[3]("打歌",白语音译,即游戏、娱乐的意思)、《护法明公德运碑赞》、兴宝寺《德化铭》、《嵇肃灵峰明帝记》等。此外,白族在元明以后已出现了体系化的哲学家。

文通的《百一三方解》、奇克唐阿的《厚德棠集验方萃编》,以及许多神话、传说、故事都可以作为满族哲学研究文献。相关学者著述则更多,如满族纳兰性德的《侧帽集》《饮水词集》,曹雪芹的《红楼梦》,等等。

---

① 参见云南省民间文学集成办公室编:《白族神话传说集成》,中国民间文艺出版社,1986。
② 参见李星华记录整理:《白族民间故事传说集》,中国民间文艺出版社,1982。
③ 李康德、王晋臣口述:《打歌》,杨亮才、陶阳记录整理,载《白族民歌集》,人民文学出版社,1985,第255页。

蒙古族的哲学文献自成一个基本完整的历史系统。如《格斯尔》《江格尔》《勇士谷诺干》①《敕勒歌》等可算是远古文献;天文学家乌鲁别克的《乌鲁别克表》,呼和浩特五塔寺蒙文星宿图、佚名《蒙古天文学》、《甘露之泉》、《蒙药正典》,17 世纪著名学者明安图的《割圆密率捷法》及翻译的108 函巨著《甘珠尔经》,这些是科学文献;蒙古族的第一部典籍《蒙古秘史》,随着 16 世纪藏传佛教格鲁派的传入而出现的《黄史》②、《蒙古源流》,从清代至近现代出现的《青史演义》《蒙古风俗鉴》等著述,这些文献基本构成了完整的历史序列,其他的如《一层楼》《泣红亭》等也极为珍贵。

藏族的哲学文献极为丰富。除苯教、藏传佛教的经典外,藏族史诗《格萨尔王传》《米拉日巴道歌》《诗镜论》等较为有名,在敦煌发现的用古藏文书写的《四种医疗术》《五种占卜治病法》《起阳二十八》《起阴二十二》等药物著述,以及后来的藏族医学家宇妥·云丹贡布的《四部医典》(即《医方四续》),名医帝马·丹增彭错的《晶珠本草》,构成藏族的医药科学体系,其中《四部医典》的哲学思想内容丰富,是祖国医学中的一份宝贵遗产;藏族还在历史、文学、佛学、因明学、语言文学、历算、艺术等方面有丰富的著述,包括:著名的《青史》、《红史》、《智者喜宴》、《布顿佛教史》、苯教《大藏经》和佛教《大藏经》、《斯巴问答歌》③、苯教经典《黑头矮子的起源》,公元五六世纪成书的《礼仪问答写卷》、藏族格言诗《萨迦格言》,等等。以上文献基本上可反映藏族哲学的整体状况。藏传佛教空宗的本体论较有代表性。

维吾尔族哲学被划分为三个时期,即原始社会的自然神论、前伊斯兰教时期的各种宗教哲学、伊斯兰教哲学等,因而以宗教哲学为主。不过需要说明的是,前伊斯兰教时期的各种宗教哲学属维吾尔族形成前的前民族哲学,在此我们暂不作明确区分。维吾尔族哲学文献十分丰富,

① 参见《勇士谷诺干》,霍尔查译,内蒙古人民出版社,1980。
② 参见《黄史》,格日乐译注,内蒙古教育出版社,2007。
③ 毛星主编:《中国少数民族文学·斯巴问答歌》上册,湖南人民出版社,1983。

哲学人物英雄辈出。如影响深远的神话传说和英雄史诗《乌古斯纳玛》《沁斯达尼智慧王》《艾甫拉夫·西亚夫》《乌古斯可汗的传说》[①]等，爱情传说《阿塔迪达与扎尔西》，维吾尔族人民同中亚其他民族群众反抗阿拉伯军事侵略的民间史诗《阿衣苏鲁》《古尔吾格勒》，还有远播中外的《阿凡提的故事》，这些文献均可作为哲学研究资料。至于哲学英雄文献，如成书于喀喇汗王朝的优素甫·哈斯·哈吉甫的长篇巨著《福乐智慧》，西辽时期的阿赫麦德·玉克乃克的《真理的入门》，察合台汗国时期的卢提菲的《光源考》《古丽与诺茹孜》、赛卡基的《诗集》、那瓦依的《五部史诗》，叶尔羌汗国时期的女诗人阿曼尼沙汗的《美的道德》，清朝时期的《麦西来甫》和则力里的《诗集》，等等，其他的还有：穆罕默德·哈拉孜米的《爱情篇》，米尔咱·马黑麻·海答尔的《拉失德史》，沙·马合木·扎刺思的《编年史》，穆罕默德·沙迪克·喀什噶尔的《和卓传》，穆罕默德·依瓦孜的《麦赫杜姆·艾扎木与和卓·伊斯哈克家族传》，19世纪在中亚问世的一部《歪斯传》等历史巨篇，以及元代农学家鲁明善《农桑衣食撮要》（简称《农桑撮要》，又名《养民月令》），等等，这些文献都可作为哲学研究资料。

中国其他各少数民族也都有其丰富的哲学文献，如土家族的《田氏一家言》《答猿诗草》《叠嶂楼诗草》等，在这里不再加以论述。

四、中国少数民族哲学的主要人物

在中国少数民族哲学发展中，同样产生了自己的哲学英雄，有的已形成了自己的哲学体系，有的有丰富的哲学思想。

侗族已产生了自己的哲学英雄，像生活于清朝嘉庆道光年间的贵州黎平县人吴文彩，即具有较鲜明的哲学思想意识。傣族在近代则有革命民主主义者刀安仁，字沛生，又名都安仁，傣语名为帕荫法，他曾于光绪十七年（1891）率领傣族、景颇族、傈僳族、汉族等各族人民组成的军队英

---

①《乌古斯可汗的传说》，耿世民译，新疆人民出版社，1982。

勇抗击侵略者,采取"七里蜂护窝"的丛林战术,重创侵略军,保卫了神圣的国土。水族聚居地区近现代以来则出现了由民主主义者成长为共产主义者的邓恩铭。苗族也产生了自己的哲学英雄,如明朝末年的湖南麻阳县兰里镇人满朝荐,字汝杨,号振寰;清朝中期的贵州锦屏县亮司村人龙绍纳,字木斋,撰有《亮川前集》二卷、《亮川续集》二卷。苗族在近代则有湖南凤凰县人龙凤翔,名桥喜,字岐山,为诗人哲学英雄,坚持"衣食足礼义兴"思想;湖南凤凰县人龙骧(1859—1936),字云生,坚持自己的教育哲学;贵州省台拱厅(今台江县)养刚寨人张秀眉,为清朝咸丰同治年间苗民起义的卓越领导人,具有太平社会理想。彝族近代以来也有自己的哲学英雄,其中李文学的反封建和民族团结思想较为著名。

壮族在奴隶社会与封建社会产生了不少的哲学英雄,其中有产生于宋代的侬智高兵法,形成于明代的岑家兵法,运用岑家兵法的瓦氏夫人;清代壮族著名学者刘定逌,字叙臣,一字叔达,号灵溪,广西武鸣县人,著有《刘灵溪诗稿》《四书讲义》《读书六字诀》等,现仅存诗数十首,散文《三难通解训言述》《罗衣古寺碑记》《重修武缘县儒学碑记》《灵水庙碑记》等,其作品中富含人生哲学;广西平南人黎建三(1748—1806),字谦亭,广西武鸣县人黄彦坤,字汝陶,号竹山,此二人都具有无神论思想;鸦片战争至五四运动时期,壮族则出现了广西象州县人郑献甫,原名存纻,别号小谷,著有《四书翼注》《愚一录》《补学轩诗集》《补学轩散体文》《补学轩骈体文》《补学轩文集外编》,并纂有《象州志》、编有《车营百八叩答说合编》,其主张二教论;广西宜山永泰里人蓝景章,字汉星,号烟柳,著有《地理辨序》;广西上林县人李维坊,字春亭,著有《续葬论》;广西宁明人黎申产,号嵩山,一字蠡庵,著有《菜根草堂吟稿》二卷、《宁明州志》二卷、《宿缘小名录》一卷、《医案》一卷、《菜根草堂读书记》四卷,等等。

元明清时期白族哲学社会思想的发展已进入一个新的阶段,重要标志即出现了本民族的哲学家和专门的哲学著作。例如:邓川(今大理白族自治州洱源县邓川镇)人杨南金,字本重,明代中期著名的白族学者,具有同情民众疾苦的思想,著有《神乡集》《守土训》《三教论》等,现仅有

《重修河堤记》《崇正祠记》《旧志序》等三篇散文,以及《土著变》《玉泉》等五首诗传世。明代□期著名的白族学者、大理喜洲(今大理白族自治州大理市喜洲镇)人杨士云(1477—1554),字从龙,号弘山,又号九龙真逸,具有同情民众疾苦和反巫术的思想,著有《皇极》《天文》《咏史》等,后人集为《杨弘山先生存稿》(12卷)。明代白族的著名思想家、融释儒思想于一体的哲学家李元阳,云南大理太和人,字仁甫,号中溪,编纂有《云南通志》,并与杨士云同修《大理府志》,著有《心性图说》《中溪漫稿》《艳雪台诗》等,被汇集为《中溪家传汇稿》,1913年此书由李根源重刊为《李中溪全集》,并收入《云南丛书》,李元阳主张"性心意情"说。云南姚安(今楚雄彝族自治州姚安县)人,得理学深旨的哲学家高奣映,字雪君,别号问米居士,清初白族的思想家、学者,著作达81种之多,民国《姚安县志》引"清季北平名流有谓,清初诸儒应以顾、黄、王、颜、高五氏并列",对其评价甚高,其著作现在仍可看到的有《太极明辨》《增订来氏易注》《金刚慧解》《心印经解》《迨孙》《禁邪巫惑众议》等,高奣映主张"太极包得先后天理、气之全体"说。清代著名的白族史学家和经学巨擘,浪穹(今大理白族自治州洱源县)人,主张"先气化后形生"的哲学家王崧,字伯高,号乐山,原名藩,号酉山,修篡过《云南通志》《云南备征志》,著有《乐山集》两卷、《说纬》六卷(民国三年刻本)、《乐山制义》一卷(清嘉庆十五年刻本)、《布公集》、《工海集》、《提钩集》,以及《乐山诗集》,等等。此外,还有近代旧民主主义革命时期白族的哲学思想家杨绍霆、赵辉壁、赵藩、张耀曾、赵式铭等人。另有白族诗人杨奇鲲的《途中》、杨义宗的《题大慈寺芍药》《洞云歌》等也可资为哲学研究资料,可以说是群星闪烁的思想世界。

满族哲学发展中的哲学英雄也是群星灿烂。作为满族人的祖先,女真人及其代表人物金朝的第三代皇帝金熙宗完颜亶持变易历史观,提倡儒学、尊孔;海陵王完颜亮推崇"天命无常,唯德是辅"的儒家思想,认为向佛求福利"皆妄";金世宗完颜雍提倡读书"必须行之"的"任实";金章宗完颜璟把传播、翻译汉文典籍经常化、制度化;赵良弼(1293—1363)，字辅之，以儒者自居，重经学的推广运用，借赞襄之便，劝元世祖设学开科。到了明末，满族哲学的发展中出现了努尔哈赤、皇太极二人，其"天佑"有德者为王的思想影响很大。清朝时，康熙皇帝玄烨的理本体论和"真理学"；阿克敦的太极阴阳五行说与"体用"说；永增的诗性哲学；昇寅的反鬼神迷信思想；成瑞、奕䜣、载湉等都各有自己的哲学思想，使满族哲学思想在一定程度上达到了中域哲学的一般水平。

蒙古族的哲学英雄主要有：成吉思汗，名铁木真，姓孛儿只斤，乞颜氏，生于蒙古贵族世家，其"天力"与"一统之制"思想，"天无二日，地无二罕"思想等极有影响；忽必烈，即元世祖，成吉思汗之孙，蒙古族著名的政治家、军事家、思想家，继承和发展了蒙古族传统的天命论思想，其"祖述变通"思想，"至诚应天"观影响较大；保巴，字公孟，号普庵，元代前期人（《元史》作保八，《续资治通鉴》作保巴），蒙古族（一说色目人）哲学家，受儒家文化影响颇深，在《易源奥义》《周易原旨》两本书中，保巴探讨了宇宙万物的起源，提出了太极为理的本体论思想，主张"太极运化"；17世纪鄂尔多斯地区的著名的政治人物、学者萨囊彻辰，著《蒙古源流》一书，该书与《蒙古秘史》被史家称之为蒙古族古典文献的"双璧"，萨囊彻辰的汗权政治思想影响较大。近现代时期蒙古族哲学思想异常丰富，裕谦、倭仁、哈斯宝、尹湛纳希、贡桑诺尔布、罗布桑却丹等群星灿烂。

八思巴(1235—1280)，藏族著名的思想家、宗教领袖，《彰所知论》的宗教哲学及其对蒙古族思想的影响巨大，其思想与蒙古族关系极深；藏族哲学家宗喀巴，本名罗桑扎巴，生于今青海省湟中县塔尔寺地方，其父母都是虔诚的佛教徒。从1402年始著书立说，先后撰写了《菩提道次第广论》《密宗道次第广论》《菩提戒品释》《密宗十四根本戒释》《中论广释》《辨了义不了义论》等书，提倡先显后密，显密兼修，成就了自己的佛教哲学体系，即"一切法皆自性空"论等的佛教哲学。

维吾尔族哲学哲人辈出,已被研究的包括①:

前伊斯兰教的各种宗教哲学阶段。佛图舌弥,东晋时期龟兹高僧,小乘佛教大师,唐僧祐《出三藏·记集》及其他一些佛教典籍中可以窥见他的一些佛学思想;鸠摩罗什,东晋时期西域著名的大乘佛教学者和佛经翻译家,他与真谛、玄奘、不空号称中国佛教史上的四大译经家,《高僧传》等僧传、经录为其中立有专传,非有非无的"毕竟空"论是其代表性的佛教哲学观点。

伊斯兰教哲学为主的阶段,唐朝后期到明朝前期。法拉比,早年生活在中亚地区喀喇汗王朝统治下的法拉比城,后曾到过阿拉伯帝国都城巴格达游历,他一生写了165部以上的著作,最主要的有《论文明城居民的观点》《科学的分类》《逻辑大全》《化学的必要性》《论人体的构造》,等等,他还注释过亚里士多德和托勒密、欧几里得等人的著作,他的存在论、统一论和上升论的自然哲学体系较有代表性;优素甫·哈斯·哈吉甫,喀喇汗王朝时期著名的诗人、思想家,著有著名的哲理长诗——《福乐智慧》,另有《百科书》和《政策书》两部著作,其道德论与理想社会观较有代表性,《福乐智慧》中体现了较为明显的泛神论、自然哲学观;阿赫麦德·玉克乃克,约生活在12世纪至13世纪之际,大概是西辽末期到元朝初期,他著有《真理的入门》(或译为《真理的献礼》),他的知识论、道德观等具有代表性;贯云石(1266—1324),元代维吾尔族思想家,著有《酸斋诗文》《翰林侍读学士贯父文集》《直解孝经》等,《直解孝经》将维吾尔族固有的道德传统与孔子的仁学结合起来,其伦理思想值得重视。阿鲁浑萨里,元代政治家,曾受学国师八思巴,后被元世祖忽必烈选入内朝,其哲学思想是儒家、佛教、藏传佛教兼而有之,但儒家思想在其哲学思想中则居主导地位;艾拜都拉·鲁提菲(1366—1465),东察合台汗国时期的维吾尔族诗人,他的爱憎观极具哲学意义;艾里什尔·那瓦依(1441—

---

① 这里指学术界已经指认为维吾尔族哲学哲人的那些学者。事实上,包含了在整个西北各民族形成的"前民族"时期的不少学者,也有宗教高僧等。这里只是暂时归入某一民族,以为叙述方便。

1510),是继优素甫·哈斯·哈吉甫之后,维吾尔族文学史和文化思想史上又一个最有名的代表人物,他一生留下了《深邃的宝库》《五部诗集》等15卷文学和学术巨著,现在研究那瓦依的文学和学术遗产已成为专门的学科,称为"那瓦依学"。

明清时期。阿赫麦特·耶塞维,明代西域地方政权叶尔羌汗国维吾尔族诗人、思想家,他的哲学思想属于伊斯兰教中的苏非主义派,其神人合一的思想集中在他的著作《哲理诗集》中;穆罕默德·斯地克·则力里,也是明代西域地方政权叶尔羌汗国时期的一位维吾尔族思想家,他崇尚各种各样的学科,甚至包括柏拉图的哲学,主要著作有《诗集》和《全诗集》;艾哈默德·阿拜都拉·哈拉巴蒂,清初西域地方政权和卓政权统治时期的维吾尔族诗人和思想家,留下来的著作主要是《哈拉巴蒂双行诗全集》,由2130首双行诗构成,书中提出了112个社会政治、道德问题,含有丰富的哲学思想;巴巴拉赫木·麦西来甫(1646—1733),是清朝初期维吾尔族哲学史上的一位重要的思想家,他的大量诗作收集在《麦西来甫传》中,这些诗作反映了其人文主义哲学思想。

近代时期。阿不都·哈迪尔·大毛拉(1862—1924),维吾尔族现代文学的奠基人之一,勇敢的爱国者和启蒙主义者,他提倡团结,发展新文化,实行新教育,编有《依里米·依萨甫》(数学)、《萨力甫· 仍夫依》(语法和辞法学)、《莫夫塔伊里 · 阿达甫》(文学导论)、《台力姆·色必亚尼》(儿童教育)等课本,他有许多佳作流传于社会公众之中,其哲学名作《伽瓦赫茹勒·赫汗》(信仰的精华)现保存于新疆大学图书馆和埃及爱资哈尔大学图书馆。阿不都·哈迪尔·大毛拉因反对当时外国侵略势力在喀什的分裂及宗教活动,被勾结外国势力的封建统治者以及叛徒、顽固分子于1924年8月阴谋杀害。

回族是元明时期形成的中国少数民族,元末明初出现了"以回附儒"的初步倾向,即有《定州礼拜寺元碑碑记》传世。赛典赤·瞻思丁是元代回族中卓有声誉的政治家,曾得出"因俗利导,抚以威惠"的政治观,其中"赛典赤"意为荣耀的后裔,"瞻思丁"意为宗教的太阳;瞻思丁,字得之,是元代后期一位博通经史、地理、河防、老庄之学的回族学者兼政治家，有《帝王心法》一书，并修纂《经世大典》，具有"厥疑""思问"的批判怀疑精神；萨都剌是元代著名的回族诗人，著有《雁门集》20卷刊行于世，主张"男耕女织天下平"的社会史观。此外，马哈麻的《回回天文书》"序"、扎马鲁丁的《万年历》等，都具有回族的自然哲学思想。到了明代，回族哲学的代表人物有：海瑞，字汝贤，自号刚峰，著有《海瑞集》①，持心学思想立场。李贽，原姓林，名载贽，中举后改姓李，字卓吾，是中国思想史上的杰出思想家，著有《李氏藏书》68卷、《续藏书》26卷、《焚书》6卷、《续焚书》5卷，以及《李氏文集》20卷、《李氏丛书》11种，并为一百回《忠义水浒传》、120回本《忠义水浒全传》和《三国演义》作了详细批注，李贽的"童心"说较有代表性。从明末至清中叶，回族出现了一批哲学代表人物，如：王岱舆，又名"真回老人"，著有《正教真诠》《清真大学》《希真正答》②，现有宁夏人民出版社1987年版合刊点校本行世，以"真一"哲学为特色。刘智，字介廉，自号一斋，著有《天方性理》、《天方典礼》20卷、《天方至圣实录》20卷、《五功释义》63章、《天方三字经》、《天方字母解义》与《五更月偈》，以"无称"哲学为特色。马注，字文炳，号仲修，经名郁速馥，为赛典赤·瞻思丁的15世孙，自称"圣裔"，马注赞同苏非主义哲学，著有《经权集》和《樗樗录》两部文集，在探究伊斯兰教义与宗教哲学方面有《清真指南》10卷20余万言、《左道通晓》等，其中《清真指南》包括伊斯兰和回族的哲学、历史、经义、教律、天文、传说，现有宁夏人民出版社1988年版《清真指南》③的新标点本行世，该书以"八赞"哲学为特色。马德新，字复初，著有《朝觐途记》《礼法启爱》《环宇述要》《道行究竟》《天方历原》《尔勒壁春秋》《礼拜真功》《揭理质证》《理学折衷》《觉世宝箴》《爱思乐路》《幽冥秘语》《母哈克勒》《清退古》《欲望归宿》《信德之维持》《纳哈五》《算来夫》，等等；较有哲学意义的著作有《宝命真经〈古兰经〉直解》《大化总

---

① 参见《海瑞集》，陈义钟编校，中华书局，1962。
② 参见王岱舆：《正教真诠·清真大学·希真正答》，余振贵点校，宁夏人民出版社，1987。
③ 马注：《清真指南》，余振贵标点，宁夏人民出版社，1988。

归》《四典要会》《会归要语》《天理命运说》《性命宗旨》《天方信源蒙引歌》《祝天大赞》，等等，其作品以"大化总归"哲学为特色。回族近代则出现了杜文秀的社会政治理想，体现了回族哲学与社会思想的近现代转型。

第二节　中国少数民族哲学形成期的主要特征

中国少数民族哲学的形成与各少数民族的社会发展阶段、与各少数民族的生存环境等密切相关。从民族文化发生学的角度看，中国少数民族哲学的形成，当然只能发生在具有哲学形成条件的民族中，而阶级社会似又为形成哲学的基础条件。然而问题的复杂性在于，中国各少数民族又与周边各民族有文化交流，各民族内部又存在明显的族群差异，从而使中国少数民族哲学的形成具有多样性。本节以研究中国少数民族哲学形成期的发生学特征（动力学特征）为基础，探讨中国少数民族哲学的问题意识及思维方式等问题。

一、中国少数民族哲学形成期的发生学特征

分析中国少数民族哲学的形成，一定会发现中国少数民族思想文化发展的两个精神传统。一个是始终坚持本民族的自我意识，保持民族"自性"的传统；另一个是不断在开放纳新中进行文化再创造，吸收、消化、运用其他民族文化，其中特别是中域先进文化的传统。究其原因，即中国少数民族的生存地域一直处于相对的边缘地区，处于与中域或其他民族文化的交汇点上。此外，除各民族先民本身即为一个多族群复合体而外，还因四周之民与各族先民有不同的文化传统，特别是中域文化传统。各族人民正是在这种文化环境下，必然面对着文化发展的双重任务：既要坚守民族自我的文化传统，又要消化吸收周边的民族文化，特别是中域文化，于是形成了各民族文化发展的两种思想传统。而这也正是中国少数民族哲学形成期的发生学特征。

通观已出版的各民族简史简志丛书，我们看到各主要少数民族聚居

地区都有自己的远古先民,形成了各民族的考古学文化传统,并得到了长期流传的神话、传说、史诗等口承文化的佐证,后来又由于各民族文化交流,在中国少数民族文化发展中又大致形成了几个大的文化圈系。例如从宗教上来看:在中国西南、中南、东南(包括台湾地区)的广大南方地区生活的少数民族,较为普遍地保持着以万物有灵为中心的原始宗教信仰,并因不同的信仰而形成了不同的原始宗教信仰圈系;在中国东北地区存在着一个东北少数民族萨满教文化圈,包括鄂温克族、鄂伦春族、达斡尔族、满族、锡伯族等民族,以及朝鲜族和西北地区的裕固族中的一部分;佛教传入中国后与不同地区的民族文化相互吸收和融合,形成了汉传佛教、藏传佛教、南传佛教三大体系,其中,藏传佛教被藏族、蒙古族、土族、裕固族、达斡尔族、普米族、门巴族以及纳西族的相当一部分群众信仰,汉传佛教在朝鲜族、白族、布依族、壮族、京族、毛南族等民族的部分群众信仰中影响较大,中国南传佛教的影响主要在云南省,为傣族等少数民族相当一部分群众信仰;西北民族地区受到伊斯兰教的影响较大,回族、维吾尔族、哈萨克族、柯尔克孜族、塔塔尔族、乌孜别克族、塔吉克族、东乡族、撒拉族、保安族等 10 个民族的相当一部分群众信仰伊斯兰教,形成了西北少数民族伊斯兰教文化圈;天主教、基督教新教逐步传入了彝族、布依族、朝鲜族、景颇族、拉祜族、土家族、佤族、壮族、藏族等民族中……有学者曾就此划分为原生型萨满教文化圈、藏传佛教文化圈、伊斯兰教文化圈、西南地区原生型宗教文化圈,等等①。

哲学当然具有普遍性,这种普遍性一是所有哲学所讲的概念或道理或哲学中的真理都是普遍的,二是说不同族群、不同时空的哲学形态中有共同的问题或方法的抽象。因此,就哲学的存在形式上讲,它总是特殊的、民族的、族群的或个人的,但却总有一些共同的道理,这就是我们研究中国少数民族哲学的一个基本原则或方法,即在中国少数民族哲学

---

① 宝贵贞:《从合法性到新范式——中国少数民族哲学研究困境与出路》,《内蒙古师范大学学报(哲学社会科学版)》2009 年第 1 期,第 76—79 页。

中去发现那种哲学一般,那种哲学差异中的一般。但这种一般是与中国少数民族哲学的特殊发生学相联系的。例如:属于汉藏语系藏缅语族的民族,包括彝族、藏族、哈尼族、白族、拉祜族、纳西族、土家族、羌族,以及壮侗语族的壮族、布依族、侗族、傣族、黎族、水族等民族,皆出自古代的"氐羌",且大多是从游牧民族转化为农牧并重、以水田农业为基础的民族,他们的民族文化虽然都发源于古羌戎,有一定的历史共性,但各民族在自己形成、发展的历史长河中,既继承和发扬了古羌戎族群的若干文化,又根据各自生产生活的特点创造了各自的文化,同时也吸收了汉族和其他民族的先进文化,从而形成了共性与个性相统一的各民族哲学文化。其他语族的民族,例如:属于壮侗语族的民族,部分来自古代的"百越",包括壮族、布依族、傣族、侗族、水族、仫佬族、毛南族、黎族等;属于苗瑶语族的民族,部分来自古代的"南蛮",有苗族(或说苗语属汉藏语系苗瑶语族,其中包括苗语、勉语、布努语等)与瑶族,他们大多是以山地农业为基础;属于阿尔泰语系突厥语族的维吾尔族、哈萨克族、柯尔克孜族、东乡族、达斡尔族、土族;属于蒙古语族的蒙古族、东乡族、达斡尔族、土族;属于朝鲜语族的朝鲜族等民族,其哲学文化也都有各自的族群文化联系,并形成了相应的共性与个性。还有一些其他语族的民族,例如:属于满—通古斯语族的锡伯族、鄂温克族,属于南亚语系孟—高棉语族的佤族、德昂族、布朗族等民族,属于印度尼西亚语族的高山族;属于印欧语系塔吉克语族的塔吉克族,属于俄罗斯语族的俄罗斯族等,也都有相类的哲学文化发生学特征。

哲学作为对宇宙、社会、人生的终极关怀,宇宙、社会、人生的本源、存在、发展过程及规律,宇宙、社会、人生的价值、功能及其意义,在哲学那里,既是对象化的,又是民族或族群主体性的,是哲学主体在宇宙中、在社会上、在人生的体验或经验中的问题追问与解释。这一点在中国少数民族哲学的早期形态中表现得非常明显。屈原的《天问》、各少数民族的盘歌等在探索这些问题时,都以"问答"的形式存在,即提供了很好的例证。大致来说,中国各少数民族可分为苗蛮集团、羌戎集团、通古斯集团、伊斯兰信仰集团等,这些不同的族群集团是在不同的历史时期形成的,各自的生存样态与生存体验既相类似又有不同,因而在哲学探索上同中有异、异中有同,以至于现在还可据此划分出不同的"哲学"集团。当然这并不否认各民族仍然坚持自己特殊的观念体系、问题类型、思维方法、探索进路,从而形成了不同的哲学情感与哲学体验。正是在这个意义上,我们说"中国少数民族哲学",是指中国少数民族的千姿百态的哲学及其传统,而不是去找一个普遍的哲学;是承认所有民族、所有哲学家的哲学形态、问题、提问方式、话语系统、思想体系、承载样态等都是特殊的、个性化的。也正是在这个意义上,我们大可不必以西方或中国某个或某些"哲学家"说中国、说中国少数民族没有哲学而放弃对中国或中国少数民族哲学的探索。

"但凡思考宇宙、人生诸大问题,追求大智慧的,都属于哲学的范畴。关于人在宇宙中的地位、人的尊严与价值、人的安身立命之道,等等,都是哲学的题中应有之义。"[1]在中国少数民族哲学的思考中,特别是在中国少数民族哲学的早期形态中,这样的思考都是为着人类自身而存在的,宇宙的本源与样态是因"人"而改变的,因而需要一种合适的"天人合一"的人,从而推动"人"的进化,这就是中国各少数民族的神话、传说、史诗"哲学"思考的核心,是那一时代"时代精神"的精华。为了完成这种进程,出现了追求大智慧的人类英雄,他们都特别强调"知识"的重要性,这甚至成了中国少数民族哲学的一种传统,因而各少数民族在文化上具有充分的开放性,以至于现在的各少数民族文化之间虽然界限分明,但却也似曾相识。如果不是有充分的情感与体验,是很难理解中国少数民族哲学的这种精神气质的[2]。从这个意义上说,按照康德式哲学的宇宙性、学院式划分,那中国少数民族哲学无疑都是宇宙性的,与中国传统哲学的儒家精神一致,这或许也是中国少数民族哲学在后来崇儒的原因之一。

---

① 郭齐勇:《中国哲学史》,高等教育出版社,2006,导言,第 1 页。

② 萧洪恩:《哲学的经验与情感:从黑格尔那里寻求中国少数民族哲学的合法性》,《武汉科技大学学报(社会科学版)》2011 年第 4 期,第 434—442 页。

在中国少数民族哲学的自性上如此，但这却并不否认中国少数民族哲学的开放性，即对周边"先进"文化的吸收，特别是对中域文化的吸收。这一点，几乎在所有少数民族的文化中都能发现，在已经进入阶级社会，具有形成期哲学思想发展的民族那里更是如此。我们仅以儒学为例即可证明。目前，学界已证明少数民族哲学与儒学的关系是"互相吸收"，"双向的"，"相通、相济、相助"，儒学易于为众多民族所接受，对这些民族哲学的形成、发展有着重要的促进作用。而兄弟民族对儒学也有积极的影响，其思想家对儒学思想的阐发，则丰富了儒学的思想内容，从东汉以后各少数民族地区地方政权的统治者，乃至元、清两代帝王，习汉文、尊孔崇儒，则促进了儒学的发展①。这种现象诚如本杰明·史华慈在《古代中国的思想世界》中所说："超越了语言、历史和文化以及福柯所说'话语'障碍的比较思想研究是可能的。这种信念相信：人类经验共有同一个世界。"②

二、中国少数民族哲学形成期的问题意识③

中国少数民族哲学作为中国哲学的一部分，既在思维方式、话语系统、问题意识等方面有别于以汉语、汉族哲学为主体的目前之"中国哲学传统"，也有别于西方哲学传统，而且各民族哲学内部也有很大的差异。但是，三者之间也有"哲学"的共性，即作为意义世界的哲学，探索人生终极意义、人生价值理念与境界，并回答相关的世界终极问题。不过应特别强调的是，这些问题基本上是从哲学萌芽期即已形成并传承下来，而在形成期凝聚成哲学共识的。

（一）本体论问题

在哲学自身的提问方式方面，本体论的提问是宇宙怎么来的、人类

---

① 钟少哲：《中国少数民族文化与哲学全国学术讨论会综述》，《孔子研究》1995 年第 3 期，第 125—128 页、第 59 页。
② 本杰明·史华慈：《古代中国的思想世界》，程钢译、刘东校，江苏人民出版社，2004，第 12 页。
③ 本小节多多参阅佟德富、宝贵贞：《中国少数民族哲学专题研究》，中央民族大学出版社，2006。

怎么来的、宇宙如何构成、人类如何进步等问题。中国少数民族哲学从起源到形成，产生了丰富的自然哲学与相关的起源论、构成论、进化论、完善论，并据此确立人在宇宙中的位置及其终极意义。

在演化论方面，相较于西方，中国少数民族由于民族文化的多元性，既有与西方文化同源同宗的宗教信仰，信仰将一元外在超越的上帝、纯粹精神、不变的实体作为宇宙的创造者。例如：回族哲学与信仰基督教的民族哲学，在人与神、此岸与彼岸、灵魂与肉体、身体与心灵等方面显示出强烈的宗教情结；但又在哲学上舍弃了其自然与超自然、心与物、精神与物质、主体与客体、价值与事实、理性与情感等方面的二元划分，体现了"中国哲学传统"的统一性。其他的少数民族则与"中国哲学传统"保持着巨大的一致性，其间虽然有神创宇宙论的族群提出了形形色色的神创说，但在总体取向上坚持的是宇宙生成论，并坚持"中国哲学传统"所不具备的构成论，在总体精神上又同样具有"中国哲学传统"主流的自然生机主义的倾向，如苗族的生成哲学等，肯定世界是自己产生出来的。中国少数民族哲学中的宇宙生成论，如阿昌族的宇宙混沌未开时白光生万物思想，壮族的石本原思想，德昂族的茶叶本原思想，彝族与水族的混沌说，瑶族、侗族、傣族、苗族、彝族的云雾说（大雾说、烟雾说、雾罩说、雾露说等），布依族和彝族的清浊二气说，等等，在这里，根本没有凌驾于世界之上、之外的造物主或上帝。从哲学发生学的角度说，"一个民族的物质生产实践方式与这个民族的生存环境密切相关。人类最初之实践活动的客观条件并不是劳动的产物，而是自然界本身。彼时，人的活动对环境条件直接依赖性很强。从理论上说，环境条件作为人的活动的基本因素的差异，决定了人的活动方式和活动内容的差异，亦导致地域性文化传统的逐渐萌芽。"[1]而在人类起源与进化方面，虽然同样有形形色色的神创说，但在总体精神上却是生成说。例如：在动物变人说中包括彝族的"猴子变成人"说、纳西族的"猴子和人本是一个宗族的后裔"说、鄂

---

[1] 朱炳祥：《土家族文化的发生学阐释》，中央民族大学出版社，1999，第9页。

伦春族的天神用飞禽造人说、傈僳族的天神木布帕用泥土捏一对猴子再由猴子繁衍人类说、苗族的龙变人说，此外，苗族、水族、彝族等还有人兽是兄弟的说法；卵生说中包括侗族的龟婆孵蛋说、纳西族的人脱胎于卵的猜测、藏族的卵生说，以及苗族的蝴蝶妈妈生 12 个蛋的传说，等等；植物变人说中包括树变人说和葫芦变人说两类；非生命物质变人说中包括瑶族的浮云生盘古、盘古生万物说，壮族的气（或石头）生天、地、海等最终经过一个过程而生人说，苗族的雾罩生泥变成天地万物及蝴蝶妈妈生人类说，傣族的烟雾、气团、狂风和水生成英叭神从而生天地万物和人类说，德昂族的"茶叶是阿祖"说，阿昌族的混沌生白光继生天公地母并再生人类说，等等。一句话，这些少数民族的起源观点完全与环境相关，显示了人在宇宙中的位置，并根据这种位置探寻人类自身发展的动力。

在变化观方面，中国少数民族通过进化论的提问方式确认自己的地位，关注人的终极意义。中国少数民族神话差不多都有这方面的体现，例如：土家族话语系统下的"初劫人"与"二劫人"的进化序列；彝族诗史《查姆》中提出人类经历了"独眼睛时代""直眼睛时代""横眼睛时代"三个时代；彝族诗史《阿细的先基》认为人类社会经历了"蚂蚁瞎子那一代""蚂蚱直眼睛代""蟋蟀横眼睛代"和"筷子横眼睛代"四个时代；傣族哲学著作《寨神勐神》[①]中提出傣族产生后经历了"篾桓蚌"（竹虫集中）、狩猎时代、农耕和定居时代等三个发展时期；佤族《司岗里传说》同样阐明数代人的历史进化过程……这些进化论思想突出的是在进化中人类自身的能力提升，这种能力即人类利用与和谐自然的能力。这种思想与中国哲学"气的哲学"相似而区别于西方原子论哲学，强调宇宙与人的连续性存在，强调宇宙即人类自己创造自己、变动不居、永恒运动、生机无限，因而能提示各民族之永恒的生存（成）信念。

在结构论方面，中国少数民族哲学从"生态友好"的层面提出问题，对天、地、人、物、我之间的相互感通、动态和谐、整体圆融提出解释，突出

---

① 参见祜巴勐:《论傣族诗歌》，岩温扁编译，中国民间文学出版社，1981。

人是自然的一部分,强调尽管人有智慧,但也不能超越。这方面最典型的是彝族史诗《勒俄特依》的雪族说,该学说声称:"天上降下桐树来,霉烂三年后,起了三股雾,升到天空中,降下三场红雪来,降在地面上……结冰成骨头,下雪成肌肉,吹风来做气,下雨来做血,星星做眼珠,变成雪族的种类。雪族子孙十二种,有血的六种,无血的六种。"其中,无血的六种是:草、木树、杉树、毕子(水劲草)、铁灯草、勒洪(藤子);有血的六种是:蛙、蛇、鹰、熊、猴、人。① 既然是同源共宗,相互的矛盾关系即好处理。正是在这个意义上,人与天地万物是一个整体,天人、物我、主客、身心之间,人与超自然、人与自然、人与他人、人与内在自我之间都是统一的。如果不在中国少数民族生活的特殊环境中体验,是很难理解这些深刻思想的。而这些思想又在总体精神上符合了整个中国哲学的传统,体现了中国哲学文化的多元一体格局。

（二）知识论问题

在中国少数民族哲学中,"知识"是人确立在宇宙中位置的关键要素。《彝族古歌·天地论》可以说是一篇知识专论,其中论述了知识对于人类的必然性、必要性,这篇古歌说道:"远古的时候,人们无知识。人们有智慧,人人造知识,后来有知识。远古的时候,未造知识时,天地分不清,万物难起名,人类无分晓。人们造知识,先从影开始,影升天下明。先从地开始,地形万物生。""天未生之时,地未产之时。知识也没有,什么也不分,什么也不明。""苏纳那戛里,他来传知识……要不是这样,天君难分天,地君难分地。君臣无知识,万物不能论。这样论好后,君臣有知识。""天地分两层,天地两层分。天地的根源,不说人不知。说来有道理,人类要知识。有了知识后,能分天和地,分明日和月,说到这里止。""地下的知识,慢慢就产生。知识产生后,慢慢识万物。雾罩和雾根,慢慢来认清。知识传遍地。"这篇古歌还强调知识使世界变得美好,说道:

① 中央民族学院少数民族古籍整理出版及规划领导小组办公室编印:《中国少数民族神话汇编·人类起源篇》,内部资料,1984,第114—117页。

"美好的知识,传入天地间。天地传知识,知识愈美好。""知识生在此,百花开遍山。""大地知识大,大地知识美。大地产知识,知识壮大地。"它还说知识使人的心灵变得美好,说道:"红雁落大地,心与灵最美。心灵成知识,心灵是一对。心灵知识来,知识如鲜花,鲜花遍地开。遍地开鲜花,美呀美大地,繁荣是知识。"当然知识也是逐渐演变而来的,它说道:"清气和浊气,清浊是一对。二者又在变,它变成万物。变来天地间。有的变成风,有的变雾罩。有的变知识,有的变心灵。美化着大地。雁毛来做笔,红石来当墨。"这篇古歌也强调了知识具有巨大的力量,它说道:"知识传世间,知识传大地。知识九山聚,知识掌君权,知识明大地。师来管知识,繁荣在九山。九山又下传,传遍大地间。代代用知识,一切知识记。知识记九山,它是这样的。"[1]其他民族中,水族《古双歌》也论说了,人造出来以后,解决了吃穿问题接着是解决"知识"的问题,其中说道:"造得穿,也造得吃。有穿了,还不识字。有吃了,还没知识。官和王,要谁来当。仙开路,天师下来。出孔圣,才定律法。大的教,小的认字。咱们吃,靠书圣来,教人读书。"[2]

可以看出,知识的历史、功能、价值与意义等,说到底就是使世界美的工具。由于中国少数民族的多元性,特别是中国少数民族哲学的多元性,在"知识论"方面也显得同样的多元。一种观点肯定人生能知而无知,说明人本身是无知的,但却具有知的能力,如清代蒙古族思想家哈斯宝认为人的认识能力是天赋的,"凡是生在世上的生灵都具有一知。知是天赋的,所以无伪。"[3]彝族毕摩认为"人生一口气,有气有智慧。天地有万物,智者是人类"[4]。再有一种观点认为人必须学习才能获得知识,如彝族《指路经》说:"人要学三次。从小要学好,全凭父母教。长大成人

① 中央民族学院少数民族古籍整理出版及规划领导小组办公室编印:《中国少数民族神话汇编·开天辟地篇》,内部资料,1984,第102—153页。
② 中央民族学院少数民族古籍整理出版及规划领导小组办公室编印:《中国少数民族神话汇编·开天辟地篇》,内部资料,1984,第300页。
③ 哈斯宝:《新译红楼梦》回批,亦邻真译,内蒙古人民出版社,1979,第19页。
④《赊蒄榷濮叙祖白》,朱琚元、张兴等翻译,云南民族出版社,1987,第4页。

时,要受官来教。老来学一次,死后鬼来教,海荣(毕摩)来指导。"另有观点主张"思想来自眼见和感觉",如《论傣族诗歌》强调"眼见和感觉是思想的基础","思想是语言的基础"①;或主张"眼有所见,心有所知",如彝族哲学著作《宇宙人文论》强调"眼睛看到的,心里有印象,鼻子嗅到的,能辨出气味来。运用心思,可以寻求到知识……不这样做就不好,做了才符合并掌握天地之气的自然规律。"②还有观点认为人的知识通过智慧而成,如维吾尔族的古代思想家法拉比在其《论智慧》中说:"人通过智慧而形成知识,通过感官而获得感性形象。在感官的帮助下而产生形象思维。"③

应该特别强调的是,由于中国少数民族的特殊社会发展阶段,情感、经验等在中国少数民族知识论中具有重要地位。如达斡尔族叙事诗《乌春》对四季的变化与庄稼生长之规律的经验,瑶族《十二月节气歌》④根据季节变化规律指导农事活动,土家族《摆手歌》中造船的过程与经验积累等都提供了不少这方面的证据。但这并不否认学习、读书等获得知识的途径,如哈斯宝说:"不学弹琴便不能和弦,不学做诗便不能和韵。"他还强调"只有去蔽,才能致知"。其他民族的经验,如蒙古族的《巴拉根仓的故事》、维吾尔族的《阿凡提的故事》、傣族的《朱腊波提的故事》等都提供了这方面的佐证。不过,即使强调情感、经验,却并不是要感情用事,如由傣族格言、训条汇集而成的《嘎里罗嘎里坦》即提出不要感情用事,做到制怒和谨慎,"不应发怒的不发怒,不该做的事不去做,不管是平民百姓还是有知识的人,都应该避免,即使是一勐之主,而且管理着成千上万的臣民,有时也会因一件小事而发怒,有时不假思索就讲出去,致使失去

---

① 祜巴勐:《论傣族诗歌》,岩温扁译,中国民间文学出版社,1981。
② 罗国义:《宇宙人文论》,陈英翻译,民族出版社,1984,第96页。
③ 海如拉也夫:《法拉比的时代和学术》,塔什干,1975年俄文版,转引自肖万源、伍雄武、阿不都秀库尔主编《中国少数民族哲学史》,安徽人民出版社,1992,第941页。
④ 肖万源、伍雄武、阿不都秀库尔主编:《中国少数民族哲学史》,安徽人民出版社,1992,第142页。

臣民"。① 为此,需要注意的是:"耳闻了还必须用眼去看,眼看了还必须用脑去思考,只有思考好了才能用嘴讲出去。"②在一定程度上说,这也就是"学与思并用",像晚清满族思想家奕䜣(1833—1898)所说:"心者身之主也,心之所司以思为职,生知之圣不思而得,非人所能企及。至于学者,由学而入,思则得之,不思则不得也。故学与思不可偏废也。"

正是由于强调经验、情感,因而在知行关系上即特别重视知在能行,如作为满族先人的女真思想家完颜雍所说:"今之学者,既能诵文,必须行之,然知而不能行者,多矣。苟不能行,诵之何益。"③其必然结果即是"言行相符,毕竟行重"。在这方面,清朝康熙皇帝玄烨不仅强调"凡事必须亲历乃知","习焉而后知也"④,还强调"凡事皆如此,必亲见亲历始得确实。若闻之他人,或书中偶见,即据以为言,必贻于有识之人矣。"⑤而且强调"言行相符,毕竟行重","凡人读书,宜身体力行,空言无益也。"⑥再强调知需要通过行来检验"必亲履其境,然后知之"⑦。

同样基于情感、体验等,所以强调"学要得宜",如乾隆时代的满族思想家永增(1745—1768)强调"人之心智""由生质之有定",所以"宜在涵养之得宜","养之以善,则心地光明;养之以恶,则志气昏愦。故明则日近于阳,昏则日近于阴,此皆养之有素也。若今日近于善而明日返于恶,此养之不得其宜。而阴胜于阳,其智岂能不锢哉。"⑧

当然,在知识论方面,中国少数民族还有不少的受宗教影响的认知

---

①《中国贝叶经全集》编辑委员会:《中国贝叶经全集》第 10 卷《创始史 嘎里罗嘎里坦 佛教格言》,人民出版社,2008,第 283 页。

②《中国贝叶经全集》编辑委员会:《中国贝叶经全集》第 10 卷《创始史 嘎里罗嘎里坦 佛教格言》,人民出版社,2008,第 283 页。

③《金史》卷七,第 163 页。

④《清圣祖实录》卷一一四,《康熙御制文集》第一集,卷一,第 21 页。

⑤《庭训格言》。

⑥《康熙起居注》,第一册。

⑦《康熙御制文集》第四集,卷 26、卷 28。

⑧ 肖万源、伍雄武、阿不都秀库尔主编:《中国少数民族哲学史》,安徽人民出版社,1992,第 724 页。

观,如回族哲学中的一些观点等,这些认知理论同样显示出人在宇宙中的位置及其终极意义。

（三）人际论问题

人与人的关系即人际关系,其中涉及多种层面的关系,如父子、夫妇、兄弟、姊妹、朋友、亲友等。人际关系的本质是社会如何维系。对此,中国各少数民族作出了不同的思考,就社会如何可能的问题阐明了自己的人际关系之思。

早在原始社会,由于氏族生存的需要与个人生存的需要具有直接同一性,因而同劳动、讲互助、匀分配的原始道德观成为普遍规范,人们以民族生存为最高原则,强调氏族内部的凝聚力和团结,"同氏族的人必须相互援助、保护,特别是在受到外族人伤害时,要帮助报仇。"[1]水族民间故事《潘公金与阳歌井》、苗族古歌《开天辟地》、哈尼族迁徙史诗《哈尼阿培聪坡坡》、蒙古族《蒙古秘史》、土家族《梯玛歌》,等等,几乎所有中国少数民族反映原始社会面貌的文献,都会有这方面的体现。其基本依据是氏族的利益高于一切,要求兼让、和谐与友谊至上,赞勤斥懒等,在民间流传有很多类似《懒汉变忙人》《戒懒汉》《懒人做活路》等民谣和故事,充分体现了这样的文化精神。其他如苗族古歌《开天辟地》、纳西族东巴经《崇搬图》等,都在这方面提供了充分的佐证。因此,在原始社会,"它的全体成员都是自由人,都有相互保卫自由的义务,在个人权利方面平等,不论酋长和军事首领都不能要求任何优越权;他们是血族关系结合起来的同胞。自由、平等、博爱,虽然从来没有表达为公式,却是氏族的根本原则,而氏族又是整个社会制度的单位,是有组织的……社会的基础。"[2]

进入阶级社会以后,形成了中国少数民族之广泛的人际关系规范,有些规范与中域文化的规范基本一致,如重礼、讲义、守信、孝亲,这些规范并不能简单地说是中域文化规范的复制,而应看成是有相互影响的一

---

① 《马克思恩格斯选集》第 4 卷,人民出版社,1995,第 85 页。
② 《马克思恩格斯选集》第 4 卷,人民出版社,1995,第 87 页。

面,但更多的可能应是各民族的自我体验。蒙古族的"五箭训子故事"与土家族的"一把筷子的故事"在主题精神上同出一辙——强调团结的重要性;"人靠礼,桶靠箍","人们要有礼,牲畜要有圈","有理走遍天下,无理寸步难行"等谚语,已很难说是哪个民族的谚语,诸如此类。因此,我们有必要说人际关系中的终极问题,实质上是社会何以可能的问题,而这一问题又是各民族人民心同此理的。

从衡量人际关系的标准方面,不同社会的不同发展阶段有不同的表现,但在进入阶级社会以后,中国少数民族之质朴的善恶观已明显地与其他民族文化的善恶观互渗,如儒家的善恶观、宗教善恶观等,但同时也有中国少数民族自己的善恶观上的特点,如明代白族学者艾自新、艾自修兄弟"以孔子为师,以颜、曾、思、孟为友",著《希圣录》《家教录》《励志十条》《敬字三簿》《治心四说》《家范四则》等,即体现出一种明显的互渗。清末云南回民领袖儒士杜文秀,"效法三皇,志继唐虞",同样可证。为此,学界认为:"中国各少数民族在长期历史发展中,在各自的地域和各自的文化背景下形成了自己的传统的伦理道德规范和善恶观。在各民族的善恶观中有一个共同点,就是主张修德、行善,反对行恶、缺德。'行善便是仙童请,行恶便是大鬼拿','积善得过钢桥上,积恶无修沉下江。'他们把热爱劳动、勤劳俭朴、诚实坦率、热情忠厚、信守诺言、孝敬父母、尊老爱幼、正直无私、乐于助人、同情贫弱、重义轻利等行为视为善或作为善的道德准则;把自私懒惰、贪得无厌、出卖朋友、忘恩负义、妒贤嫉能、欺长鄙幼、损人利己、偷盗抢劫、说谎行骗、自私自利等行为视为恶并予以唾弃。"[①]

为了维系社会团结,中国各少数民族通过民谣、故事、箴言、格言、谚语等,在民间广泛传颂相应规范,如 13 世纪流传下来的格言集《智慧的钥匙》即十分典型。此外,在民约、乡规与法典中也都有规定相应的内容,如南方一些民族地区的《乡规碑》《安民碑》《乡约碑》,成吉思汗大扎

---

① 佟德富、宝贵贞:《中国少数民族哲学专题研究》,中央民族大学出版社,2006,第 306 页。

撒法、《卫拉特法典》和苗族"榔规"、《西双版纳封建法规和礼仪规程》等，都有这方面的内容。同时还形成了一批中国少数民族的相关著作，如布依族的《黄氏宗谱》中的《祖训八条》、侗族的《款词》、壮族的《传扬诗》、藏族的《礼仪问答写卷》等。

（四）人神论问题

人神论问题或者说人与神的关系问题，应是一个宗教问题，但却同样是人的终极意义问题。"任何神话都是用想象和借助想象以征服自然力，支配自然力，把自然力加以形象化；因而，随着这些自然力之实际上被支配，神话也就消失了。"①从这段话中可以看出，人神关系实际上反映的是人在宇宙中的实际地位，"把自然力加以形象化"，实际上也"就是已经通过人民的幻想用一种不自觉的艺术方式加工过的自然和社会形式本身"②；显示人们"用想象和借助想象以征服自然力、支配自然力"的精神。问题在于"这些自然力"被支配以后，又有新的"那些自然力"会出现而未被支配，因而宗教、神等将会不断出现。于是我们在科学昌明的社会看到了"上帝的报复"，因为自启蒙运动以来，科学的兴起似乎成了宗教衰亡的宿命，可是结果却是当理性主义和实用主义还在为一定程度上消除了构成现存宗教核心的迷信、神话、非理性和宗教仪式而欢呼时，吉利斯·凯伯尔所称的"上帝的报复"却遍及了所有大陆、所有文明③，基督教（包括东正教）、犹太教、伊斯兰教、印度教、佛教都掀起了信奉、传播教义和举行仪式的新浪潮，原始宗教也在一定程度上得到了某种复兴。从根本上说，"自然力之实际上被支配"提供了这一问题的终极解释。

正是由于这一问题，因而在中国少数民族的人神关系上，有神与无神、人与神的关系等成了一种十分重要的终极问题。原始宗教当然是有神论的，但原始宗教中却同时有无神论思想的萌芽，神的存在意味着"人

①《马克思恩格斯选集》第 2 卷，人民出版社，1995，第 29 页。
②《马克思恩格斯选集》第 2 卷，人民出版社，1995，第 29 页。
③ 塞缪尔·亨廷顿：《文明的冲突与世界秩序的重建》，周琪等译，新华出版社，1998，第 93 页。

首先依赖于自然"①。"自然界起初是作为一种完全异己的,有无限威力和不可制服的力量与人们对立的,人们同自然界的关系完全像动物同自然界的关系一样,人们就像牲畜一样慑服于自然界"②。但是,随着"自然力之实际上被支配",又会萌芽无神论思想。所以,"古代一切宗教都是自发的部落宗教和后来的民族宗教,它们从各民族的社会和政治条件中产生,并和它们一起生长。"③这种情形在中国少数民族先民提出的物质本原说和宇宙模式论中、在关于人类起源说的动物变人或植物变人思想中,甚至在神创论中都存在。不用说在自然崇拜中存在,就是在图腾崇拜中也同样存在,而最突出的则是英雄史诗中表现的英雄崇拜,如哈尼族的创世史诗《奥色米色》《哈尼阿培聪坡坡》,佤族的创世史诗《司岗里》,拉祜族的《牡帕密帕》,阿昌族的《遮帕麻和遮米麻》,瑶族的《密洛陀》,布依族的《古谢经》《柔番沃番钱》,傣族的《巴塔麻嘎捧尚罗》,彝族史诗《查姆》《梅葛》《阿细的先基》《勒俄特依》,藏族和蒙古族的《格萨尔》(《格斯尔》),蒙古族的《江格尔》,柯尔克孜族的《玛纳斯》《英雄托西吐克》《库尔曼别克》,维吾尔族的《乌古斯传》,哈萨克族的《英雄托斯提克》《阿勒帕米斯》《阔布兰德》,乌孜别克族的《阿勒帕米西》,等等,都"是这样一种历史事件的理想化的表现,这种历史事件必须有全民族参与其间,它和民族的宗教、道德和政治生活融在一起,并对民族的命运有着重大的影响"④。

由于"自然力之实际上被支配"是一个永恒的过程,因而人与神的关系也永远会相伴而生。在中国少数民族哲学发展中则形成了一种特殊的文化景观:宗教无神论。笔者曾就土家族的《还坛神》作有专论——

---

① 《马克思恩格斯全集》第 27 卷,人民出版社,1975,第 63 页。

② 《马克思恩格斯选集》第 1 卷,人民出版社,1995,第 81—82 页。

③ 《马克思恩格斯全集》第 19 卷,人民出版社,1963,第 333 页。

④ 维沙里昂·格利戈列维奇·别林斯基:《别林斯基论文学》,梁真译,新文艺出版社,1958,第 197 页。

"还坛神"无神①，强调对神与人的关系，人们的争论是曲折而复杂的。"还坛神"为我们提供了理解这一关系的实例，即"还坛神"无神（典型的原始宗教无神论）。一方面，"还坛神"中的神的作用局限于证明、沟通等人的作用上，神的品行局限于人的世俗化上；另一方面，人的作用是巨大的，甚至超越神的。综观整个"还坛神"过程，驳倒的是天国——神的世界，论证的是人间真实——人的无穷力量。应该说，这种变化过程体现的正好是"自然力之实际上被支配"的过程。中国少数民族哲学中的人定胜天思想，如拉祜族的神话《扎努扎别》，蒙古族的英雄史诗《罕哈冉贵》和《可爱的哈尔》《江格尔》《史集》等都有这方面的思想。有的甚至直接反天命鬼神，如侗族的《琵琶歌》，明代白族思想家杨士云的《花甸水洞》《旱》《月食》，满族政治家奕䜣与蒙古思想家罗布桑却丹等也都有这方面的思想。

同样，对于与灵魂不灭等观念相应的否定论，实际上也体现出这一过程。毫无疑问，在中国少数民族中认为存在灵魂的民族极为广泛。例如：傈僳族的"杀魂"习俗，佤族把灵魂称为"破"并有"叫魂"和"驱鬼"习俗，拉祜族的精灵（"尼"），阿昌族的"赞灵"，傣族的81种"招魂"法及《招魂词》，苗族的多魂信仰，彝族的灵魂主宰思想，以及蒙古族、满族、藏族、维吾尔族、土家族等民族也都有各具特色的灵魂信仰和祭祈灵魂的仪式与习俗。但同样也有否定论存在。例如：傣族的《引路经》、苗族的民间歌谣、壮族思想家郑献甫的观点、土家族的《背鬼》等即属不信灵魂不死之说的否定论。至于对鬼神的怀疑和否定，则有苗族《焚巾曲》《走客歌》《打魔鬼》《竹筒巫师》《算命如神》《几抄狗动，几嘟哩绱》《找脑壳》《贵法老师和大头鬼》，等等，在整个西南民族地区流行的《干鱼庙》故事则更为典型，"去时野鸡吊，回来干鱼庙，不是神灵显，两个钱发闹"。诸如此类，不一而足。

---

① 参见萧洪恩：《论"还坛神"无神——"还坛神"的神人关系问题试说》，《湖北民族学院学报（哲学社会科学版）》1996年第3期，第43—46页、第72页。

其他的如反卜筮、风水的思想，不仅在民间，而且在知识精英、哲学英雄那里也得到反映，如壮族民谣《讲多二尺布够我做条裤》《坐糍粑》《驴子蛋》《松谷克忍的故事》等中即有此类思想。近代壮族文人黎申产（生卒年不详）的《乞禁女巫呈吴风楼明府用韩昌黎〈合江亭〉诗韵》、白族思想家高奣映的《禁邪巫惑众议》、清代宜山人兰景章的《地理辨》等，则属文化精神与哲学英雄之思。至于其他的与宗教相关的一些思想认知，则取专文论述，此处不作申论。

（五）政治论问题

政治是阶级社会特有的现象。按照马克思主义的理解，政治的实质是阶级关系，政治的核心是国家政权，政治的根源是经济，政治的活动是艺术。作为哲学问题，政治哲学是为解决现实社会最迫切问题而形成的应用哲学层次，同样对于人来说具有终极意义。

中国各少数民族在进入阶级社会以后，同样形成了自己的政治哲学之思，其基本的前提是如何看社会，并由此建构自己的理想社会。例如：壮族《传扬诗》提出了"虽说同种又同宗，为何有富又有穷"的尖锐问题；苗族提出"为打官家而议榔，为打官兵而议榔"①；布依族认识到："官家对百姓压榨多了，百姓就要起来反抗"；侗族在《苦歌》中控诉"乡长吃人肉，保长吃人骨，甲长逼百姓，百姓没活路"②；壮族《传扬诗》还强调"百思不解理何在，举旗造反上京城"③……一句话，这反映少数民族对现实不平社会的控诉与反抗。

传统社会是一个农耕社会，"耕者有其田"是农民典型的理想，因而"打倒大户来分田"成了反抗的目的诉求。近代侗族思想家姜映芳（一作"应芳"，1833—1862）的认知即是，他在民歌《姜映芳歌》中尖锐地问道：

① 《民间文学资料》第14集，内部资料，中国作家协会贵阳分会筹委会编印，1959，第169—172页。
② 《侗族文学资料》第1集，内部资料，贵州省文联民研会编印，1984，第7页。
③ 肖万源、伍雄武、阿不都秀库尔主编：《中国少数民族哲学史》，安徽人民出版社，1992，第546页。

"天柱地方坝子宽,土肥水足米粮川。侗家为何吃不饱,财主盘算没有完。"①后来他领导了农民起义。苗族农民领袖张秀眉领导起义时,同样要建立一个人人有耕田、没有官僚和徭役的平等社会。在壮族《传扬诗》中,政治上人人平等,人伦关系上友爱互助,在经济上"须以上补下,搭配才公平"。维吾尔族思想家法拉比提出以人为核心的联合、互助的文明道德的社会;优素甫·哈斯·哈吉甫以人文主义观点为指导,在《福乐智慧》中专辟一章《贤明论·国君应具备的条件》,要求"国君以知识引导黎民,国君以智慧处理国事"②,认为国君"莫危害庶黎,要造福于民,要品德优良,要剪除坏人","须推行良法,保护黎民"。白族思想家李元阳强调统治者应"其扶吾民也,若慈母之于赤子,先其意于赤子之所不能言,而予为吾民图"③,并且是民族平等和民族团结的社会,"万里边氓,亦国家之赤子",因而"不谋利,不记功,吏之事也","吏而政事,皆一诚之所为"④。回族思想家杜文秀不仅主张"驱逐鞑虏,恢复中华",而且"祖述于唐尧虞舜","效法于汉祖明宗","遥奉太平天国南京之号召,革命满清","救劫救民"等;在经济方面他还主张发展生产,"轻徭薄赋","出民水火";在民族关系方面主张各民族"出入相友,守望相助"。

理想社会可以通过革命实现,也可以通过改革实现,所以有改革论者。如"一代之制者"忽必烈"遵用汉法""祖述通变",他认识到"帝中国当行中国事",坚持"以儒治国,以佛治心",对不同地方"因其俗而柔其人",以"实现和平、幸福之道"为己任,"新弘远之规,祖述通变","务施实德"……忽必烈成为一代圣帝名王。金熙宗完颜亶以儒治国,强调"太平之世,当尚文物,自古致治,皆由是也"⑤。元代回族思想家赛典赤·瞻思丁提出"因俗利导,抚以威惠"的社会思想,成为一名在中国历史上卓有

---

① 贵州省文联民研会编印:《侗族文学资料》第1集,内部资料,1984,第235页。
② 优素甫·哈斯·哈吉甫:《福乐智慧》,郝关中等译,民族出版社,1986,第257页。
③ 李元阳撰:《李中溪全集》卷六,云南图书绘刻本,1913。
④ 李元阳撰:《李中溪全集》卷七《送方伯左使狮冈陈公述职序》。
⑤《金史》卷四,第77页。

声誉的少数民族政治家。白族思想家张耀曾(1884—1938)以全球性现代化眼光看问题,认识到"世界进步,一泻千里。不进则退,不奋不起。保守迟疑,沦亡难免。绝影而驰,庶几不远"①的社会趋势,提出"物竞酷烈,势强者胜"的社会法则,落实到"强弱存亡,责任在己"和"不奋不起"的实践认知,倡导"改良图强"为"万事之根本也","今日而策救亡,亦唯改良思想之一法而已"。近现代白族思想家赵式铭(1873—1942)同样以世界的眼光来观中国:"莽乾坤是一大的舞台,是强的生杀予夺随安排,是劣的奴隶牛马也应该。"②"直到今日之下,地方被人占了,权利被人夺了,人民被人欺侮了,再要听天,再要安命,那洋人就要搬进屋里了。""当国家多事日,切磋砥砺,莫作支那熟睡人"!

在中国历史上,一些少数民族领袖曾是某一地区的统治者,也有的曾统一过全中国,从而形成了自己的帝王政治之思。布依族史诗《柔番沃番钱》③中已出现了"王"的概念和"王权"思想,并把地上的王和天上的神联系起来,"国王'兴'啊! 在天上,恩德播四方,恩德撒四面"。而且认为"上天"为最高主宰神。彝族古代哲学著作《训书》,汉译为《宇宙源流》,共八章,其中第四章治国之道强调"君民一体"和"修德"治国的原则,"后世的君王,谁要掌好权令呢,(要坚守)君民一体的原则。没有仁圣之君,不能理好民事;没有贤良之民,不能守好君墓。君主能施春露之恩,民奴就蒙受嘉禾之运。君之譬如人身的元首,民奴则是手足四肢,身首四肢不可分离;若是分离呢,人体就变成残废啦。""君长要万世掌权呢,应以治国为首要……用善政能治理国土,施恩义可奠定基业。有贤明的人居官治理,恶人也会远避(而不敢触犯科律)。君权不巩固,修德就巩固了;君民不相悦,修德就相悦了。只有修德才能使上天感应,远民归依……要知机审势,良机不可失。(当民奴们)苦难深重的时候,如溺

---

① 《〈云南杂志〉发刊词》,载中国科学院历史研究所第三所编《云南杂志选辑》,科学出版社,1958,第1页。
② 赵衍荪:《〈丽江白话报〉简介》,《玉龙山》1981年第2期。
③ 《柔番沃番钱》,意译为《赎买福种和钱根》,是布依族著名史诗。

于水中,如焚在火里,如何不施仁政呢?"①

　　清朝的奠基者努尔哈赤和皇太极即认为"天佑"有德者为王,努尔哈赤坚信"为恶者天谴之,其国衰败;为善者天佑之,其国炽昌。总之,主宰在天"②。皇太极强调:"皇天无亲,善者培之,否则倾之。"据此,他要求"行善道","体天心","天下者非一人之天下,唯有德者能居之,亦唯有德者可称为天子。今朕蒙天佑为国主,岂敢遂为天之子,为天所亲乎。倘不行善道,不体天心,天厌朕躬,更择为德之人,君主是国"。③ 在这个前提下,他强调了"不论国之大小,只论理之是非"的治国原则。

　　上述原则不仅体现在国家治理上,而且也体现在民族发展上。清代蒙古族思想家尹湛纳希即提出了"承天启运"的民族自生思想,为此,他用"天裔之族,以诚配天"的理论来反对"印藏蒙同源"说,认为蒙古族"基业"是"应天命而生"的成吉思汗经过"讨还父仇,征战四方","降服四色五夷"而创建的"一统天下";他用"天无二日,地无二主"的英雄史观突出了成吉思汗"上与圣天同尊,下与乞丐共坐"的长生天"派到人间的圣主"地位,由此得到的生成原则即是"顺之则留,逆之则亡"的"天道"观。其实,这一思想也是蒙古族的思想传统,《蒙古秘史》卷一第 21 节中的"感光生子"故事,成吉思汗天力论思想的汗权天授、代天行职、恭行天罚、得天赞助等都有所反映,在一定程度上说这也是蒙古族哲学的自性与自信。不过,这却如恩格斯所说:"一切宗教都不过是支配着人们日常生活的外部力量在人们头脑中的幻想的反映,在这种反映中,人间力量采取了超人间力量的形式。"④

　　从本质上看,政治统治的核心关系是君民关系,一些少数民族思想家对此也有认识。满族思想家奕䜣提出"天道有所不足,人补救之,气化之衰也,戕人生者为天下害,惑人心者尤为天下害,天不能使害之不作,

---

① 以上引文均引自王天玺:《宇宙源流论:彝族古代哲学》,云南人民出版社,1999。
② 《太祖实录》卷 6。
③ 《清太宗全传》,《华夷录》,天聪九年五月。
④ 恩格斯:《反杜林论》,人民出版社,1970,第 311 页。

而有人焉，出而拯之。三代以上，功在帝国；三代以下，功在圣贤"①。于是他强调："治国家者，其经邦也恃有权，其行政也，恃有人，不有治人，何有治法乎？"②在此基础上更进一步强调"君与民一体"，"足国必先足民"，"天生民而树之君使司牧之，君与民一体也，足国必先足民"。③"君以民为本。治安之道，安天下之民而已……国之所以废兴盛衰者于民觇之。故曰：民为邦本。"④白族思想家李元阳提出了具有边疆民族特色的民本思想："夫黎元者，国之元气也。"⑤"其抚吾民也，若慈母之于赤子。"⑥"一民之饥犹己饥之，一民之寒犹己寒之。"⑦"以不忍人之心，行不忍人之政，则仁覆天下矣。"⑧"万里边氓，亦国家之赤子"。白族思想家高𡸁映则强调："岁者，民之天。民者，国之体……侧知先岁而后民，先民乃及君，诚为得理也。"⑨蒙古族思想家裕谦（1793—1841）更要求"欲求保民，必先课吏"；"治民之道，教民为先"；"兵民协力"。清康熙帝玄烨则强调"人事未尽，天道难知"，"人事尽而天理见"⑩。因而"人君唯敬修其德，以与天意相感"，"居官之善与不善，到任不过数日，人即知之。故曰：天视我民视，天听我民听，民意即天意也。"⑪在此基础上，玄烨显示出了充分的自信："天地者，生民之本也。教养者，王道之原也。圣人者，功化之极也。民非天何以生，非地何以养。然天地能生养民，而不能入督其孝弟，户赐以衣食也。唯圣人出而节民之性，阜民之财，然后长幼得遂其宜，出入得安其命。故曰：天地育万物，而圣人经天地，然其道要不越于教养。"⑫

① 《乐道堂文钞》卷一《孟子之功不禹下论》。
② 《乐道堂文钞》卷二《为政以人才为先论》。
③ 《乐道堂文钞》卷三《有若请专行靶法论》。
④ 《乐道堂文钞》卷四《文王视民如伤论》。
⑤ 《李中溪全集》卷七《寿国堂记》。
⑥ 《李中溪全集》卷七《迎郡尊丹崖先生考满复任序》。
⑦ 《李中溪全集》卷五《赠王通守序》。
⑧ 《李中溪全集》卷七《迎郡尊丹崖先生庄考满复任序》。
⑨ 高𡸁映《迪孙》《知体》，芮增瑞校注，云南人民出版社，2006。
⑩ 《庭训格言》。
⑪ 《九朝圣训》卷四六。
⑫ 《御制文集》第一集，卷二十一。

三、中国少数民族哲学形成期的思维方式

思维方式被认为是对民族的文化和历史发展产生过深远影响的文化基因,因而是世界上每个民族都具有的自己特殊的历史文化形式之一。作为各民族心里底层结构的一种外在表现,思维方式同时是民族特殊性的重要标志。虽然目前丕很难对思维方式下一个准确的定义,但却不能否认在各民族的历史发展中确实存在着一种长久地、稳定地、普遍地起作用的思维习惯。作为思维习惯,思维方式决定了人们对待事物的审视趋向,因而会渗透到科学、道德、宗教、艺术、法律、哲学等各个不同的精神领域,贯穿于政治、经济、外交、生产以及一切日常生活的实践活动之中,因而它不是哪一个人、哪一个学派、哪一个阶级的,而是全民族共有而普遍地起作用的。正因如此,思维方式有特强的继承性、恒常性、渗透性。从这个意义上说,思维方式也同时是该民族的方法论。"由于哲学包含较多的方法论内容,所以哲学与思维方式有更为紧密的联系。一个民族的哲学,往往更充分更强烈地体现民族的思维方式,但是哲学显然并不等于思维方式。哲学有自己特殊的对象和内容。"①

自 19 世纪以来,学界已对东方与西方、中国与欧洲的思维方式作过充分的比较,形成了一系列的成果,特别是对中国传统思维方式的研究成果更是丰富,仅 20 世纪 80 年代以来的成果就特别多。例如:陈志良论中国传统思维方式的基本特点②、郑晓江对中国古代思考原则的现代反思③、吾敬东质疑中国传统思维混沌说④、刘国荣谈中国传统思维方式

① 刘长林:《中国系统思维:文化基因探视》(修订本),社会科学文献出版社,2008,第 1 页。
② 陈志良:《论中国传统思维方式的基本特点》,《社会科学战线》1992 年第 1 期,第 74—81 页。
③ 郑晓江:《中国古代思考原则的现代反思》,《南昌大学学报(人文社会科学版)》1989 年第 1 期,第 1—6 页。
④ 吾敬东:《中国传统思维浑沌说质疑》,《上海师范大学学报(哲学社会科学版)》1991 年第 3 期,第 74—75 页。

及其阻滞力①、李志林论中国传统思维方式的两重性及变革的艰巨性②、王虹与刘英谈中国传统思维方式的现代化改造③、李宗桂略议中国传统思维方式④、李明华论中国传统思维方式的致思倾向、思维特征和思维格局⑤、李英姿等论中国传统思维方式与西方思维方式的差异⑥、郭宁试论中国传统思维方式的成就与不足⑦，等等。

中国少数民族思维方式也曾得到研究，如韦启光浅论贵州少数民族传统思维方式⑧。不过更多的研究成果则是在 20 世纪 90 年代以后出现。例如：鲁燕生论少数民族美术的创新与思维方式的改变⑨、周俊华论纳西族先民思维方式的主要特点⑩，等等。像周俊华即在文中认为纳西族惯用类比的思维特征，有经验主义的思维特征及辩证的思维倾向，善于借助、依托具体形象来把握事物的抽象属性，并具有原始的系统思维特征等。此外，还有相关专著对此有所反映，如笔者的《土家族仪典文化哲学研究》⑪就特别强调了思维方式意义。根据笔者所见，思维方式在本质上即是观察与思考思维对象的格，它可以体现在不同的层面，朱伯崑

① 刘国荣：《中国传统思维方式及其阻滞力》，《青海民族大学学报（社会科学版）》1986 年第 4 期，第 35—40 页。
② 李志林：《论中国传统思维方式的两重性及变革的艰巨性》，《哲学研究》1989 年第 7 期，第 20—27 页。
③ 王虹、刘英：《中国传统思维方式的现代化改造》，《世纪桥》2008 年第 3 期，第 141—142 页。
④ 李宗桂：《中国传统思维方式略议》，《四川师范大学学报（社会科学版）》1989 年第 1 期，第 27—32 页、第 37 页。
⑤ 李明华：《中国传统思维方式的致思倾向、思维特征和思维格局》，《湖北社会科学》1988 年第 9 期，第 57—61 页。
⑥ 李英姿等：《中国传统思维方式与西方思维方式的差异》，《中共山西省委党校学报》1992 年第 5 期，第 19—22 页。
⑦ 郭宁：《试论中国传统思维方式的成就与不足》，《实事求是》1990 年第 4 期，第 47—50 页。
⑧ 韦启光：《贵州少数民族传统思维方式浅论》，《贵州民族研究》1990 年第 3 期，第 16—22 页、第30 页。
⑨ 鲁燕生：《少数民族美术的创新与思维方式的改变》，《中央民族大学学报（哲学社会科学版）》2001 年第 6 期，第 83—84 页。
⑩ 周俊华：《论纳西族先民思维方式的主要特点》，《云南社会科学》2004 年第 1 期，第 88—90 页。
⑪ 参见萧洪恩：《土家族仪典文化哲学研究》，中央民族大学出版社，2002。

即认为"有形式逻辑思维,如演绎思维、类推思维、形式化思维;有辩证思维,如整体思维、变易思维、阴阳互补思维、和谐与均衡思维;有直观思维,如模拟思维、功能思维;有形象思维,如意象合一、象数合一等"①。取象运数的象数思维模式则是《易经》思想的一个显著特征和主要构成②。笔者曾专门研究《易纬》的思维模式,在《易传》等先辈思想的基础上,比较全面而系统地论述了以"象、数"为中心,以明"道"、释"理"为目的的较为典型的象数思维模式③。

就中国少数民族哲学来说,"发生"与"物变"思想是起基础作用的基本思维方式,并由此而形成具有进化之思的思维方式,它反映的是事物内在的历史关系,如各民族的多种多样的关于宇宙的本原、万物的起始以及人类来源的思想,就是一个永恒的"发生"思想;这种思想与"寻根"意思结合起来,就形成了"万物在动中生"的思想,如彝族史诗《查姆》即强调:"万物在动中生,万物在动中演变。不动嘛不生,不动嘛不长。这就是天地的起始,这就是万物的来源。"④这一思想的必然结论即是"物变"思想和"无常"观念,像瑶族先民的《十二月节气歌》,彝族史诗《查姆》的人类社会三时代划分及《阿细的先基》的四时代划分,《蒙古风俗鉴》中的"宇宙变化之道:日落则星出,四时变化之理,按日月累计为年。政局安定则和平……和平和幸福达到极点就要生乱;而乱世达到极点则又回到和平与安宁的状态。文明之邦并非不出恶人,乱世之中也并非不出圣贤……凡败事者,都是在时运较佳时倚仗有财有勇,一时高兴而为,其事必无成就,冰冻三尺,非一日之寒。成事全在于自始至终的周全安排……如今,世界上的人都在往更开化的方向发展变化",等等。这一思想强调的是变化,因为变化,所以"无常"。如维吾尔族思想家优素甫·

---

① 朱伯崑:《易学哲学史》上,昆仑出版社,2005,第3页。
② 倪南:《论〈周易〉的象数图示结构》,《南京师大学报(社会科学版)》2001年第4期,第66—70页、第137页。
③ 参见萧洪恩:《易纬文化揭秘》,中国书店,2008。
④《查姆》,郭思久、陶学良整理,云南人民出版社,1981,第14页。

哈斯·哈吉甫在《福乐智慧》中强调的"幸福无常如流水,这宇宙在转动永不会停止","人们说我的缺点是无常,他们逢人便讲。无常对我来说不算缺点,我喜欢说更新。一切旧物都十分可怜,可怜的东西则令人讨厌"。蒙古族则提出了"邀尔其朗"(宇宙)概念,其中"邀尔其"是动词词根,具有"旋转""循环""旋回"之意;"朗"是词尾,属构词附加成分,如将其附加在动词词根上,就构成了一个专用名词,表示"永久的、规律性的整体"之意。其他的少数民族哲学文献,如《蒙古秘史》、彝族史诗《勒俄特依》及《宇宙人文论》等也都坚持了这一思维方式。正因为变化的永恒性,因而各少数民族能因时而动,甚至呈现出哲学文化发展的历史跳跃性。

在事物之间的关系上,"相分相配"与"阴阳合而生万物"思想是对中国少数民族起核心作用的基本思维方式之一,并由此而形成事物联系的思维模式,它反映的是事物之间的历史关系。例如:水族古歌《花妮配》中的"匹配成对"思想,"开天地,有个花妮养育了她的儿女。自从她生下我们,将万物匹配成对"。①彝族史诗《阿细的先基》中的"相分相配"繁衍万物的思想,"要想造嘛,山就要分雌雄,树就要分雌雄,石头就要分雌雄,草就要分雌雄。不分出雌雄来嘛,就不能造人……"彝族史诗《梅葛》中的观点,"天有天的规:白云嫁黑云,月亮嫁太阳,天嫁给地,男女相配,人间才成对。""没有不相配的树木花草,没有不相配的鸟兽虫鱼,没有不相配的人;样样东西都相配,地上的东西才不绝"②,等等。这些思想被认为是一种辩证的矛盾观,在《西南彝志》中表现得十分明显。另外,还有布依族鸡卦书《社洛介》中有 130 余图,其卦词中关于敌与我、进与退、主人与奴隶、凶与吉等成对的矛盾概念;纳西族的《崇搬图》中提出男女、天地、洛神(阳神)色神(阴神)"会唱合";彝族的《玛姆特依》(意译为《教育经典》)强调事物双双对应的"星云两面合,日月两面交","仲牟之子孙,

①《民间文学资料》第 45 集,贵州省民族文物委员会、中国民间文艺研究会贵州分会编印,1981,第 315 页。花妮:意为天母,是牙巫之另一称呼。
②《梅葛》,云南人民出版社,1960,第 123 页。

君王无困难。不苦也不实,知德差,政事乖,丑行观,力促露,君王遇到就要苦。天地变化了,冰雹加猛雨;彝蜀(汉)逼近,淑女带枷锁;与仇敌逼近,养子难见亲戚①,等等。这种思想还被少数民族的学者深化。如:白族思想家高奣映认为"阴阳、劲静、五行、万物、精粗、本来皆发明太极",是"无形无象"的原生本体,"太极而生阳,阳动极而静,静极而生阴。"②并强调矛盾双方的相互依存和相互转化,"消而息生焉,息而盈持焉;盈而则虚,虚用息,而息以生盈则归消,而消因息而渐至于盈,其漩之神若发机,其环之远若转轮。""静极复动,动极复静;循环无端,流动不穷"③,"故损者益之几,益者损之著也"④。回族思想家王岱舆为论证"真主独一"和解决"二元忠诚"问题,提出"忠于真主,更忠于君父,方为正道",巧妙地解决了一与多的矛盾。满族思想家永增提出"事有相形而宜见其优,乃相较而反见其细"⑤;强调"朴诚以践道","不敢舍实而务虚"等。元代蒙古族哲学家保巴在《易源奥义》和《周易原旨》中对于自然界的"一而二,二而一"的深刻理解,他提出:"一分为二,在天则有阴阳焉;在地则有刚柔焉。二者可以相有而不可以相无。要其归则一而二,二而一则也。"⑥……这些观点应该说都反映了对事物结构关系的辩证认知。

　　不过,这里要强调的是,对事物结构关系的辩证认知,在中国少数民族哲学中还有另一种思路,这就是"苗族生成哲学"所体现的"一分为三"的认识,并由此形成了一个中国少数民族哲学的特殊形式,反映出中国少数民族的特殊的世界观与方法论,并与宇宙三界说呈现相依关系。在这里,苗族以自己的特殊方式论述了事物生成、结构及相互关系,在《事物生成共源根》一书中,苗族先民提出了独具特色的"三位一体"生成论,即:"万事万物同一理,万物生成共源根,头号重要搜媚若,第二是各薄港

①《教育经典》,岭光电译,中央民族学院语言研究所彝族历史文献编译室编印。
②《太极明辨》卷十。
③《太极明辨》卷二。
④《迪孙》《勿亢》。
⑤《四不如辩》。
⑥《周易原旨》卷八。

搜,第三是玛汝务翠,三样缺一不得生。"这里生成事物的第一要素"搜媚若",是指"事物生成之能量",苗族先民认为,"能量"是"事物生成的性能高度发挥的综合产物,是物质固有的特点的表现";生成事物的第二要素"各薄港搜",是指"事物生成之物质基础",是事物"能量产生之源泉";生成事物的第三要素"玛汝务翠",是指"事物生成的良好结构",是由生成事物的物质基础合理组织所构成的,是事物生成的能量和物质基础的"联合体","它对事物的生成变化能起到客观的决定作用。"总之,一切事物都是"三位一体"的产物,其中"能量""是事物的生成形态,又是事物生成之原动力";生成事物之"物质基础"是"事物生成之基础,是事物的物质形态";生成事物的"良好结构""是事物的组合形态,是事物生成的客观决定因素"。"能量""物质基础"和"良好结构"三者辩证统一生成一切事物,由"三位一体"的宇宙生成论进而发展为"一分为三"的宇宙发展观。苗族先民认为,"事物主于能量,基于物质,宣于良好结构","生成相资、生成相制、生成相征和相夺",是构成事物三大要素之间关系的表现形式和关系之基础,也是事物发展的内在动力。三者相资、相制、相征、相夺的结果是"优劣相斗有胜负,生成难全古到今,增多变好无穷尽,人类前途最光明"[①]。这就是说三者相资、相制、相征、相夺的结果是胜负、生成难全、生成增多变好,永无止境。

在人与事物的对象性关系上,中国少数民族哲学同样坚持了具体事物具体分析的思维方式。例如:苗族理词说"一种鱼是一种鳞,一种鸟是一种毛,一种汤出一种味";"一桩纠纷是一样古理";等等。藏族《萨迦格言》中则更普遍地认为"山和水、马和牛、木柴和火焰、宝石和石头、男子汉和妇女等,虽然同类,优劣各异",因而"对一方有利的事情,对另一方可能有害;当月亮出来的时候,睡莲开花,荷花却闭敛。对某些人有利的事情,对别人就不一定适用;蒜头治风寒有疗效,对胆病来说就有毒性。"所以,作为方法论,"无论做什么事情,都要考虑到利弊。""马车不能在水

---

① 吴荣臻总主编:《苗族通史》5,民族出版社,2007,第382页。

里走动,船舶怎么在陆地上航行。""对狡猾者要狡猾,对老实人要老实,对动摇者要坚定,这是过去的遗训。"藏族的《四部医典》则在这方面提出并体现了具体分析具体情况的九种特殊的治疗原则……总之,人类与事物的对象性关系是具体的。

系统思维方式作为中国传统哲学思维方式,同样在中国少数民族哲学中得到了深刻体现,"天人合一""心物合一"等在中国少数民族哲学中虽然没有明确的提法,但却具有明确的思想。其他如此要素方面的系统思想,则普遍地存在于中国少数民族哲学中,如宋代壮族人民起义领袖侬智高在建立与发展"大历国"过程中,把军事与政治结合起来,以军事手段实现政治目的;在对外关系中,一面抗击交趾,一面请求内附宋廷,通商互市,共同抗击交趾侵略,并在未达目标时说:"今吾既得罪于交趾,中国又不我纳,无所容,止有反耳!"①他还在战争中特别强调重视士气在战争中的作用,重视情报与麻痹战术等,都显示出明显的系统思维。古代壮族土司中最强大的岑氏编制的岑家兵法,明人邝露在《赤雅》中说:"岑氏兵法,一人为伍,每伍自相为命。四人专主击刺,三人专主割首,所获首级七人共之,割首之人,虽有熠护之责,但能奋杀向前,不必武艺绝伦也。"显然也是一种系统思维指导下的用兵结构。至于成吉思汗,"深沉而有大略,用兵如神",也全赖于其系统思维,如他以联合为主,利用矛盾,各个击破;实施远交近攻战略,先取四周,孤立敌国,最后夺取敌人心脏;他以敌制敌,以"聚"攻"散",甚至坚持无后方作战等。

在中国传统科学中,最充分显示中国系统思维特色的肯定要算医学了。中医学具有十分完整而且庞大的理论体系,是至今仍然屹立于世界科学之林并被越来越多的世人所承认的传统学科。传统的系统思维对于说明系统性极强极明显的人体有着特殊的优越性,有力地推动了医学的发展。中国古代哲学以生命的观点研究宇宙系统的发生与演化,对系统性原则有着相当深刻的理解,从本质上说是一种生命哲学,因而对医

---

① 司马光:《涑水记闻》。

学产生了巨大影响,同时也从医学生理学中吸取了许多思想资料。这就是为什么在所有传统的自然学科中,中医学与哲学的关系最为紧密的原因①。这一点,在中国少数民族医学中也同样得到了体现,如8世纪初著名藏医学家宇妥宁玛·元丹贡布(708—?)的杰作——藏医名著《四部医典》强调,人体是一个包括三大要素、七种物质基础、三大排泄物的有机体,"疾病、体质、排泄物,体态正常身健在,体态失常生病患。病有朗、赤和培根;维命、上行及遍布,助火、清下诸风窜;消食色泽多变化。令草、令眼、令明颜,肝胆湿热及赤巴;恃、嚼、味、足、满五种。糜液、血、肉和脂肪,骨骼再加髓和精,人身体质七要素。秽物汁有粪尿汗,叶子数至二十五片。人体还有味能行,要与二五相协调,调则全身得发育,不调诸损把病招。"②因而在医治过程中必须通过"问诊、望诊、触诊"以看出本质。"诊断法问为先,此乃听觉所及说为诠","问诊察病其术在耳境,何症何因何处又何往,特别病因病点表象全。病因病人病点之门槛,表象乃是病类区分点"③。"望诊用眼查舌尿","目境形量与颜色,特别舌与尿情要查诊。此乃视线所及察病源"④,触诊则"男诊左脉女诊右脉。首先病人左手医师右,寸脉之下心与小肠主,关脉之下脾与胃腑求,尺脉之下左肾三焦诊,病人右手医师左手看,寸下肺与大肠关肝胆,尺下可诊右肾和膀腕"⑤。在上述基础上对症下药,"养病诊治有善方,食行药诊有四桩"。⑥"特殊医理共计分九种:未识起疑信心不足症,如猫隐伏捕鼠试摸索;得以识病信心又充足,譬之山顶插旗直接治;未得良策就想执病路,其治犹如驯服野马般。前治病症过于低超反,治法鱼鹞捕鱼骤然间;实症药器食行共四法,犹如狭路逢仇可擒拿。虚症行食药器顺序反,犹如登梯自下依次攀。单疾治如勇士降敌顽,如是无损于他合为治。二合聚合平调

---

① 刘长林:《中国系统思维:文化基因探视》(修订本),社会科学文献出版社,2008,第225页。
② 宇妥宁玛·元丹贡布:《四部医典》,李永年译,人民卫生出版社,1983,第8页。
③ 宇妥宁玛·元丹贡布:《四部医典》,李永年译,人民卫生出版社,1983,第67页。
④ 宇妥宁玛·元丹贡布:《四部医典》,李永年译,人民卫生出版社,1983,第10、67页。
⑤ 宇妥宁玛·元丹贡布:《四部医典》,李永年译,人民卫生出版社,1983,第404页。
⑥ 宇妥宁玛·元丹贡布:《四部医典》,李永年译,人民卫生出版社,1983,第11页。

善施治,主为克生紊乱平调之。诸般均将体等十法系,牛驮羊驮视情各相宜。"①其实,不仅《四部医典》,其他少数民族医学理论,如蒙医三要素论和五行说,傣医"四塔"理论与"五蕴"范畴,土家医学与苗家医学,等等,都坚持的是系统思维。

第三节　中国少数民族哲学的思想渊源

探讨中国少数民族哲学的思想渊源,与切实把握中华民族的多源一体格局有相因关系。据统计,在中国统一多民族国家的大家庭中,经过国家确认的除汉族外还有5 个少数民族,除此之外,尚有等待识别民族成分的西藏夏尔巴人,四川西番人、白马藏人、云南苦聪人、克木人、鲜刀人,广东临高人,等等。由于长期的历史发展,这些民族或族群,共同形成了"中华民族多元一体格局",正如1988年费孝通在香港中文大学发表讲演时所说:"我将把中华民族这个词用来指现在中国疆域里具有民族认同的11亿人民。它所包括的50多个民族单位是多元,中华民族是一体,它们虽则都称为'民族',但层次不同。"②

"中华民族多元一体格局"深刻地影响着中国少数民族哲学的起源、形成与发展。正是在"中华民族多元一体格局"形成的过程中,各民族都吸收和融合了其他兄弟民族的思想和文化,形成了富有民族特色的多元文化。但是,这并不否认中国少数民族的思想文化对中华民族文化的整体认同性。作为思想和文化精华的哲学当然也不例外。

一、民族传统的拓展

中国少数民族哲学的民族传统是与中国各少数民族的历史发展紧密联系的。在"中华民族多元一体格局"中,除汉族等少数几个民族有较

---

① 宇妥宁玛·元丹贡布:《四部医典》,李永年译,人民卫生出版社,1983,第71页。
② 费孝通等:《中华民族多元一体格局》,中央民族大学出版社,1989,第1页。

为完整的历史经历走过了马克思主义经典作家所认为几种典型的历史形态外(包括原始社会、奴隶社会、封建社会、资本主义社会),各少数民族的历史发展都具有自己的独特经历,其中一部分民族大体走完了上述自然历史过程,但在经历的时间长短及所处的历史时期方面呈现特色;一部分民族不仅没有走完或经历上述完整的历史发展阶段,而且其内部因居住环境等因素而呈现出严重的发展不平衡状态,使一个民族的不同族群同时处于不同的社会发展阶段上,有的民族甚至直到中华人民共和国成立前仍处于原始社会末期或向奴隶社会过渡阶段,"存在着浓厚的原始公社制的残余"[1],有的则保留着较为典型的奴隶制或存在着封建农奴制……

中国少数民族社会历史发展的不平衡性表明中国各民族在中华人民共和国成立前的社会经济情况,就是一部活生生的、丰富的社会发展史,并存在着从原始公社制到近代资本主义的各种经济形态[2]。从哲学文化研究的角度说,中国少数民族历史发展的独特性决定了中国少数民族哲学之思发展的独特性,从而形成了中国哲学的多元特色。在一定程度上说,中国少数民族哲学的思想渊源之一,正来源于中国少数民族自身民族传统的拓展。比如,由于社会历史发展的相对落后性,使得中国少数民族文化中保留了大量的神话、史诗,像彝族的《梅葛》《尼苏夺节》《希木鸟鸟图》,佤族的《司岗里》,等等,其中的"哲学萌芽"通过不同时代、不同历史发展阶段的不断添加、加工,形成了带有浓厚神话色彩的、丰富的原始宇宙生成论、原始宇宙演化观。这些极为原始的哲学之思,不仅成为中国少数民族哲学的一大特色,而且也在一定程度上铸就了各民族的哲学文化精神,如土家族神话、史诗中的非倒退史观、趋中心化趋势、尚力传统等,直到现在还深刻影响着土家族的民族精神。研究表明,许多少数民族的哲学之思都是在神话、史诗、传说基础上形成了具有民族特点的传统哲学,像蒙古族哲学的"天力"论,彝族哲学的"清浊二气"

---

① 刘光照、韦世民:《民族文史论集》,民族出版社,1985,第4页。
② 李维汉:《中国各少数民族和民族关系》,载国家民族事务委员会政策研究室编:《中国民族关系史论文集》,民族出版社,1982,第110页。

说，傣族哲学的"气体、烟雾、狂风"说，等等。因此，我们可以证明，由于神话的思维方法是想象与联想，其思维目标是解释现实中的矛盾，其中包括对宇宙、对人类的终极解答；其思维的依据就像现代科学相信宇宙秩序一样，来自对对象世界存在秩序的坚信。因此，神话中的"哲学"之思就是后世哲学文化的基因，它为哲学的产生提供了丰富的思想资料，中国哲学史上的阴阳五行学说、八卦起源学说等可以作为例证加以阐释。除此之外，古代神话思维的特点在一定程度上也影响了后世哲学的特点。中国古代神话在一定程度上说，形成了后世哲学的人伦中心观，如土家族的神话，在一定程度上反映了土家族哲学的达观向上的精神取向。至于说最初的哲学，往往不能脱离神话表达方式的襁褓，即柏拉图所谓："对于这个对象，很难表达出来，因此就要用神话来表达。"[1]所以，黑格尔也曾强调，对于哲学研究来说，"思维的精神必须寻求那潜伏在神话里面的内容、思想和哲学原则。""说那些哲理的内容没有潜伏在神话中，却未免有些可笑。民间的宗教及神话，无论表面上如何简单和笨拙，作为理性的产物，无疑地它们同真正的艺术一样包含有思想、普遍的原则、真理"。[2]　正是基于对历史上的神话研究的综论，苏联学者叶·莫·梅列金斯基认为"神话具有这样一种特性，即将一般的概念体现于具体的、可感的形式，即本身的形象性……最古老的神话，作为某种浑融的统一体……孕育着宗教和最古老的哲学观念的胚胎"[3]。

从中国少数民族哲学之思对民族文化传统的拓展来看，一是表现在具有本原意义的哲学之思上，即在接受相应的新哲学之思前，其原始宇宙观将世界形成、万物产生、人类来源看作一个由某种原初物质或其他什么东西不断演化、相继产生的渐进过程，其中包括人本身的形成也有

---

① 黑格尔：《哲学史讲演录》第 1 卷，贺麟、王太庆译，生活·读书·新知三联书店，1956，第170 页。

② 黑格尔：《哲学史讲演录》第 1 卷，贺麟、王太庆译，生活·读书·新知三联书店，1956，第81 页。

③ 叶·莫·梅列金斯基：《神话的诗学》，魏庆征译，商务印书馆，1990，第 2 页。

一个渐进的过程,像纳西族《崇搬图》中的"人类原始说"即认为人一开始并非真正的人,经过不断完善,直到第十代才被看成是真正的人,从而成为人类的祖先。在中国少数民族哲学发展史上,关于宇宙本原及宇宙模式的猜测,对天地万物产生的朴素认识,对人类起源的种种猜测,原始崇拜中宇宙有机联系的思想,"动中生"与"相分相配"的流变观念,以及原始的理想国和太平社会的思想等,无不孕含在这一早期哲学之中①。二是表现在根源于少数民族的日常生活、经济状况、社会制度、思维方式、自然环境,以及性格气质等方面的鲜明民族特色之中。如蒙古族的"天、佛、汗"合一论,"天力"论反映了草原般的粗犷与深沉的蒙古族特点;回族的"以儒诠经""伊儒互补"的哲学体现了回族形成、发展的特点;"雾罩""雾露""云彩""茶叶""卵生""瓜生人""猴子变人"等自然与人类起源说,都无不同各少数民族生存的环境及各民族自身的特性有关,特别是与少数民族的农业和畜牧经济有关。三是形成了具有民族特色的哲学流派及大批成熟的哲学家,如苯教哲学、东巴(达巴)教哲学、佛教哲学、伊斯兰教哲学,等等。

二、民族文化的交融

各民族之间的相互交往,并不只是一般意义上的人际交流行为,而是由此形成一种趋势、一种标准、一种思维方式。一方面,交往一旦形成,就会成为一种习惯,一种各民族无所逃离的历史发展过程,以至于可以用"被卷入"来加以形容,像西域各民族与华夏民族的交流、长江流域诸民族的交流等都可以此来加以说明。另一方面,通过这种民族交流,使人们获得了一种标准,即选择相应的"先进"生活,从而形成"用夏变夷"或"学乎夷狄"的文化风貌。最后,基于上述两个方面,使人们形成一种思维方式,即在多种交往中实现文化选择。如 15 世纪以后,直至 19 世纪中叶,无论是从中域正史记载还是土家族聚居地区的方志记载,都

---

① 佟德富:《中国少数民族哲学概论》,中央民族大学出版社,1997,第 5 页。

可看到土家族由中华民族历史边缘走向文明中心的历史。土家族思想界对民族关系的理忘省思都有一个主题,即土汉关系,问题的内涵则是中心与边缘、文明与野蛮、先进与落后的差异性,其具体表现形式则是见诸不同历史时期的相关标识之词,如承认汉土有别的"汉土界限""汉土各别""汉土攸分""汉土之界限愈益分明",等等①,其隐喻的终极诉求则是民族的强盛化、文化的中心化、社会的文明化。因此,现存于十分偏远之地的利川市鱼木寨上的建筑石刻就有言:"纵学不得程夫子道学齐鸣,也要学宋状元联科及第;再不能够,也要学苏学士文章并美,天下听知。"②从中就不难看出当时土家族的趋中心化信念是多么强烈。这种强烈性表明了一种学习"先进"的信念。在这方面,北魏孝文帝改革、蒙元入主中原后的崇儒与习用汉法、清朝满族的习用汉族文化等都可以作为证明。

从总体上看,中国各少数民族及其与汉族的交往与所引发的哲学之变可以划分为三个阶段。第一阶段是趋中心化的文化认同,这是华夷之辨的核心。其时代可以划定为从远古开始直至春秋战国时代,部分少数民族的时代限定则有相当的伸缩性。这一阶段的基本标志是华夏族的形成以及由华夏文明为核心、四夷五方(东夷、西戎、南蛮、北狄、中华夏)相互关联为基本格局的"中华民族多元一体格局"在萌芽期的发展,这一时期,我们通观土家族先民鹖冠子的思想,即可发现其书《鹖冠子》反映的正好是一名土家族知识分子从边夷之地进入中域文化视域后的综合文化选择。作为边夷之地的一名"隐"或"士",鹖冠子有一段关于贤人处乱世的讨论,即恰好与土家族先民对于中域文化及自身生成的基本态度。趋中心化及综合取舍自认为比较先进的文化成果,从鹖冠子关于自己文化总纲的《学问》篇即可看出这一点。其他许多少数民族,因自己历史发展的进程各不相同,很难用一个统一的历史尺度来界定。但也不容否认,各少数民族都有趋中心化的历史发展阶段。

---

① 参见鄂西土家族苗族自治州民族事务委员会编:《鄂西少数民族史料辑录》,内部资料,1986。
② 谭宗派:《鱼木寨研究》,国际文化出版公司,2001,第24页。

第二阶段是华夏衣冠诉求的族体认同,这是寻祖于华夏共祖认知的结果及其所反映的思想。这一阶段大约从秦汉到隋唐的 1000 多年,部分少数民族的历史进程同样具有相当的伸缩性。在这一阶段上,秦汉统一的历史事实与《史记》等历史文献提供了一个中华民族的共祖史观,促成了中华各民族多元一体格局的基本形成。这一时期形成的中华各民族生活疆域的丰富性与多元性既提供了各民族特色形成的地理基础,也提供了各民族经济生活的优势互补、相互依存的整体性条件;同时,除魏晋南北朝和五代十国时期的短暂分裂外,统一多民族国家提供了强有力的文化交流的政治历史条件,宏观的文化交流与融合包括了众多少数民族的文化,如匈奴、鲜卑、突厥等民族的文化,甚至外域文化,如印度或西域的佛教文化也发展为中华文化的一部分。微观的、中观的民族文化交流与融合则在现今的各少数民族聚居地区逐渐形成了"中华民族多元一体格局"的大杂居而小聚居情况,并发生了丰富的哲学文化交流,正是由于各民族之间的长期相互交流、相互学习、相互影响,从而发生了各民族哲学之思的相互吸收与融合。纳西族"精威五行"说,原始的"青蛙八卦";彝族的"人体气凝成,由五行决定,取法于天地"的思想;白族本主崇拜中本主的复杂成分;等等,这些都能明显地看出各民族哲学思想的影响①。据专家学者考证,不少这类的文化影响都是在这一时期发生的。这一阶段的重要思维成果是现今仍然保留在中国少数民族神话中的中华民族多元共祖神话及百家姓来源的传说故事,相关的汉史文献对归化的记载也可说明。

第三阶段是多元一体格局的形成,并促成现代民族、国家认同。这一阶段应是宋元明清时期的大约 1000 年,其中大的文化交流融合事件既包括少数民族入主中原而成为统治民族或主导民族,推动各民族文化交流与融合,如辽、西夏、金、元、清等政权的建立,特别是元和清两个全国性统一政权的建立,极大地调整了中国各民族之间的文化关系;又包

---

① 佟德富:《中国少数民族哲学概论》,中央民族大学出版社,1997,第 5 页。

括在中华民族多元一体格局中,汉族主体地位进一步加强,蒙古族、藏族、维吾尔族、回族、土家族等各民族内聚力进一步增强,逐渐成为中华民族大家庭中的确定性成员。正是在此基础上,逐渐形成了具有近现代民族国家意义上的中华民族及其各民族成员。如1903年梁启超在《政治学大家伯伦知理之学说》一文中即有了某种明确认知:"吾中国言民族主义者,当于小民族主义之外,更倡大民族主义。小民族主义者何? 汉族对于国内他族是也。大民族主义者何? 合国内本部属部之诸民族对于国外他族是也。"梁启超又说:应当"合汉、合满、合蒙、合回、合苗、合藏组成一大民族"。1906年他又在《历史上中国民族之观察》一文中始用"中华民族"一词:"现今之中华民族自始本非一族,实由多数民族混合而成"。此后,孙中山在《中华民国临时大总统宣言书》中庄严宣告:"国家之本,在于人民。合汉、满、蒙、回、藏诸地为一国,合汉、满、蒙、回、藏诸族为一人——是曰民族之统一。"①

　　"中华民族多元一体格局"形成的过程为各兄弟民族间的相互影响和吸收提供了广阔的条件,如纳西族和藏族,彝族和白族,德昂族、布朗族和傣族等之间的哲学文化的相互影响即十分明显。这不仅表现在中国各少数民族之间,而且还表现在各少数民族与汉族间,甚至还表现在中华民族与世界上其他各民族之间。在中华各民族内部,由于各种历史原因,各民族间的发展呈现出极大的不平衡性,如有的民族长期从事原始农业经济,沿用刀耕火种、广种薄收的原始耕作方式。南方的土家族、瑶族、畲族、苗族、黎族、高山族、傈僳族、彝族、纳西族、阿昌族、景颇族、普米族、独龙族等山地民族,历史上都长期从事刀耕火种的经济生产。这样的经济状况当然对其思想文化状态有所制约。与此相对,汉族的哲学文化虽然也受到各少数民族哲学文化的影响,但相对而言,无论是在资料的取材、概念的使用、思想的吸收等方面,汉族的哲学文化之思更多地影响了各少数民族的哲学文化,如天命观、气一元论、阴阳五行说、太

---

① 孙中山:《孙中山选集》,人民出版社,1981,第90页。

极说、儒学、理学、心学、老庄思想等方面都可在中国少数民族哲学文化中找到印迹。据研究,这种影响既有民族全体意义上的,又有哲学家个体意义上的,像白族的李元阳、高奣映等,满族的玄烨、阿克敦等,回族的海瑞、李贽、王岱舆等,蒙古族的保巴、忽必烈等,壮族的刘定逌、郑献甫等,土家族的鹖冠子、向警予、赵世炎等也都如此。"总之,由于中国各民族居住环境与民族的多源多流,各民族的迁徙杂居与相互融合,经济文化上的相互交融,以及各民族发展的不平衡性,就决定了每个民族都既保留有本民族特色浓厚的哲学思想,又有受汉族和周边民族影响的部分,至于保留的多与少,要视各民族形成与发展的历史而定,要具体分析,不可一概而论。"[①]

三、宗教思想的渗透

"哲学最初在意识的宗教形式中形成。"[②]研究中国少数民族哲学,不得不关注其宗教根源。我们这里所说的宗教,既包括人为宗教,也包括原始宗教。从理论上说,人为宗教中隐含有丰富的哲理性,如宇宙生成论、哲学本体论等,像佛教的"本无空"论、"毕竟空"论、"一切法皆自性空"论,伊斯兰教的"真一、数一、体一"论,等等,都可以作为证明。原始宗教中则有丰富的哲学思维萌芽。

其一,少数民族哲学思想有不少直接来源于原始宗教意识。前面提到中国各民族由于种种历史和社会原因,只有汉族和部分少数民族经历过整个社会历史进程的各阶段,许多少数民族,如大、小凉山的彝族直至新中国成立时仍处于奴隶社会,部分少数民族像云南的独龙族、基诺族、傈僳族、怒族、布朗族等基本上还处在原始社会末期向阶级社会过渡的历史阶段;永宁地区的摩梭人在家庭婚姻制度方面甚至还保留着母系原始社会的残余。这样的社会历史条件,形成了中国少数民族原始宗教内

---

① 佟德富、宝贵贞:《中国少数民族哲学专题研究》,中央民族大学出版社,2006,第3页。
②《马克思恩格斯全集》第26卷第1册,人民出版社,1973,第26页。

容丰富、形态多样、仪式繁杂、各具特色的局面。从哲学文化发展的层面说,原始宗教是在原始社会自然产生的以灵魂信仰为特征、以自然崇拜及其与之相关的巫术、禁忌仪式等为主要内容的宗教形式。因此,原始灵魂观念既是原始宗教的标志,也是最初的形神关系论说。在中国少数民族历史发展中,灵魂观念可以追溯到原始人类时代,灵魂观念表明人类已在思考人生的目的、意义问题,是人的一种自我意识。从哲学的层面上讲,灵魂观念隐含了一个重要的哲学方法——对立面的统一性方法,其具体思维目标在于解决感官所见的死人与梦境中出现的同一个活人之统一的根据问题,从而合理地解释"梦"与"死"等令人疑惑的问题。例如,随葬品,既可能是生前喜欢的某种物品死后也跟着随葬,也可以是把生前的美的观念带入死后,对生人、对死人都是设想一种界限,这就是肉体和灵魂的界限。正如恩格斯所说:"在远古时代,人们还不完全知道自己身体的构造,并且受梦中景象的影响,于是就产生了一种观念:他们的思维和感觉不是他们身体的活动,而是一种独特的、寓于这个身体之中而在人死亡时就离开身体的灵魂的活动。"[1]从其有对肉体与精神关系问题的思考来看,这应即哲学思维的萌芽。恩格斯在谈到人的思维发展时曾强调了思维与对象世界的关系及其中介,"人的思维的最本质和最切近的基础,正是人所引起的自然界的变化,而不仅仅是自然界本身;人在怎样的程度上学会改变自然界,人的智力就在怎样的程度上发展起来"。[2] 俄国马克思主义者普列汉诺夫曾在《论俄国的所谓宗教探寻》中也说:神话的思维方式是万物有灵,是唯灵论,而"认为自然是由人的外部感官所不能感触到的或只能在最低程度上感触的存在物的意志所引起的,——这种假想在人的狩猎生活方式的影响下逐渐地发生并巩固起来。这听起来像是奇谈怪论,但事实却是这样:作为生活来源的狩猎,所

---

[1]《马克思恩格斯选集》第 4 卷,人民出版社,1995,第 223 页。
[2]《马克思恩格斯选集》第 3 卷,人民出版社,1995,第 329 页。

引起人们的唯灵论思想"①。如果反观,还可以看到,中国各民族初民的神话的确是原始社会即传说时代的产物,其中"还凝聚着人们的正面认识和实践经验,这些经验在解开世界的奥秘中是真正的思想进步"②。

其二,人为宗教对相当多的少数民族哲学产生了深刻影响。对此,《中国少数民族哲学史》一书分析了主要的四种情况。一是有的民族的哲学主体思想(或者说处于主导地位的哲学思想),就是某种宗教哲学,如本民族的相当一部分群众信仰某一宗教(佛教或伊斯兰教等)的民族,大都属此类。如藏族,有相当一部分群众信仰藏传佛教,所以,佛教哲学思想就几乎成为占主导地位的藏族哲学思想。二是以某一宗教哲学为基础,吸收儒学、理学某些内容而形成的一种独特的新哲学思想,如回族的王岱舆、马德新等学者的哲学(基本上也是宗教哲学),这类哲学是以伊斯兰教为基础,吸收、融合了汉族儒家思想,形成了"以儒诠经""伊儒互补"为特征的回族哲学。三是在承认宗教神学并受其影响下产生的哲学,这是在吸收某种或某几种宗教的一些思想来丰富和补充本民族的哲学思想,比如维吾尔族伦理道德思想、蒙古族的天命观念、白族的本主崇拜等,其中《福乐智慧》《真理的入门》中所表现出的知识论、道德观、理想社会观等即可作为代表。四是反佛教中产生的哲学,如罗布桑却丹通过批评藏传佛教危害蒙古族的进步和发展,批驳佛教"一切皆空"思想,强调灵魂不能离开肉体;反对"听天由命,靠天赐物",主张对人民进行文化、科学知识教育,发展经济。还有傣族《论傣族诗歌》的认识论、文艺观,《谈寨神勐神的由来》中的宗教观等。这种种哲学,有的虽是宗教哲学,或以神学为支架(或外衣),但其理论思维、体系的系统性,要比原始哲学高,且有的强调现实政治、世俗生活、知识的重要③。应该说,这种归

---

① 普列汉诺夫:《普列汉诺夫哲学著作选集》第 3 卷,生活·读书·新知三联书店,1963,第 373 页。
② 亚·泰纳谢:《文化与宗教》,杨雅彬等译,中国社会科学出版社,1984,第 16 页。
③ 肖万源、伍雄武、阿不都秀库尔主编:《中国少数民族哲学史》,安徽人民出版社,1992,第 31 页。

类和分析,大体上概括了中国少数民族哲学与宗教的关系类型,并可成为中国少数民族哲学研究的重要方法论,用以分析中国少数民族哲学。

四、中域文化的诱引

在中国少数民族哲学发展中,"中域"哲学始终是一个取法对象。研究表明,中国少数民族哲学事实上具有双轨互动的趋向,并形成了两条哲学发展线索,一条线索是受中域文化影响的各民族哲学,其哲学思想事实上已成为中域文化的一部分,如土家族的鹖冠子、范长生、焦定等,回族的李贽、海瑞等,蒙古族的保巴等这些学者的思想。另一条线索则是各民族一般民众的哲学思想发展及部分哲学英雄之哲思,其中心史料可通过中域文献、各民族民间口承文化、仪典文化、物态文化及哲学英雄之诗文等来再现,因为"人民不仅是创造一切物质价值的力量,人民也是精神价值的唯一的永不枯竭的源泉。无论就时间、就美和就创造天才来说,他们总是第一个哲学家和诗人"①。他们的创造,我们可称之为民间文化哲学②。

按照学界的研究,吸收、消化、发展中域哲学思想,从而形成具有自己特色的民族哲学思想,是中国少数民族哲学发展中的一种普遍现象。像鹖冠子,他是土家族先民賨人中的重要的哲学家、军事理论家、天文学家、文学家。长期以来,人们从不同的角度对他进行研究,特别是对《鹖冠子》一书的研究,更是百家异说。如学界对《鹖冠子》的思想归依有道家说、兵家说、杂家说、黄老道家说、法家说等多种说法,但笔者的研究表明,《鹖冠子》坚持的是从边地出发的综合文化取向。鹖冠子的《学问》篇主要是讨论学习问题的,核心问题是:"圣人学问服师也,亦有终始乎,抑其拾诵记辞,阖棺而止乎。"鹖冠子的回答是:"始于初问,终于九道。若不闻九道之解,拾诵记辞,阖棺而止,以何定乎。"因此,对"九道"进行了

---

① 高尔基:《论文学(续集)》,曹葆华等译,人民文学出版社,1979,第54页。
② 高尔基:《论文学(续集)》,曹葆华等译,人民文学出版社,1979,第55页。

阐明:"一曰道德,二曰阴阳,三曰法令,四曰天官,五曰神徵,六曰伎艺,七曰人情,八曰械器,九曰处兵。"具体说即是:"道德者,操行所以为素也;阴阳者,分数以观气变也;法令者,主道治乱,国之命也;天官者,表仪祥兆,下之应也;神征者,风采光景,所以序怪也;伎艺者,如胜同任,所以出无独异也;人情者,小大愚知贤不肖,雄俊豪英相万也;械器者,假乘焉,世用国备也;处兵者,威柄所持,立不败之地也。九道形心,谓之有灵,后能见变而命之,因其所为而定之。若心无形灵,辞虽搏捆,不知所之,彼心为主,则内将使外,内无巧验,近则不及,远则不至。"①这一思想与"四至""五正""天曲日术""素皇内帝之法"等,不仅反映出鹖冠子的社会治理思想,而且也反映出鹖冠子的杂取"先进"文化之道,这正是一种边夷之民的趋中心化取向。在其他的民族哲学发展中,有直接继承、发挥汉族哲学思想以成己说的,如保巴、阿克敦等人的哲学。保巴字公孟,号普庵,撰有《易源奥义》《周易原旨》等著作,其中提出的太极动静生阴阳,而后生万物,强调万物的产生"皆不出乎一太极也"②,是"太极之运化"③的结果。"无极而太极者,乾坤之元也"④,但太极"既不堕于形器,亦不流于虚无"⑤,"太极理也,无外,故曰形而上者谓之道","阴阳气也,气变则有质矣,故曰形而下者谓之器"⑥,"物物各有一太极,一本而万殊。万物体统于太极,万殊而一本。"⑦又有杂以中域传统哲学且出入于儒、释、道之间,李贽、李元阳、高奣映等人可作为明证。李元阳自谓"不主儒,不主释,但主理"⑧,"唯以灵明到手,即可了事,初不计为孔为释为老也"⑨。他认为性、心、意、情四者地位悬殊,状相迥别;"天命之谓性",即

---

① 黄怀信:《鹖冠子汇校集注》,中华书局,2004,第 321—326 页。
② 《周易原旨》卷一。
③ 《易源奥义》。
④ 《周易原旨》卷一。
⑤ 《周易原旨》卷七。
⑥ 《周易原旨》卷七。
⑦ 《周易原旨》卷七。
⑧ 《中谿文集》卷五。
⑨ 《中谿文集》卷十。

"真我""本觉""道体",非"耳目鼻口,四肢百骸";"性之神识,动而为心。心者,感物而动之谓也",心本无形;"心识发而为意。意者,乃物所感之谓也";"意识流而为情。情者,为物所蔽之谓也"①。他说:"格物者,非格去外物,乃格去我交物之识也。使此识不我蔽、不我惑、不我动也。"这就是说,他也不否认"外物""躯壳"的存在,但认为格物就是正心诚意,"复性即是致知,性复即是知至"②。所以他又说:"圣贤在世,只为教人复性而已。性复,则天地世界,如观掌中物耳。"③高奣映通过考证,认为宋以前儒家有太极之名,没有无极之说,言无极盖多见老庄之说,因而反对"自无极而为太极"之说。他认为:"太极以前只可名'混沌'。不可举以名'无极'。"④他说:"以天地未判,清沌而不上下也;阴阳未分,乾坤之理与道无从适也。未判未分,只一个混沌。混沌久,久而至混沌之极处……混沌极而分阴阳,阳极而生阴,阴极而生阳,莫不从其极为生化之互根者。"⑤他又说:"因混沌极而有将判之机,其所以极者,曰:'太极'。"⑥而"阴阳互根之本,始悉蕴秘于混沌中,此即为太极本体"⑦,宇宙中"事事、化化、理理、气气即须于此太极里面理会,此中正仁义实学"⑧。太极之所贵,在于"以有之为用"说,"并极得之归于乌有"⑨,这就如同人睡死,"呼吸尽断使去死尸"⑩一样,或说"使无阴阳动静,是混沌已为死狗,况了无此极,则开辟混沌又以何者为主"⑪? 他还认为,太极"至清""至善""至醇""常真",然一落阴阳五行则有清有浊、有善有恶、有醇有

---

① 《中谿文集》卷一八。
② 《中谿文集》卷一八。
③ 《中谿文集》卷六。
④ 《太极明辨》卷一。
⑤ 《太极明辨》卷一。
⑥ 《太极明辨》卷一。
⑦ 《太极明辨》卷二。
⑧ 《太极明辨》卷二。
⑨ 《太极明辨》卷一。
⑩ 《太极明辨》卷二。
⑪ 《太极明辨》卷一。

驳、有成有坏。但混沌有开辟,是"阴阳五行为之也","混沌后闭而终于不息者,太极至真之常道为之也"。所以他又说,天地立,万物生,"自然之妙,不仅安排者也"①。这就是他关于混沌、太极及二者关系的思想②。

又如满族哲学人物康熙帝玄烨尊儒学崇理学,主尽性循理,但不是完全照搬。他要求儒学、理学"体之身心,验之政事","见诸实事"。他反对"书生坐观立论",强调人为,重视知识,提倡并带头学习自然科学;认为"知"是从"亲见亲历"、考验、征验、测验得来,等等。这都是与朱熹及其后的理学家不同的。我们虽还不便说他加入了明清实学思潮行列,但作为帝王,在他统治中国的 60 年期间,其思想不会不对当时及其后的中国学术思想发生作用。唐以后的许多少数民族学者,不只是在封建中央王朝做官(地方官或京官),在哲学或学术文化等方面也都作出了各自的贡献③。

五、西学传导的接合

中国少数民族哲学的一个极大传统是对"西学"的接受。这里,我们对"西学"取极广泛的意义,既包括在全球性现代化运动以来的"西学东渐"过程中,中国各少数民族学者对近现代思想传统的接受,从而开启了中国少数民族哲学文化近现代转型的新传统,如在 20 世纪的中国革命和建设过程中,为因应全球性现代化运动的双重趋势,中国各民族学者都作出了巨大努力,其中包括土家族马克思主义者在马克思主义哲学中国化双重内涵的拓展方面进行的艰苦探讨和不断创获,还包括历史时期中国各少数民族向国外先进知识的学习并创获自己民族特色的哲学之思,这可以从更为广泛的领域得到说明。

---

① 《太极明辨》卷一。
② 肖万源、伍雄武、阿不都秀库尔主编:《中国少数民族哲学史》,安徽人民出版社,1992,第 31—32 页。
③ 肖万源、伍雄武、阿不都秀库尔主编:《中国少数民族哲学史》,安徽人民出版社 1992 年版,第 33 页。

以整个民族的形成而导致的西学传导,回族哲学思想文化的形成与发展可以作为一个典型的个案。7世纪中叶以后信仰伊斯兰教的阿拉伯人和波斯人陆续来中国经商并在广州、泉州、扬州和长安等城市定居成为"蕃客",中国回族初起于此,之后又有不少人在当地娶妻生子而形成"土生蕃客"。正是这种民族交往,伊斯兰教宗教生活被带入了中国。当时,通过具有政教合一性质的蕃坊组织及其由中国政府任命的"最有德望者"——"蕃长""管勾蕃坊公事",并按照伊斯兰教的法典和宗教规定兼理穆斯林之间的教务。蕃方不仅是在华穆斯林客商的社会行政单位,而且是自然形成的宗教文化组织,并建有永久性的宗教建筑清真寺。在此基础上逐渐形成的中国回族,其哲学思想文化一开始就具有一种"中西汇通"特色。一方面,在民族形成过程中,回族具有信仰伊斯兰教的思想基础,尽管在长时期内并不重视对教义的研究、宣传,但其民族文化与伊斯兰教密不可分。另一方面,回族毕竟是中国化的民族,在民族共同体形成过程中必然大量吸收中国传统文化,特别是在明代回族共同体的最后形成过程中,回族人民通过以儒家思想来注释伊斯兰教义,从而实现两者的妥协、融会、贯通,并进而形成了一种新的民族思想文化,其中包括经堂教育的兴起、汉文译著的盛行、教派的分化及民间文学的滋生……除回族外,在中国本民族有相当一部分群众信仰伊斯兰教的还有维吾尔族、哈萨克族、东乡族、柯尔克孜族、撒拉族、塔吉克族、乌孜别克族、保安族、塔塔尔族等民族。其哲学思想文化都或多或少地受到了相应的影响。

从西学传导对个人哲学的影响看,法拉比可以作为典型个案。据传,法拉比于870年生于锡尔河畔法拉比城的一个相信摩尼教的葛罗禄部的骑士家庭,893年因萨曼王朝侵占喀喇汗朝的法拉比等城而全家改信伊斯兰教,法拉比还曾到过阿拉伯哈里发国家阿跋斯王朝的都城伊斯兰教东方文化中心——巴格达,且到过哈马丹汗国。在长期的学习探索中,法拉比接触了不少伊斯兰教、基督教学者和思想家、诗人的著作,以及亚里士多德的学说,一生写了大量作品。从哲学思想的层面看,他的一生主要是宣传亚里士多德的哲学,企图把它和新柏拉图主义因素调和起来,因而获得了"东方亚里士多德式的自然泛神论哲学体系的主要奠基人"的荣誉,足见亚里士多德哲学对他的影响之深。20 世纪 70 年代以来,学术界已开始把法拉比及其著作作为一个学科即"法拉比学"来研究,已经取得了一些成果。俄罗斯、东欧、法国、埃及、叙利亚等很多国家和地区的学者都写了许多论文、专著,有些国家和地区还出版了法拉比的论著目录,有些国家还同时翻译发表了法拉比的不少著作。①

佛教的多渠道传入并中国化,应看成是西学传导的典型文化现象。其中南传佛教从古代传入西南民族地区以后,日渐成为在傣族等少数民族中占统治地位的宗教,甚至在傣族等一些民族中得到几乎全民信仰,佛教与政权相结合,这种情况一直保持到中华人民共和国成立后的一段时间。因此,南传佛教对西南民族地区人民的哲学思想文化发展有着重大的影响。当然,南传佛教在西南民族地区中的传播和长期流传也不可避免地受当地民族传统文化的影响,典型的例子如傣族哲学关于人体的"四塔"理论就是借用印度佛教哲学风、火、土、水四素说或"四大""四界"说来说明人体生命的生成、发展以及强弱变化的等。除南传佛教外,藏传佛教、汉传佛教对中国少数民族哲学文化的影响也同样巨大而普遍,如藏传佛教曾在蒙古族上层建筑和意识形态占主导地位,甚至在元朝统治的整个时期,整个蒙古草原意识形态的上空都为藏传佛教思想所笼罩。在中国各少数民族中,有的民族有相当一部分群众信仰藏传佛教,如藏族、蒙古族、土族、普米族、裕固族、门巴族等民族。

在开启于西方的全球性现代化运动兴起以后,近现代意义上的"西学"开始东渐。据研究,"西学"一词似出自《西学凡》,此为艾儒略编写的欧西大学课程纲要,署"西海耶稣会士艾儒略答述",书前有许胥臣引,书后有熊士旗跋、杨廷筠《刻西学凡序》,1623 年刊印,介绍西洋文、理、医、

---

① 肖万源、伍雄武、阿不都秀库尔主编:《中国少数民族哲学史》,安徽人民出版社,1992,第939 页。

法、教(指教律)、道(指基督教神学)等六科,向中国人提供了有别于经、史、子、集四部分类的学科系统,是早期西书中较全面评述西洋学术的著作。此书较早地以"西学"概括欧西神学、经院哲学及某些科技知识。以后,西方传教士译介欧西知识的书籍多以"西学"命名,如《西学修身》《西学持家》《西学治平》等。"西学"逐渐被中国士人使用。正是在明清之际,一大批中国学者、政治家受"西学东渐"影响,其中在清朝政绩卓著的康熙皇帝玄烨也可为其代表。玄烨之所以能成为满族的思想家,主要得益于他对自然科学的极大兴趣以及对自然科学的学习和运用,并在数学、天文学、地理学等方面都学有所成,还撰有大量专门论述,对医学、生物学、解剖学、农艺学、工程技术等科学领域也有所涉猎与研究,其学习心得散见于他的《御制文集·杂著》之中,给后人留下了丰富的精神财富。在哲学上,他不仅建立了重儒崇理的理本体论,还在认识论上有所建树,他特别反对"以意悬揣""凭虚以悟""强以为知"的不良习气,主张"亲见""亲历"、考验、考证方法和"知源于行";强调"必亲履其境,然后能知之"[①],认为"行"重于"知",因为"不能行,则知亦空知"。因而,他关于江河之源,地震之因,雷声之远近,水性、水质成分之判别,南北方物性之异同,载籍中有关自然事物或现象之是非曲直,民俗传闻之真伪等,往往都能以科学知识加以解释、订正,有的还颇有见地。这对当时的学术风气,无疑是有所裨益的[②]。

　　自然,中国少数民族哲学的思想基础还可从其他方面加以阐释,如各民族社会历史发展实践给各民族成员的影响及其所带来的生存(生成)体验,这也是各民族哲学创新发展的动力,特别是在全球性现代化影响下的中国少数民族的哲学思想的转型与发展就更是这样。

---

① 《御制文集》第4集,卷28,《蒙古居处有定》。
② 肖万源、伍雄武、阿不都秀库尔主编:《中国少数民族哲学史》,安徽人民出版社,1992,第33页。